이 책을 만든 분들

고아라

성신여자대학교 한문교육과 졸업
(현) 장평중학교 한문 교사

이미영

단국대학교 한문교육과 졸업
(현) 홍은중학교 한문 교사

**출발부터 남다르게
중학교 내신
한 권으로 잡는
어휘집**

지은이 고아라, 이미영
펴낸이 정규도
펴낸곳 (주)다락원

초판 1쇄 발행 2012년 11월 8일
6쇄 발행 2022년 4월 1일
책임편집 최운선, 서정은
아트디렉터 정현석
일러스트 김용관
디자인 윤미주, 이승현

다락원 경기도 파주시 문발로 211
내용문의 (02)736-2031 내선 270
구입문의 (02)736-2031 내선 250~252
Fax (02)732-2037
출판등록 1977년 9월 16일 제406-2008-000007호

값 14,000원
ISBN 978-89-277-4050-6 53710

http://www.darakwon.co.kr
다락원 홈페이지를 통해 인터넷 주문을 하시면 자세한 정보
와 함께 다양한 혜택을 받으실 수 있습니다.

출중한 어휘집

발부터 남다르게

학교 내신

권으로 잡는

어휘집

고아라, 이미영 지음

다락원

"선생님~! '상대적'이라는 말이 무슨 뜻이에요?"

수업 시간에 받은 질문이냐고요? 아닙니다. 시험 시간에 어떤 한 학생이 시험 문제를 읽고 한 질문입니다. '상대적'이란 의미를 몰라 문제를 이해하지 못한 것이지요. 사실 이러한 종류의 질문을 시험 시간에 한두 번 듣는 것이 아니랍니다. 그만큼 아이들이 문제에 나오는 어휘의 뜻을 몰라서, 풀 수 있는 문제도 풀지 못하는 경우가 많다는 것입니다. 학교에서 학생을 가르치는 선생님으로서 얼마나 안타까운지 모른답니다.

이 글을 읽는 여러분도 이러한 경험이 종종 있었을 거예요. 어휘의 뜻을 몰라서 시험 문제를 놓쳤다면 그동안 열심히 준비했던 것들이 빛을 발하지 못하게 되겠죠.

이러한 일은 시험 시간에만 일어나는 것이 아닙니다. 학교 수업에서도 사회, 과학을 매우 어렵게 생각하는 학생들이 많은데 이는 그 과목에 나오는 기본적인 어휘의 이해가 충분히 이루어지지 않았기 때문입니다. 이 책은 이러한 고민을 하는 학생들에게 조금이나마 도움 이 되기 위해 만들어졌습니다. 중학교 과정의 국어, 영어, 수학, 사회, 국사, 과학 교과서에 나오는 핵심 어휘들을 추려서 속뜻을 풀고, 개념을 이해하기 쉽게 상세한 설명을 곁들였습니다. 어휘의 뜻을 외우려고 생각하지 말고 낱자 한 자 한 자의 뜻을 새기며 전체의 뜻을 이해하고, 개념 설명도 소설 읽듯이 여러 번 읽다 보면 과목별 중요 내용을 저절로 익히게 됩니다. 어휘만 공부했을 뿐인데 내신 성적이 저절로

올라가는 비법이 무엇인지 알겠지요?

우리말인 국어는 70% 이상이 한자어로 이루어져 있습니다. 그러므로 우리가 어려워하는 어휘 대부분은 한자를 풀이하면 자연스럽게 뜻을 저절로 알게 되는 것이죠.

마치 퍼즐을 하나하나 맞춰가는 것처럼 어휘의 의미를 파헤쳐가는 재미에 푹 빠지게 될 거예요.

차례

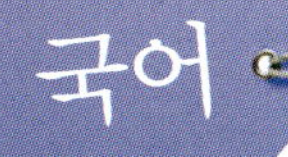

국어

영어

국사

水
WATE

과학

여기까지

자음과 모음

서점에서 한글로 풀어쓴 『명심보감』을 본 적이 있나요?

한자로 쓴 책과 비교한다면 그 책의 두께가 어땠나요? 한글로 된 책이 훨씬 두껍다는 사실을 알 수 있습니다. 왜 그럴까요?

옆에 『명심보감』의 일부를 살펴봅시다. '忍一時之氣, 免百日之憂.'는 '한 때의 기분을 참으면 백일의 근심을 면한다.'라는 뜻입니다. 열 자의 한 자를 한글로 풀이하면 왜 길어질까요? 바로 한글과 한자가 지닌 언어의 특성 차이 때문입니다. 한글은 소리를 기호로 표시한 표음문자(表音文字)이고 한자는 뜻을 기호로 표시한 표의문자(表意文字)입니다. 표의문자인 한자는 글자 자체로 읽고 뜻풀이가 되는 것에 비해 한글은 그렇지 않습니다. 반드시 자음(子音)과 모음(母音)이 합쳐져야 한 글자가 완성되고, 자음은 모음의 도움을 받아서 소리가 나기 때문에 이 둘은 아들과 어머니 같은 관계를 하고 있습니다.

자음(子音)은 엄마의 보살핌을 받아야 하는 아이[子]처럼 모음(母音)의 도움이 있어야 발음할 수 있는 소리[音]이며, 모음(母音)은 아이를 보살피는 엄마[母]처럼 자음(子音)을 도와주어 발음될 수 있도록 하는 소리[音]입니다.

아래 그림은 소리가 만들어지는 기관입니다. 이러한 발음 기관에 따라 나뉘는 자음과 모음의 명칭을 알아봅시다.

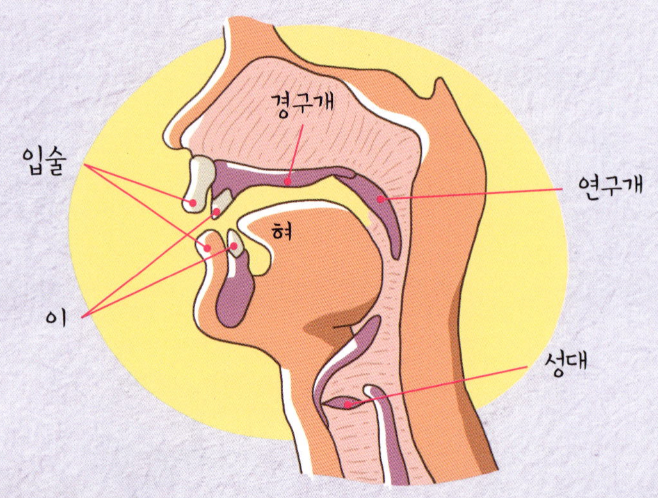

자음의 분류 – 소리가 만들어지는 위치에 따라

양순음 兩脣音
둘 량 / 입술 순 소리 음

두兩 입술脣 사이에서 나는 소리音

두 입술이 부딪히면서 소리가 나는 것으로 '입술소리'라고도 합니다. 자음 'ㅁ, ㅂ, ㅃ, ㅍ'이 있습니다.

예 바쁨, 풀밭, 마부, 말벗, 빽빽, 판매

경구개음 硬口蓋音
굳을 경 / 입 구 / 덮을 개 소리 음

딱딱한硬 입口 덮개蓋에서 나는 소리音

'구개'는 입천장을 말합니다. 입천장에서 잇몸에 가까운 앞쪽의 딱딱한 곳에서 나는 소리를 경구개음이라고 하며, 자음 'ㅈ, ㅉ, ㅊ'이 있습니다.

예 자전, 전쟁, 찻잔, 천적, 찜질

연구개음 軟口蓋音
연할 연 / 입 구 / 덮을 개 소리 음

부드러운軟 입口 덮개蓋에서 나는 소리音

입천장에서 목구멍에 가까운 부드러운 곳에서 나는 소리로 자음 'ㄱ, ㄲ, ㅋ, ㅇ'이 있습니다. 경구개음과 연구개음을 합쳐서 '구개음', '입천장소리'라고도 합니다.

예 원주, 카카오, 코감기, 케이크, 콩국, 까치

치음 齒音
이 치 소리 음

이齒에서 나는 소리音

혀끝이 윗니에 부딪히며 나는 소리로 '잇소리'라고도 합니다. 자음 'ㄴ, ㄷ, ㄸ, ㄹ, ㅅ, ㅆ, ㅌ'이 있습니다.

예 나루터, 토닥토닥, 노동, 딸랑, 도루

성문음 聲門音
소리 성 / 문 문 소리 음

소리聲가 나오는 문門에서 나는 소리音

'성문'은 목청(목구멍)을 말합니다. 목청에서 나는 소리를 성문음이라고 하며, 자음 'ㅎ'이 있습니다. '목청소리', '목구멍소리'라고도 부릅니다.

예 화해, 헌혈, 현행, 혼합, 후회

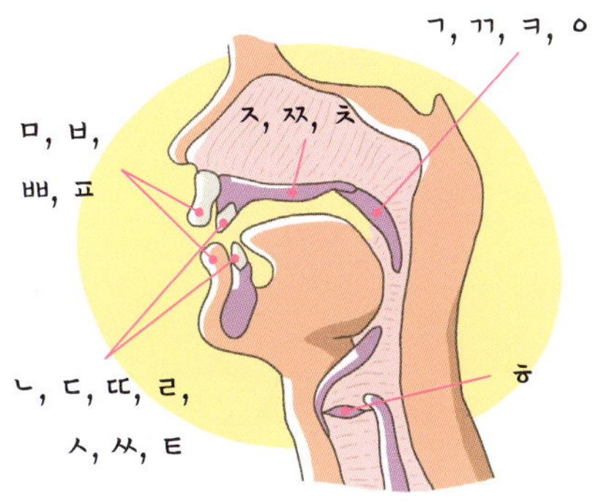

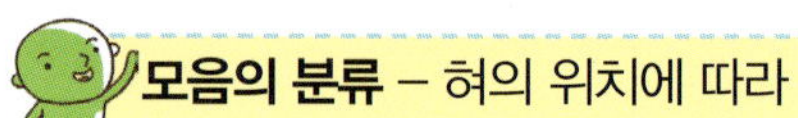

전설 모음 前舌母音
앞 전 · 혀 설 · 어미 모 · 소리 음

혀(舌)의 앞(前)쪽에서 소리 내는 모음(母音)

혀의 최고점이 앞쪽에 있을 때 소리 나는 것으로 모음 'ㅣ, ㅔ, ㅐ, ㅟ, ㅚ'가 있습니다.

예 키위, 재위, 제지, 뇌

후설 모음 後舌母音
뒤 후 · 혀 설 · 어미 모 · 소리 음

혀(舌)의 뒤(後)쪽에서 소리 내는 모음(母音)

혀의 최고점이 뒤쪽에 있을 때 소리 나는 것으로 모음 'ㅜ, ㅗ'가 있습니다.

예 무모, 수고, 주초, 국모

원순 모음 圓脣母音
둥글 원 · 입술 순 · 어미 모 · 소리 음

입술(脣)을 둥글게(圓) 하고 소리 내는 모음(母音)

입술을 둥글게 오므려 발음하는 것으로 모음 'ㅗ, ㅜ, ㅚ, ㅟ'가 있습니다.

예 공부, 공주, 귀순, 뒤통수

ㅗ   ㅜ

평순 모음 平脣母音
평평할 평 · 입술 순 · 어미 모 · 소리 음

입술(脣)을 평평하게(平) 하고 소리 내는 모음(母音)

입술을 둥글게 오므리지 않고 발음하는 것으로 모음 'ㅣ, ㅡ, ㅓ, ㅏ, ㅐ, ㅔ'가 있습니다.

예 내기, 그네, 다리, 드라마

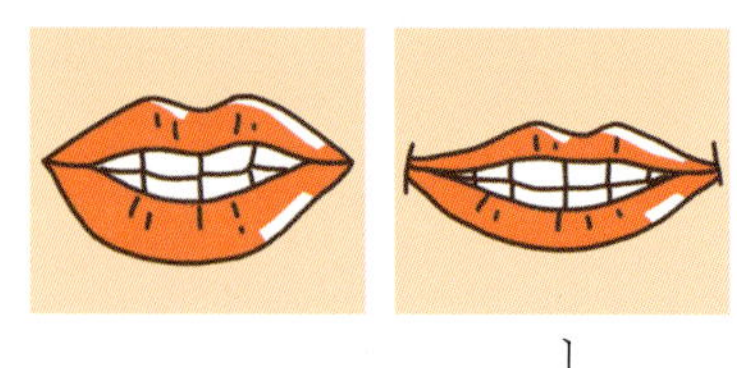

ㅡ   ㅣ

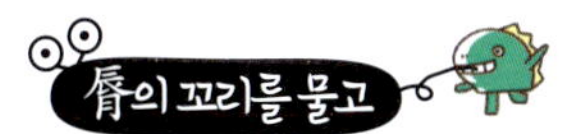

- 순망치한 脣亡齒寒: 입술[脣]이 없으면[亡] 이[齒]가 시림[寒].

　서로 이해관계가 밀접한 사이에 어느 한 쪽이 망하면 다른 한쪽도 그 영향을 받아 온전하기 어려움을 이르는 말입니다. 서로 떨어질 수 없는 밀접한 관계, 또는 서로 도와가며 살아야 하는 관계를 뜻하지요.

　유래 춘추시대(春秋時代) 말엽, 진나라 헌공이 괵나라, 우나라를 공략할 때의 일입니다. 괵나라를 치기로 한 헌공은 우나라의 우공에게 길을 빌려주면 많은 재물을 주겠다고 제의했습니다. 우공이 이를 수락하려 하자 중신 궁지기가 극구 말렸습니다. "전하, 괵나라와 우나라는 영토 위치상 한몸이나 다름없습니다. 그래서 괵나라가 망하면 우나라도 망할 것이옵니다. 옛 속담에도 '입술이 없어지면 이가 시리다.'란 말이 있사온데, 이는 곧 괵나라와 우나라를 두고 한 말이라고 생각되옵니다. 그런 가까운 사이인 괵나라를 치려는 진나라에 길을 빌려 주어서는 절대 안 됩니다." 그러나 재물에 눈이 먼 우공은 결국 진나라에 길을 내주고 말았습니다. 그러자 궁지기는 가족을 이끌고 우나라를 떠났습니다. 그 해 12월, 괵나라를 멸하고 돌아가던 진나라 군사는 궁지기의 예언대로 단숨에 우나라를 공략하고 우공을 포로로 잡아갔습니다.

　활용 일본이 현재 쓰나미와 지진으로 큰 손해를 입었습니다. 과거 일본이 우리나라에 큰 고통을 주었지만, 우리나라 경제 구조상 일본이 빨리 회복되어야 우리나라 국익에도 도움이 됩니다. 우리나라와 일본은 순망치한(脣亡齒寒)의 관계에 있는 거죠.

자음과 모음을 분류해 보았으니, 이제 말의 뜻을 구별해 주는 소리의 가장 작은 단위인 음운의 변동에 대해 알아볼까요?

언어는 사회 구성원들의 약속으로 만들어지는 것이므로 세월이 흐를수록 사용하는 사람들이 쓰기 편한 방법으로 변합니다. 사회 구성원들이 동의하면 형편이나 조건이 편하고 좋은 것으로 조금씩 변하게 됩니다.

- 음운은 왜 변할까?

　음운이 변동하는 이유는 발음을 자연스럽게 하고 정확하게 하기 위해서입니다. 우리나라 말을 발음할 때 음절의 끝소리가 'ㄱ, ㄴ, ㄷ, ㄹ, ㅁ, ㅂ, ㅇ' 이렇게 7가지로 소리 난다는 것을 기억해 두세요.

자음 동화 　子音同化
아들 자 소리 음 같을 동 될 화

자음 子 音 과 자음이 만날 때 소리가 같거나 同 비슷하게 되는 化 현상

동화(同化)라는 말은 '닮는다'는 뜻입니다. 좀 더 정확하고 쉬운 발음을 위해 자음이 변하는 것입니다. 앞의 자음이 변하는 때도 있고 뒤의 자음이 변하는 때도 있고 서로가 변하는 때도 있습니다.

　예 밥물 → 〔밤물〕, 섭리 → 〔섬니〕, 천리 → 〔철리〕

구개음화 　口蓋音化
입 구 덮을 개 소리 음 될 화

자음 'ㄷ, ㅌ'이 'ㅣ'를 만나 구개음 口 蓋 音 'ㅈ, ㅊ'으로 되는 化 현상

끝소리 자음 'ㄷ'이 모음 'ㅣ'를 만나면 입천장에서 나는 소리(구개음)인 'ㅈ'으로, 끝소리 자음 'ㅌ'이 모음 'ㅣ'를 만나면 'ㅊ'으로 발음이 변하는 현상입니다.

　예 굳이 → 〔구지〕, 붙이다 → 〔부치다〕, 밭이 → 〔바치〕

두음 법칙 頭音法則

머리 頭 의 소리 音 가 다른 소리로 나는 법칙 法則

'ㄹ, ㄴ'이 첫소리에 오면 'ㄴ, ㅇ'으로 바꿔 읽는 것을 말합니다. 재밌는 것은 우리와 같은 한글을 쓰는 북한에는 이러한 두음 법칙이 없다는 것입니다. 그래서 '이철진'이라는 사람 이름도 '리철진'으로 읽지요.

예 년세 → 연세, 량심 → 양심, 녀자 → 여자

음운 축약 音韻縮約

두 음운 音韻 을 한 음운으로 줄여서 縮 간략하게 約 발음하는 현상

앞뒤 음운이 서로 합쳐져 하나의 음운이 되는 것을 뜻합니다.

예 되어 → 돼, 그리어 → 그려, 두어 → 둬

음운 탈락 音韻脫落

음운 音韻 이 벗겨져 脫 떨어지는 落 현상

음운 탈락은 두 형태가 결합한 합성어에서 한 음운이 탈락하거나 약하게 되는 음운 변화로 자음이 탈락하는 때와 모음이 탈락하는 때가 있습니다. 발음을 쉽게 하려고 생겨난 현상입니다.

예 자음 탈락: 솔+나무 → 소나무, 육+월 → 유월, 바늘+질 → 바느질
　　모음 탈락: 푸+어 → 퍼, 가아+서 → 가서

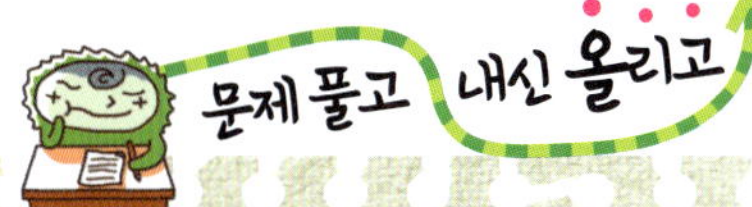

문제 1 다음 설명에 해당하는 소리를 무엇이라고 하는가?

> • 'ㅂ, ㅃ, ㅍ, ㅁ'의 소리가 난다.
> • '입술소리'라고도 한다.

① 경구개음   ② 연구개음   ③ 양순음
④ 치음   ⑤ 전설 모음

문제 2 다음 그림이 가리키는 부분에서 나는 소리를 무엇이라 하는가?

① 전설 모음   ② 후설 모음   ③ 양순음
④ 원순 모음   ⑤ 평순 모음

문제 3 음운 변동의 현상에 따라 발음 나는 대로 쓰세요.

(1) 해돋이 → [ ]	(2) 국물 → [ ]
(3) 붙여 → [ ]	(4) 바늘+질 → [ ]
(5) 속는다 → [ ]	(6) 미닫이 → [ ]
(7) 신라 → [ ]	(8) 칼날 → [ ]
(9) 값만 → [ ]	(10) 뜨+이다 → [ ]
(11) 활+살 → [ ]	(12) 맏며느리 → [ ]
(13) 겨울+내 → [ ]	(14) 보+이다 → [ ]
(15) 남기+어 → [ ]	(16) 천리 → [ ]
(17) 닫히다 → [ ]	(18) 난로 → [ ]

각각의 성격을 가진 단어

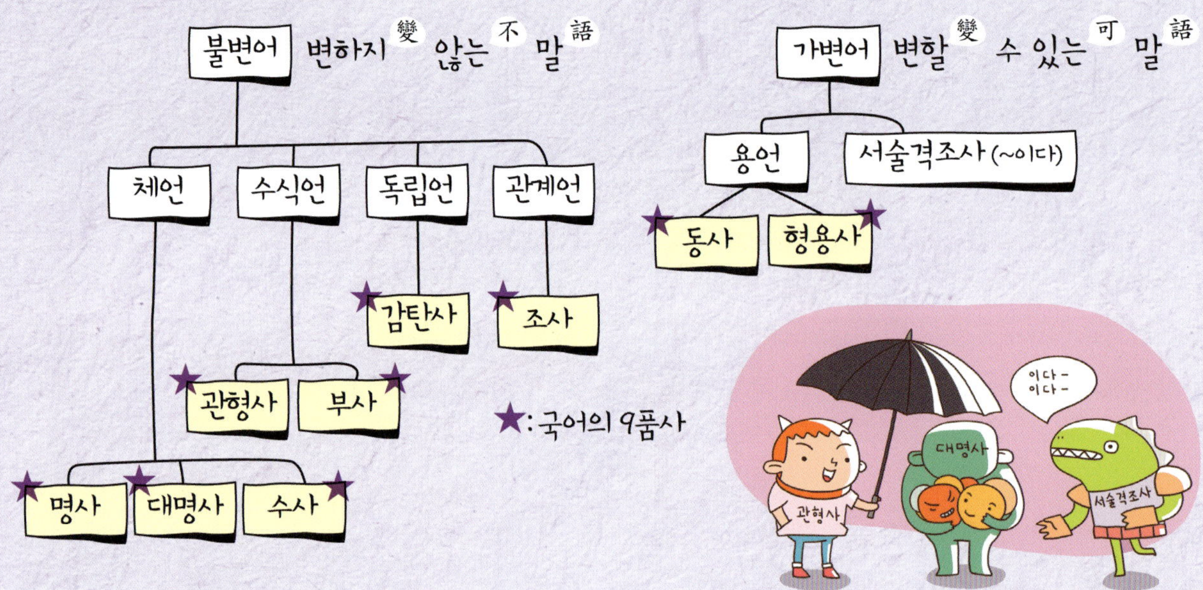

가계도처럼 보이나요?

위 그림은 집안의 혈연이나 혼인 관계 등을 나타낸 가계도가 아니라 국어의 단어 분류를 도식화한 것입니다. 단어는 문법상의 일정한 뜻과 기능을 가지는 말의 최소 단위입니다. 여러 단어를 기능, 형태, 의미에 따라 나눈 갈래를 '품사(品詞)'라고 합니다. 즉, 어떤 단어가 가진 성격이라고 말할 수 있습니다. 세계 여러 나라에서 사용되는 언어들도 품사가 있는데 각 언어 나름대로 특성이 있기 때문에 모두 같지 않아요. 국어는 9 품사가 있으며, 영어는 8 품사가 있습니다. 그리고 일본어는 10 품사나 된다고 해요.

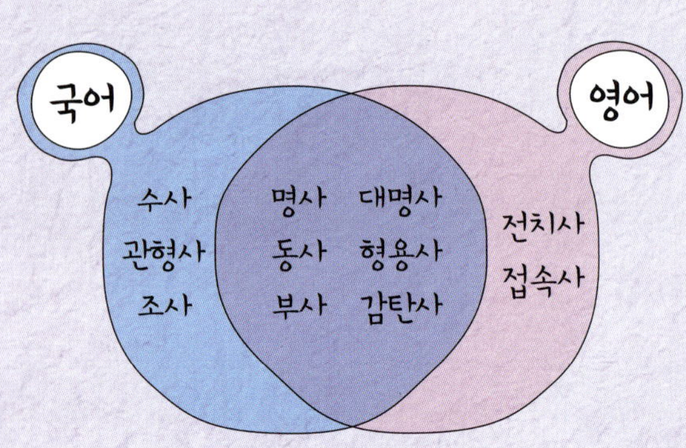

국어와 영어의 품사 종류를 벤다이어그램을 이용하여 표현해 보았어요. 국어와 영어의 품사 차이가 한눈에 보이나요? 국어와 영어의 품사는 겹치는 부분이 많답니다. 그래서 한쪽을 제대로 공부하면 다른 한쪽도 쉽게 공부할 수 있어요. '문법은 어려우니 공부하지 말자.'라고 생각하지 마세요. 이제 문법도 어휘의 뜻을 통해 쉽게 이해할 수 있답니다.

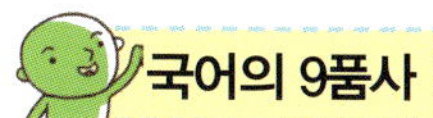
국어의 9품사

명사 名詞　이름名을 나타내는 말詞

이름이 있어서 부를 수 있는 것을 나타냅니다. 명사에는 이 세상에 하나밖에 없는 것을 나타내는 고유 명사, 일반적인 것을 나타내는 보통 명사, 모양이 없고 눈에 보이지 않는 것을 나타내는 추상 명사가 있습니다.

예 영희, 한국, 독도 – 고유 명사 / 책상, 사람, 불 – 보통 명사 / 행복, 사랑, 무게 – 추상 명사

대명사 代名詞　명사名詞를 대신하는代 말

사람이나 사물의 이름을 대신해서 가리키거나 대상을 직접 가리킬 때 쓰는 말입니다. 사람을 일컫는 인칭 대명사와 사물이나 장소를 가리키는 지시 대명사가 있습니다.

예 너, 우리, 너희, 그, 그녀 – 인칭 대명사 / 거기, 무엇, 그것, 저것 – 지시 대명사

수사 數詞　셈하는數 말詞

셈하는 말인 수사에는 양을 셈하는 양수사와 차례를 셈하는 서수사가 있습니다.

예 하나, 둘, 셋 – 양수사　　　　　　첫 번째, 두 번째, 세 번째 – 서수사

數의 꼬리를 물고

- **숫자 數字**: 셈[數]을 나타내는 글자[字]
  숫자는 한글과 한자의 결합으로 이루어진 단어 같지만, '數字'라는 한자 어휘입니다. 원래 음은 '수자'이지만 'ㅅ'을 넣어 발음하기 쉽게 하였습니다.
- **부지기수 不知其數**: 그[其] 수[數]를 알지[知] 못함[不].
  헤아릴 수가 없을 만큼 많은 수

명사, 대명사, 수사를 통틀어 '체언(體言)'이라고 하는데 문장에서 가장 중요한 '몸[體]'에 해당하는 말[言]'을 뜻합니다. 체언은 조사의 도움을 받아 문장에서 주체적 구실을 합니다.

동사 動詞 움직임動을 나타내는 말詞

사람이나 사물의 동작이나 작용을 설명해 주는 것으로 여러 형태로 활용할 수 있습니다.

예 피다, 뛰다, 먹다, 자다 / 필 것이다, 뛰기 시작한다, 먹고 싶다, 잤다

형용사 形容詞 모양形이나 생김새, 상태容를 나타내는 말詞

사람이나 사물의 상태나 성질을 설명해 주는 것으로 동사와 마찬가지로 활용할 수 있습니다.

예 멋있다, 아름답다, 예쁘다, 고요하다 / 멋있고 예쁘다, 고요한 파도

동사와 형용사는 쓰임이 비슷하여 구별하기 어렵습니다.
다음을 잘 이해하여 동사와 형용사를 확실하게 구별해 봅시다.

	동사	형용사
기본형을 현재형으로 바꿔 보자.	철수가 밥을 **먹다**. → 철수가 밥을 **먹는다**. (O)	오늘 영희가 **예쁘다**. → 오늘 영희가 **예쁜다**. (✕)
기본형을 명령형으로 바꿔 보자.	재영이가 운동장을 **뛴다**. → 재영아, 운동장을 **뛰어라**. (O)	교복이 제일 **멋지다**. → 교복이 제일 **멋져라**. (✕)
기본형을 청유형으로 바꿔 보자.	학교에서 사진을 **찍었다**. → 학교에서 사진을 **찍자**. (O)	엄마가 해준 음식이 제일 **맛있다**. → 엄마가 해준 음식이 제일 **맛있자**. (✕)

★ 단! 이 표는 절대적인 기준이 아닙니다. 여러분이 동사와 형용사를 구분하기 어려울 때 이 표를 활용한다면 좀 더 쉽게 국어 공부를 할 수 있을 것 같아 정리해 보았습니다.

동사, 형용사를 통틀어 '용언(用言)'이라고 하는데 말의 끝(어미)을 변화시켜 '활용[用]하는 말[言]'을 뜻합니다. 용언은 문장의 주체를 서술하는 역할을 합니다.

관형사 冠形詞 머리에 쓰는 갓冠 모양形처럼 체언 앞에서 꾸며 주는 말詞

관형사가 꾸며주는 말이라 하여 모든 말을 꾸며주는 것은 아닙니다. 체언인 명사, 대명사, 수사를 꾸며 주는 역할을 합니다.

예 순 살코기, 저 산, 밥 한 그릇, 온 국민, 새 옷, 다른 사람들

부사 副詞   도와주는 副 말詞
도울부 말사

부사는 뜻이 분명해지도록 도와주고 꾸며 주는 말입니다. 동사, 형용사를 꾸며 주는 역할을 하며 '매우, 빨리, 가장, 정말, 과연, 그리고, 그러나' 등이 있습니다.

> **예** 빨리 뛰었다.: '뛰었다'라는 동사를 꾸밉니다.
> 꽃이 정말 아름답습니다.: '아름답습니다'라는 형용사를 꾸밉니다.

조사 助詞   보조하는 助 말詞
보조할조 말사

조사는 품사들을 이어주는 역할을 합니다. 대표적인 조사로는 보조사 '은, 는', 격조사 '이, 가', '을, 를' 등이 있습니다. 조사를 잘못 쓰면 문장이 매끄럽지 않으므로 적절한 조사를 써야 합니다.

> **예** 나는 방에서 공부를 합니다.

 조사를 '관계언(關係言)'이라고 하는데 서로 떨어져 있는 '문빗장[關]을 이어주는[係] 말[言]'이라는 뜻입니다. 문장에 쓰인 단어들의 관계를 나타내는 문장 성분입니다.

감탄사 感歎詞   느낌感이나 탄식歎을 나타내는 말詞
느낄 감 탄식할 탄 말사

본능적인 느낌, 놀람, 대답, 부름 등을 나타내는 말로 문장의 순서에 상관없이 아무 곳에나 쓰입니다.

> **예** 와~!, 어머나!, 네, 아이고

 감탄사를 '독립언(獨立言)'이라고 하는데 '홀로[獨] 서서[立] 존재하는 말[言]'이라는 뜻입니다. 어디에 의존하지 않고 독립적으로 쓰이는 문장 성분입니다.

歎의 꼬리를 물고

- **풍수지탄 風樹之歎**: 바람[風]과 나무[樹]의[之] 탄식[歎]
  '나무는 고요하고자 하나 바람은 그치지 않고, 자식은 부모를 봉양하고자 하나 부모는 기다려 주지 않는다.'에서 유래한 말로 자식이 어버이를 여의고 난 후 효도를 다하지 못했음을 탄식하는 말입니다.

- **맥수지탄 麥秀之歎**: 보리[麥]만 빼어난[秀] 것의[之] 탄식[歎]
  중국 은나라 주왕의 숙부(叔父)인 기자(箕子)가 상(商)의 옛 도성을 지나다가 "옛 궁궐터에는 보리만이 무성하고 벼와 기장도 기름졌구나. 도성이 이 꼴로 변한 것은 주왕이 내 말을 듣지 않았기 때문이지."에서 유래한 말입니다. 고국의 멸망을 탄식함을 이르는 말이죠.

- **비육지탄 髀肉之歎**: 넓적다리[髀] 살[肉]만 찌는 것의[之] 탄식[歎]
  중국 삼국시대 유비가 한때 작은 성에 거처하며 4년간 할 일 없이 지내다 화장실에 갔다가 자기 넓적다리에 살이 찐 것을 보게 되었습니다. 그는 슬퍼하며 "세월은 빨리 흘러 머지않아 나도 곧 늙을 텐데 아무런 업적도 이룬 것이 없어

슬프구나."라며 탄식했습니다. 여기서 유래하여 비육지탄은 재능을 발휘하지 못하고 헛되이 세월만 보내는 것을 한 탄함을 이르는 말입니다.

- **망양지탄** 望洋之歎: 큰 바다[洋]를 바라보며[望] 하는[之] 탄식[歎]

  옛날 황허 강의 하백(河伯)이라는 신은 황허 강의 물이 풍부함에 만족하면서 살다가 북해에 갔는데 그곳의 물이 황허 강보다 더 풍부함을 보았습니다. 이를 보고 "옛말에 이르기를 백 가지 도(道)를 듣고 자기만 한 자가 없는 줄 안다고 했는데, 이는 나를 두고 하는 말이었나 봅니다. 만일 내가 이곳을 보지 못하였다면 내가 도를 아는 척 행세하여 세상에 웃음거리가 되었을 것입니다."라고 말했습니다. 이 이야기에서 유래한 망양지탄은 어떤 일에 자기 자신의 힘이 미치지 못함을 탄식하는 의미로 쓰입니다.

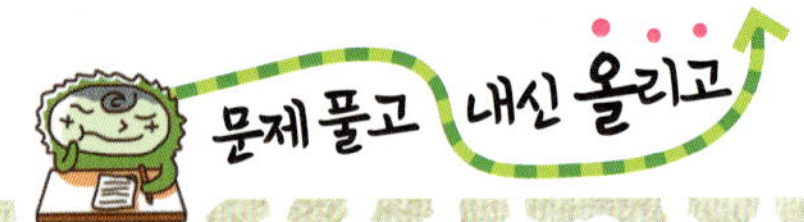

≫정답 p.310

문제1 다음 문장의 밑줄 친 부분에 해당하는 품사를 쓰세요.

(1) 아! 사랑하는 나의 님은 갔습니다.

(2) 사막이 아름다운 것은 어딘가에 샘이 있기 때문이다.

(3) 지혜로운 사람은 물을 좋아하고, 어진 사람은 산을 좋아한다.

(4) 남을 따르는 법을 알지 못하는 사람은 좋은 지도자가 될 수 없다.

(5) 좋은 책을 읽는 것은 과거의 가장 뛰어난 사람들과 대화를 나누는 것과 같다.

문제2 다음 시조와 관련 있는 성어를 고르면?

> 어버이 살아신 제 섬길 일란 다하여라.
> 지나간 후이면 애닯다 어찌하랴.
> 평생에 고쳐 못할 일이 이뿐인가 하노라. - 정철 -

① 맥수지탄   ② 비육지탄   ③ 풍수지탄   ④ 망양지탄

문장의 성분

하나의 물건은 여러 가지 성분이 결합하여 만들어집니다. 액체로 보이는 저 화장품 안에는 정제수, 글리세린, 토코페롤 등 많은 성분이 들어 있습니다. 성분을 제대로 알아야 물건을 잘 선택하는 현명한 소비자가 될 수 있습니다. 그러면 화장품을 만드는 데에만 성분이 필요할까요? 아닙니다. 문장에도 문장을 만드는 성분이 필요합니다. 그런데 앞서 배운 품사의 이름과 문장 성분의 이름이 비슷하게 생겨 학생들이 많이 헷갈립니다. 품사는 단어의 특성이고, 성분은 문장을 구성하는 요소들로 이 둘은 차이가 있습니다. 잘 모르겠다면 아래 문장의 예를 통해 알아봅시다.

나	는	세계	를	다니며	가난한	사람들	을	돕	는	봉사자	가	되겠다.
품사	명사	조사	명사	조사	동사	형용사	명사	조사	동사	조사	명사	조사	동사
문장 성분	주어		목적어		서술어	관형어	목적어		관형어		보어		서술어

이제 좀 구분이 되나요? 품사가 같다고 문장 성분까지 같은 것은 아니랍니다.

주어 主語   주인^主이 되는 말^語

서술어가 나타내는 동작이나 상태의 주체가 되는 말입니다. 일반적으로 명사, 대명사 뒤에 조사 '은, 는, 이, 가'가 있으면 주어에 해당합니다. 하지만 보어도 '이, 가'의 조사를 취하니 잘 구별해야 합니다.

> **예** 우리 학교 <u>운동장은</u> 아주 넓다.
> 우리는 둘도 없는 <u>친구가</u> 되었다.
>   주어   보어

서술어 敍述語   주어의 동작, 상태 등을 펴서^敍 짓는^述 말^語

문장에서 주어의 상태를 설명해 주는 말입니다. 주어와 함께 문장을 이루는 가장 기본적인 단위입니다. 국어에서는 문장의 뒷부분에 오는 경우가 많습니다.

> **예** 오늘은 내가 동생과 함께 <u>있었습니다.</u>

목적어 目的語   눈^目이 목표^的로 하고 있는 것을 나타내는 말^語

목적이란 눈이 목표로 하고 쳐다보는 것을 말합니다. 목적어는 문장에서 동사가 나타내는 행위의 대상이 되는 말입니다. 조사 '을, 를'을 취하며 주로 동사 바로 앞에 있습니다.

> **예** 할머니께서 <u>홍시를</u> 좋아하십니다.

보어 補語   보탤^補 말^語

주어와 서술어만으로 뜻이 완전하지 못한 문장에서, 불완전한 곳을 보충하여 뜻을 완전하게 해주는 말입니다. 주로 조사 '이, 가'를 취하며 보어가 있어야 하는 서술어는 '되다'와 '아니다'가 있습니다.

> **예** 오해하지 마라. 나의 <u>진심이</u> 아니었단다.

補의 꼬리를 물고

- **보약 補藥**: 몸을 도와주는[補] 약[藥]
  몸의 전체적 기능을 조절하고 저항 능력을 키워 주며 기력을 보충해 주는 약
- **보궐 선거 補闕選擧**: 빠진[闕] 자리가 생겼을 때 보충[補]하기 위한 선거[選擧]
  선거로 선출된 의원이 그 임기 중 사직 · 실격 · 사망 등으로 빈자리가 생겼을 때 실시하는 임시 선거
  選擧는 '뽑아[選] 들다[擧]'라는 뜻으로 조직이나 집단이 누군가를 뽑는 일을 말합니다.
- **보충 수업 補充授業**: 부족한 부분을 보태고[補] 채워주는[充] 수업[授業]

관형어 冠形語 ^{갓관 모양형 말어} 관형사 冠形 의 역할을 하는 말 語

체언(명사, 대명사, 수사) 앞에서 체언의 뜻을 꾸며 주는 구실을 합니다. 모든 관형사는 관형어가 되지만, 모든 관형어는 관형사가 될 수 없습니다. 관형사는 조사가 붙을 수 없고, 모양이 변하지 않습니다. 이에 반해 관형어는 조사가 붙을 수 있으며, 모양이 변할 수 있습니다.

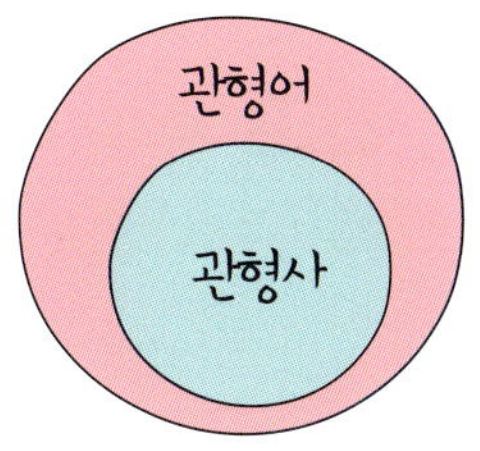

예 엄마가 새 인형을 사주셨다.
품사는 관형사, 문장 성분은 관형어

엄마가 예쁜 인형을 사주셨다.
품사는 형용사, 문장 성분은 관형어

부사어 副詞語 ^{도울/곁따를부 말사 말어} 부사 副詞 의 역할을 하는 말 語

용언(동사, 형용사)을 수식하여 용언의 내용을 정확하고 상세하게 알려주는 말입니다. 부사가 그대로 부사어가 되기도 하며, 체언에 조사 '~게, ~서, ~에게, ~에서' 등이 붙어 부사어가 되기도 합니다.

예 그 아이들은 심지어 울기까지 하였다.

- 부작용 副作用: 약이 지닌 본래의 작용 이외에 곁따르며[副] 일어나는 바람직하지 못한 작용[作用]
- 부상 副賞: 상장 외에 곁따르며[副] 주는 상[賞]
  활용 교내 미술 대회 입상자 전원에게는 상장과 부상(副賞)이 수여되었습니다.

독립어 獨立語 ^{홀로독 설립 말어} 홀로 獨 서서 立 쓰이는 말 語

문장에서 다른 성분과 밀접한 관계없이 독립적으로 쓰이는 말입니다. 주로 문장의 첫 부분에 쓰이며 '그리고, 그러나, 그런데' 등과 같은 접속 부사도 이에 속합니다.

예 아, 철수야!, 네, 아니요

▶정답 p.310

문제1 주어를 찾아 ○ 하세요.

(1) 예쁜 아기가 방 안에서 운다.

(2) 두 손뼉이 맞아야 소리가 난다.

문제2 서술어를 찾아 ○ 하세요.

(1) 모난 돌이 정 맞는다.

(2) 저 사람은 매운 음식을 잘 먹는구나.

문제3 목적어를 찾아 ○ 하세요.

(1) 누울 자리 봐 가며 발을 뻗어라.

(2) 민호는 백화점에서 동생 신발을 샀다.

문제4 보어를 찾아 ○ 하세요.

(1) 아직 때가 아닙니다.

(2) 그는 장애를 극복하고 훌륭한 사람이 되었습니다.

문제5 관형어를 찾아 ○ 하세요.

(1) 그는 각고의 노력 끝에 그 일을 드디어 해냈다.

(2) 적당한 운동은 건강에 좋으나 지나친 운동은 해가 될 수도 있습니다.

문제6 독립어를 찾아 ○ 하세요.

(1) 아이코! 이게 무슨 날벼락이니?

(2) 청춘이여! 이 얼마나 좋은 말인가?

언어적 예술

서점의 많은 책을 보고 놀란 적이 있나요?

물론 저 책들은 빙산의 일각에 불과하죠. 전 세계 사람들이 쓴 문학책은 이보다 훨씬 많답니다. 흔히 문학을 언어로 표현한 예술이라고 하죠. 언어를 가지고 '무(無)'에서 '유(有)'를 창조하는 사람들을 보면 다시 한 번 위대한 인간의 능력에 놀라게 됩니다. 자, 여기서 문제 하나! 스웨덴의 화학자 알프레드 노벨의 유산을 기금으로 제정된 상은 무엇일까요? 네! 바로 노벨상입니다. 노벨상 수상 시기가 되면 TV를 비롯한 대중 매체에서 누가 어떤 상을 받았다는 것이 단연 화제가 됩니다. 노벨상 분야에 바로 노벨 문학상이 있다는 사실도 알고 있나요? 노벨 문학상은 "이상(理想)적인 방향으로 문학 분야에 가장 눈에 띄는 기여를 한 분께 수여하라."는 알프레드 노벨의 유언에 따라 1901년부터 해마다 전 세계의 작가 중 한 사람에게 주는 상입니다. 문학 작품은 시, 소설, 수필, 희곡 등 여러 가지 형식이 있습니다. 어떤 뜻인지 알아야 그 형식에 맞는 글도 멋지게 쓸 수 있겠죠? 그럼 언어로 표현하는 예술인 문학의 세계로 한번 빠져볼까요?

정형시 定型詩 정할 정 형식 형 시 시 정해진[定] 형식[型]에 맞추어 지은 시[詩]

정형시는 일정한 형식과 규칙에 맞추어 지은 시입니다. 법칙과 규칙이 정해져 있어 시를 짓기 까다롭습니다. 형식에 제한을 두지 않고 자유롭게 쓰는 자유시가 나타나기 전까지 시를 짓는 일은 지식인들의 소유였습니다. 대표적인 정형시로는 우리나라의 시조(時調), 한시(漢詩)의 절구와 율시가 있습니다.

들여다보기

• 시조 時調: 그 시대[時]에 부른 노래 곡조[調]

고려 말기부터 발달하여 온 우리나라 고유의 정형시입니다. '시절가조(時節歌調: 그 시절에 부르는 노래)'라는 말을 줄인 데서 유래하였습니다.

시조와 관련된 재미있는 일화가 있습니다.

이성계가 위화도에서 회군하였을 때, 이성계의 아들 이방원(후에 조선 태종)이 정몽주의 뜻을 떠보고자 다음과 같은 시조를 읊었습니다.

> 이런들 어떠하며 저런들 어떠하리
> 만수산 드렁칡이 얽혀진들 어떠하리
> 우리도 이같이 하여 백년까지 누리리라.　　「하여가(何如歌)」

이를 들은 정몽주는 다음과 같은 시조로 답하였습니다.

> 이몸이 죽고죽어 일백번 고쳐죽어
> 백골이 진토되어 넋이라도 있고없고
> 님향한 일편단심이야 가실줄이 있으랴.　　「단심가(丹心歌)」

이 시조를 들은 이방원은 정몽주가 자신들과 함께할 마음이 없음을 알고, 정몽주가 돌아가는 길에 선죽교에서 죽였다고 합니다.

시조도 여러 종류가 있습니다. 위의 시조처럼 세 줄로 된 삼장 형식의 가장 기본적인 시조를 평시조라 합니다. 초장, 중장 가운데 어느 한 장이 평시조보다 1음보 정도 더 길어진 시조를 엇시조라 하는데, 엇시조의 '엇'은 한글이 아닌 한자입니다. 엇시조를 한자로 쓰면 '旕時調'입니다. 여기서 '旕'은 우리나라에서 만든 한자입니다. '於+叱'의 조합인데, '어' 소리가 나는 '於'에 받침을 표시하는 '叱'을 넣어 만든 글자입니다. 이런 방식으로 우리나라에서 만든 한자들이 있습니다. 乭 (돌, 石+乙), 釗 (쇠, 金+リ), 乬 (걱, 巨+ㄱ) 등이 그 예입니다. 보통은 이름을 기록하기 위해서 만들어졌다고 합니다. 양반이 아니고서는 대부분 불리기 쉬운 이름으로 지었을 테니 이런 글자들이 많이 필요했을 거예요. '乭釗(돌쇠)', 많이 들어 본 이름이죠?

서사시 敍事詩 일事을 펼쳐敍 쓴 시詩

역사적 사실이나 신화, 전설 등을 사실 그대로 쓴 시입니다. 건국 당시 민족이나 국가의 웅대한 정신을 신이나 영웅을 중심으로 하여 읊은 것이 많습니다.

유명한 서사시로는 호메로스의 『일리아스』, 『오디세이』, 단테의 『신곡』, 우리나라 이규보의 『동명왕편』이 있습니다.

다음은 『동명왕편』의 일부입니다.

예 …王知慕漱妃(왕지모수비) / 仍以別室置(잉이별실치) / 懷日生朱蒙(회일생주몽) / 是歲歲在癸(시세세재계) / 骨表諒最奇(골표량최기) / 啼聲亦甚偉(제성역심위) / 初生卵如升(초생란여승) / 觀者皆驚悸(관자개경계) / 王以爲不祥(왕이위불상) / 此豈人之類(차기인지류) / 置之馬牧中(치지마목중) / 群馬皆不履(군마개불리) / 棄之深山中(기지심산중) / 百獸皆擁衛(백수개옹위) …

…왕이 해모수의 왕비인 것을 알고 / 이내 별궁에 두었다 / 해를 품고 주몽을 낳았는데 / 이해가 계해년이었다 / 골상이 참으로 기이하고 / 우는 소리가 또한 매우 컸다 / 처음에 되만 한 알을 낳으니 / 보는 사람들이 깜짝 놀랐다 / 왕이 상서롭지 못하다 / 이것이 어찌 사람의 종류인가 하고 / 마구간 속에 두었더니 / 여러 말이 모두 밟지 않고 / 깊은 산 속에 버렸더니 / 온갖 짐승이 모두 주위를 둘러쌌다…

서정시 抒情詩 정서情를 펼쳐抒 쓴 시詩

작가 자신의 감정과 정서를 주관적으로 읊은 시입니다. 자아의 감정과 시인이 관찰한 사물에 대한 생각 등을 노래한 시이며, 대표적 서정 시인으로 김소월·한용운·김영랑 등이 있습니다.

예

돌담에 속삭이는 햇발같이

　　　　- 김영랑 -

돌담에 속삭이는 햇발같이
풀 아래 웃음짓는 샘물같이
내 마음 고요히 고운 봄 길 위에
오늘 하루 하늘을 우러르고 싶다.

새악시 볼에 떠오는 부끄럼같이
시의 가슴에 살포시 젖는 물결같이
보드레한 에머랄드 얇게 흐르는
실비단 하늘을 바라보고 싶다.

찬란한 봄날의 정경 속에서 아름다운 자연의 모습을 느끼는 작가의 모습을 정감 있게 묘사한 시입니다.

 여다보기

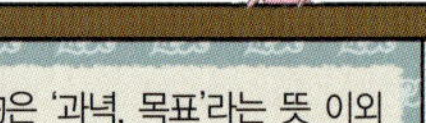

的은 '과녁, 목표'라는 뜻 이외에도 '~의, ~에'라는 뜻으로 쓰이는 어조사의 역할도 합니다.

• **시적 화자 詩的話者**: 시[詩]에서[的] 말하는[話] 사람[者]

시적 화자는 시에서 말하는 사람입니다. 시적 화자가 작가 자신일 수도 있고, 아닐 수도 있습니다. 즉, 작가가 다른 사람의 입을 통해 말하는 때도 있습니다.

예

진달래꽃

— 김소월 —

나 보기가 역겨워
가실 때에는
말없이 고이 보내 드리오리다.

영변에 약산
진달래꽃,
아름 따다 가실 길에 뿌리오리다.

가시는 걸음걸음
놓인 그 꽃을
사뿐히 즈려 밟고 가시옵소서.

나 보기가 역겨워
가실 때에는
죽어도 아니 눈물 흘리오리다.

이 시의 시적 화자는 김소월이 아닌 '사랑하는 임을 떠나보내는 여성'입니다. 작가는 이 여성의 입을 통해 사랑하는 임과의 이별을 노래하였습니다.

• **시적 허용 詩的許容**: 시[詩]에서[的] 허락하고[許] 받아들이는[容] 표현 방법

시적 허용은 시에서 표현된 말이 문법상 잘못되었더라도 시적인 효과를 위하여 그 표현을 허락하는 것입니다.

예

승무

— 조지훈 —

얇은 사(紗) 하이얀 고깔은
고이 접어서 나빌레라.

'나비 같구나!'라는 표현을 '나빌레라'라고 했습니다. '나빌레라'는 사전에 있지 않은 말이나 시적인 효과를 위해 시인이 사용한 시어입니다.

예

국화 옆에서

— 서정주 —

그립고 아쉬움에 가슴 조이던
머언 먼 젊음의 뒤안길에서

'머언 먼'은 문법상 잘못된 표현입니다. '매우 멀다'는 느낌을 표현하기 위해 시인이 사용한 시어입니다.

소설 小說 작은 小 이야기 說

소설은 사실 또는 작가의 상상력에 바탕을 두고 허구적으로 이야기를 꾸며 나간 산문체의 문학 양식입니다. 배경과 등장인물의 행동, 사상, 심리를 통해 인간의 모습이나 사회의 모습을 드러냅니다. 중국 고전인 『장자』와 『한서』 등에서 소설이라는 말이 등장하였으며, 그 당시에는 속된 이야기를 가리키는 것으로 사용되었습니다.

왜 작은 이야기(小說)일까?

우리나라 국문학사상 소설이라는 명칭을 처음 사용하고 있는 것은 이규보의 『백운소설』입니다. 이 작품은 제목과 달리 소설이라기보다 작품해설 혹은 수필에 가까운 시평집(詩評集)입니다. 여기서 '소설'이라는 제목을 붙인 것은 단순히 하찮은 이야기, 즉 '자질구레한 이야기'라는 뜻으로 사용된 것입니다. 오늘날의 소설과 그 개념이 다르긴 하지만 '소설'의 어원을 이야기할 때 빠질 수 없습니다.

시[詩]를 평한[評] 것을 모아놓은[集] 책

 **들여다보기**

다음 소설의 한 부분을 통해 소설 용어를 알아봅시다.

> 다음 날부터 좀 더 늦게 개울가로 나왔다. 소녀의 그림자가 뵈지 않았다. 다행이었다. 그러나 이상한 일이었다. 소녀의 그림자가 뵈지 않는 날이 계속될수록 소년의 가슴 한 구석에는 어딘가 허전함이 자리 잡는 것이었다.
>
> (중략)
>
> 소녀가 산을 향해 달려갔다. 이번은 소년이 뒤따라 달리지 않았다. 그러고도 곧 소녀보다 더 많은 꽃을 꺾었다.
> "이게 들국화, 이게 싸리꽃, 이게 도라지꽃,……."
> "도라지꽃이 이렇게 예쁜 줄은 몰랐네. 난 보랏빛이 좋아! 그런데, 이 양산같이 생긴 노란 꽃이 뭐지?"
> "마타리꽃."
> 소녀는 마타리꽃을 양산 받듯이 해 보인다. 약간 상기된 얼굴에 살포시 보조개를 떠올리며.
> 다시 소년은 꽃 한 옴큼을 꺾어 왔다. 싱싱한 꽃가지만 골라 소녀에게 건넨다.
>
> 황순원, 『소나기』 중에서

• **전지적 작가 시점 全知的作家視點: 작가[作家]가 모든[全] 것을 아는[知的] 처지에서 보는[視] 점[點]**

전지적 작가 시점은 작가가 모든 것을 아는 상태에서 등장인물을 보는 시점입니다. 그래서 등장인물의 행동, 심리, 감정 등의 모든 것을 분석하여 서술합니다. 『소나기』는 작가가 소년의 행동이나 마음 상태를 모두 알고 서술하였기 때문에 전지적 작가 시점에서 쓰인 소설입니다.

• **복선 伏線: 숨겨[伏] 놓은 선[線]**

복선은 소설이나 희곡에서, 앞으로 일어날 사건에 대하여 독자가 미리 짐작할 수 있도록 작가가 숨겨 놓은 장치입니다. 위에서는 소녀의 "난 보랏빛이 좋아!"라는 말이 비극적 결말을 암시하는 복선입니다. 보라색이 죽음과 슬픔을 암시하기 때문에 비극적임을 미리 짐작할 수 있습니다. 보라색이 죽음과 슬픔을 나타내게 된 것은 그리스 신화에서 비롯되었습니다. 그리스 신화에 등장하는 히아킨토스는 죽으면서 피를 흘렸는데 이 피가 스며든 땅에 보라색 꽃이 피었다고 합니다. 그래서 보라색이 죽음과 슬픔을 상징하게 되었습니다.

연작 소설 聯作小說 연이을 연 지을 작 작을 소 말씀 설 연이어 聯 지은 作 소설 小說

연작 소설은 여러 작가가 나누어 쓴 소설을 하나로 만들거나, 한 작가가 같은 인물을 주인공으로 한 단편 소설을 여러 편 써서 하나로 만든 소설입니다. 우리나라의 대표적인 연작 소설로는 조세희의 『난장이가 쏘아올린 작은 공』이 있습니다. 이 연작 소설에는 모두 열두 편의 단편 소설들이 있습니다. 이 작품은 난쟁이 일가의 삶을 통해 산업화 과정에서 자기 삶의 터전을 일구지 못한 도시 노동자들의 비참한 생활을 그리고 있습니다.

수필 隨筆 따를 수 붓 필 붓 筆 을 따라가며 隨 쓴 글

수필은 일정한 형식을 따르지 않고 견문이나 체험 또는 의견이나 감상 등을 붓 가는 대로 쓴 글입니다. 일상생활에서 일어나는 사소한 일을 소재로 가볍게 쓴 경(輕)수필과 사회적, 시사적, 철학적 등의 내용을 논리적이고 객관적으로 쓴 중(重)수필이 있습니다.

예 피천득의 『인연』, 법정 스님의 『무소유』

희곡 戲曲 놀이 희 대본 곡 연극 戲 의 대본 曲

희곡은 공연을 목적으로 하는 연극의 대본으로 해설, 지문, 대사로 구성되어 있습니다. 해설은 희곡의 첫머리에 등장인물, 배경, 무대 장치 등을 소개하는 글이며, 지문은 인물의 동작·표정·심리·말투 등을 지시하거나 서술하는 글입니다. 대사는 등장인물이 하는 말로 서로 주고받는 말인 대화, 혼자 말하는 말인 독백, 무대 위의 다른 인물에게는 들리지 않고 관객만 들을 수 있는 말인 방백이 있습니다. 희곡은 독자를 상대로 하는 시나 소설과 달리 관객을 상대로 한다는 특징이 있습니다.

정답 p.310

문제 1 다음 밑줄 친 부분과 같은 표현 방법을 4음절로 쓰세요.

> 어두운 방 안엔
> <u>바알간</u> 숯불이 피고,
>
> 외로이 늙으신 할머니가
> 애처로이 잦아드는 어린 목숨을 지키고 계시었다.
>
> 김종길, 「성탄제」 중에서

문제 2 '전지적 작가 시점'의 '전지적(全知的)'에 대한 뜻풀이로 알맞은 것은?

① 모든 토지의　　　　② 넓은 종이의　　　　③ 전에 알고 있는
④ 모든 것을 알고 있는　　⑤ 앞으로 알게 되는

문제 3 다음 중 정형시에 속하는 것은?

① 바람도 없는 공중에 수직의 파문을 내이며,
고요히 떨어지는 오동잎은 누구의 발자취입니까.
지리한 장마 끝에 서풍에 몰려가는 무서운 검은 구름의 터진 틈으로,
언뜻언뜻 보이는 푸른 하늘은 누구의 얼굴입니까.
근원은 알지도 못할 곳에서 나서,
돌부리를 울리고 가늘게 흐르는 작은 시내는 굽이굽이 누구의 노래입니까.

한용운, 「알 수 없어요」 중에서

② 동창이 밝았느냐 노고지리 우지진다.
소치는 아이는 상기 아니 일었느냐.
재너머 사래 긴 밭을 언제 갈려 하느니.

남구만, 「동창이 밝았느냐」 중에서

③ 사각형의내부에사각형의내부의사각형의내부의사각형의내부의사각형
사각이난원운동의사각이난원운동의사각이난원
비누가통과하는혈관의비눗내를투시하는사람
지구를모형으로만들어진지구의를모형으로만들어진지구

이상, 「건축무한육면각체」 중에서

문장의 성격

'A형은 꼼꼼하고 성실한 성격의 소유자, B형은 쾌활하고 적극적인 성격의 소유자, O형은 끈기와 욕심을 지니고 있고, AB형은 친절하고도 냉철하다는 인상을 준다.' 혈액형에 따라 다르게 나타나는 성격을 표현한 말입니다. 하지만 이 세상 모든 사람을 어떻게 4가지의 분류로만 나눌까요? 혈액형별 성격은 사람에 따라 맞는 내용도 있고, 아닌 내용도 있겠죠?

"저는 성격이 활발하고 사교성이 좋아 친구를 잘 사귑니다."

자기소개할 때면 언제나 등장하는 '성격'. 성격이 뭘까요? 성격이란 개인이나 어떤 사물이 가지고 있는 고유한 성질이나 품성을 말합니다. 그런데 문장에도 성격이 있습니다. 글을 읽다 보면, '어, 이 글은 문장의 길이가 짧아서 읽기 좋은데?' 혹은 '이 글은 문장이 너무 길고 딱딱해. 재미가 없어서 집중도 안 되고, 읽기 너무 어려워.'라는 느낌을 받은 적 있죠? 글마다 이렇게 다르게 느껴지는 이유는 바로 문장이 가지고 있는 성격 때문입니다. 문장의 성격은 지은이의 영향을 많이 받는답니다.

"글은 곧 사람이다." 라는 유명한 말이 있습니다. 즉 지은이의 생각이나 개성이 글에 나타나게 되고

그 때문에 글의 전체적인 특성이 결정됩니다. 그럼, 문장의 개성이 가장 많이 나타나는 문장의 체제와 문장의 성격을 살펴봅시다.

 **문장의 체제**

간결체 簡潔體
간략할 간 깨끗할 결 문체 체
간략하고 簡 깨끗한 潔 느낌의 문체 體

간결체는 짧고 단순한 구조를 띤 문장으로 내용을 명쾌하게 표현하는 문체(文體)입니다. 많은 내용을 압축하여 함축성 있게 표현하며, 반복이나 자세한 설명을 하지 않습니다.

→ 문장[文]의 체제[體]

예 밤이 깊었다. 무서웠다. 하지만 난 버텨야 했다. 앞으로 5시간이 남았을 뿐이었다.

만연체 蔓衍體
덩굴 만 넘칠 연 문체 체
덩굴지고 蔓 널리 퍼지듯이 衍 표현한 문체 體

만연체는 많은 어구를 이용하여 수식하고 설명함으로써 문장을 장황하게 표현하는 문체입니다. 세밀한 부분까지 나타내어 정보를 충분히 전달할 수 있습니다. 그러나 긴 문장이 되기 쉽고, 문장 사이의 긴밀성이 떨어져 지루한 느낌이 들 수도 있습니다.

예 알 수 없는 느낌이지만 따스하면서도 아련한 추억 속의 향내가 가득 배어 있는 듯한 기분이 들어서 고개를 들었으나 그 이유를 알 수는 없었고 나는 그저 멍하니 그의 발밑을 바라보고 있었다.

강건체 剛健體
굳셀 강 굳셀 건 문체 체
굳세고 剛 굳센 健 문체 體

강건체는 강직하고 굳세며 남성적인 힘이 있는 문체입니다. 힘차고 굳센 품격을 지녀 주장이 강하고 장중한 느낌이 드는 반면에 글의 성격이 추상적으로 되기 쉽습니다.

예 의리! 젊은 나의 피를 끓게 했던 의리. 너의 젊은 피도 나처럼 끓고 있는가?

우유체 優柔體
우아할 우 부드러울 유 문체 체
우아하고 優 부드러운 柔 문체 體

우유체는 문장을 부드럽고 우아하게 표현하는 여성적인 문체입니다. 문체의 길이가 비교적 길고 어조가 온화한 것이 특징입니다.

예 은은한 달빛 아래에서 하늘거리는 소매를 흔들며 춤을 추는 소녀는 내 맘 속에 달빛만큼 따사롭게 다가왔다.

건조체 乾燥體
마를 건 마를 조 문체 체
마르고 乾 마른 燥 문체 體

건조체는 비유나 수사가 없거나 적어 감정이 마른 듯한 느낌이 드는 문체입니다. 사실만 담담하게 표현함으로써 문장이 무뚝뚝하고 건조해서 감성적인 글에 어울리지 않습니다. 내용이나 의미를 전달하는 데 효과적이며, 논설문이나 설명문, 기사문 등에 많이 쓰입니다.

예 진돗개는 우리나라 고유의 개로 귀소본능이 뛰어나다. 역삼각형의 머리와 뾰족 서 있는 귀가 특징이다.

乾은 '마르다'라는 뜻 외에도 '하늘'이라는 뜻이 있습니다.

- 건기 乾期: (기후가) 건조한[乾] 시기[期]
  활용 동남아시아, 인도, 아프리카 등에서는 건기(乾期)와 우기(雨期)의 구별이 뚜렷하다.
- 건포도 乾葡萄: 건조시킨 포도, 즉 말린[乾] 포도[葡萄]
- 건곤감리 乾坤坎離: 태극기의 모서리에 표현되어 하늘[乾]과 땅[坤], 물[坎]과
  불[離]을 상징하는 4개의 괘(卦)

화려체 華麗體
빛날 화 고울 려 문체 체
빛나고 華 고운 麗 문체 體

화려체는 비유와 수식이 많아 문장이 화려하고 예술적인 문체입니다. 리듬감과 색채감을 나타내는 여러 가지 수사법을 동원하여 감정을 잘 표현할 수 있습니다.

예 빨갛고 노란 예쁜 꽃들이 비발디의 사계 중 봄의 노래에 맞춰 춤추며 비를 맞고 있었다.

문어체 文語體
글 문 말 어 문체체
글 文 에만 쓰는 말 語 로 쓰인 문체 體

문어체는 일상적인 대화에서 쓰는 말이 아닌, 글에서만 쓰는 말로 쓰인 문체입니다. 현대의 일상적인 대화에서 사용되는 구어체에 비하여 잘 쓰이지 않는, 더 오래된 시대의 말투가 많이 들어간 고전 소설이나 옛 기록에 많이 사용되었습니다.

예 "물러가거라."라고 사또가 말하거늘, 길동은 침소로 돌아와 설워함을 마지아니하더라.

구어체 口語體
입 구 말 어 문체체
입 口 에서 하는 말 語 로 쓰인 문체 體

구어체는 문장에서만 쓰는 특별한 말이 아닌, 일상적인 대화에서 쓰는 말을 사용하여 글로 쓴 문체입니다. 일상적인 대화에서 쓰는 말을 사용하므로 한문(漢文)체가 배제되었으며, 소설이나 희곡에 많이 사용됩니다.

예 정말 아름다운 이야기가 아닌가요? 이런 이야기 내게는 안 생길까나?

개연성 蓋然性
대개 개 그러할 연 성질 성
대개 蓋 그러할 然 것이라 여겨지는 성질 性

개연성은 꼭 단정할 수는 없으나 대개 그러할 것으로 생각하는 성질입니다. '반드시[必] 그렇게[然] 될 수

밖에 없는 요소나 성질[性]'인 '필연성(必然性)'과 구별하여 기억합시다.

명료성 明瞭性
밝을 명 밝을 료 성질 성

분명하고 明 뚜렷한 瞭 성질 性

명료는 '확실하다, 분명하다, 똑똑하다, 정확하다, 명백하다'는 뜻입니다. 명료성은 무엇인가 분명하게 구분되는 성질로 설명문에서 주로 볼 수 있습니다.

모순성 矛盾性
창 모 방패 순 성질 성

창 矛 과 방패 盾 처럼 서로 어긋나는 성질 性

모순성은 서로 어긋나는 성질이나 상태를 말합니다. 옛이야기에서 유래한 모순은 '창과 방패'라는 뜻으로, 어떤 사실의 앞뒤, 또는 두 사실이 이치상 어긋나서 서로 맞지 않음을 나타냅니다.

모순(矛盾)의 유래

중국 초나라의 한 상인이 시장에서 창과 방패를 늘어놓고 팔고 있었습니다. 이 상인은 방패를 들고서 "이 방패를 보십시오. 이 방패는 견고하여 어떠한 창도 뚫을 수 없습니다."라고 외쳐 대며 팔았습니다. 다음에 창을 들고서 "이 창을 보십시오. 이 창은 예리하여 뚫지 못하는 방패가 없습니다."라고 외쳐 대며 팔았습니다. 그때 한 구경꾼이 "그 창으로 그 방패를 뚫어 보면 어떻게 됩니까?"라고 물으니 상인은 아무 대답도 못하였습니다.

앞뒤가 맞지 않은 말을 하였다는 이야기에서 유래한 모순은 어떤 사실의 앞뒤, 또는 두 사실이 이치상 어긋나서 서로 맞지 않음을 이르는 말입니다.

전기성 傳奇性
전할 전 기이할 기 성질 성

기이한 奇 이야기를 전하는 傳 성질 性

문학 장르 중 '고전 소설'은 전기성을 띤 경우가 많습니다. 전기성을 띤 소설은 현실의 인간 생활을 떠나 하늘 세계 · 지하 세계 · 용궁 등에서 벌어지는 기이한 사건을 다룹니다. 또 비현실적인 싸움 장면이나 사랑 이야기를 다루기도 합니다.

전기(傳奇)와 동음이의어

- **전기電氣**: 물질 안에 있는 전자[電] 또는 이온의 움직임 때문에 생기는 기운[氣]의 한 형태
  `활용` 현대 생활에 있어 전기(電氣)는 없어서는 안 될 중요한 에너지이다.

- **전기傳記**: 한 사람의 일생의 행적을 전하여[傳] 적은 기록[記]
  `활용` 위인들의 전기(傳記)는 아이들의 인격 형성에 도움을 준다.

- **전기前期**: 일정 기간을 둘이나 셋으로 나누었을 때의 맨 앞[前] 기간[期]
  `활용` 조선 전기(前期)에 비해 조선 후기는 서민들의 예술이 많이 발전하였다.

- **전기轉機**: 전환점[轉]이 되는 기회[機]나 시기
  `활용` 이번 여름 방학은 그의 일생에 커다란 전기(轉機)를 만든 시간이었다.

허구성 ^{빌 허}虛 ^{얽을 구}構 ^{성질 성}性 헛된虛 것을 구성하여構 만든 성질性이나 요소

허구성은 사실이 아닌 일을 사실처럼 꾸며 만들어진 모양이나 요소를 가지는 성질입니다. 소설이나 희곡에서, 작가의 상상을 통하여 실제로 없는 사건을 있을 수 있는 일처럼 꾸며 놓은 허구를 발견할 수 있습니다.

≫정답 p.310

문제1 다음 문장에서 나타나는 문제를 골라 보세요.

> 허생원은 젖은 옷을 웬만큼 짜서 입었다. 이가 덜덜 갈리고 가슴이 떨리며 몹시도 추웠으나 마음은 알 수 없이 둥실둥실 가벼웠다.
> "주막까지 부지런히들 가세나. 뜰에 불을 피우고 훗훗이 쉬어. 나귀에겐 더운 물을 끓여 주고, 내일 대화장 보고는 제천이다."
> "생원도 제천으로?……"
> "오래간만에 가 보고 싶어. 동행하려나 동이?"
> 나귀가 걷기 시작하였을 때, 동이의 채찍은 왼손에 있었다. 오랫동안 아둑시니같이 눈이 어둡던 허생원도 요번만은 동이의 왼손잡이가 눈에 띄지 않을 수 없었다.
> 걸음도 해깝고 방울 소리가 밤 벌판에 한층 청청하게 울렸다.
> 달이 어지간히 기울어졌다.　　　　　　　이효석,『메밀꽃 필 무렵』중에서

① 문어체　　　　② 만연체　　　　③ 간결체
④ 강건체　　　　⑤ 건조체

문제2 다음 문장에서 나타나는 성격을 골라 보세요.

> 토끼란 것은 천지개벽한 후 음양과 오행으로 된 짐승이라. 병을 음양오행의 상극으로도 고치고 상생으로도 고치는 법이라. 토끼 간이 두루 제일 좋은 것이온데 더구나 대왕은 물속 용신이시오, 토끼는 산속 영물이라. 산은 양이요. 물은 음이올 뿐더러 그 중에 간이라 하는 것은 더욱 목기(木氣)로 된 것이온즉 만일 대왕이 토끼의 생간을 얻어 쓰시면 음양이 서로 화합함이라. 그럼으로 신효하시리라 하옵나이다.　　『토끼전』중에서

① 명료성　　　　② 전기성　　　　③ 모순성
④ 개연성　　　　⑤ 필연성

표현법,
네 마음을 보여 줘!

남학생이 하고 싶은 말을 제대로 하지 못하는 모습을 보니 답답하죠?

그런 모습에 여학생은 남학생이 자기를 좋아한다고 착각하고 있습니다. 자기 의사를 제대로 표현하지 못하면 위와 같은 엉뚱한 상황이 일어나기 마련입니다.

생각이나 느낌을 언어나 몸짓으로 드러내어 나타내는 것을 표현이라고 합니다. 표현하지 못하면 그 사람의 생각이나 느낌을 알 수 없습니다. 글을 쓰는 작가는 문장을 통해서 자기 생각이나 느낌을 표현합니다. 문장에서 이루어지는 표현법은 다양합니다. 다양한 표현법은 독자에게 글을 읽는 즐거움을 선사합니다. 그럼 국어에서 쓰이는 표현법에는 무엇이 있는지 알아볼까요?

직유법 直喻法 곧을 직 비유할 유 법 법 곧바로 直 비유하는 喻 방법 法

직유법은 비슷한 성질이나 모양을 가진 두 사물을 직접 비유하는 표현법입니다. 직접 비교하여 표현하는 방법이므로 묘사가 정확하며, 두 사물을 '~같이, ~처럼, ~듯이' 등과 같은 연결어로 이어줍니다.

예 꽃같이 예쁜 우리 아기, 물결처럼 요동치는 나의 마음

은유법 隱喻法 숨을 은 비유할 유 법 법 몰래 숨겨 隱 비유하는 喻 방법 法

은유법은 사물의 상태나 움직임을 암시적으로 나타내는 표현법입니다. 실제로 표현하려는 내용인 원관념은 숨기고, 원관념의 뜻이나 분위기가 잘 드러나도록 도와주는 보조 관념(觀念)을 드러내어 표현합니다. 여기서 원관념과 보조 관념은 같은 것으로 보며, 'A(원관념)는 B(보조 관념)다.'의 형태로 나타냅니다.

예 내 마음은 호수요. ➡ 내 마음 (원관념), 호수 (보조 관념)
　　당신은 나의 천사 ➡ 당신 (원관념), 나의 천사 (보조 관념)

어떤 것을 바라보는[觀]
추상적인 견해나 생각[念]

대유법 代喻法 대신할 대 비유할 유 법 법 대신하여 代 비유하는 喻 방법 法

대유법은 전달하려는 어떤 사물이나 관념을 대신하여 그것과 관련 있는 다른 사물이나 관념을 나타내는 표현법입니다. 즉, 표현하려는 낱말 대신에 다른 낱말을 사용하여 원래 표현하고 싶은 뜻을 나타냅니다.

예 요람에서 무덤까지 ➡ 요람은 '탄생', 무덤은 '죽음'을 나타냄.
　　사람은 빵만으로 살 수 없다. ➡ 빵은 '식량'을 나타냄.

풍유법 諷喻法 알릴 풍 비유할 유 법 법 슬며시 알려 諷 비유하는 喻 방법 法

풍유법은 본뜻은 숨기고 비유하는 말로 숨겨진 뜻을 넌지시 알리는 표현법입니다. 주로 속담이나 격언에서 풍유법을 볼 수 있습니다.

예 금강산도 식후경 ➡ 아무리 즐거운 일이라도 배가 불러야 흥이 남.
　　빈 수레가 요란하다. ➡ 실속 없는 사람이 더 떠들어 댐.

활유법 活喻法 살 활 비유할 유 법 법 살아 活 있는 것처럼 비유하는 喻 방법 法

활유법은 생명이 없는 사물을 마치 살아 있는 것처럼, 움직임이 없는 식물을 동물처럼 나타내는 표현법으로 생동감과 역동적인 느낌이 들게 합니다. 인간적 감정이나 행동까지 나타내는 의인법과 구별하여 알아 둡시다.

예 잠들지 못하는 바다, 봄이 소리도 없이 온다.

의인법 擬人法

비길 의 사람 인 법 법

사람 人 에 빗대어 擬 표현하는 방법 法

의인법은 사람이 아닌 사물을 사람에 빗대어 사람이 행동하는 것처럼 표현하는 방법입니다. 사람 이외의 대상에 인간적 특성을 부여하여 인격화하기 때문에 단순히 살아 있는 것처럼 표현하는 활유법과 차이가 있습니다.

> **예** 마당의 꽃이 나를 보며 다정하게 웃는다.
> 바람은 엄마를 꼭 감싸 안아 주었다.

중의법 重義法

겹칠 중 뜻 의 법 법

두 重 가지 이상의 뜻 義 을 표현하는 방법 法

중의법은 한 단어에 두 가지 이상의 뜻을 함께 표현하는 방법입니다. 여기서 두 가지 이상의 뜻은 유사한 뜻이 아닌 서로 전혀 다른 개념의 뜻을 나타냅니다. 중의법을 통해 작가의 재치를 엿볼 수 있습니다.

> **예** 수양산(首陽山) 바라보며 이제(夷齊)를 한하노라. → 수양산은 중국의 '수양산'과 조선의 '수양 대군'을 뜻함.
> 명월이 만공산 하니 쉬어 간들 어떠리. → 명월은 '밝은 달'과 '황진이'를 뜻함.

重은 '무겁다'라는 뜻 외에 '중요하다, 겹치다'의 뜻도 있습니다.

- 과중 過重: 지나치게[過] 무거움[重].
- 중차대 重且大: 매우 중요하고[重] 또[且] 큼[大].
- 중복 重複: 같은 것이 두 번 이상 거듭[重]하여 겹침[複].
  활용 한번 사용한 단어는 중복(重複) 사용하지 마십시오.

연쇄법 連鎖法

이을 연 쇠사슬 쇄 법 법

이어진 連 사슬 鎖 처럼 표현하는 방법 法

연쇄법은 앞 구절의 뒷부분을 다음 구절의 앞부분에 이어받아 표현하는 방법입니다. 흥미를 유지하며 표현하고자 하는 내용을 강조하는 효과가 있기 때문에 이미지나 심상(心象)을 강조할 때 많이 씁니다.

> **예** 원숭이 엉덩이는 빨개, 빨가면 사과, 사과는 맛있어, 맛있으면 바나나……
> 여기에 큰 나무가 한 그루 있는데, 그 나무를 톱으로 자르면 단면이 생기고, 그 단면에는 나이테가 나타난다.
>
> *감각으로 얻은 현상이 마음[心]속에서 생겨난 모양[象]*

반어법 反語法

반대 반 말 어 법 법

반대로 反 말하여 語 의미를 강조하는 방법 法

반어법은 문장의 의미를 강화하기 위해 실제와 반대되는 말로 표현하는 방법입니다. 겉으로 표현한 내용과 속마음에 있는 내용이 서로 반대이기 때문에 강한 인상을 줍니다.

> **예** (인색한 사람에게) 참 많이도 준다!
> (마음에 들지 않은 사람에게) 예쁜 짓만 골라서 하네!

역설법 逆說法 _{어긋날 역 말씀 설 법 법} 말 說을 어긋나게 逆 하여 의미를 강조하는 방법 法

역설법은 겉으로 표현된 내용이 이치에 맞지 않은 듯하나 그 속에 진실하고 정당한 뜻이 담기도록 표현하는 방법입니다. 겉으로 보이는 내용 자체에 모순이 있으나 모순되는 말을 사용함으로써 지은이의 생각을 강하게 표현할 수 있습니다.

> 예 소리 없는 아우성 ➡ '소리 없다'와 '아우성'의 모순
> 찬란한 슬픔의 봄 ➡ '찬란한'과 '슬픔'의 모순

설의법 設疑法 _{세울 설 의심할 의 법 법} 의문 疑을 세워 設 판단하게 하는 방법 法

설의법은 누구나 다 아는 사실을 의문의 형식을 빌려 표현하여 상대방이 판단하게 하는 방법입니다. 주로 연설이나 웅변 등에서 많이 사용합니다.

> 예 자유 없는 삶을 원하십니까?
> 세상은 그 얼마나 아름다운가?

돈호법 頓呼法 _{갑자기 돈 부를 호 법 법} 갑자기 頓 부르는 呼 방법 法

돈호법은 사람이나 사물의 이름을 불러 주의를 집중시키는 표현법입니다. 편지글에서 이름을 부르거나 연설문에서 중간마다 주의를 환기하기 위해 상대방을 부르는 방법입니다.

> 예 솔아! 솔아! 푸른 솔아!
> 여러분! 오늘 우리는 뜻 깊은 순간을 함께하고 있습니다.

도치법 倒置法 _{거꾸로 할 도 둘 치 법 법} 말의 순서를 거꾸로 倒 두는 置 방법 法

도치법은 문장의 서술 순서를 바꾸어 변화를 주는 문장 표현법으로 흔히 행동이나 상태를 나타내는 말이 문장의 맨 앞에 놓입니다. 서술의 순서를 거꾸로 하여 정서를 환기하고 변화감을 주어 독자에게 강한 인상을 줍니다.

> 예 이리 와, 어서!
> 나는 아직 기다리고 있을 테요, 찬란한 슬픔의 봄을

대조법 對照法 _{대할 대 비칠 조 법 법} 맞대어 對 비추어 照 보아 내용을 뚜렷하게 하는 방법 法

대조법은 서로 반대되는 대상이나 내용을 내세워 주제를 강조하는 표현법입니다. 어떤 내용을 묘사할 때 직접 강조하는 것이 아니라 그에 반대되는 뜻이나 정도가 다른 것을 내세워 원래의 내용을 돋보이게 합니다.

예 인생은 짧고 예술은 길다. ➡ '예술'을 강조

여자는 약하지만, 어머니는 강하다. ➡ '어머니'를 강조

대구법 對句法 대할 대 글귀 구 법 법 어구 句 를 마주 대하게 對 표현하는 방법 法

대구법은 비슷한 어조를 가진 어구를 짝지어 마주 대하게 배치하는 방법입니다. 대조법이 두 가지 사물의 뜻이나 내용이 다른 점을 강조하는 것이라면 대구법은 사물이나 내용의 차이에 상관없이 다만 가락의 비슷한 점만을 이용하여 표현의 효과를 나타내는 것입니다.

예 콩 심은 데 콩 나고, 팥 심은 데 팥 난다.

호랑이는 죽어서 가죽을 남기고, 사람은 죽어서 이름을 남긴다.

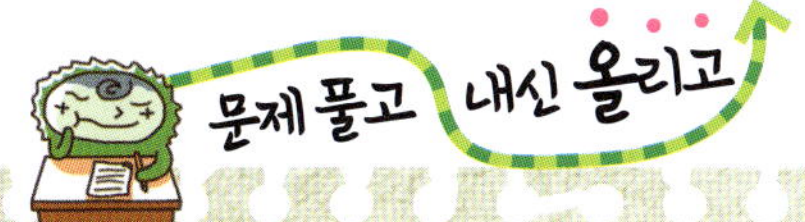

》정답 p.310

문제 1 다음 각 문장에 쓰인 표현법이 무엇인지 쓰세요.

(1) 보름달 같은 얼굴

(2) 우리를 굽어보는 달님

(3) 오월은 계절의 여왕이다.

(4) 개구리 올챙이 적 생각 못한다.

(5) 까마귀 검다 하고 백로야 웃지 마라.

(6) 그야말로 용감한 청년 아니겠습니까?

(7) 아아, 임은 갔지만 나는 임을 보내지 아니하였습니다.

주어와 동사

위 영어 선생님께서 말씀해 주시는 문법 용어를 들어본 적 있나요?

어떤 용어는 예전에 들어서 알고 있고, 어떤 용어는 처음 들어보는 것일 수도 있어요. 이 영어 문법 용어들의 뜻을 설명할 수도 있나요? 그 단어만 듣고는 그 단어가 뜻하는 것을 설명하기 어려울 수도 있답니다. 그 이유는 영어 시간에 쓰는 영문법(英文法) 표현도 한자로 이루어져 있기 때문입니다.

그래서 우리는 한자 어휘로 된 영문법들을 하나하나 풀이하여 공부하려고 합니다. 그러면 더욱 쉽게 영어 공부를 할 수 있을 거예요. 지금부터 즐거운 마음으로 영문법에서 쓰고 있는 많은 한자 어휘를 파헤치러 가볼까요?

이제 주어, 동사와 관련된 여러 어휘에 대해 알아볼 것입니다.

왼쪽 칠판의 영어와 질문을 읽어 보세요.

문장은 생각이나 감정을 말로 표현할 때 완결된 내용을 나타내는 최소의 단위에요. 그래서 문장을 이루려면 문장을 구성하는 요소가 서로 연결되어 있어야 합니다. 그렇다면 칠판에 나열된 것은 단어일까요? 문장일까요? 바로 '단어'입니다. 이 단어들을 가지고 문장을 구성하려면 주요 성분에 맞게 연결하면 됩니다.

영어에서는 문장을 구성하여 형태를 결정하는 주요 성분으로 주어, 동사, 목적어, 보어, 수식어가 있습니다. 이 중 문장이 되기 위해서 반드시 갖춰야 할 성분은 주어와 동사입니다. 주어와 동사에 관한 여러 어휘의 뜻을 풀이하여 개념을 이해해 보도록 합시다.

주어 主語 주인主이 되는 말語

주어는 문장을 구성하는 데 필요한 기본적인 성분이자 핵심이 되는 말로 주로 문장의 앞부분에 있습니다. 모든 동작이나 상태의 주체가 되는 주어는 우리말로 풀이할 때 주로 '은, 는, 이, 가'라는 조사가 붙습니다. '누가 어떠하다.', '무엇이 어떠하다.'에서 '누가', '무엇이'가 곧 주어에 해당합니다.

예 I am a student. 나는 학생이다. / Today is my sister's birthday. 오늘은 내 언니의 생일이다.

가주어 假主語 가짜假 주어主語

문장의 맨 처음에 있는 주어는 한 단어로 구성될 수도 있지만 여러 단어로 길게 구성될 수도 있습니다. 긴 주어는 짧은 주어로 바꾸기도 하는데, 이때 형식적 주어 it을 사용하며 이것을 '가주어'라고 부릅니다. 가짜로 주인 행세를 하고 있으니 it의 뜻은 풀이하지 않습니다.

That he can speak Japanese is true. 그가 일본어를 말할 수 있는 것은 사실이다.

위 문장에서 주어는 That he can speak Japanese입니다. 이것을 it으로 바꾸고 긴 주어를 문장 제일 뒤로 옮기면 균형 잡힌 문장이 됩니다. It is true that he can speak Japanese. 이때 it은 '가주어', that he can speak Japanese라는 긴 주어를 우리는 '진주어(眞主語)'라고 부릅니다.

it의 다양한 역할
① 가주어로 쓰이는 경우
② 3인칭대명사 또는 지시대명사로 쓰이는 경우. '그것'
③ 비인칭주어로 쓰이는 경우

→ 진짜[眞] 주인[主]이 되는 말[語]

비인칭주어 非人稱主語 사람人을 일컫지稱 않는非 주어主語

사람을 일컫지 않는 날짜, 명암, 시간, 거리, 무게, 색깔 등을 나타낼 때 특별한 뜻이 없는 비인칭주어 it을 사용합니다. 이때 it의 뜻은 가주어 it과 마찬가지로 풀이하지 않습니다.

예 It is winter. 겨울이다. (계절)
It is five o'clock. 다섯 시이다. (시간)
It is ten miles from my home. 내 집으로부터 십 마일이다. (거리)

가주어 it과 비인칭주어 it을 구별하기 어렵다면 다음 설명을 기억해 두세요.
it 뒤에 that절이나 동명사, to 부정사가 오면 가주어를 나타냅니다. 문장을 풀이했을 때 날짜, 날씨, 계절, 요일, 명암, 거리, 시간, 무게, 색깔 등을 나타내면 그 문장 속에서의 it은 비인칭주어로 쓰인다고 생각하면 더 쉽게 구별할 수 있어요.

 문장의 형태를 결정하는 기본 요소에는 주어, 동사, 목적어, 보어가 있습니다. 이 중에서 동사를 나타내는 여러 가지 어휘를 살펴보려고 합니다.

문장을 구성하는 기본 구조는 '주어+동사'랍니다. 그리고 동사의 종류에 따라 문장의 형식을 구성하는 목적어, 보어의 쓰임이 정해지지요. 이런 유형들이 어우러져서 바로 영어 문장의 5가지 형식이 구성됩니다. 5가지의 형식이 어떻게 구성되어 있는지 간략하게 알아두면 여러 종류의 동사 어휘를 이해하는 데 도움이 됩니다. 우선 문장의 5가지 형식을 익히고 동사 어휘의 종류를 살펴봅시다.

1형식: 주어+동사(완전 자동사) → S+V

2형식: 주어+동사(불완전 자동사)+주격 보어 → S+V+C

3형식: 주어+동사(완전 타동사)+목적어 → S+V+O

4형식: 주어+동사(수여동사)+간접 목적어+직접 목적어 → S+V+IO+DO

5형식: 주어+동사(불완전 타동사)+목적어+목적격 보어 → S+V+O+OC

동사 動詞 움직임動을 나타내는 말詞

동사는 주어의 뒤에서 주어의 움직임이나 상태를 나타내는 말입니다. 동사는 문장을 이루는 데 필요한 핵심적인 요소일 뿐 아니라, 시제 표현과 움직임 등을 나타내는 중요한 요소입니다.

예 They go on a picnic. 그들은 소풍을 간다. (동작)

Boy and girl are both students. 소년과 소녀는 둘 다 학생이다. (상태)

자동사 自動詞 주어 자신自을 움직이는動 말詞

자동사는 주어를 스스로 움직이게 하거나 주어의 상태를 나타내는 말입니다. 다른 것에 영향을 미치지 않는 동사이며, 목적어는 필요하지 않습니다. 자동사에는 주어와 동사만으로 문장이 이루어지는 완전자동사와 보충해 주는 말이 필요한 불완전자동사가 있습니다.

 완전하고[完] 온전한[全] 자동사[自動詞]를 '완전자동사(完全自動詞)'라고 하고, 완전하고[完] 온전하지[全] 못한[不] 자동사[自動詞]를 '불완전자동사(不完全自動詞)'라고 합니다. 완전자동사는 보어가 필요하지 않지만, 불완전자동사는 완전하지 못하여 동사 뒤에 주어의 상태를 보충 설명하는 주격 보어가 필요합니다. 불완전자동사는 주어와 보어가 함께 쓰여 2형식 문장을 이룹니다. 완전자동사에는 come, run, go, sleep 등이 있으며, 불완전자동사에는 be, look, appear, get, become, seem 등이 있습니다.

예 She go. 그녀는 간다.
　　완전자동사

She is happy. 그녀는 행복하다.
불완전자동사 주격 보어

감각동사 感覺動詞
느낄 감 깨달을 각 움직일 동 말 사

느끼고 感 깨닫는 覺 것을 나타내는 동사 動 詞

감각동사란 오감(보고, 듣고, 냄새 맡고, 맛보고, 만지는 것)을 나타내는 동사입니다. 대표적인 감각동사로는 look(~처럼 보이다), sound(~처럼 들리다), smell(~한 냄새가 나다), taste(~한 맛이 나다), feel(~처럼 느끼다) 등이 있습니다. 감각동사 뒤에는 반드시 보어가 나와야 하며, 그 보어 자리에는 형용사가 옵니다. 그리고 감각동사는 그 쓰임에 따라 불완전자동사에 포함되기도 합니다.

예 You look happy. 너는 행복해 보인다.
　　This grape tastes very sweet. 이 포도는 매우 단맛이 난다.

타동사 他動詞
다를 타 움직일 동 말 사

다른 他 것을 움직이는 動 말 詞

타동사는 주어의 움직임이 다른 사람이나 사물에 영향을 미치는 동사로 반드시 뒤에 목적어가 와야 합니다. 타동사에는 목적어만 필요한 완전타동사와 목적어뿐만 아니라 목적격 보어도 필요한 불완전타동사가 있습니다. 그리고 '누구에게 ~을 주다'라는 의미의 수여동사도 타동사에 포함됩니다.

 완전하고[完] 온전한[全] 타동사[他動詞]를 '완전타동사(完全他動詞)'라고 하고, 완전하고[完] 온전하지[全] 못한[不] 타동사[他動詞]를 '불완전타동사(不完全他動詞)'라고 합니다. 완전타동사는 목적어만을 필요로 하며, 주어·목적어와 함께 쓰여 3형식 문장을 이룹니다. 이와 달리 불완전타동사는 완전하지 못하여 목적어뿐만 아니라 목적어를 보충 설명하는 목적격 보어가 필요합니다. 그래서 불완전타동사는 주어, 목적어, 목적격 보어와 함께 쓰여 5형식 문장을 이룹니다.

예 I love my dog. 나는 나의 개를 사랑한다.
　　완전타동사 목적어

　　I think him the prince. 나는 그를 왕자라고 생각한다.
　　불완전타동사 목적어 목적격 보어

자동사와 타동사를 구별하려면 문장에서 동사 뒤에 목적어가 있는지 없는지를 살피면 됩니다.
목적어가 필요하지 않으면 자동사이고, 목적어가 필요하면 타동사입니다.

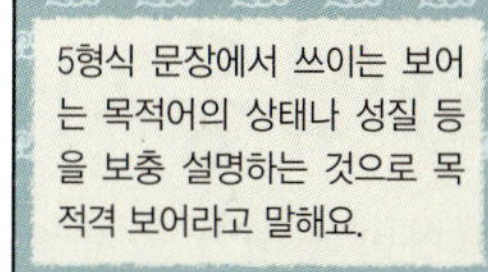

수여동사 授與動詞
줄 수 줄 여 움직일 동 말 사

누구에게 무엇을 주는 授與 것을 나타내는 동사 動 詞

수여동사는 '~에게 …을 주다(하다)'를 뜻하는 동사입니다. '~에게'에 해당하는 간접목적어(사람, 생물)와 '…을'에 해당하는 직접목적어(사물)를 항상 동반해야 하는 외로움을 많이 타는 동사지요. 주어, 간접목적어, 직접목적어와 함께 쓰여 4형식 문장을 이루며, 수여동사에는 give, send, write, show, make, buy 등이 있습니다.

예 She gives him an apple. 그녀는 그에게 사과를 준다.
　　수여동사 간접목적어 직접목적어

지각동사 知覺動詞

감각(覺)이나 감정을 통해 알(知) 수 있는 것을 나타내는 동사(動詞)

지각동사는 see · watch(보다), feel(느끼다), hear(듣다), smell(냄새 맡다), taste(맛보다), notice(알아차리다) 등과 같이 감각을 통해서 알게 되는 것을 나타내는 동사입니다. 그 쓰임에 따라 불완전타동사에 포함되며, 목적어와 목적격 보어를 필요로 합니다. 지각동사는 주어, 목적어, 목적격 보어와 함께 쓰여 5형식 문장을 이룹니다.

예 I heard someone call my name. 나는 누군가가 내 이름을 부르는 것을 들었다.

My sister saw me go to school. 나의 언니는 내가 학교에 가는 것을 보았다.

감각동사와 지각동사의 차이

feel, smell은 감각동사도 되고 지각동사도 됩니다. 감각동사와 지각동사는 비슷한 종류이므로 단어 그 자체로 동사의 차이를 구분하기는 어려워요. 그래서 문장 안에서의 쓰임과 뒤에 오는 단어들의 역할에 따라 구별해야 합니다. 문장이 어떤 형식을 취하고 있는지 알 수 있으면, 두 동사를 구별할 수 있으며, 풀이도 정확하게 할 수 있어요.

예 (1) The food smells burning. 그 음식은 타는 냄새가 난다.
　　　　감각동사

　(2) She smells the food burning. 그녀는 그 음식이 타는 냄새를 맡는다.
　　　　지각동사

(1)과 (2) 모두 smell의 동사를 사용하고 있지만 하나는 감각동사이고, 다른 하나는 지각동사입니다. (1)은 the food의 타는 냄새가 나는 것이고, (2)는 그녀가 the food의 타는 냄새를 맡는 행동을 나타내고 있습니다.

사역동사 使役動詞 부리고(使) 시키는(役) 것을 나타내는 동사(動詞)

문장의 주어가 직접 행동하는 것이 아니라 다른 사람이나 물건이 어떻게 행동하도록 만드는 것을 나타내는 동사입니다. '~로 하여금 …하게 하다'의 뜻을 지니며, make, let, have가 대표적인 사역동사입니다. 사역동사는 그 쓰임에 따라 불완전타동사에 포함되며, 목적어와 목적격 보어 둘 다 필요합니다. 주어, 목적어, 목적격 보어와 함께 쓰여 5형식 문장을 이룹니다.

예 She made me laugh. 그녀는 나를 웃게 만들었다.

준동사 準動詞 동사(動詞)에 준하는(準) 말

'준하다'라는 것은 '어떤 것을 따르다, 어떤 본보기에 비추어 그대로 좇다'라는 뜻입니다. 즉 준동사란 동사를 따라서 된 것입니다. 준동사에는 '부정사', '동명사', '분사'가 있습니다. 이들은 동사에서 생겨난 것이지만 동사처럼 쓰이지 않고, 문장 안에서 명사, 형용사, 부사의 역할을 합니다.

조동사 助動詞 동사動詞를 도와주는助 말

도울 조 움직일 동 말 사

조동사는 뒤에 오는 본동사(本動詞: 본래의 동사)를 도와주는 동사로, 본동사를 보조하여 다른 뜻을 첨가합니다. 조동사의 도움을 받으면 시제를 결정할 수 있고, 부정문과 의문문 등을 나타낼 수 있습니다. 조동사에는 can(~할 수 있다), may(~해도 좋다, ~일지도 모른다), must(~해야 한다, ~임이 틀림없다), should(~해야 한다), will(~일 것이다, ~할 것이다) 등이 있습니다. 조동사가 앞에 나오면 뒤에 오는 본동사는 변형되지 않은 원래의 형태 그대로 써야 한다는 것도 알아둡시다. (단 be, have가 조동사로 쓰이는 경우는 제외)

예 I can speak Japanese very well. 나는 일본어를 매우 잘 말할 수 있다.
　　조동사 본동사

You must stop shouting. 너는 고함치는 것을 멈춰야 한다.
　　조동사 본동사

動의 꼬리를 물고

- 자동차 自動車: 스스로[自] 땅 위를 움직이도록[動] 만든 차[車]
  활용 자동차(自動車)가 인적이 드문 시골길을 시속 100km 이상으로 달렸다.
- 운동장 運動場: 몸을 돌리거나[運] 움직일[動] 수 있도록 기구나 설비를 갖춘 마당[場]
- 진동 振動: 흔들려[振] 움직임[動]

문제 풀고 내신 올리고

》정답 p.310

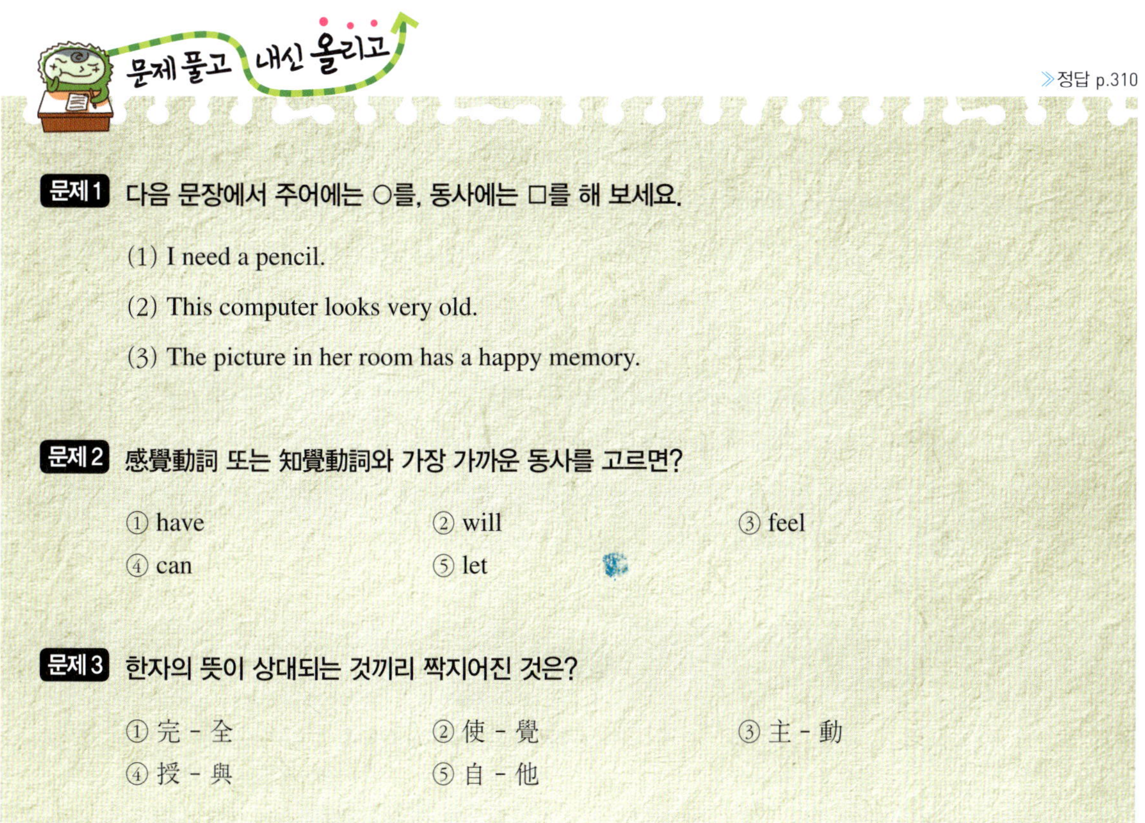

문제1 다음 문장에서 주어에는 ○를, 동사에는 □를 해 보세요.

(1) I need a pencil.

(2) This computer looks very old.

(3) The picture in her room has a happy memory.

문제2 感覺動詞 또는 知覺動詞와 가장 가까운 동사를 고르면?

① have　　　　② will　　　　③ feel
④ can　　　　⑤ let

문제3 한자의 뜻이 상대되는 것끼리 짝지어진 것은?

① 完 - 全　　　② 使 - 覺　　　③ 主 - 動
④ 授 - 與　　　⑤ 自 - 他

동사의 변화와 활용

세계는 점점 국제화되고 있습니다. 국제화 시대에는 많은 외국인이 우리나라를 방문하거나 우리나라 사람이 외국에 나가 함께 살면서 그 나라 문화를 배우고 친구를 사귑니다. 우리나라에 온 외국인 중에는 한국말을 배워서 말하는 사람이 제법 있습니다. 그래도 다른 나라 언어를 배워 사용하기는 쉽지 않은 일이라서 위와 같이 실수하는 상황이 종종 일어납니다. 반대로 영어를 배우고 사용하는 우리도 영어로 말할 때 같은 실수를 할 수 있습니다.

한국어뿐만 아니라 영어도 동사를 사용하여 움직임이나 상태가 이루어진 시간을 나타냅니다. 문장에서 중요한 기능을 하는 동사는 카멜레온처럼 때에 따라서 자신의 색을 바꿉니다. 과거형, 과거 완료형, 현재형, 현재 완료형, 미래형, 미래 완료형 등 시간을 나타내는 시제의 색을 띠기도 하다가 수동태, 능동태처럼 남에 의해 일어난 일인지 스스로 한 일인지 명확하게 구분해 주기도 합니다.

그럼 이제 동사의 기능과 활용을 알아보고 올바르게 사용해 봅시다.

동사의 기능

1. 문장에서 '어떠하다, 어떻게 하다.'라는 서술어의 기능
2. 주어의 움직임이나 상태를 설명하는 기능
3. 움직임이나 상태가 이루어진 시간을 나타내는 기능
4. 긍정문, 부정문, 의문문 등을 만들어 주는 기능

시제 時制 (때 시 · 법 제) 사건이나 행동이 일어난 때(時)를 나타내는 법(制)

동사는 문장의 시제를 결정할 수 있습니다. 시제라는 것은 그 일이 언제 일어났는지, 또는 일어나고 있는지를 나타냅니다. 시제의 기본인 과거형, 현재형, 미래형과 이것을 진행형, 완료형, 완료 진행형으로 세분화하면 12가지가 됩니다. 이것을 '12시제'라고 합니다.

12시제	표현	활용
과거형	동사원형+ed	We played soccer. 우리는 축구를 했다.
과거 진행형	was/were+동사원형+ing	I was watching TV. 나는 TV를 보고 있었다.
과거 완료형	had+동사원형+ed	I had worked yesterday. 나는 어제 일을 하고 있었다.
과거 완료 진행형	had been+동사원형+ing	He had been waiting for 10 minutes. 그는 10분 동안 기다리고 있었다.
현재형	동사원형	I run everyday. 나는 매일 뛴다.
현재 진행형	am/are/is+동사원형+ing	He is running. 그는 뛰고 있다.(뛰는 중이다.)
현재 완료형	have/has+동사원형+ed	I have lived in seoul since I was born. 나는 태어나서부터 쭉 서울에서 살고 있다.
현재 완료 진행형	have/has been+동사원형+ing	I have been watching TV for 3 hours. 나는 3시간 동안 (쭉) TV를 보는 중이다.
미래형	will+동사원형	I will do my best. 나는 최선을 다할 것이다.
미래 진행형	will be+동사원형+ing	He will be reading this book at that time. 그는 그 시간에는 이 책을 읽고 있을 것이다.
미래 완료형	will have+동사원형+ed	They will have finished their homework by 9 o'clock. 그들은 9시쯤에는 숙제를 끝마칠 것이다.
미래 완료 진행형	will have been+동사원형+ing	I will have been playing tennis. 나는 테니스를 하고 있을 것이다.

원형 근본 원 모양 형 原形   변하지 않은 원래^原의 모양^形

복잡하고 다양한 모습으로 바뀌기 이전의 단순한 모습인 본래의 모양입니다.
원형은 1인칭, 2인칭, 3인칭, 단수, 복수에 상관없이 쓰는 형태입니다. 주로 조
동사 바로 뒤에 동사가 오는 경우, 제5형식 문장에서 목적어 뒤에 동사가 오는
경우, 부정사를 만드는 경우, 명령문 등에서 원형을 씁니다.

> 예 He can speak english very well. 그는 영어를 아주 잘 말할 수 있다.
>   조동사 원형
>
> Open the door. 문을 열어라.
>   원형

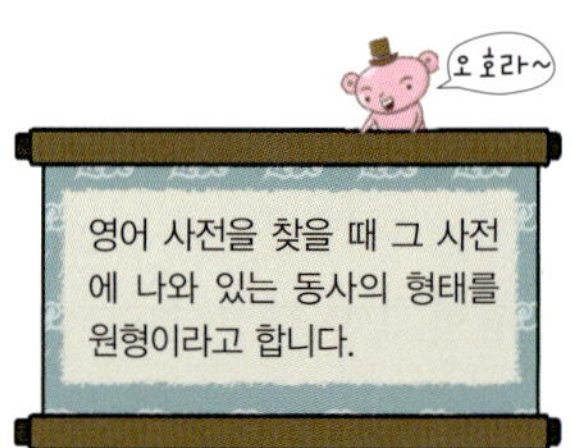

현재형 지금 현 있을 재 모양 형 現在形   지금^現 있는^在 상태를 나타내는 모양^形

현재형은 현재 일어나는 상황이나 동작, 습관적인 행동, 변하지 않는 사실이나 진리, 속담이나 격언 등을
표현할 때 씁니다. 원형 자체를 현재형으로 쓰기도 하지만 문장의 주어가 3인칭 단수일 때는 원형에 's, es,
ies'가 붙는 현재형을 사용합니다.

> 예 I miss you 나는 너를 그리워한다.
> Minsu eats my apple. 민수는 나의 사과를 먹는다.
> She goes to school every day. 그녀는 매일 학교에 간다.
> He studies the Chinese language. 그는 중국어를 공부한다.

과거형 지날 과 갈 거 모양 형 過去形   지나^過 간^去 상태를 나타내는 모양^形

과거형은 과거에 있었던 사실이나 상황을 말할 때, 또는 역사적인 사실을 말할 때 씁니다. 주로 동사 뒤에
'-ed'를 붙이면 과거형이 만들어지지만, 전혀 다른 모습으로 변하는 동사도 있는데, 그들을 불규칙 동사라
고 합니다.

동사의 과거형 만들기

1. 동사 뒤에 -ed 붙이기
   > 예 We played soccer. 우리는 축구를 했다.
2. e로 끝나는 동사 뒤에 -d 붙이기
   > 예 I loved my first car. 나는 나의 첫 번째 차를 사랑했다.
3. '모음+자음'으로 끝나는 동사는 자음을 한 번 더 쓰고 -ed 붙이기
   > 예 This system stopped last night. 이 시스템은 어젯밤에 멈추었다.
4. '자음+y'로 끝나는 동사는 y를 i로 고친 후 -ed 붙이기
   > 예 I cried in my room. 나는 내 방에서 울었다.
5. 불규칙적으로 변하는 동사
   > 예 do – did / have – had / meet – met / run – ran / go – went / come – came / see – saw / eat – ate / sing –
   > sang / give – gave

過는 '지나다'라는 뜻 외에 '지나치다, 허물'이라는 뜻도 가지고 있어요.

- **과속 過速**: 속도[速]가 지나치게[過] 빠른 것
  - **활용** 안개가 낀 길에서 과속(過速)은 매우 위험하다.
- **과실 過失**: 허물[過]이나 실수[失]
- **과유불급 過猶不及**: 지나친[過] 것은 미치지[及] 못한[不] 것과 같음[猶].

~ ing형 ~ing形 동사 뒤에 ~ing가 붙는 모양形

동사 뒤에 ~ing가 붙는 동사의 변형으로 현재분사와 동명사가 이에 속합니다.

현재분사 現在分詞 동사로부터 나뉘어分 현재現在형을 닮은 말詞

분사는 동사의 변화형으로 동사의 기능과 형용사의 기능을 동시에 나눠 갖고 있어 분사라는 말이 쓰이게 되었습니다. '동사원형＋ing'의 형태인 현재분사는 '～하는, ～하는 중인'으로 풀이합니다. 모습이 현재형 과 닮아서 현재분사라고 합니다. 현재분사는 주로 형용사, 보어, 진행의 뜻으로 쓰입니다.

> **예** My mother is watching TV in my room. 나의 어머니는 내 방에서 TV를 보고 계신다.
> 현재 진행형(be 동사+현재분사)
>
> Look at that running girl. 저기 뛰고 있는 여자아이를 봐.
> girl을 수식하는 형용사의 역할
>
> They saw me swimming in the pool. 그들은 내가 수영장에서 수영하고 있는 것을 보았다.
> me(목적어)를 도와주는 보어의 역할

동명사 動名詞 동사動와 명사名의 기능을 가진 말詞

현재분사와 마찬가지로 '동사원형＋ing'의 형태인 동명사는 명사의 성질과 동사의 성질을 가지고 있으며, '～하는 것, ～하기'라고 풀이합니다. 명사적 기능을 할 때는 주어, 목적어, 보어로 쓰이며, 동사의 기능을 할 때는 'having＋과거분사'의 완료 동명사를 통해 시제를 나타내거나 의미상의 주어를 갖기도 합니다.

> **예** I enjoy cooking with my sister. 나는 내 여동생과 요리하는 것을 즐긴다.
> 목적어의 역할
>
> Learning english is very interesting. 영어를 배우는 것은 매우 흥미롭다.
> 주어의 역할
>
> I don't like your going there. 나는 네가 거기에 가는 것을 좋아하지 않는다.
> going의 의미상의 주어(동명사의 의미상의 주어는 소유격으로 나타낸다.)

 동명사와 현재분사의 차이

	동명사	현재분사
문장에서의 역할	명사	형용사
뜻	~ 하는 것, ~ 하기	~ 하고 있는, ~하는

과거분사 過去分詞 동사로부터 나뉘어 分 과거 過去 형을 닮은 말 詞

현재분사와 마찬가지로 동사로부터 나뉜 것인데 그 모양이 과거형과 닮아 과거분사라고 합니다. '동사원형＋ed'의 형태로 쓰며, '～된, ～한'으로 풀이합니다. 과거분사는 명사를 수식하거나 'be동사＋과거분사' 형태의 수동태로 쓰입니다. 또, 'have 동사＋과거분사' 형태의 완료형을 나타냅니다.

예 There is a broken mirror on the table. 테이블 위에 깨어진 유리가 있다.
　　　　　　mirror(명사)를 수식

　　I haven't seen him lately. 나는 최근에 그를 본 적이 없다.
　　　　완료형

　　Jennifer has finished important project. 제니퍼는 중요한 프로젝트를 끝마쳤다.
　　　　완료형

 여다보기

• 능동태 能動態: 주어가 능히[能] 스스로 움직일[動] 수 있는 모습[態]
주어가 직접 동작이나 행위를 하는 것을 나타냅니다.
예 I made this book. 나는 이 책을 만들었다. (나의 처지에서 말한 것)
　　She wrote a letter. 그녀는 편지를 썼다. (그녀의 처지에서 말한 것)

• 수동태 受動態: 주어가 어떤 움직임[動]을 받는[受] 모습[態]
수동태란 주어가 어떤 행위를 당하거나 받는 것을 나타냅니다. '～에게(～에 의해서) ～을 당하다'로 풀이되며, 그 형태는 'be 동사+과거분사'가 됩니다.
예 This book was made by me. 이 책은 나에 의해 만들어졌다. (책의 처지에서 말한 것)
　　A letter was written by her. 편지는 그녀에 의해 쓰였다. (편지의 처지에서 말한 것)

부정사 不定詞 정해지지 定 않은 不 말 詞

부정사는 'to＋동사원형'의 형태인 'to 부정사'를 말합니다. 정해지지 않은 말이라는 뜻을 가지게 된 이유는 몇 가지가 있습니다.

1. 쓰임에 따라 명사, 형용사, 부사의 역할을 하므로 품사가 정해지지 않았다.
2. to 뒤에 오는 동사의 개수가 너무 많아 정해지지 않았다.
3. to 뒤에 어떤 의미의 동사가 새로 생기는지 정해지지 않았다.
그래서 우리가 'to 부정사'라고 부르게 된 것입니다.

동사는 주어 바로 뒤에 온다는 것을 기억하죠? 그런데 동사가 'to 부정사'가 되면 명사, 형용사, 부사가 오는 자리에 모두 올 수 있습니다.

명사(1) + 동사 + 명사(2) / 전치사 + 명사(3)

위의 문장에서 'to 부정사'는 (1)과 (2)에 올 수 있으나 전치사 뒤인 (3)에는 올 수 없습니다. 왜냐하면, to는 전치사로도 쓰이는데 전치사 뒤에 'to 부정사'가 오면 to가 반복되기 때문입니다. 그리고 to 부정사를 부정할 때에는 부정사 바로 앞에 not, never를 씁니다.

예 He promised not to go there. 그는 그곳에 가지 않기로 약속했다.
　　　　　　　to 부정사의 부정

To go shopping is interesting. 쇼핑하는 것은 재미있다.
명사 역할(주어)

My hobby is to sing a song. 나의 취미는 노래 부르기이다.
　　　　　　명사 역할(보어)

I need a note to write. 나는 적을 노트가 필요하다.
　　　　　　형용사 역할(to 부정사는 명사를 뒤에서 꾸며 준다.)

She came to see me. 그녀는 나를 보기 위해서 왔다.
　　　　부사 역할('～하기 위해서, ～ 때문에'로 풀이되는 경우)

to 부정사와 동명사를 필요로 하는 동사

to 부정사와 동명사가 명사로 쓰여 목적어 역할을 할 때에는 to 부정사만 취하는 동사가 있고, 동명사만 취하는 동사가 있으며, 둘 다 취하는 동사가 있습니다. 해당하는 단어를 기억하기보다는 차이점에 주목해서 살펴봅시다.

to 부정사	동명사
주로 앞으로 있을 미래를 의미하는 동사들 뒤에서 쓰임.	과거에 하던 일이나 평소에 하는 일을 의미하는 동사들 뒤에서 쓰임.
want, wish, hope, decide, expect 등	enjoy, give up, finish, stop 등
like, continue, begin, love 등은 둘 다 올 수 있음.	

》정답 p.310

문제 1 12시제를 정리한 표이다. 빈칸에 제시된 동사의 활용이 틀린 것은?

① 과거 진행형　　　was/were+동사원형+ing　　② 과거 완료형　　had+동사원형+ed

③ 현재 진행형　　　동사원형+ing　　　　　　　④ 현재 완료형　　have/has+동사원형+ed

⑤ 미래 진행형　　　will be+동사원형+ing

나 없으면 안 돼!
목적어와 보어

여러분은 한국어가 어렵나요? 아니죠. 내가 태어나고 자란 곳에서 자연스럽게 배운 우리말은 전혀 어렵지 않을 거예요. 영어가 어렵나요? 우리말보다 쉽지는 않겠죠. 하지만 우리말을 잘한다면 영어도 잘할 수 있어요.

위의 그림을 보세요. 첫 번째 그림에서 여자는 사랑하는 남자에게 고백하고 있습니다. 그런데 너무 긴장한 나머지 '누구를' 사랑하는지 빼고 말했네요. 즉, 목적어가 빠졌습니다. 두 번째 그림에서는 열심히 노력하여, 꼭 되자고 하고 있으나 '무엇이' 되면 좋은지 즉, 보어를 빼고 말했습니다. 위의 두 가지 상황은 필요한 문장 성분이 빠져서 의사소통이 원활하지 않게 된 경우입니다.

앞서 문장의 가장 기본이 되는 주어와 동사를 배웠습니다. 이제는 더욱 정확한 의사소통을 위해 필요한 목적어와 보어에 관해 공부해 봅시다.

목적어 目的語 눈目이 목표的로 하고 있는 것을 나타내는 말語

무엇인가를 하고자 할 때에 우리의 눈은 그것을 향하고 있습니다. 목적어는 목표로 하는 대상을 나타내는 것입니다. 영어 문장에서 목적어는 동사가 나타내는 행위의 대상을 뜻합니다. 명사, 대명사, 명사구가 목적어가 될 수 있습니다.

주어 + 동사 + 목적어 = 주어가 목적어를 동사한다.

즉, 3형식 문장 끝에 오는 것이 바로 목적어입니다.

예 I love you. 나는 너를 사랑한다.
　 He watches her hand. 그는 그녀의 손을 본다.

우리말에서 목적어는 주로 '~을, ~를'의 조사가 붙고, 목적어의 분류가 없지만 영어에서는 직접목적어와 간접목적어로 나뉘어 쓰입니다.

직접목적어 直接目的語

목적어目的語를 중간에 아무것도 넣지 않고 바로直 이어서接 나타냄

간접목적어 間接目的語

목적어目的語를 사이間에 넣어 이어서接 나타냄

직접목적어와 간접목적어는 주로 4형식 문장에서 볼 수 있습니다. 4형식 문장은 앞에서 배웠습니다. 다시 한 번 정리해 볼까요?

주어 + 동사 + 간접목적어 + 직접목적어 = 주어가 간접목적어에게 직접목적어를 동사한다.

주어가 어떤 행동을 직접 하는 직접목적어는 '~을, 를'로 풀이되고 주어가 직접목적어의 행동을 하게 만드는 간접목적어는 '~에게'로 풀이됩니다.

예 He gives me a red pen. 그는 빨간 펜을 나에게 준다.
　　　　 간접목적어 직접목적어

위 예시를 보면 앞에서 배운 수여동사가 생각나지 않나요?

give, make, get, find, call, tell, cook, buy, bring, teach, ask, send 등

수여동사가 쓰일 경우 수여동사 뒤에 간접목적어와 직접목적어가 모두 있어야 완전한 문장이 됩니다.

여기서 잠깐!! 4형식 문장이 3형식 문장으로?

간접목적어와 직접목적어의 위치를 바꾸면 어떻게 될까요?

I send him a letter. → I send a letter him.

이렇게 고치면 어색한 문장입니다. 만약 간접목적어와 직접목적어의 위치를 바꾸고 싶다면 전치사 to를 넣어 주어야 합니다.

위치가 바뀐 문장의 형식은 4형식에서 3형식으로 바뀝니다.

예 I send him a letter. (4형식) 나는 그에게 편지를 보낸다.

I send a letter to him. (3형식)

보어 補語 보충하는 補 말 語

문장의 완전하지 못한 부분을 돕고 보태는 말입니다. 보어의 자리에는 주로 명사와 형용사가 쓰이며, 어떤 대상을 보충하는가에 따라 주격 보어, 목적격 보어로 나뉩니다.

주격 보어 主格補語 주어 主 의 자리 格 에 오는 말을 돕는 補 말 語

문장의 기본 구조인 '주어＋동사' 만으로는 문장이 완전하지 않은 경우가 있습니다. 이럴 때 주어를 보충 설명해서 완전한 문장으로 만들어 주어야 하는데 이때 쓰이는 보어가 주격 보어입니다.

> 주어 + 동사 + 주격 보어 = 주어는 보어 상태로 동사하다.

주격 보어는 2형식 문장에 쓰입니다. 주격 보어가 있어야 하는 단어는 다음과 같습니다.

> be동사, 감각동사(look, feel, taste, sound, smell 등), become, seem, turn 등

예 I am 나는 ~입니다. → 불완전한 문장

I am a girl. 나는 여자아이입니다. → 완전한 문장

(주어인 I 에 대한 보충 설명)

목적격 보어 目的格補語

목적어 目 的 의 자리 格 에 오는 말을 돕는 補 말 語

목적격 보어는 목적어를 도와 설명을 보충하는 문장 성분으로 목적어의 동작이나 상태를 나타냅니다.

> 주어 + 동사 + 목적어 + 목적격 보어 = 주어가 목적어를 목적격 보어 상태로 만든다.

목적격 보어가 들어가는 5형식 문장에 쓰이는 동사는 아래와 같습니다.

예 I think him. 나는 그를 생각한다. → '어떻게' 생각하는지가 빠짐.

I think him a handsome boy. 나는 그를 멋진 소년이라고 생각한다.

목적어인 him에 대한 보충 설명

- **격차 格差**: 자리, 위치[格]의 차이[差]
- **격상 格上**: 자리, 위치[格]가 올라가다[上].
- **격식 格式**: 자리, 위치[格]에 맞는 법, 형식[式]

완전한 문장을 구성하는 데 필요한 주어와 동사, 목적어와 보어를 문장의 4요소라고 합니다. 배운 것을 복습하고 많은 예시 문장을 익힘으로써 이런 문장 성분들의 역할을 자기 것으로 소화해 보세요. 또한, 무작정 많은 동사를 외우기보다는 다양한 형식의 문장을 접해봄으로써 동사의 쓰임을 익히는 것이 중요하답니다.

문제 풀고 내신 올리고

≫정답 p.310

문제 1 다음 밑줄 친 부분이 어떤 문장의 요소인지 오른쪽 괄호 안에서 골라 ○를 하세요.

(1) He calls him <u>Minsu</u>. (간접목적어, 직접목적어, 주격 보어, 목적격 보어)

(2) Super stars made me <u>happy</u>. (간접목적어, 직접목적어, 주격 보어, 목적격 보어)

(3) I teach <u>my brother</u> English. (간접목적어, 직접목적어, 주격 보어, 목적격 보어)

문제 2 두 문장의 뜻이 같도록 밑줄에 알맞은 단어를 쓰세요.

(1) I write a letter to my grandfather. = I write ____ _______________ ___ _________.

(2) He gave his son a gift. = He gave ___ __________ ____ ____ _____.

이름을 불러 줘요!
명사와 대명사

김춘수 시인의 '꽃'을 읽어 봅시다.

이 시에서 꽃은 이름을 불러 주기 전에는 별다른 의미가 없었지만 이름을 불러 주자 의미가 생겼습니다. 누군가에게 내 이름이 불린다는 것은 참으로 기분 좋은 일입니다. 이 세상에 있는 모든 것에는 이름이 있습니다. 이름이 있다는 것은 어떤 의미가 부여됐다는 것입니다. 엄마, 아빠, 친구, 우정, 평화 등 다양한 의미를 부여해서 이름을 부르고 있는 것입니다. 만약 이름이 없다면 어떻게 될까요? 한번 상상해 볼까요?

이름이 없어서 혼란스러운 세상!

생각만 해도 아찔하지 않습니까? 부를 수 있는 이름이 바로 명사입니다. 명사를 대신하여 일컫는 대명사도 있습니다. 명사와 대명사는 다양한 종류가 있기 때문에 문장에서 적절히 사용해야 합니다. 그렇게 하면 좀 더 풍부한 언어생활을 할 수 있지 않을까요?

꽃

김춘수

내가 그의 이름을 불러 주기 전에는
그는 다만
하나의 몸짓에 지나지 않았다.

내가 그의 이름을 불러 주었을 때
그는 나에게로 와서
꽃이 되었다.

내가 그의 이름을 불러준 것처럼
나의 이 빛깔과 향기에 알맞은
누가 나의 이름을 불러 다오.
그에게로 가서 나도
그의 꽃이 되고 싶다.

우리들은 모두
무엇이 되고 싶다.
너는 나에게 나는 너에게
잊혀지지 않는 하나의 눈짓이 되고 싶다.

명사 名詞 이름名을 나타내는 말詞

우리 주변의 모든 사람과 사물에는 각각 이름이 있으며, 그 이름을 나타내는 말을 명사라고 합니다. 명사는 문장에서 주어와 목적어, 보어의 역할을 하고, 형용사의 꾸밈을 받습니다.

예 My sister is a very good student. 나의 여동생은 매우 훌륭한 학생이다.
　　주어(명사)　　　　　　　　보어(명사)

　　Hansun has many friends. 한순이는 많은 친구들을 가지고 있다.
　　주어(명사)　　　　목적어(명사)

셈하는[算] 것이 가능한[可] 명사를 '가산명사(可算名詞)'라고 하며, 셈하는[算] 것이 가능하지[可] 않는[不] 명사를 '불가산명사(不可算名詞)'라고 합니다. 가산명사에는 보통명사와 집합명사가 있으며, 불가산명사에는 고유명사, 추상명사, 물질명사가 있습니다.

보통명사 普通名詞

같은 종류의 사물에 두루普 통하는通 명사名詞

보통명사는 일반명사와 같은 말입니다. 대부분 일정한 모양을 갖추고 있어서 셀 수 있고 단수와 복수가 뚜렷하게 구별됩니다.

예 I have three books. 나는 세 권의 책을 갖고 있다. (복수)
　　There is a girl in the classroom. 교실에 한 명의 소녀가 있다. (단수)

 들여다보기

- **단수명사 單數名詞**: 수[數]가 하나[單]인 것을 나타내는 명사[名詞]
단수명사는 그 앞에 a/an이 붙으며, 모양에 어떤 변화도 없습니다.

- **복수명사 複數名詞**: 수[數]가 둘 이상[複]인 것을 나타내는 명사[名詞]
복수명사는 그 앞에 수를 나타내는 다양한 형용사가 올 수도 있으며, 단어 끝에 -s/-es가 붙습니다.

a note

many notes

집합명사 集合名詞

모일 집 · 합할 합 · 이름 명 · 말 사

같은 종류의 사물을 모아서 集 합한 合 것을 나타내는 명사 名詞

집합명사는 여러 명이 모여 하나의 집합체가 된 말입니다. 집합체를 하나의 개체로 보기 때문에 관사나 복수형 어미를 붙일 수 있으며 audience, family, police, committee, class 등이 있습니다.

> 예 My family is a large one. 내 가족은 대가족이다. (단수 집합명사)
> There are different families in the party. 파티에는 다양한 가족들이 있다. (복수 집합명사)

고유명사 固有名詞

굳을 고 · 있을 유 · 이름 명 · 말 사

본래부터 굳게 固 있는 有 것을 나타내는 명사 名詞

개개의 특정한 사람이나 사물을 다른 것과 구별하기 위해 붙여진 이름입니다. 주로 사람의 이름이나, 나라 이름, 요일 등이 이에 속합니다. 고유명사는 대문자로 시작하기 때문에 구분하기 쉽습니다. Sunday, Thursday, January, July, Italy, Eiffel Tower 등이 있습니다.

> 예 Hansik will leave for France on Wednesday. 한식이는 수요일에 프랑스로 떠날 것이다.

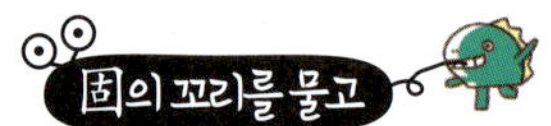

- 고집 固執: 자기의 의견만 굳게[固] 잡고[執] 내세움.
- 확고 確固: 확실하고[確] 굳음[固].
- 견고 堅固: 굳세고[堅] 단단함[固].

추상명사 抽象名詞

뽑을 추 · 모양 상 · 이름 명 · 말 사

외적 모양 象 을 뽑아내 抽 버린 내적 개념을 나타내는 명사 名詞

추상명사는 사람이나 사물의 상태나 성질 등 모양이 없는 것으로 주로 개념을 나타내는 명사입니다. 셀 수가 없으므로 관사나 복수형 어미를 붙이지 않으며 gossip, hope, peace, love, beauty, friendship, happiness 등이 있습니다.

> 예 Friendship is very important to achieve this project. 우정은 이번 일을 성취하기 위해 매우 중요하다.
> Don't give up hope. 희망을 포기하지 마라.

물질명사 物質名詞
물체物 바탕質 이름名 말詞

물체物를 이루는 바탕質을 나타내는 명사名詞

물체를 이루고 있는 재료나 물질을 나타내는 명사입니다. 관사나 복수형 어미가 붙지 않고 some, any, much, a lot of, little 등으로 양을 나타냅니다. 형체가 있는 것, 형체가 없는 것, 고체, 액체, 기체 등을 지칭하며 air, gas, sugar, water, milk, wine, snow 등이 있습니다.

> 예 Milk is good for bones. 우유는 뼈에 좋다.
> We are unable to live without air and water. 우리는 공기와 물 없이 살 수 없다.

대명사 代名詞 명사名詞를 대신代하는 말
대신할代 이름名 말詞

대명사는 명사를 자주 반복하여 사용하는 것을 피하려고 명사 대신 사용하는 말입니다. 국어에서도 영어에서도 앞서 나온 명사를 뒤에서 반복하여 쓰는 것을 좋아하지 않습니다. 대명사를 잘 활용하면 간편하고 효율적인 문장을 구성할 수 있습니다.

인칭대명사 人稱代名詞 사람人을 일컫는稱 대명사代名詞
사람人 일컬을稱 대신할代 이름名 말詞

대명사의 가장 기본이 되는 것은 단연 인칭대명사입니다. 말하는 자신이나 상대방, 제삼자 등 사람을 나타내는 대명사입니다.

> 예 You are a cute girl. 너는 귀여운 소녀이다.
> He's coming for his family. 그는 그의 가족을 위해 오는 중이다.

재귀대명사 再歸代名詞
다시再 돌아갈歸 대신할代 이름名 말詞

주어의 동작이 주어 자신에게 다시再 돌아가는歸 것을 나타내는 대명사代名詞

재귀대명사는 인칭대명사에 포함되는 것으로 인칭대명사의 소유격이나 목적격에 -self/-selves를 붙여 만듭니다. '자신'으로 풀이하며, 동사 또는 전치사의 목적어로 쓰이거나 주어, 목적어, 보어의 뜻을 강조하는 데 씁니다. myself, yourself, himself, herself, ourselves, itself 등이 있습니다.

> 예 Jane looked at herself in the mirror. 제인은 거울 속 자신을 보았다.
> He wrote it himself. 그는 스스로 그것을 썼다.

관계대명사 關係代名詞

앞의 말과 뒤의 말을 관련(關) 있게 이어(係) 주는 대명사(代名詞)

관계대명사는 두 문장을 이어 주는 접속사의 역할과 대명사의 역할을 모두 하는 대명사입니다. 앞에 나온 말이 사람을 가리키는지 사물을 가리키는지에 따라 사용하는 단어가 다릅니다. who, which, what, that 등이 있습니다.

예 I know a girl who can play tennis. 나는 테니스를 칠 수 있는 소녀를 안다.
　 I have a book which is very funny. 나는 아주 재밌는 책을 갖고 있다.

부정대명사 不定代名詞

정해지지(定) 않은(不) 것을 나타내는 대명사(代名詞)

부정대명사는 정해지지 않은 막연한 사람이나 사물 등을 가리키는 대명사입니다. one, some, none, any, each, every, another, someone, others 등이 있습니다.

예 Show me another. 다른 것을 보여 주세요.
　 Someone is coming this way. 누군가가 이쪽으로 오고 있다.

 '정해지지 않은'이라는 뜻의 부정(不定)과 '바르지[正] 않은[不]'이라는 뜻의 부정(不正)은 동음이의어입니다.

지시대명사 指示代名詞　가리켜(指) 보이는(示) 대명사(代名詞)

지시대명사는 사람이나 사물, 장소를 가리키거나 앞에 나온 문장을 가리키는 것입니다. this, these, that, those, so, the same, such 등이 있습니다.

예 This is a my umbrella. 이것은 나의 우산이다.
　 To be or not to be. That is a question. 사느냐, 죽느냐. 그것이 문제로다.

의문대명사 疑問代名詞

의심하여 疑 묻는 問 대상을 가리키는 대명사 代名詞

의문대명사는 "몇이나 방에 있는가? 어디가 좋은가? 무엇을 팔았느냐? 누가 갖고 왔는가?"에 쓰인 '몇, 어디, 무엇, 누가'와 같은 것입니다. 문장에서 대명사 역할을 하면서 의문문을 만듭니다. who, which, what, whose, whom 등이 있습니다.

예 Who is she? 그녀는 누구인가?

What are you doing now? 너는 지금 무엇을 하고 있니?

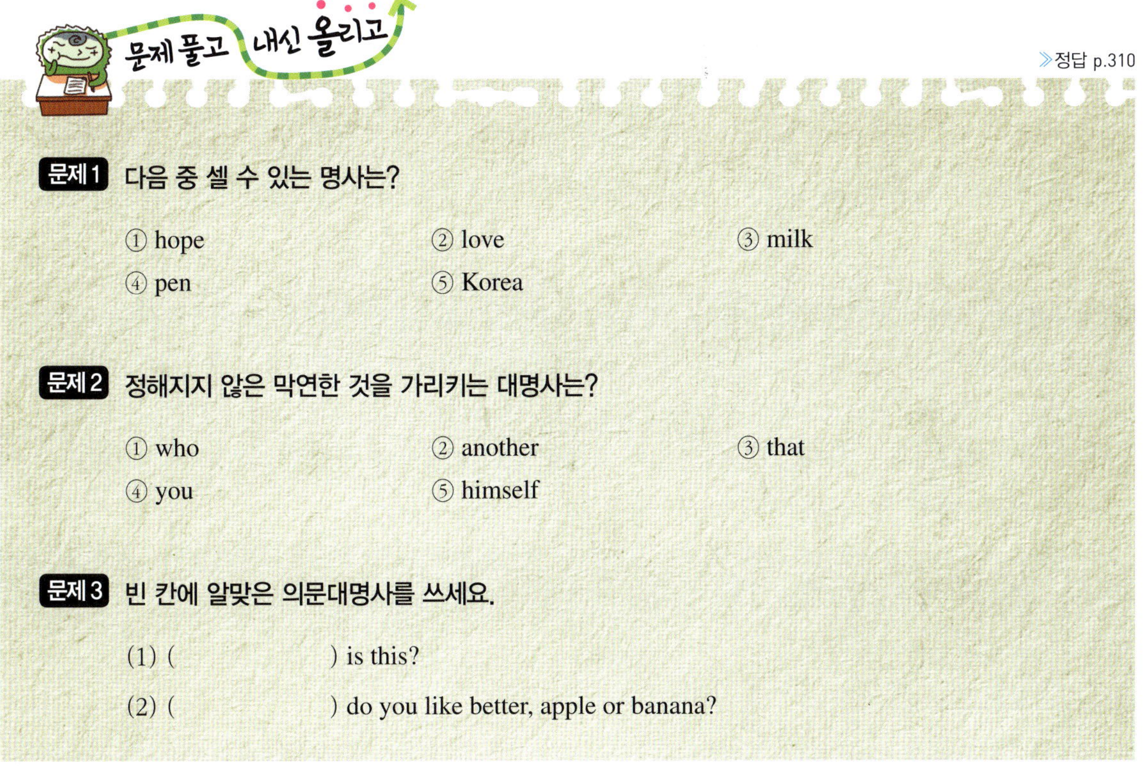

>> 정답 p.310

문제 1 다음 중 셀 수 있는 명사는?

① hope　　　② love　　　③ milk
④ pen　　　⑤ Korea

문제 2 정해지지 않은 막연한 것을 가리키는 대명사는?

① who　　　② another　　　③ that
④ you　　　⑤ himself

문제 3 빈 칸에 알맞은 의문대명사를 쓰세요.

(1) (　　　　) is this?

(2) (　　　　) do you like better, apple or banana?

꾸미는 말,
수식어

위 그림은 각자가 맡은 역할을 소개하는 모습입니다. 여러분도 어른이 되면 취직을 하기 위해 면접을 보겠죠? 면접에서 자신을 소개하는 것은 정말로 중요합니다. 요즘은 자기 PR(public relations) 시대입니다. 면접에서 면접관의 뇌리에 남도록 자신을 잘 소개하는 것이 중요합니다.

사람들이 얼굴에 화장하고 예쁘고 멋진 옷을 입어 자신을 아름답게 꾸미는 것 또한 자기 PR에 속한다고 할 수 있습니다. 자신의 아름다움을 나타내는 하나의 방법이죠.

어떤 대상을 포장하고 꾸미는 것! 그것이 바로 수식어의 역할입니다. 국어에서 수식어는 꾸미고자 하는 대상의 앞에 나옵니다. 하지만 영어에서는 꾸미는 말이 짧으면 꾸미려고 하는 대상의 앞에, 꾸미는 말이 길면 꾸미고자 하는 대상의 뒤에 나옵니다.

이제 꾸며 주는 말인 수식어에는 어떤 것들이 있는지 알아봅시다.

형용사 形容詞

모양形이나 생김새, 상태容를 나타내는 말詞

형용사는 명사를 꾸밉니다. 주로 명사 앞에서 명사의 모양, 상태, 성질 등을 나타내지만, ~thing으로 끝나는 명사는 형용사가 뒤에서 꾸밉니다. 또, 보어 자리에서 주어와 목적어의 상태를 설명하기도 합니다. 종류에는 대명형용사, 수량형용사, 성상형용사가 있습니다.

예 I have a nice car. 나는 좋은 차를 갖고 있다.
car를 꾸미는 형용사

I wanted to give him something special. 나는 그에게 특별한 어떤 것을 주길 원했다.
something을 꾸미는 형용사

The student is smart. 그 학생은 총명하다.
보어 자리에서 주어인 학생에 대한 상태 설명을 하는 형용사

대명형용사 代名形容詞

대명사代名가 명사를 꾸며 형용사形容詞 역할을 하는 것

대명형용사는 this, that, what 등과 같은 대명사가 명사를 꾸며 형용사 역할을 하는 말을 지칭합니다.

예 This note is mine. 이 노트는 내 것이다.
note를 꾸며 주는 대명형용사

What park do you want to go to? 너는 무슨 공원에 가고 싶어?
park를 꾸며 주는 대명형용사

수량형용사 數量形容詞

수數와 양量을 나타내는 형용사形容詞

	수형용사	양형용사	수와 양에 관계없이 쓰는 수량형용사
많이 있을 때	many+셀 수 있는 복수 명사 예 many friends	much+셀 수 없는 명사 예 much money	a lot of(= lots of) 예 lots of books, a lot of money
조금 있을 때	a few+셀 수 있는 복수 명사 예 a few notes	a little+셀 수 없는 명사 예 a little water	긍정문에는 some 부정문, 의문문에는 any
거의 없을 때	few+셀 수 있는 복수 명사 예 few books	little+셀 수 없는 명사 예 little milk	

성상형용사 性狀形容詞

성질性이나 상태狀를 나타내는 형용사形容詞

성상형용사는 가장 일반적인 형용사로 사물의 성질이나 상태를 나타냅니다. 수량형용사와 같이 쓸 때 수량형용사를 먼저 쓰고 성상형용사를 그 뒤에 씁니다.

예 I saw many pretty girls. 나는 많은 예쁜 소녀들을 보았다.
수량 형용사 + 성상 형용사

관사 冠詞 명사 앞에 머리 위의 갓冠처럼 놓이는 말詞

관사는 명사가 쓴 갓처럼 명사 앞에 놓여 단수, 복수, 성, 격을 나타내는 품사입니다. 명사 앞에서 명사를 꾸미는 역할을 하므로 형용사의 일종이라 할 수 있으며, 명사의 상태나 특성을 확실하게 설명해 준답니다. 관사에는 정관사과 부정관사가 있습니다.

정관사 定冠詞 정해진定 것을 나타내는 관사冠詞

정관사는 딱 정해진 하나의 명사 앞에서 지시, 한정의 뜻을 나타내는 것으로 'the'를 말합니다. 앞서 말한 것을 다시 얘기할 때처럼 정확하고 특정한 어떤 것을 가리키거나 세상에 하나밖에 없는 것, 최상급에 the를 붙입니다.

예 I have a pen. The pen is red. 나는 펜을 가지고 있다. 그 펜은 빨간색이다.
앞서 나온 펜을 가리킴.

The sun is very hot. 태양은 매우 뜨겁다.
세상에 하나밖에 없는 것을 나타냄.

다음과 같은 표현일 때 명사 앞에 붙는 정관사를 생략합니다.

1. 단어를 원래의 목적으로 쓸 때
   예 I go to (the 생략) school. 나는 학교에 간다. → 공부하러 학교에 갈 때에 생략합니다.
2. 계절, 교통수단, 운동 경기, 식사를 나타낼 때
   예 I have (the 생략) lunch at 12:30. 나는 12시 반에 점심을 먹는다.
3. 자기 가족의 구성원을 가리키거나 상대방을 부를 때
   예 (the 생략) Mom, come on please. 엄마, 이쪽으로 오세요.
4. 나라 이름, 사람 이름을 쓸 때
   예 (the 생략) Korea, (the 생략) Minsu

부정관사 아닐부 정할정 갓관 말사 不定冠詞 정해지지 定 않은 不 것을 나타내는 관사 冠 詞

부정관사는 정해지지 않은 일반적인 하나를 가리키는 것으로 'a/an'을 말합니다. 어휘의 뜻대로 '(정해지지 않은 막연한) 하나'를 뜻하지만 대부분 풀이하지 않습니다. 문장에서의 쓰임에 따라 '같은, 어떤, ~라는 것'을 뜻하기도 합니다. a는 자음으로 시작되는 단어 앞에서, an은 단어가 모음으로 시작되거나 철자가 자음이라도 모음으로 발음되는 단어 앞에서 사용합니다.

예 A horse is fast. 말은 빠르다.
정해지지 않은 일반적인 것을 가리킴.

A boy came to see Jennifer. 어떤 소년이 제니퍼를 만나러 왔다.
'어떤'이라는 뜻으로 쓰임.

부사 도울부 말사 副詞 뜻이 분명해지도록 돕는 副 말 詞

부사는 도와주어 꾸미는 역할을 하는 것으로 형용사, 부사, 동사, 문장 전체를 수식합니다. 부사는 일반적으로 꾸밀 대상 앞에 있지만, 동사를 꾸밀 때는 위치가 다양하게 바뀝니다. 또, 문장 전체를 꾸밀 때는 문장 맨 앞에 나오기도 합니다. 만약 두 개 이상의 부사를 사용한다면 '장소 – 방법 – 시간'의 순으로 배열합니다.

예 Luckily I had a my key. 운 좋게도 나는 나의 열쇠를 갖고 있었다.
She is very cute. 그녀는 매우 귀엽다.

형용사를 부사로 만들기

일반적인 형용사	+ly 예 carefully
-y로 끝나는 형용사	y를 i로 고치고+ly 예 happily
-e로 끝나는 형용사	e를 빼고+ly 예 truly
-le로 끝나는 형용사	le를 빼고+ly 예 gently
형용사와 부사의 형태가 같은 것	예 long(긴) =long(오래) much(많은) =much(많이)

빈도부사 자주빈 정도도 도울부 말사 頻度副詞

자주 頻 일어나는 정도 度 를 나타내는 부사 副 詞

빈도부사는 같은 현상이나 일이 반복되는 정도를 나타내는 부사입니다. 주로 조동사나 be 동사 뒤에, 일반 동사 앞에 위치하며 usually, sometimes, almost, nearly, always, often, hardly, never 등이 있습니다.

예 I always go to school. 나는 항상 학교에 간다. / She is often crying at night. 그녀는 가끔 밤에 운다.
일반 동사 go 앞에   be 동사인 is 뒤에

- 원급, 비교급, 최상급

  원급 原級 : 원래[原]의 등급[級]

  비교급 比較級 : 두 쪽의 등급[級]을 견주어[比較] 보는 것

  최상급 最上級 : 등급[級]이 가장[最] 좋거나 높은[上] 것

- 비교급과 최상급 만드는 방법

	비교급	최상급	원급-비교급-최상급
일반적	단어 끝에 -(e)r	단어 끝에 -(e)st	예 old - older - oldest large - larger - largest
-y	y를 i로 바꾸고 -er	y를 i로 바꾸고 -est	예 easy - easier - easiest happy - happier - happiest
단모음+자음 으로 끝남	마지막 자음을 한 번 더 쓰고 -er	마지막 자음을 한 번 더 쓰고 -est	예 hot - hotter - hottest big - bigger - biggest
2음절 이상의 긴 단어	앞에 more	앞에 most	예 important - more important - most important

비교급 다음에는 than을 붙이고, 최상급 앞에는 the를 붙입니다. 형용사와 부사는 위와 같은 방법으로 동급(원급) – 비교급 – 최상급을 만들지만, 형용사의 최상급에는 the를 붙이고, 부사의 최상급 앞에는 the를 붙이지 않습니다.

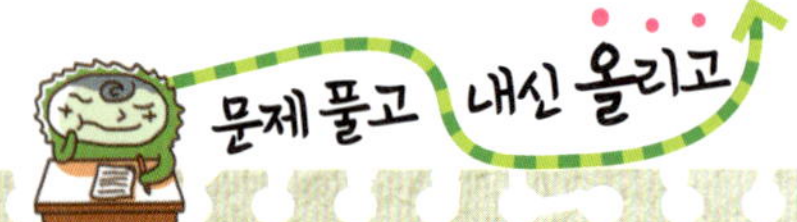

≫정답 p.310

문제1 다음 (   ) 안에서 올바른 것을 골라 ○ 하세요.

(1) We have (many, much) snow in December.

(2) There are (a few, a little) students in the school.

문제2 다음 (   ) 안에 들어갈 알맞은 말을 보기에서 골라 쓰세요.

|보기| too   any   very   much   yet   already   also

(1) It was a (   ) funny game.

(2) I have (   ) done the work.

하고 싶은 말이 뭐야?
구, 절, 문장의 종류

여러분의 친구 중에는 어떤 것을 이야기할 때 간략하게 요점만 말하는 친구도 있을 것이고, 아주 길고 장황하게 얘기하는 친구도 있을 겁니다. 요점만 간략하게 말하는 친구의 이야기를 들을 때는 어떤 것을 말하고자 하는지 바로 알 수 있습니다. 하지만 길게 말하는 친구의 이야기를 들을 때는 끝까지 잘 들어야 하고자 하는 말이 무슨 말인지 정확하게 알 수 있습니다.

우리는 상대방이 이야기할 때 하고자 하는 말이 무엇인지 집중해서 들어야 합니다. 또한, 내게 질문하는 것인지 아니면 동의를 얻고자 하는 것인지 잘 파악해야 합니다.

이때 귀만 쫑긋 세워 듣는다고 해서 중심 내용을 파악할 수 있는 것은 아닙니다.

앞에서 했던 말이 무엇인지 그다음에 얘기한 것은 또 무엇인지 끊어서 머릿속에 정리하는 것이 좋습니다. 영어도 마찬가지입니다. 영어 문장이 매우 길어 복잡하게 여겨지더라도 중요한 부분을 끊어서 해석하다 보면 금방 무슨 뜻인지 알 수 있습니다.

이제 문장을 어떻게 끊어서 공부해야 하는지 한번 알아보도록 할까요?

구 句 두 개 이상의 단어로 이루어진 구절句

구는 국어에서 말하는 '어구(語句)'와 같은 것으로 두 개 이상의 단어로 이루어져 있습니다. 문장의 기본
구조인 '주어+동사'의 형식을 갖추지 못한 낱말의 집합체라고 볼 수 있습니다. 구에는 주어, 목적어, 보어
로 쓰이는 명사구, 명사를 꾸미는 형용사구, 동사나 형용사, 다른 부사를 꾸미는 부사구가 있습니다.

예 To study is very interesting. 공부하는 것은 매우 재밌다.
주어로 쓰인 명사구

I bought a book helpful for my brother. 나는 내 동생에게 도움이 될 책을 샀다.
book을 꾸며 주는 형용사구

He will meet you in tomorrow morning. 그는 너를 내일 아침에 만날 것이다.
시간을 나타내는 부사구

절 節 두 개 이상의 단어로 이루어진 마디節

절은 두 개 이상의 단어로 이루어지면서 '주어+동사'의 형태를 갖춘 것입니다. 절은 앞의 절과 뒤의 절을
연결하는 접속사와 밀접한 관계가 있으므로 접속사와 함께 공부하도록 합시다.

주절 主節 문장에서 주인主이 되는 절節

주절은 두 개 이상의 단어로 이루어지면서 주어, 동사가 있는 것이 문장에
서 주인 역할을 하는 것입니다. 그래서 주절 뒤에는 항상 종속절이 따릅니다.

예 I often go to grandmother's home because I like her food.
문장에서 중심 부분이 되는 주절
나는 그녀의 음식을 좋아하기 때문에 나는 종종 할머니의 집에 간다.

종속절 從屬節 주절에 따라從 붙은屬 절節

종속절은 문장에서 혼자 쓰일 수 없어 주인인 주절을 따라다니는 절입니다. 문장 내에서 명사 역할을 하면
명사절, 형용사 역할을 하면 형용사절, 부사 역할을 하면 부사절로 모양을 바꿔 주절을 따라다닙니다.

예 It is certain that the earth is round. 지구가 둥근 것은 확실하다.
명사 역할(진주어)을 하는 명사절

This is my book which he gave me. 이것은 그가 내게 준 책이다.
book을 꾸며 주는 형용사절

When I was young, my mother was very beautiful. 내가 어렸을 때, 우리 엄마는 매우 예뻤다.
시간을 나타내는 부사절

 주절과 종속절을 간단히 구분하려면 접속사를 기준으로 살펴보면 됩니다. 주절과 달리 종속절은 접속사나 관계 대명사, 관계 부사를 달고 다닙니다. 또한, 풀이를 통해 구분할 수 있는데 종속절은 주절보다 먼저 풀이합니다.

접속사 接續詞 접해서接 이어주는續 말詞

접속사는 단어와 단어, 구와 구, 절과 절, 문장과 문장들을 이어주는 말입니다.

등위접속사 等位接續詞

앞과 뒤를 같은等 등급位으로 연결해 주는 접속사接續詞

등위접속사는 연결하려는 단어, 구, 절, 문장의 품사적 기능이 같을 때(명사 – 명사, 동사 – 동사, 문장 – 문장 등) 사용합니다. and, but, or, so, for 등이 있습니다.

예 You and me are good friends. 너와 나는 좋은 친구이다.
명사인 you와 me를 연결하는 등위 접속사

종속접속사 從屬接續詞

종속절에 따라從 붙은屬 접속사接續詞

종속접속사는 종속절에 붙어 종속절을 이끄는 것입니다. that, when, while, as, though, if, because 등이 있습니다.

예 When he come here, she will come back. 그가 여기에 올 때 그녀가 돌아올 것이다.
시간을 나타내는 접속사

상관접속사 相關接續詞

서로相 관련關이 있는 접속사接續詞

상관접속사는 서로 관련이 있는 것끼리 짝을 이루어 대상을 연결하는 것이며, 연결 대상은 동등한 문법적 형태를 띤 단어입니다. not A but B, both A and B, A as well as B, not only A but also B, either A or B, neither A nor B 등이 있습니다.

예 She is not only beautiful but also wise. 그녀는 아름다울 뿐만 아니라 현명하기도 하다.
형용사인 beautiful과 wise를 연결함.

Both he and I play the piano. 그와 나 둘 다 피아노를 연주한다.
명사인 he와 I를 연결함.

• 전치사 前置詞: 명사나 대명사 앞에[前] 놓이는[置] 말[詞]

접속사와 헷갈릴 수 있는 전치사는 명사나 대명사 앞에 놓여 다른 명사나 대명사와의 관계를 나타내는 품사로 이유, 목적, 장소, 시간, 방향, 원인 등을 나타냅니다. 전치사는 혼자 쓸 수 없으며, 뒤에 오는 목적격 명사와 함께 전치사구를 만들기도 합니다. on, off, in, at, for, from, with, to, under, by, about, after 등은 많이 쓰는 전치사로 다양한 뜻의 다양한 역할을 합니다.

문장 文章   글/문장 문 글 장

어떤 생각이나 느낌을 글자[文]로 적은 글[章]

문장은 생각이나 감정을 말로 표현할 때 완결된 내용을 나타내는 최소의 단위입니다.

평서문 平敍文   평평할 평 차례 서 글/문장 문

평범하게[平] 차례대로[敍] 말하는 문장[文]

평서문은 평범하고 담담하게 자기 생각을 말하거나 사건의 내용을 객관적으로 진술하는 문장입니다. 듣는 사람에게 어떤 대답을 원하거나 동의를 이끌어 내지 않습니다. '~은 ~이다.'와 같은 긍정문과 '~은 ~이 아니다.'와 같은 부정문이 있으며, 문장이 끝나면 마지막에 마침표(.)를 붙입니다.

> 예 You are beautiful. 너는 예쁘다. (긍정문)
> You are not alone. 너는 혼자가 아니다. (부정문)

의문문 疑問文   의심할 의 물을 문 글/문장 문

의심한[疑] 것을 묻는[問] 문장[文]

의문문은 말하는 사람이 듣는 사람에게 자신이 궁금한 것을 물어서 상대방의 답변을 요구하는 문장입니다. 문장이 끝나면 마지막에 물음표(?)를 붙입니다.

1. 의문사(疑問詞)가 없는 의문문

   의심한[疑] 것을 묻는 [問] 초점이 되는 사물이나 상태를 지시하는 말[詞]로 how, when, where, what, why, who가 있습니다.

   yes, no로 답하는 의문문입니다.
   - Be동사(혹은 조동사)+주어 ~ ?
   - Do동사+주어+동사(원형) ~ ?

   > 예 Are you a student? 너는 학생이니?

2. 의문사(疑問詞)가 있는 의문문

   yes, no로 답할 수 없는 의문문으로 how, when, where, what, why, who의 의문사를 사용합니다. 의문사가 주어인 경우를 제외하고는 '의문사+동사+주어'의 순서로 말합니다.

   > 예 Who are you? 너는 누구니?

부가의문문 附加疑問文

붙을 부 더할 가 의심할 의 물을 문 글/문장 문

주된 것에 덧붙여 附 더하는 加 의문문 疑 問 文

부가의문문은 사실을 확인하거나 동의를 구할 때 평서문이나 명령문 등에 덧붙여 묻는 문장입니다. 앞의 문장이 부정일 때에는 뒤에 긍정의 부가의문문을 붙이며, 앞의 문장이 긍정일 때에는 뒤에 부정의 부가의문문을 붙입니다. 붙이는 질문은 축약형으로 쓰며, 대답은 yes, no로 합니다.

> **예** He was so handsome, wasn't he? 그 사람 정말 잘생겼다. 그렇지 않니?
>
> She cannot cook, can she? 그녀는 요리를 못하지, 그렇지?

명령문 命令文 상대방에게 명령하는 命令 문장 文

명령할 명 명령할 령 글/문장 문

명령문은 말하는 사람이 듣는 사람에게 무엇을 시키거나 행동을 요구하는 문장으로 명령, 금지, 의뢰 등의 의사를 나타냅니다. 상대방 you에게 직접명령하는 직접명령문과 1인칭과 3인칭에 명령하는 간접명령문이 있습니다.

1. 직접명령문

문장 제일 앞을 '동사원형~'으로 시작하는 것으로 주어 you를 생략한 명령문입니다. 부정의 뜻을 쓴 명령문은 어떤 행위를 하지 못하도록 하는 것을 나타냅니다.

> **예** Be quiet. 조용히 해.
>
> Don't close the door. 문을 닫지 마.

2. 간접명령문

제일 앞에 Let으로 시작하는 것으로 1인칭, 3인칭과 관계가 있습니다. '~해라'라고 강하게 명령하기보다 권유의 뜻을 나타내며, 'Let + 목적어(1인칭이나 3인칭) + 동사원형'으로 표현합니다.

> **예** Let's go. 우리 같이 가자. (Let's = Let us)
>
> Let him finish his work. 그의 일을 다 끝내자.

命은 '명령하다'라는 뜻 외에 '목숨'이라는 뜻이 있습니다. 命을 자세히 들여다보면 '口(입 구)'가 있습니다. 잘 먹어야 잘 산다는 의미 아닐까요?

- **왕명 王命**: 임금[王]의 명령[命]
  > **활용** 너희가 감히 왕명(王命)을 어기고 대역 죄인이 되겠느냐?

- **인명재천 人命在天**: 사람[人]의 목숨[命]은 하늘[天]에 있음[在].
  사람이 살고 죽는 것은 사람의 힘으로 어찌할 수 없음을 이르는 말
  > **활용** 인명재천(人命在天)이라 했다. 그 사람이 그리된 것도 다 하늘의 뜻이야.

감탄문 感歎文 느낄 감 탄식할 탄 글/문장 문 느낌 感 과 탄식 歎 을 나타내는 문장 文

감탄문은 자기의 느낌이나 감정을 표현하는 문장으로 주로 혼자서 말할 때가 많습니다. How 또는 What 으로 시작하는 형태가 있으며, 문장이 끝나면 마지막에 느낌표(!)를 붙입니다.

1. What + (a/an) + 형용사 + 명사 + 주어 + 동사!

   예 What a beautiful girl she is! 그녀는 참 예쁜 소녀구나!

2. How + 형용사/부사 + 주어 + 동사!

   예 How well he draws! 그는 정말 그림을 잘 그리는구나!

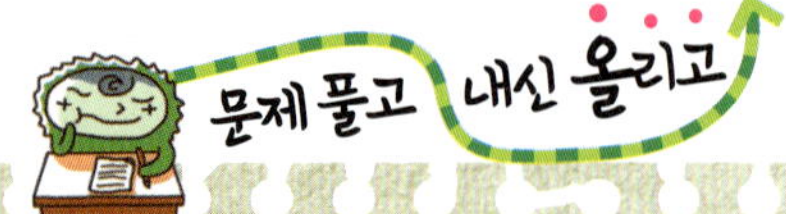

≫정답 p.310

문제 1 다음 각 문장의 종류를 쓰세요.

(1) I will meet you tomorrow.

(2) What a fast swimmer she is!

(3) Jenny takes a piano lesson after school, doesn't she?

문제 2 밑줄 친 부분이 어떤 구나 절에 해당하는지 알맞은 것에 ○ 해 보세요.

(1) To write Chinese is not difficult.

   (명사구, 형용사구, 부사구, 주절, 명사절, 형용사절, 부사절)

(2) The building on the hill is my house.

   (명사구, 형용사구, 부사구, 주절, 명사절, 형용사절, 부사절)

(3) Do you know that boy smiling at me?

   (명사구, 형용사구, 부사구, 주절, 명사절, 형용사절, 부사절)

애들아, 모여라!
집합!

파란색 연필과 빨간색 연필이 자기가
있어야 할 필통에 담겨 있습니다.
각각의 필통은 정해진 조건에 해당하는
요소를 담아서 하나의 덩어리를 이루고
있지요. 그렇다면 2개의 색을 모두 가진
연필은 어느 필통으로 가야 할까요?

파란색 연필이 담긴 필통에 가도 되고, 빨간색 연필이 담긴 필통
으로 가도 됩니다. 우리 주변에는 연필처럼 각각의 조건에 맞게
모인 것들이 있습니다. 수학에서는 어떻게 표현하고 있는지 알아
봅시다.

집합 集合 모일 집 합할 합 모아서 集 합함 合

정해진 조건에 맞는 요소들의 모임을 말합니다. 조건에 맞는 요소가 그 집합에 제대로 들어 있는지 알아낼 수 있어야 합니다.

> **예** A = {a, b, c, d, e}에서 A는 a, b, c, d, e의 집합

원소 元素 근본 원 바탕 소 근본 元이 되는 바탕 素

집합을 이루고 있는 하나하나의 요소를 말합니다. a가 집합 A의 원소일 때 '원소 a는 집합 A에 속한다.'라고 표현하고 a∈A라고 표시합니다. ∉는 '원소가 아님'을 뜻합니다.

> **예** A = {a, b, c, d, e}에서 a, b, c, d, e는 각각 집합 A의 원소. 즉 a∈A, b∈A, c∈A, d∈A, e∈A, f∉A

素에는 '바탕'이라는 뜻 외에 '희다'라는 대표적인 뜻이 있습니다. 한자 素의 아랫부분에 있는 한자는 '糸 실 사'인데, 실로 실타래를 감은 모양을 본떠서 만든 글자입니다. 실이 처음 만들어지면 흰색을 띠고 있어서 素에 '희다'라는 뜻이 붙었다고 합니다. 그리고 아직 실을 물들이지 않은 상태를 뜻하여 '꾸미지 않고 수수하다'란 의미도 지닙니다.

- 소재 素材: 어떤 것을 만드는 데 바탕[素]이 되는 재료[材]
- 소복 素服: 흰[素] 옷[服]
- 검소 儉素: 사치하지 않고[儉] 수수함[素].
- 소수 素數: 1과 자신 이외의 자연수로는 나눌 수 없는 자연수. 섞이지 않은 순수한[素] 수[數]
  > **활용** 15의 素數(소수)는 1, 3, 5, 15 이렇게 4개입니다.

들여다보기

- **원소나열법 元素羅列法**: 그 집합에 속한 원소[元素]를 모두 벌여[羅] 줄짓듯이[列] 놓는 방법[法]

  집합에 속하는 모든 원소를 { } 안에 나열하면 됩니다.
  > **예** 10보다 작은 자연수 중 짝수의 집합 A를 원소나열법으로 나타내어라.
  >
  > A = {2, 4, 6, 8}

- **조건제시법 條件提示法**: 그 집합에 속하는 원소들의 공통된 성질, 즉 만족하는 조건[條件]을 들어서[提] 보이는[示] 방법[法]

  그 집합에 속하는 원소인지 아닌지를 판단할 수 있는 조건의 문장 또는 수식을 { } 안에 나타내면 됩니다.
  > **예** '2보다 크고 8보다 작은 자연수의 집합'을 조건제시법으로 나타내어라.
  >
  > A = {x|x는 2보다 크고 8보다 작은 자연수} → 문장으로 나타내는 방법
  >
  > A = {x|2 < x < 8 (x는 자연수)} → 수식으로 나타내는 방법

유한집합 有限集合

<ruby>있을<rt>유</rt></ruby> <ruby>한계<rt>한</rt></ruby> <ruby>모일<rt>집</rt></ruby> <ruby>합할<rt>합</rt></ruby>

한계 限 가 있는 有 집합 集合

집합을 구성하는 원소의 개수에 한계가 있는 집합을 말합니다. 여기서 '한계가 있다'는 것은 원소의 개수를 끝까지 셀 수 있음을 뜻합니다.

예 A = {x|x는 100보다 작은 한 자리의 자연수} ➝ A = {1, 2, 3, 4, 5, 6, 7, 8, 9}
그러므로 A는 유한집합

무한집합 無限集合

<ruby>없을<rt>무</rt></ruby> <ruby>한계<rt>한</rt></ruby> <ruby>모일<rt>집</rt></ruby> <ruby>합할<rt>합</rt></ruby>

한계 限 가 없는 無 집합 集合

원소의 개수에 한계가 없는 집합을 말합니다. '한계가 없다'는 말은 원소의 개수가 셀 수 없을 만큼 무수히 많다는 것입니다.

예 A = {x|x는 100보다 큰 자연수} ➝ A = {101, 102, 103 ·······}
그러므로 A는 무한집합

공집합 空集合

<ruby>빌공<rt>공</rt></ruby> <ruby>모일<rt>집</rt></ruby> <ruby>합할<rt>합</rt></ruby>

원소가 비어 있는 空 집합 集合

공집합은 집합을 이루는 원소가 하나도 없는 상태의 집합으로 기호 Ø나 { }를 써서 나타냅니다. 참고로 {Ø}은 집합에 Ø라는 원소가 들어 있다는 표시이므로 공집합이 아닙니다.

예 A = {x|x는 15의 약수이면서 짝수인 수} ➝ 15의 약수는 '1, 3, 5, 15'입니다.
이 가운데 짝수는 없으므로 'A = Ø', 'A = { }'

전체집합 全體集合

<ruby>온전할<rt>전</rt></ruby> <ruby>몸체<rt>체</rt></ruby> <ruby>모일<rt>집</rt></ruby> <ruby>합할<rt>합</rt></ruby>

온[全] 몸[體]

원소 전체 全體 로 이루어진 집합 集合

모든 집합의 바탕이 되는 원소 전체로 이루어진 집합입니다. 최초의 집합이란 의미를 부여하고, 알파벳 U로 나타냅니다.

예 U = {x|x는 2의 배수인 자연수} ➝ U = {2, 4, 6, 8, 10, 12······}

부분집합 部分集合

<ruby>나눌<rt>부</rt></ruby> <ruby>나눌<rt>분</rt></ruby> <ruby>모일<rt>집</rt></ruby> <ruby>합할<rt>합</rt></ruby>

어떤 집합의 한 부분 部分 이 되는 집합 集合

어느 집합이 다른 집합에 포함되어 있는 관계를 나타냅니다. 두 집합 A와 B가 있고 집합 B의 원소가 모두 집합 A의 원소가 될 때 집합 B는 집합 A의 부분집

합이라고 합니다. 이때 기호는 ⊃을 사용하며 A⊃B, B⊂A로 표시합니다. 두 집합이 모두 동일한 원소를 가진 경우 서로 부분집합이 됩니다.

예 A = {x|x는 100 이하의 자연수} → A = {x|x = 1, 2, 3, 4, 5, 6 …… 98, 99, 100}
B = {x|x는 5의 배수이면서 두 자리 수인 자연수} → B = {x|x = 10, 15, 20, 25 …… 95}
그러므로 집합 B는 집합 A의 부분집합, 즉 A⊃B

진부분집합 眞部分集合: 진짜[眞] 부분이[部分] 되는 집합[集合]
부분집합은 일부분의 원소가 속해 있는 집합뿐만 아니라 모든 원소가 같은 집합도 포함합니다.
예 A = {1, 2, 3}, B = {1, 2, 3}의 경우
집합 A는 집합 B의 부분집합, 집합 B는 집합 A의 부분집합 → A⊃B, B⊃A

그러나 진부분집합은 모든 원소가 같은 집합의 경우가 제외됩니다. 말 그대로 진짜 부분만을 뜻합니다.
예 A = {1, 2, 3}일 경우 집합 A의 진부분집합 B를 구하여라.
→ 진부분집합 B는 ∅, {1} {2} {3} {1, 2} {1, 3} {2, 3}까지입니다.
{1, 2, 3}은 부분집합이기는 하지만 진부분집합은 아닙니다.

여집합 餘集合
남을 여 모일 집 합할 합
남은 餘 원소로 이루어진 집합 集合

전체집합에서 부분집합에 포함되지 않은 원소로만 이루어진 집합입니다. 전체집합 U의 부분집합 A가 있을 때 전체집합 U에는 속하지만 부분집합 A에는 속하지 않는 원소의 집합입니다. 이때 부분집합 A에 대한 여집합은 A^c로 나타냅니다. 즉, U−A = A^c가 됩니다.

예 U = {x|x는 자연수}
A = {x|x는 짝수인 자연수}
U−A = A^c = {x|x는 홀수인 자연수}

餘의 대표적인 뜻은 '남다'입니다. 이 뜻이 확대되어 '넉넉하다'란 뜻도 생겼습니다.
먹을 것[食]이 남은 이유는 넉넉했기 때문이겠죠?

• **여력 餘力**: 주된 일을 하고 아직 남아[餘] 있는 힘[力]
활용 자신의 건강을 먼저 챙겨야 남을 돌볼 여력(餘力)도 생기지.

• **여유 餘裕**: 물질 · 공간 · 시간이 넉넉히[裕] 남음[餘].

교집합 交集合
사귈 교 모일 집 합할 합
서로 교차 交 되어 있는 집합 集合

둘 이상의 집합에 동시에 속하는 원소로 이루어진 집합입니다. 여러 집합의 공통부분이며, 기호는 ∩로 나

타냅니다. 두 집합 A와 B가 있을 때 집합 A와 B의 교집합은 A∩B로 표시하며, A∩B = {x|x∈A 그리고 x∈B}가 됩니다.

> **예** A = {x|x는 10 이하의 자연수} → A = {1, 2, 3, 4, 5, 6, 7, 8, 9, 10}
> B = {x|x는 3의 배수인 자연수} → B = {3, 6, 9, 12 ……}
> 집합 A와 집합 B의 교집합. 즉 A∩B = {3, 6, 9}

합집합 合集合 합한 合 집합 集 合

집합이 모두 합해진 상태입니다. 집합 A의 원소와 집합 B의 원소를 모두 합한 전체를 A와 B의 합집합이라고 합니다. 기호는 ∪를 사용하며, 집합 A와 B의 합집합을 A∪B로 나타냅니다. A∪B = {x|x∈A 또는 x∈B}가 됩니다.

> **예** A = {x|x는 10의 약수} → A = {1, 2, 5, 10}
> B = {x|x는 10 이하의 자연수 중 3의 배수} → B = {3, 6, 9}
> 집합 A와 집합 B의 합집합. 즉 A∪B = {1, 2, 3, 5, 6, 9, 10}

차집합 差集合 뺄 差 집합 集 合

한 집합에서 다른 집합을 뺀 것을 말합니다. 두 집합 A, B가 있을 때 집합 A에는 속하고 집합 B에는 속하지 않은 원소의 집합을 'A에 대한 B의 차집합'이라고 하며 A−B로 나타냅니다. A−B는 A∩B^{c}와 같습니다.

> **예** A = {x|x는 25의 약수} → A = {1, 5, 25}
> B = {x|x는 5의 약수} → B = {1, 5}
> A−B = A∩B^c = {25}

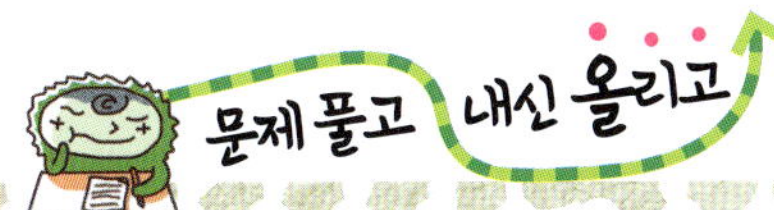

》정답 p.311

문제 1 집합 A = {0, ∅, (1, 2)}일 때, 다음 중 옳지 <u>않은</u> 것은?

① {0}⊂A ② (1, 2)∈A ③ ∅⊄A

④ {0, (1, 2)}⊂A ⑤ {(1, 2)}⊂A

문제 2 두 집합 A = {4, 5, a}, B = {5, 8, a−1}에 대하여 A∩B = {5, 8}일 때 A∪B를 구하여라.

수! 水? 手? 數!

우리가 살아가는 데 숫자는 빼 놓을 수 없는 존재입니다. 가깝게는 전화번호, 주민등록번호에서 시작하여 책의 쪽수, 통장의 금액 등 많은 것들이 숫자로 이루어져 있습니다. 이렇게 쉽게 접할 수 있는 숫자가 수학이라는 학문과 만나면 꽤 까다로운 존재가 됩니다. 수학에서는 수의 종류도 많고, 분류 기준도 까다롭습니다. 위 그림에서 숫자 '1'은 과연 어디로 가야 할까요?

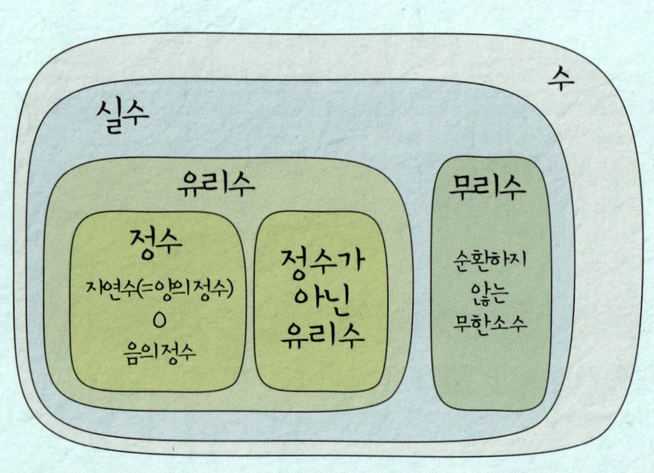

수를 나타내는 다양한 말의 뜻을 이해하면서 수의 종류도 알아보고 위 문제의 해답을 찾아봅시다.

실수 實數 실제實의 수數

실제로 존재하는 수입니다. 유리수와 무리수를 통틀어 이르는 말인데, 그 수가 셀 수도 없이 많습니다. 실수는 사칙연산(＋, －, ×, ÷)을 자유롭게 할 수 있습니다.

예 1, 2, 3…… $\sqrt{5}$, $\sqrt{7}$, $\sqrt{23}$ ……3.14, 6.789

유리수 有理數 다스릴理 수 있는有 수數

실수 중에서 정수(-3, -2, -1, 1, 2, 3……)와 분수($\frac{1}{5}$, $\frac{2}{13}$, $\frac{4}{78}$ ……)를 합친 것을 말합니다. 여기서 분수는 소수(3.14, 4.3 ……)로도 표현이 가능합니다.

예 -23, -5, 67, 4, 4.5, 8.125

무리수 無理數 다스릴理 수 없는無 수數

실수 중 유리수가 아닌 수를 말합니다. 무리수는 분수의 형식으로 나타낼 수 없습니다.

예 $\sqrt{7}$, log2, π

여다보기

유리화 有理化: 다스릴[理] 수 있는[有] 수로 되게[化] 만드는 것
무리수나 무리식을 다스릴 수 있는 유리수나 유리식으로 만드는 것을 말합니다. 보통 무리식의 일부인 근호($\sqrt{\ }$)를 변형시켜 없앱니다. 흔히 변형되는 것은 분모이므로 이를 분모의 유리화라고 합니다.

예 $\frac{3}{\sqrt{5}}$ 을 유리화시켜라.

$$\rightarrow \frac{3}{\sqrt{5}} \times \frac{\sqrt{5}}{\sqrt{5}} = \frac{3\sqrt{5}}{5}$$

정수 整數 가지런히整 정돈된 수數

차례대로 하나씩 더하여 이루어지는 자연수와 이에 대응하는 음수 그리고 0을 통틀어 이르는 말입니다.

예 -4, -2, -1, 0, 100, 1034

소수 小數 작은 小 수 數

작을 소 셈 수

0보다 크고 1보다 작은 실수를 말합니다. 0 다음에 점을 찍어 나타냅니다. 1보다 큰 수를 소수(小數)에 상대하여 대수(大數)라고도 합니다.

예 0.8, 0.002, 0.526

유한소수 有限小數 한계 限 가 있는 有 소수 小 數

있을 유 한계 한 작을 소 셈 수

소수점 아래의 숫자가 어느 자리에서 그치는 소수로, 소수점 아래의 숫자를 셀 수 있습니다.

예 $\frac{1}{2}=0.5$, $\frac{4}{5}=0.8$, $\frac{1}{8}=0.125$

무한소수 無限小數 한계 限 가 없는 無 소수 小 數

없을 무 한계 한 작을 소 셈 수

소수점 아래의 숫자가 한없이 계속되는 소수를 말합니다. 대표적인 무한소수로 원주율(3.141592……)이 있습니다.

예 $\frac{3}{7}=0.428571428571428\cdots\cdots$, $\sqrt{3}=1.732050807568\cdots\cdots$

 들여다보기

순환소수 循環小數: 돌고[循] 도는[環] 소수[小數]

소수점 아래의 어떤 자리에서부터 같은 숫자가 같은 순서로 계속 되풀이되는 소수입니다. 순환소수는 무한소수의 일부이며, 유리수에 속합니다. 소수점 아래에서 반복되는 부분을 순환마디라고 합니다. 순환소수는 그 순환마디의 처음 수와 마지막 수의 바로 위에 점을 찍어서 나타냅니다.

예 $\frac{1}{3}=0.333333\cdots\cdots=0.\dot{3}$, $\frac{7}{13}=0.538461538461538\cdots\cdots=0.\dot{5}3846\dot{1}$

소수 素數 순수한 素 수 數

순수할 소 셈 수

1과 자기 자신만으로 나누어지는, 1보다 큰 자연수(＝양의 정수)를 말합니다. 현재까지 발견된 가장 큰 소수는 '$2^{43112609}-1$'로 자릿수는 무려 1297만 8189자리라고 합니다. 이후에도 수학자들은 소수를 계속 발견하려고 노력 중입니다.

소수(素數)를 소수(小數)와 구별하여 알아두기 바랍니다.

예 2, 3, 5, 7, 11, 13, 17……

합성수 合成數 _{합할}합 _{이룰}성 _셈수   합하여 合 이루어진 成 수 數

소수(素數)가 아닌 자연수를 말하며 둘 이상의 소수(素數)가 곱해진 수입니다. 소수를 곱하였기 때문에 반대로 소수로 분해할 수도 있습니다.

예 4, 6, 8, 9, 10, 12, 30

소인수 素因數 _{순수할}소 _{까닭}인 _셈수   수가 이루어진 원인 因 이 되는 수 가운데 있는 소수 素 數

수학에서 1은 소수도, 합성수도 아닙니다. 1은 모든 수의 약수입니다. 소인수란 몇 개의 곱으로 이루어진 수의 구성 요소 중 소수를 말합니다.

예 8의 약수는 1, 2, 4, 8 ➡ 2는 소수, 4와 8은 합성수

➡ 그러므로 8의 소인수는 2

 **들여다보기**

소인수분해 素因數分解: 소인수[素因數]로 나누어[分] 풀어[解] 내는 것

합성수를 소수의 곱으로 나타내는 방법입니다.

예 36을 소인수분해하여라.

$$36 = 2 \times 2 \times 3 \times 3 = 2^2 \times 3^2$$

➡ 여기서 $2^2 \times 3^2$이 36을 소인수분해한 것입니다. 소수인 2, 3의 곱으로만 나타냈기 때문에 소인수분해라고 합니다.

解의 꼬리를 물고

解는 획이 많아서 쓰기 어려운 한자입니다. 하지만 한자를 잘 쪼개 보면 뜻을 알 수 있고 쉽게 외울 수도 있습니다. 解를 쪼개면 '角(뿔 각)', '刀(칼 도)', '牛(소 우)'가 나옵니다. 즉 '칼을 가지고 소와 소의 뿔을 가르다.'라는 의미입니다. 여기서 '풀다, 풀이하다, 가르다' 등의 뜻이 유래되었다고 합니다.

• **해방** 解放: 구속 · 억압 · 부담 등에서 벗어나도록 풀어[解] 놓음[放].
  활용 드디어 내일이면 이 일에서 解放(해방)된다.

• **난해** 難解: 뜻을 이해하기 어렵거나 사건이나 문제를 풀기[解] 어려움[難].
  활용 그녀는 難解(난해)한 곡을 잘 연주하여 청중들의 기립 박수를 받았다.

최대공약수 最大公約數 _{가장}최 _큰대 _{여러}공 _{묶을}약 _셈수

여러 公 가지 약수 중에 가장 最 큰 大 약수 約 數

두 개 이상 정수의 공통된 약수 중에 가장 큰 수를 말합니다. 약수란 어떤 수를 묶어[約] 나누어 똑떨어지게 하는 수[數]입니다.

예 9와 36의 최대공약수를 구하여라.

9의 약수는 1, 3, 9

36의 약수는 1, 2, 3, 4, 9, 12, 18, 36

두 수의 공약수는 1, 3, 9

∴ 이 중 최대공약수는 9

최소공배수 最小公倍數

가장 最 작을 小 여러 公 곱 倍 셈 數

여러 公 가지 배수 중에 가장 最 작은 小 배수 倍 數

두 개 이상 정수의 공통된 배수 가운데 0을 제외한 가장 작은 수를 말합니다. 배수란 어떤 수의 곱절[倍]이 되는 수[數]입니다.

예 5와 9의 최소공배수를 구하여라.

5의 배수는 5, 10, 15, 20, 25, 30, 35, 40, 45 ……

9의 배수는 9, 18, 27, 36, 45 ……

두 수의 공배수는 45, 90, 135 ……

∴ 이 중 최소공배수는 45

 **최소공약수와 최대공배수는 없나요?**

최소공약수는 항상 1이 됩니다. 그래서 굳이 구할 필요가 없습니다.

최대공배수는 배수 자체가 끝없이 생기기 때문에 최대인 배수를 구할 수 없습니다.

 **들여다보기**

- **십진법 十進法**: 열[十] 개의 숫자로 나타내며 나아가는[進] 방법[法]

0, 1, 2,…, 9의 10개의 숫자를 사용하여 수를 나타냅니다. 1, 10, 100, 1000,…과 같이 10배마다 새로운 자리로 옮겨 가는 방법입니다. 사람의 손가락 수에서 유래하였다고 합니다.

- **이진법 二進法**: 두[二] 개의 숫자로 나타내며 나아가는[進] 방법[法]

숫자 0과 1만을 사용하여 수를 나타내는 방법입니다. 큰 수를 나타내는 데 긴 자리수가 필요하다는 단점이 있지만, 컴퓨터에 쓰이는 중요한 방법입니다.

 **십진법과 이진법은 서로 바꿔 쓸 수 없나요?**

십진법을 이진법으로, 이진법을 십진법으로 바꿀 수 있습니다. 방법을 알아보도록 하겠습니다.

- 17을 이진법으로 나타내어라.

```
2) 17
2) 8    ……1
2) 4    ……0
2) 2    ……0
   1    ……0
```

(화살표 방향으로 씁니다.)

그러므로 17 = 10001 $_{(2)}$ → 맨 끝에 (2)를 기입하여 이진법임을 나타냅니다.

- 1011 $_{(2)}$ 을 십진법으로 나타내어라.

$1011_{(2)} = 1 \times 2^3 + 0 \times 2^2 + 1 \times 2^1 + 1 \times 2^0 = 8 + 0 + 2 + 1 = 11$

그러므로 $1011_{(2)} = 11$ → 십진법의 경우 끝에 (10)의 기입을 생략합니다.

문제1 다음 중 그 범위가 가장 넓은 수는?

① 정수 ② 실수 ③ 소수
④ 유리수 ⑤ 무리수

문제2 다음의 수 중 그 분류가 다른 하나는?

① $0.\dot{3}$ ② $\dfrac{4}{5}$ ③ $\dfrac{4}{9}$
④ $\sqrt{5}$ ⑤ $0.125125\cdots\cdots$

문제3 $\dfrac{1}{\sqrt{2}+1}$ 을 유리화시키면?

① 0 ② $\dfrac{\sqrt{2}+1}{\sqrt{2}-1}$ ③ $\dfrac{\sqrt{2}-1}{\sqrt{2}+1}$
④ $\sqrt{2}+1$ ⑤ $\sqrt{2}-1$

문제4 315를 소인수분해하였을 때, 각 소인수의 지수들의 합을 구하면?

① 3 ② 4 ③ 5
④ 6 ⑤ 7

문제5 $2.7 \leq x < \dfrac{23}{3}$ 을 만족하는 정수 x의 개수는?

① 5 ② 6 ③ 7
④ 8 ⑤ 9

문제6 서로 맞물려 도는 톱니바퀴 (가)와 (나)가 있다. (가)의 톱니 수는 48개 (나)의 톱니 수는 72개일 때 이 톱니가 같은 이에서 처음으로 다시 맞물리는 것은 (가)가 몇 바퀴 돈 다음인지 구하세요.

문자와 식

수학은 일상생활에서 우리와 밀접한 관련이 있습니다. 가게에서 물건을 살 때, 거리, 시간, 속력을 구할 때, 여러 사람에게 정해진 물건을 나누어 줄 때 우리는 풀어야 할 문제를 만납니다. 이때 상황에 맞게 식을 세워 계산한다면 문제를 쉽게 해결할 수 있답니다.

단항식 홀단 항목항 법식식 單項式　한 개^單의 항^項으로 이루어진 식^式

＋ 나 － 를 포함하지 않고, 숫자와 문자의 곱셈으로만 이루어진 최소한의 식입니다. '숫자×문자'의 형식으로 되어 있습니다.

예 $3x$, $5y$, $2a$, $7b$, $3ab$, $3x^2$, $4x^2y^3$

 여다보기

- 지수 指數: 제곱한 정도를 가리키는[指] 숫자[數]

지수를 제곱 지수라고도 합니다. 한 상자에 사과 a개가 들어 있는 것을 세 상자 사면 전체 사과의 개수는 $a \times a \times a$ 입니다. 이를 식으로 나타내면 a^3이며, 오른쪽 위의 3을 지수라고 말합니다.

- 지수 법칙 指數法則: 같은 문자나 수의 거듭제곱의 곱셈이나 나눗셈을 지수[指數]의 덧셈과 뺄셈으로 계산하는 법칙 [法則]

곱셈은 지수의 덧셈으로 계산하며, 나눗셈은 지수의 뺄셈으로 계산해요. 이때 지수는 자연수여야 합니다.

예 $x^3 \times x^2 = x^{3+2} = x^5$, $(a^3)^2 = a^3 \times a^3 = a^{3+3} = a^6$

$\quad a^5 \div a^3 = a^{5-3} = a^2$

 여다보기

- 계수 係數: 숫자와 문자의 곱셈으로 이뤄진 식에서 뒤의 문자와 이어진[係] 숫자[數]
- 차수 次數: 단항식이나 다항식에서 문자의 개수를 차례차례[次] 세서 나타낸 숫자[數]

옆의 단항식을 풀어쓰면 $3 \times x \times x \times y \times y \times y$입니다. 3은 계수이며 x의 차수는 2차, y의 차수는 3차입니다. $3x^2y^3$의 차수는 곱해진 문자의 개수를 모두 세어 5차(2차+3차)가 됩니다.

다항식 많을다 항목항 법식식 多項式　두 개 이상^多의 항^項으로 이루어진 식^式

'단항식이 많다.'라는 뜻으로 여러 개의 단항식이 ＋ 나 － 로 연결되어 나열된 식입니다.

예 $3a^2 + 6xy^4$, $\dfrac{2xy^3}{4y^2} - 2xy$, $4(2ab-5a) - 3ab + 7a$

미지수 아닐미 알지 셈수 未知數　알지^知 못하는^未 숫자^數

단항식이나 다항식을 풀 때 숫자가 아닌 문자로 표시된 것이며, 단항식, 다항식, 방정식 등을 풀어야 알 수 있는 값입니다.

예 $3a^2 + 6xy^4$에서 미지수는 a, x, y

상수항 常數項 항상常 숫자數로 나타내는 항項

다항식이나 방정식에서 미지수가 포함되지 않은, 숫자로만 이루어진 항입니다.

> **예** $3a^2+6xy^4$은 숫자에 모두 미지수가 붙어 있으므로 상수항이 없음.
>
> $2x^2-27$의 상수항은 -27

동류항 同類項 같은同 무리類의 항項

다항식에서 계수는 달라도 미지수와 그 미지수의 차수가 같은 단항식을 동류항이라고 합니다. 다항식을 간단히 하려면 먼저 동류항끼리 계산합니다.

> **예** $2(xy^2-y^2)-xy^2-5 = 2xy^2-2y^2-xy^2-5$가 됩니다.
>
> 동류항은 $2xy^2$, $-xy^2$입니다.
>
> ∴ 동류항끼리 계산하여 간단히 나타내면 xy^2-2y^2-5가 됩니다.

類의 꼬리를 물고

- **포유류 哺乳類**: 젖[乳]을 먹여[哺] 새끼를 기르는 무리[類]

  활용 강아지, 고양이, 소는 인간과 마찬가지로 포유류(哺乳類)에 속한다.

- **유유상종 類類相從**: 무리[類]는 같은 무리[類]끼리 서로[相] 따름[從].

인수 因數 본래의 원인因이 되는 수數

어떤 다항식을 두 개 이상의 다항식의 곱으로 나타낼 때 각각의 다항식을 처음 다항식의 인수라고 합니다. 즉, '다항식의 약수'로 이해하면 됩니다.

> **예** $(x+2)(x+3)$을 풀어쓰면 $x^2+3x+2x+6=x^2+5x+6$이 된다.
>
> x^2+5x+6의 인수가 바로 $(x+2)$와 $(x+3)$이다.

인수분해 因數分解 인수因數로 나누고分 가르는解 것

다항식을 두 개 이상의 인수 곱으로 나타내는 방법입니다. 인수분해의 반대를 '전개'라고 합니다.

$$x^2+5x+6 \quad \underset{\text{전개}}{\overset{\text{인수분해}}{\rightleftarrows}} \quad \underset{\text{인수}}{(x+2)}\ \underset{\text{인수}}{(x+3)}$$

등식 等式 서로 같음^等을 표시하는 식^式

같을 등 · 법식 식

등식은 두 개 이상의 식에 등호(等號)를 사용하여 서로 같음을 나타내는 식입니다. 등호의 왼쪽에 있는 식을 좌변, 오른쪽에 있는 식을 우변, 이 둘을 합쳐 양변이라 합니다. 등식은 좌변과 우변이 같음을 표시하며, 항등식과 방정식이 있습니다.

예 $2x = 6$, $ab + 2x = 2y - 3$, $x^2 + 5x + 6 = 0$

서로 같음[等]을 표시해 주는 기호[號](=)

항등식 恒等式 항상^恒 성립하는 등식^等^式

항상 항 · 같을 등 · 법식 식

항등식은 두 개의 다항식이 등호로 연결된 등식 중에서, 주어진 미지수에 어떠한 값을 넣어도 항상 성립되는 등식입니다. 그래서 일부의 항등식은 수학 문제를 푸는 공식으로 사용됩니다.

예 $3x = x + 2x$, $ax + bx = x(a + b)$

$a^2 + 2ab + b^2 = (a + b)^2$ → 항등식 중에서 공식으로 사용

부등식 不等式 등식^等^式이 성립되지 않는^不 것

아닐 부 · 같을 등 · 법식 식

부등식은 두 개의 식이나 수가 등호가 아닌 부등호(不等號)로 연결된 식입니다. 등식은 $a = b$가 성립되지만, 부등식은 $a \neq b$가 성립되어 두 개의 식이나 수의 크고 작음을 나타냅니다.

예 $x + 4 < 7$, $2a + 3 \leq b + 2$

서로 같지[等] 않은[不] 크고 작음을 나타내는 기호[號] ($<$, $>$, $\leq$, $\geq$)

방정식 方程式 좌우의 양을 비교하여^方 헤아리는^程 식^式

비교할 방 · 헤아릴 정 · 법식 식

미지수에 어떤 특정한 값을 대입하면 등식이 성립되는 방정식은 좌우를 비교하여 미지수의 값을 구하는 식입니다. 이때 미지수의 특정한 값을 해(解) 또는 근(根)이라고 부릅니다. 방정식에서 미지수의 차수가 1이면 일차방정식, 차수가 2이면 이차방정식이라고 하며, 미지수는 여러 개가 포함될 수 있습니다.

예 $2x = 6$에서 x의 값이 3일 때 등식이 성립되므로 이 방정식의 해는 3

$x - 5 = 10$은 미지수인 x의 차수가 1이므로 일차방정식

$2y + x = 5$는 미지수가 x, y 두 개이고 모두 차수가 1이므로 일차방정식

$3x^2 = 3x + 6$에서 미지수 x의 차수는 $3x^2$에서 2이므로 이차방정식

이항 移項 항^項을 옮기는^移 것

옮길 이 · 항목 항

방정식의 해를 구할 때 좌변에 있는 것을 우변으로 우변에 있는 것을 좌변으로 옮기는 것입니다. 이항할

때는 +기호는 -로, -기호는 +로 바뀐다는 것에 주의해야 합니다.

예 $x-5=10$에서 x 값을 구하기 위해서는 좌변에 x를 두고 -5를 우변으로 옮깁니다.
이때는 -5는 +5로 바뀝니다. 그러면 식은 $x=10+5=15$가 되며, 일차방정식의 해는 15가 됩니다.

연립 방정식 聯立方程式

연이을 연 설 립 비교할 방 헤아릴 정 법식 식

여럿이 연이어 聯 늘어서 立 있는 방정식 方 程 式

연립 방정식은 두 개 이상의 미지수를 포함하고 있는 방정식이 두 개 이상 있고, 이 방정식들이 쌍으로 묶여 있는 것입니다. 이때, 미지수의 해는 쌍으로 되어 있는 연립 방정식을 모두 만족하게 해야 합니다. 연립 방정식에서는 미지수의 차수에 따라 연립 일차방정식, 연립 이차방정식이 있습니다.

예 어느 박물관의 입장료가 아이는 300원이고 어른은 500원이다. 아이와 어른의 수를 합한 5명이 낸 입장료는 2100원이었다. 아이가 x명, 어른이 y명이라 할 때, x, y에 대한 연립 방정식을 세우면
$$\begin{cases} x+y=5 \\ 300x+500y=2100 \end{cases}$$이 됩니다.

소거법 消去法

사라질 소 없앨 거 방법 법

미지수를 사라지게 消 하거나 없애서 去 해를 구하는 방법 法

연립 방정식에서 미지수가 여러 개일 경우, 미지수를 없애 문제를 쉽게 푸는 방법입니다. 소거법에는 대입법과 가감법이 있습니다.

대입법 代入法 다른 것을 대신 代 넣어서 入 해를 구하는 방법 法

대신할 대 들입 방법 법

연립 방정식에서 한 미지수로 정리하여 해를 구하는 방법입니다. 즉 x와 y가 함께 나오는 연립 방정식에서 $y=\sim x\sim$ 혹은 $x=\sim y\sim$로 정리한 후 y대신 $\sim x\sim$를, 혹은 x 대신 $\sim y\sim$를 넣어서 푸는 방법입니다.

예 $\begin{cases} x+y=5 \\ 300x+500y=2100 \end{cases}$

$x+y=5$에서 x를 이항하여 $y=5-x$로 정리합니다.

$300x+500y=2100$에 y대신 $5-x$를 넣어서 풉니다.

$300x+500(5-x)=2100$

$300x+2500-500x=2100$

$-200x=2100-2500$

$-200x=-400$, 따라서 해는 $x=2$, $y=5-2=3$

가감법 加減法 더하거나 加 빼서 減 해를 구하는 방법 法

더할 가 뺄 감 방법 법

연립 방정식에서 한 개의 미지수만 남기기 위해 각 방정식에 적당한 수를 곱하여 두 방정식을 더하거나 빼는 방법입니다.

예 $\begin{cases} x+y=5 \\ 300x+500y=2100 \end{cases}$

$x+y=5 \cdots ①$

$300x+500y=2100$에서 y를 소거하려면 ①에 $\times 500$을 하면 $500x+500y=2500$이 됩니다.

$500x+500y=2500$에서 $300x+500y=2100$을 빼면 $200x=400$이 남습니다. 따라서 해는 $x=2$, $y=5-2=3$

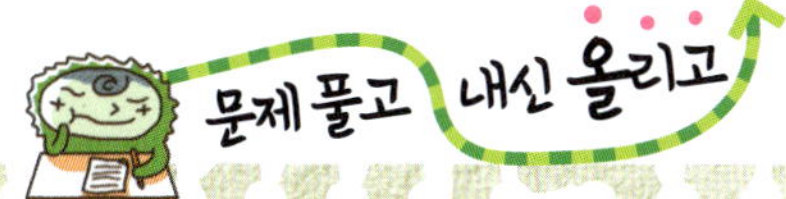

≫정답 p.311

문제 1 다음 설명에 해당하는 어휘를 바르게 써 보세요.

(1) 숫자로만 이루어진 항 (   )

(2) 다항식을 두 개 이상의 인수 곱으로 나타내는 방법 (   )

(3) 주어진 미지수에 어떠한 값을 넣어도 항상 성립되는 등식 (   )

(4) 방정식의 해를 구할 때 좌변에 있는 것을 우변으로 우변에 있는 것을 좌변으로 옮기는 것

(   )

문제 2 다음 중 설명이 맞는 것은?

① $-3x^2$에서의 차수는 2이다.　　② $2x-5=5$의 해는 2이다.

③ $a-2 > b$는 연립 방정식이다.　　④ $xy-5=0$은 부등식이다.

⑤ $xy-5=2-2xy^2$에서 xy와 $2xy^2$은 동류항이다.

문제 3 다음 중 이차방정식인 것은?

① $(2+x)(4+x)=0$　　② $3xy$　　③ $xy-5=2$

④ $5a+5 > 3b$　　⑤ $ab+2x=2y-3$

문제 4 500원짜리 아이스크림과 800원짜리 아이스크림을 10개 사고 6200원을 계산했습니다. 500원짜리 아이스크림과 800원짜리 아이스크림을 각각 몇 개씩 샀는지 계산하세요.

수와 식의 관계, 함수

독일의 심리학자 에빙하우스는 사람이 어떤 것을 배웠을 그 당시에는 거의 기억하고 있지만, 시간이 지날수록 많은 것을 망각[忘却: 어떤 사실을 잊어버림.]한다는 사실을 발견했습니다. 이것을 그래프로 나타낸 것이 에빙하우스의 '망각 곡선'입니다.

우리의 기억량과 시간 사이의 관계를 그래프로 표현한 망각 곡선에서 기억량과 시간의 관계를 살펴볼 수 있습니다. 인간의 기억은 시간 흐름의 제곱에 반비례하여 감소하기 때문에 망각으로부터 기억을 지켜내기 위해서는 배운 내용을 복습해야 하며, 한 번에 몰아서 반복하여 복습하는 것보다 일정한 시간의 범위로 나누어 반복하여 복습하는 것이 더욱 효율적이라는 것을 알 수 있습니다.

그럼 어떤 사실을 그래프나 표, 그림으로 나타낼 수 있으며, 그래프를 통해 어떤 사실을 알고 분석할 수 있는지 알아봅시다.

정비례 正比例

바를 정 비교할 비 규칙 례

비교했을 比 때 어떤 규칙 例에 따라 서로 같은 正 비율로 증가하거나 감소하는 일

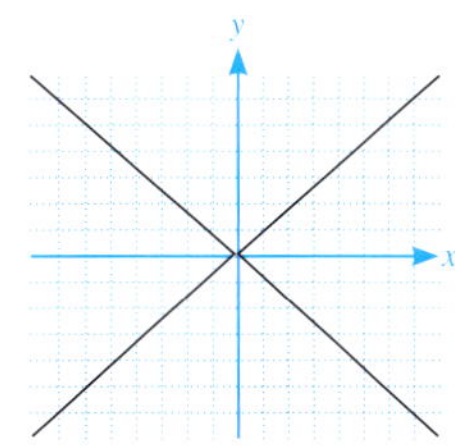

비례는 어떤 두 양에 대한 관계를 설명하는 용어입니다. '바르다'라는 뜻의 正은 두 양이 같은 비율로 증가하거나 감소하는 관계의 의미로 쓰였습니다.

예 한 개에 100원 하는 연필을 x개 샀을 때 가격을 y라고 한다면 $y = 100x$라는 식이 성립합니다. x가 1일 때 y는 100, x가 2일 때 y는 200, x가 3일 때 y는 300으로 'y는 x에 정비례한다.' 라고 합니다.

반비례 反比例

반대 반 비교할 비 규칙 례

정비례 比 例와는 반대로 反 되는 것

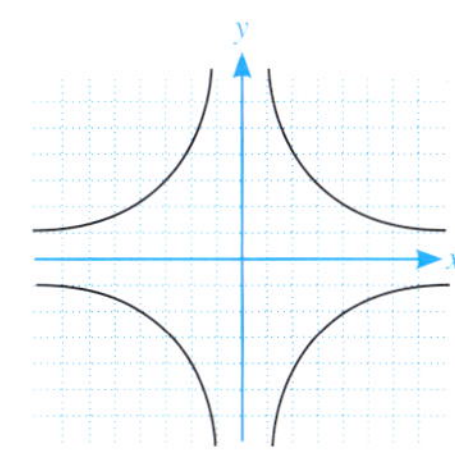

반비례는 정비례에 상대되는 용어입니다. 반비례는 한쪽의 양이 커질 때 다른 쪽 양이 그와 같은 비로 작아지는 관계입니다.

예 한 개에 y원 하는 연필을 x개 샀을 때의 가격이 1500원이라고 한다면,

$$xy = 1500 \rightarrow y = \frac{1500}{x}$$ 이라는 식이 성립합니다.

x가 1일 때 y는 1500, x가 2일 때 y는 750, x가 3일 때 y는 500으로 'y는 x에 반비례한다.' 라고 합니다.

함수 函數

상자 함 셈 수

상자 函 속에서 이루어지는 수 數의 관계

함수는 어떤 규칙을 가진 상자 안에 숫자를 넣었을 때 그 넣는 수에 따라 어떤 값이 나오는 관계입니다. 상자 속의 규칙은 f라고 쓰는데, 영어 *funtion*(기능)의 약자입니다. 상자 안에 넣는 것은 x, 상자 밖으로 나오는 것은 y라고 합니다. x를 상자 속에 넣으면 f의 규칙을 적용하여 y가 나오는데, 여기서 중요한 것은 x를 한 개 넣었을 때는 상자 밖으로 나오는 y 값도 무조건 한 개여야 한다는 것입니다. x의 값에 대하여 y의 값이 오직 하나씩 대응(對應)할 때 함수라고 부를 수 있습니다.

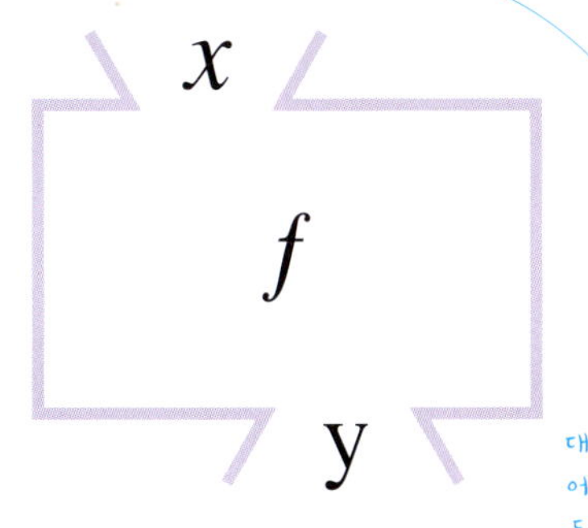

예 왼쪽 그림을 식으로 나타내면 $y = f(x)$입니다.

$f(x) = 5x$라고 규칙을 정했을 때 $y = 5x$로도 표현합니다.

x가 1일 때 상자를 통과하면 y는 5

x가 2일 때 상자를 통과하면 y는 10

x가 3일 때 상자를 통과하면 y는 15

이러한 숫자들의 관계를 함수라고 합니다.

대하여[對] 응할[應]. 두 집합이 있을 때 어떤 주어진 관계에 의하여 두 집합의 원소끼리 짝이 되는 일

변수 變數 변할변 셈수 값이 변하는 變 수 數

변수는 어떤 관계나 범위 안에서 여러 가지 값으로 변할 수 있는 수입니다.

> **예** 정사각형 한 변의 길이를 $x$cm라고 하고 그 둘레의 길이를 $y$cm라고 한다면,
> 함수 $f(x) = 4x$, $y = 4x$가 됩니다.
> x가 1일 때 y는 4, x가 2일 때 y는 8 … 등으로 x와 y가 변수입니다.

정의역 定義域 정할정 뜻의 영역역 뜻 義 을 정한 定 영역 域

정의역은 변수 x가 정의된 영역입니다. 정의역을 다른 말로 'x의 변역'이라고 합니다.

공역 共域 함께공 영역역 함께 共 있는 영역 域

공역은 정의역과 함께 있는 영역입니다.

치역 値域 값치 영역역 함수의 결과 값 値 이 되는 영역 域

정의역 X의 변수에 대응하는 공역 Y의 변수를 '함숫값'이라고 하며, 함숫값을 모두 모아 놓은 것을 치역이라고 합니다. 치역을 다른 말로 'y의 변역'이라고 합니다.

> **예** 오른쪽 그림은 집합 X에서 집합 Y로의 함수를 나타냅니다.
> 이때, 집합 X를 함수 f의 정의역이라 하고, 집합 Y를 함수 f의 공역이라고 합니다.
> 정의역 X = {1, 2, 3, 4}, 공역 Y = {4, 5, 6, 7, 8}
> 함수 $f(x) = x + 3$이라고 한다면 x가 1일 때 y는 4, x가 2일 때 y는 5, x가 3일 때 y는 6, x가 4일 때 y는 7이 됩니다. 함수를 계산해서 나온 함숫값의 집합 {4, 5, 6, 7}을 치역이라고 합니다. 따라서 치역은 공역의 부분 집합이며, 관계는 치역⊂공역입니다.

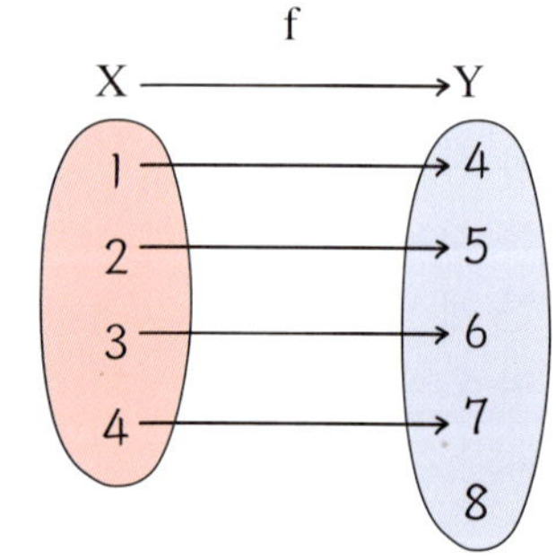

좌표 座標 자리좌 나타낼표 어떤 점의 자리 座 를 나타내는 標 수나 그 수의 짝

좌표는 평면이나 공간, 어떤 선에서의 점의 위치를 나타내는 수나 수의 짝입니다. 함수의 결과를 좌표로 나타내고, 또 그것들을 연결하여 선으로 나타냅니다. 좌표는 ( ) 안에 쓰는데, ( ) 중간에 반점을 넣고 앞에는 x축에 해당하는 숫자(x좌표)를 쓰고 뒤에는 y축에 해당하는 숫자(y좌표)를 씁니다. x좌표는 x축 방향으로 간 거리, y좌표는 y축 방향으로 간 거리로 생각하면 이해하기 쉽습니다. ( ) 안의 숫자들은 순서를 정하여 쌍을 이루고 있어 순서쌍이라고 합니다. 옆의 그림에서 순서쌍 (4, 4)를 P의 좌표라고 합니다.

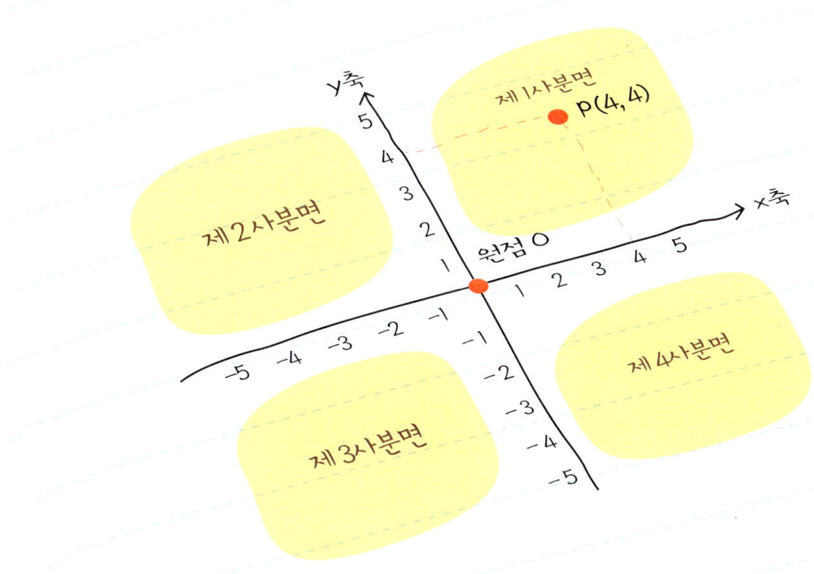

좌표축 座標軸
자리 좌 나타낼 표 축 축

좌표座標를 나타낼 때 기준이 되는 축軸

좌표축은 가로선과 세로선을 수직으로 만나게 그린 것입니다. 대개 가로선을 x축, 세로선을 y축이라고 합니다.

좌표평면 座標平面
자리 좌 나타낼 표 평평할 평 면 면

좌표座標축을 그려 넣은 평평한平 면面

좌표 평면은 좌표축이 만나서 이루어진 평면 위에 모든 점의 위치를 좌표로 나타낼 수 있는 평면입니다.

사분면 四分面
넷 사 나눌 분 면 면

좌표축에 의해 네四 개로 나누어진分 면面

좌표축인 x와 y축에 의해 좌표평면은 네 개의 면으로 나눕니다. 오른쪽 위부터 시작하여 시계 반대 방향으로 제1사분면, 제2사분면, 제3사분면, 제4사분면이 됩니다. 제1사분면은 좌표가 $(+, +)$를 나타내고, 제2사분면은 $(-, +)$, 제3사분면은 $(-, -)$, 제4사분면은 $(+, -)$를 나타냅니다.

원점 原點
근원 원 점 점

근원原이 되는 점點

원점은 좌표를 정할 때에 기준이 되는 점으로 가로와 세로의 좌표축이 만나서 시작이 되는 점(출발점)을 나타냅니다. 원점은 영어로 'Origin(근원)'이기 때문에 원점의 기호를 영어 대문자 O로 표시합니다.

일차함수 一次函數 차수가 1인 일차식에 관한 함수

앞에서 일차방정식을 배운 기억이 나나요? 차수와 계수에 대해서도 배웠죠? 그때, 차수란 '미지수를 몇 번 곱했는가를 나타내는 것이고 미지수 오른쪽 위에 작은 숫자로 표시한다.'라고 배웠습니다. 일차함수는 $y=ax+b$처럼 차수가 1인, 미지수를 1번만 곱한 식의 함수를 나타냅니다.

예 $y=3x$는 미지수 x의 차수가 1이므로 일차함수입니다.

$y=-\dfrac{2}{5}x+3$은 미지수 x의 차수가 1이므로 일차함수입니다.

$y=2x^2+1$은 미지수 x의 차수가 2이므로 일차함수가 아닙니다.

$y=7$은 미지수 x가 없으므로 일차함수가 아닙니다.

• 일차함수를 좌표평면에 나타내기

일차함수를 좌표평면에 나타내려면 좌표가 있어야 합니다.

예를 들어 $y=2x+2$는

x가 1일 때 y는 4, x가 2일 때 y는 6, x가 3일 때 y는 8입니다.

순서쌍으로 나타내면 (1, 4), (2, 6), (3, 8)이 되며, 순서쌍들을 연결하면 오른쪽 그림의 녹색 그래프가 그려집니다.

$y=-x+3$은

x가 1일 때 y는 2, x가 2일 때 y는 1, x가 3일 때 y는 0입니다.

순서쌍으로 나타내면 (1, 2), (2, 1), (3, 0)이 되며, 순서쌍들을 연결하면 오른쪽 그림의 분홍색 그래프가 그려집니다.

일차함수의 그래프는 오른쪽 위로 올라가는 직선이거나 오른쪽 아래로 내려가는 직선 모양이 나옵니다.

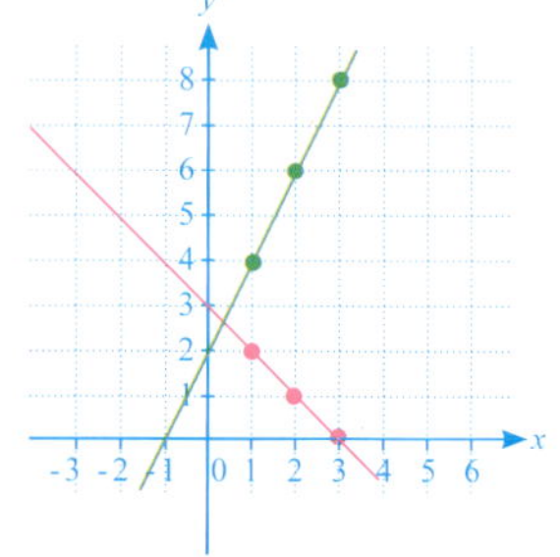

절편 截片 좌표축을 조각내어 자르는 것

절편은 좌표 평면상의 직선이 좌표축을 지나면서 좌표축을 자른다는 뜻입니다. 그래프가 x축과 만나는 점의 좌표를 x절편, y축과 만나는 점의 좌표를 y절편이라고 합니다. x절편은 x축을 조각내어 자르는 것이므로 y에 0을 대입하여 풀며, y절편은 y축을 조각내어 자르는 것이므로 x에 0을 대입하여 풉니다.

예 일차 함수 $y=2x+2$의 그래프에서 x절편은 (-1, 0)이고, y절편은 (0, 2)입니다.

평행이동 平行移動

어떤 선이나 도형을 평행하게 옮기고 움직이게 하는 것

함수 그래프에서 원래의 그래프를 같은 거리만큼 같은 방향으로 옮기는 것을 평행이동이라고 합니다. 그래프를 보면서 알아봅시다.

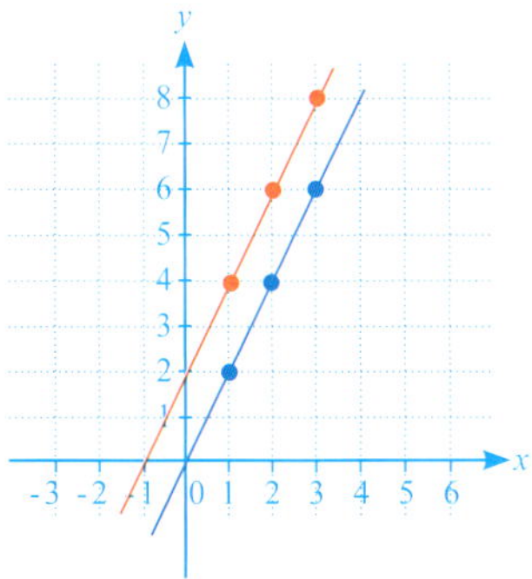

예 일차 함수 $y=2x$를 그래프로 나타내면, x가 1일 때 y는 2, x가 2일 때 y는 4, x가 3일 때 y는 6입니다. 순서쌍으로 나타내면, (1, 2) (2, 4) (3, 6)이 됩니다. 나온 순서쌍들을 연결하면 파란색의 그래프가 그려집니다. 일차함수 $y=2x+2$를 그래프로 나타내면, x가 1일 때 y는 4, x가 2일 때 y는 6, x가 3일 때 y는 8입니다. 순서쌍으로 나타내면, (1, 4), (2, 6), (3, 8)이 됩니다. 나온 순서쌍들을 연결하면 빨간색의 그래프가 그려집니다. 파란색과 빨간색의 그래프를 보면 $y=2x+2$의 빨간색 그래프가 $y=2x$의 파란색 그래프보다 y축 방향으로 +2만큼 평행이동한 것을 알 수 있습니다.

이차함수 二次函數 _{둘이 차수차 상자함 셈수} 차수 次 가 2 二 인 이차식에 관한 함수 函 數

차수란 미지수를 몇 번 곱했는가를 나타낸 것으로, 미지수 오른쪽 위의 작은 숫자로 표시된 것을 일컫습니다. 이차함수는 $y=x^2+2$처럼 미지수를 2번 곱하여 미지수 x의 차수를 2로 표시한 식의 함수입니다.

포물선 抛物線 _{던질포 물건물 줄선} 물건 物 을 던질 抛 때 나타나는 반원 모양의 선 線

공을 던질 때 나타나는 곡선처럼 어떤 물건을 던질 때 나타나는 선을 포물선이라고 합니다. 일차함수의 그래프는 직선으로 나타나지만 이차함수의 그래프는 포물선으로 나타납니다.

예 $y=x^2$의 그래프를 그려 봅시다.

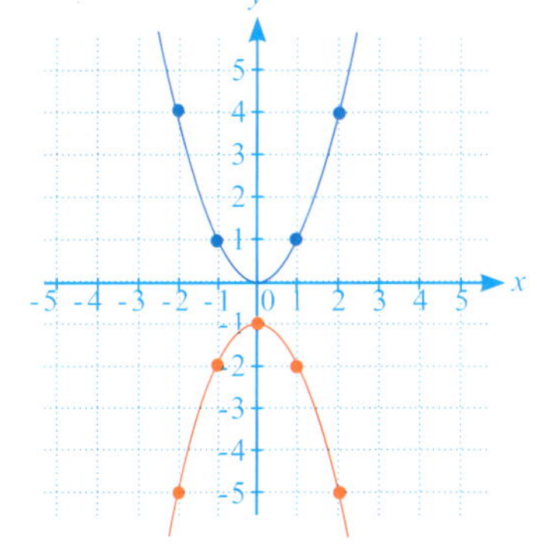

x가 0일 때 y는 0, x가 1일 때 y는 1, x가 2일 때 y는 4입니다.
x가 -1일 때 y는 1, x가 -2일 때 y는 4, x가 -3일 때 y는 9입니다. 좌표를 이어 연결하면 파란색 그래프가 포물선처럼 나타나는 것을 알 수 있습니다.
$y=-x^2-1$의 그래프를 그려 봅시다.
x가 0일 때 y는 -1, x가 1일 때 y는 -2, x가 2일 때 y는 -5입니다. x가 -1일 때 y는 -2, x가 -2일 때 y는 -5입니다. 좌표를 이어 연결하면 빨간색 그래프가 포물선처럼 나타나는 것을 알 수 있습니다.

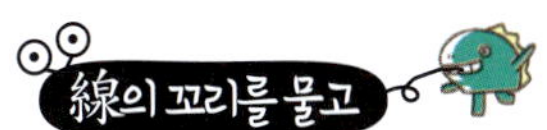

• **수평선** 水平線: 물[水] 위의 평평한[平] 선[線], 물과 하늘이 서로 맞닿아 평행하게 보이는 선

• **선심** 線審: (축구, 배구, 테니스, 야구 등에서) 선[線]에 대한 규칙의 위반을 살피는[審] 심판

문제 1 다음 중 함수가 될 수 없는 것은?

① X ⟶ Y

② X ⟶ Y

③ 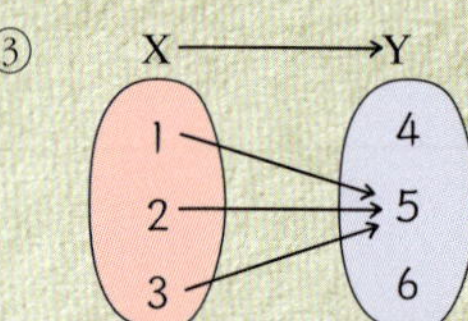 X ⟶ Y

④ X ⟶ Y

⑤ X ⟶ Y

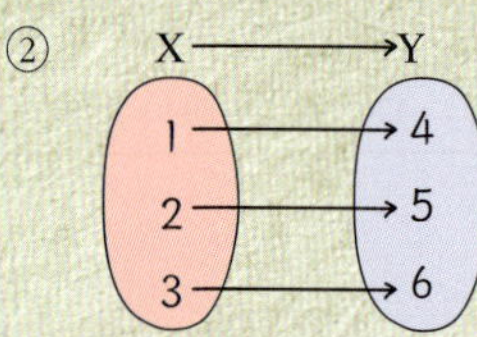

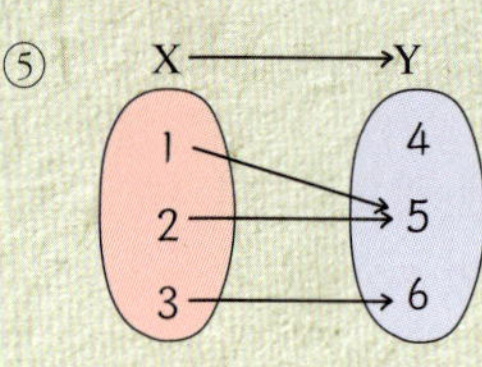

문제 2 빈칸에 알맞은 답을 써 넣어 보세요.

(1) $y=x-1$의 그래프는 $y=x$의 그래프를 (　　　)축의 방향으로 (　　　)만큼 평행 이동한 것이다.

(2) $y=2x$의 그래프를 y축 방향으로 -5만큼 평행 이동하면 (　　　　　)의 그래프가 된다.

문제 3 다음 함수의 절편을 구해 보세요.

(1) $y=3x-6$의 x절편의 좌표를 써 보세요.

(2) $y=5x+1$의 y절편의 좌표를 써 보세요.

문제 4 다음 중 아래 그래프가 나올 수 있는 함수를 골라 보세요.

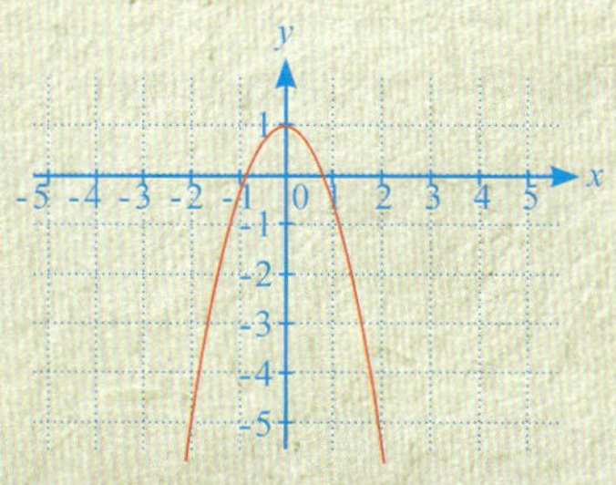

① $y=5$

② $y=x+10$

③ $y=-x-2$

④ $y=x^2+3$

⑤ $y=-x^2+1$

가능성을
숫자로 나타낸다고?

왼쪽 그림을 보니 숫자가 있는 공이 있네요. 이 공들은 어디에 쓰는 것일까요? TV에서 로또라는 복권을 추첨하는 것을 본 적 있나요? 로또는 그림과 같이 6개의 숫자가 적힌 공을 무작위로 뽑아 일치되는 숫자를 맞춘 사람에게 당첨금을 주는 형식의 복권입니다. 과연 로또라는 복권을 몇 번 사야 당첨이 될 수 있을까요?

오른쪽 그림은 벼락이 치는 모습을 포착한 것입니다. 폭우가 쏟아지는 밤이면 하늘에서 순간적으로 볼 수 있는 모습입니다. 벼락이 치는 모습만으로도 무섭다는 생각이 드는데, 과연 사람이 살면서 평생 동안 벼락을 맞는 횟수는 몇 번일까요?

황당하다고 여겨지는 이러한 물음도 수학자들에게는 계산할 수 있는 문제가 되었습니다. 이러한 문제에서 나타나는 수를 '확률'이라고 합니다. 일기예보에서 알려주는 비가 내릴 확률, 내가 응원하는 야구팀이 이길 확률 등 확률은 우리 일상생활에서 쉽게 접할 수 있습니다. 하지만 그 확률을 계산하는 방법은 까다롭다는 사실! 그렇다면 확률은 어떠한 방법을 통해 수치화되는 것일까요? 바로 통계라는 방법을 통해서 얻어집니다. 통계를 통해 여러 가지 분포를 구하고 이 가운데 확률이 정해지는 것입니다. 단어만 들어도 어렵죠? 그럼 확률과 통계에 관련된 단어들을 알아볼까요?

확률 確率

확실할 확 비율 률

確率 확실하게 確 일어날 수 있는 정도를 나타낸 비율 率

비율이라는 것은 기준이 되는 것과 비교해서 나타낸 값입니다. 어떠한 사건이 일어날 수 있는 정도, 즉 가능성의 정도를 수치화시켜 나타낸 것이 바로 확률입니다. 확률을 수로 나타낼 때는 1을 넘을 수 없고, 음수로 표시될 수도 없습니다. '확률이 1이다.'라는 것은 가능성이 100%라는 의미이고, '확률이 0이다.'라는 것은 가능성이 0%라는 의미입니다.

예 동전의 앞면이 나올 확률 $\frac{1}{2}$, 주사위를 굴렸을 때 3이 나올 확률 $\frac{1}{6}$

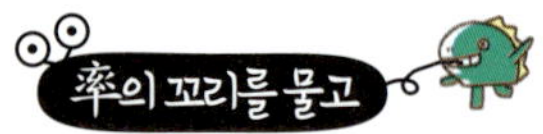

率의 가운데 있는 玄은 여러 개의 실을 꼬아서 만든 밧줄 모양을 뜻하고, 아랫부분의 十은 '많이 모으다.'를 뜻합니다. 이 둘의 뜻을 합치면 '굵게 만든 밧줄을 여러 개 모아서 다스리다.', '굵은 줄 여러 개를 대강 모으다.'라는 의미가 나옵니다. 여기서 유래하여 率은 '거느리다, 다스리다, 비율'의 뜻을 가지게 되었습니다. 또한 率은 '거느리다'라는 뜻으로 쓰이면 '솔'이라고 읽습니다.

- **환율 換率**: 두 나라의 화폐를 바꾸는[換] 비율[率]
  활용 경제학자들은 조만간 환율(換率)이 오를 것으로 전망하였다.
- **통솔 統率**: 무리를 거느림[統=率].
  활용 갑자기 구성된 군사들이라 통솔(統率)이 쉽지 않습니다.

통계 統計

거느릴 통 헤아릴 계

統計 관찰의 결과를 거느려 統 계산해서 計 숫자로 나타낸 것

통계는 같은 범위에 속하는 현상이나 자료의 내용을 쉽게 파악하기 위해 그 상황을 숫자로 나타낸 것입니다.

변량 變量

변할 변 양량

變量 변화하는 變 양 量

어떤 조건을 줬을 때, 그 조건에 따라 변화하는 양을 수로 나타낸 것입니다. 키, 몸무게, 점수 등과 같은 조건에 나타난 자료를 수량으로 나타낸 것입니다.

최빈값 最頻값

가장 최 자주 빈

最頻값 가장 最 자주 頻 나타난 값

가장 자주 나온다는 것은 통계에서 그 계급에 해당하는 경우가 가장 많다는 뜻입니다. 즉 도수가 가장 큰 수를 말하는 것입니다. 최빈값은 주어진 자료에서 평균이나 중앙값을 구하기 어려울 때 유용하게 쓰이는 값입니다.

예	중간고사 성적	학생 수
	90점 이상~100점	3
	80점 이상~90점 미만	7
	70점 이상~80점 미만	8
	60점 이상~70점 미만	5
	50점 이상~60점 미만	5
	50점 미만	4

최빈값: 8

계급 階級 ^{계단 계 등급 급} 계단^階처럼 나눈 등급^級

계급은 변량을 나눈 구간입니다. 도수분포표에서 어떤 수의 범위에 있는 변량의 집단을 말합니다.

도수 度數 ^{헤아릴 도 셈 수} 헤아려서^度 나타내는 수^數

주어진 조건에 따라 통계를 내고 자료들을 적절한 계급으로 묶었을 때, 도수는 그 계급에 해당하는 수량을 헤아려 나타낸 것입니다. 수가 클수록 그 계급에 해당하는 경우가 많은 것입니다.

예 도수분포표(度數分布表)

도수[度數]가 나누어[分] 퍼져 있는[布] 상태를 나타낸 표[表]

계급	도수
중간고사 성적	학생 수
90점 이상~100점	3
80점 이상~90점 미만	7
70점 이상~80점 미만	8
60점 이상~70점 미만	5
50점 이상~60점 미만	5
50점 미만	4

분산 分散 ^{나눌 분 흩어질 산} 나누어^分 흩어짐^散

일상생활에서 사용하는 분산은 '나누어 따로 흩어지게 함.'이라는 뜻이지만, 수학에서는 그 의미가 어렵습니다. 수학에서 사용하는 '분산'이란 변량이 평균으로부터 얼마나 떨어져 있는가를 나타내는 값입니다. 그렇기 때문에 분산이 작으면 변량이 평균 주위에 모여 있다는 것이고, 반대로 분산이 크면 변량이 평균에 멀리 떨어져 있다는 것입니다.

상대도수 相對度數

서로 相 대비하여 對 나타낸 도수 度 數

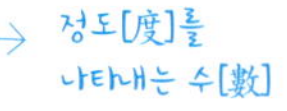

상대도수는 각 계급에 해당하는 도수를 전체 도수로 나눈 것입니다. 즉, 총 도수에 대한 각 도수의 비율을 말하며, 각 계급의 상대도수 전체의 합은 1입니다. 상대도수는 총 도수가 다른 두 자료가 있을 때, 두 자료의 분포 상태를 비교하는 데 사용합니다.

예

A 집단

중간고사 성적	학생 수	상대도수
90점 이상~100점	3	0.09
80점 이상~90점 미만	7	0.22
70점 이상~80점 미만	8	0.25
60점 이상~70점 미만	5	0.16
50점 이상~60점 미만	5	0.16
50점 미만	4	0.13
	32	1

B 집단

중간고사 성적	학생 수	상대도수
90점 이상~100점	8	0.18
80점 이상~90점 미만	7	0.16
70점 이상~80점 미만	13	0.30
60점 이상~70점 미만	5	0.11
50점 이상~60점 미만	9	0.20
50점 미만	2	0.05
	44	1

80점 이상의 성적을 거둔 학생들의 비율이 어느 집단에 더 많은지 비교하려면 상대도수를 살펴 비교합니다. A 집단은 0.31(0.22+0.09), B 집단은 0.34(0.16+0.18)로 B 집단이 조금 더 높습니다.

누적도수 累積度數

포개어 累 쌓은 積 도수 度 數

누적도수는 도수분포표의 처음 계급 도수부터 어떤 계급 도수까지의 합을 순서대로 더한 도수입니다. 즉, 주어진 도수의 값을 쌓으면서 합한 도수입니다. 가장 마지막 계급의 누적도수는 도수의 전체 합과 같습니다.

예

중간고사 성적	학생 수(도수)	누적도수
90점 이상~100점	3	3
80점 이상~90점 미만	7	10
70점 이상~80점 미만	8	18
60점 이상~70점 미만	5	23
50점 이상~60점 미만	5	28
50점 미만	4	32
	32	

- **산포도** 散布度: 흩어져[散] 퍼져[布] 있는 정도[度]

자료(변량)가 흩어져 있는 정도를 숫자로 나타낸 것입니다. 산포도가 클수록 흩어진 모양의 면적이 넓고, 산포도가 작을수록 흩어진 모양의 면적이 좁습니다.

- **편차** 偏差: 한쪽으로 치우쳐[偏] 어긋난[差] 정도

기준이 되는 수가 있을 때 그것에게서 벗어난 정도를 수치화한 것입니다. 일정한 기준이 되는 수는 자료들 값의 평균이며, 이때 편차는 평균보다 크거나 작음을 나타냅니다. 평균보다 클 때는 양수로 나타내며, 평균보다 작을 때는 음수로 나타냅니다.

- **표준편차** 標準偏差: 기준[準]을 나타내는[標] 편차[偏差]

통계 집단의 평균으로부터 얼마나 떨어져 있는가를 알 수 있게 수치화한 것입니다. 표준편차가 클수록 그 값이 평균에서 멀리 떨어져 있습니다.

≫정답 p.311

문제 1 그림에서 노란색 공이 나올 확률은?

문제 2 다음 도수분포표를 보고 물음에 답해 보세요.

키 (cm)	학생 수
140 미만	4
140 이상~150 미만	8
150 이상~160 미만	7
160 이상~170 미만	9
170 이상~180 미만	4
180 이상	2

(1) 최빈값은 무엇인가?

(2) '160 이상~170 미만'의 상대도수는 얼마인가?

(3) '140 미만'부터 '170 이상~180 미만'까지의 누적도수는 얼마인가?

도형의 기본인 점, 선, 각

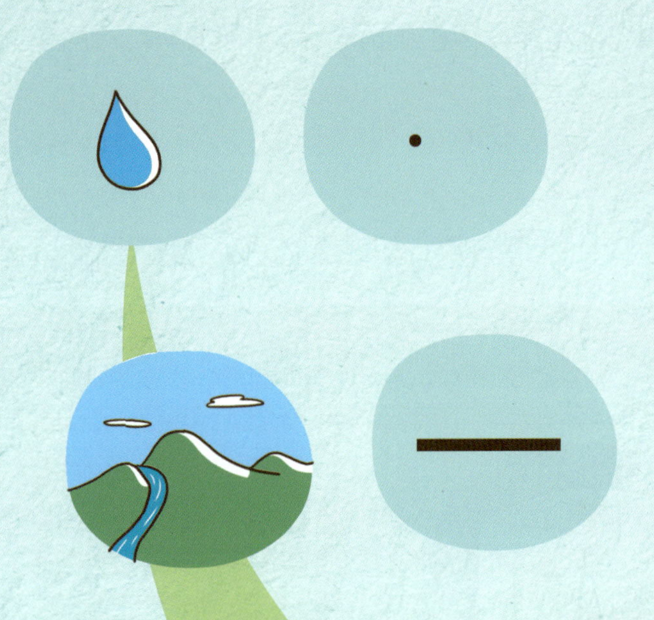

드넓은 바다는 어떻게 생성될까요? 물방울이 모여 냇물이 되고, 작은 냇물들이 모여 강을 이루고, 강이 모여 바다가 됩니다. 즉, 바다를 이루는 기본은 물방울이죠. 이와 마찬가지로 도형을 이루려면 점이라는 기본적 요소부터 시작해야 합니다. 수많은 점이 모여 선을 이루고, 선이 모여 면이 되며, 면이 모여 도형이 되죠.

도형의 기본 요소인 점과 선, 각을 알아 복잡한 도형의 세계를 공부하는 데 도움이 되도록 합시다.

직선 直線 ^{곧을}곧은 ^直 선 ^線

직선은 두 점 사이를 곧게 연결하는 선입니다. 두 점 양 끝을 알 수 없으므로 두 점인 A, B를 통과하는 선을 직선 $\overleftrightarrow{AB}$라고 합니다.

반직선 半直線 어떤 직선 直線 을 반 半 으로 나눈 것

직선 $\overleftrightarrow{AB}$가 있을 때 어떤 한 점을 포함한 부분부터 다른 점을 지나가는 선을 가리켜서 직선의 반, 반직선이라고 합니다. 한쪽 부분은 끝이 있고 반대쪽 부분은 끝없이 길어지는 것입니다. A 부분이 끝인 반직선은 반직선 $\overrightarrow{AB}$라고 합니다.

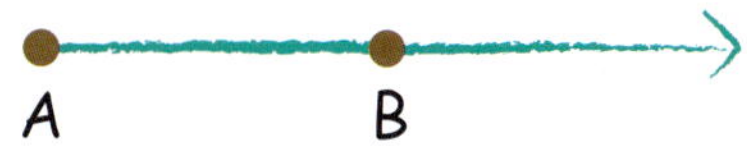

선분 線分 선 線 이 나뉜 分 부분

끝없는 직선 위에 점 두 개를 찍어 끝이 있는 선으로 나타낸 부분을 말합니다. 즉, 직선 위의 점을 A, B라고 했을 때, A와 B를 연결하는 부분을 선분 $\overline{AB}$라고 합니다.

평각 平角 평평한 平 각 角

각이라는 것은 반직선 두 개가 한 점(꼭짓점)에서 만났을 때 두 반직선이 벌어진 정도를 나타내며 그때의 반직선을 그 각의 변이라고 합니다. 그 중 평각은 두 변이 한 직선을 이루게 되는 경우를 나타냅니다. 평평한 직선에 생기는 각이며 수치로 나타내면 180° 가 됩니다.

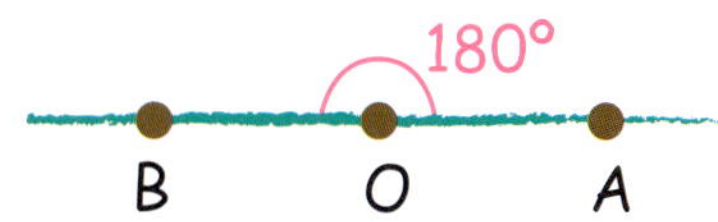

직각 直角 두 직선이 수직 直 으로 만나 이루는 각 角

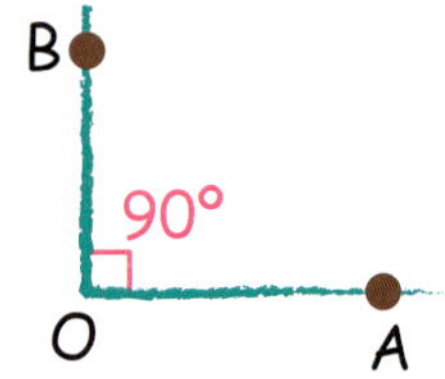

두 직선이 수직으로 만나 이루는 각을 직각이라고 일컬으며, 90°를 말합니다.

둔각 鈍角 무딘 鈍 각 角

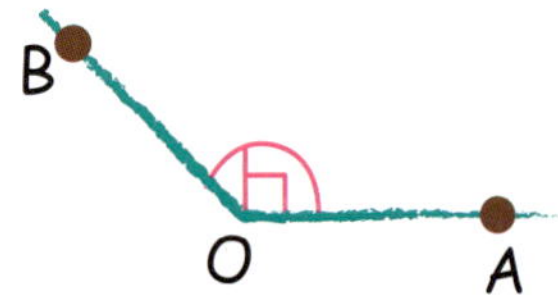

곰처럼 덩치가 크면 둔해 보인다고 합니다. 각에서도 '수치가 크면 둔해 보인다.'라고 해서 둔각이라고 합니다. 둔각은 두 변이 이루는 각의 모양이 무딘 것으로 직각인 90° 보다 크고 평각인 180° 보다 작은 각을 말합니다.

예각 銳角 날카로운 銳 각 角

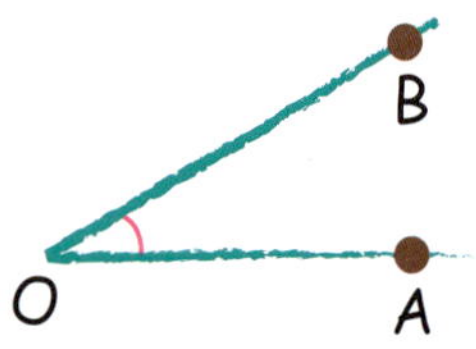

둔각과 상대적인 것으로 두 변이 이루는 각의 모양이 날카로운 것을 예각이라고 일컫습니다. 0° 보다 크고 직각인 90° 보다 작은 각을 말합니다.

동위각 同位角 같은 同 자리 位 에 있는 각 角

동위각은 두 직선이 다른 한 직선과 만나면 생기는 8개의 각 가운데, 한 직선에서 보아 같은 위치에 있는 두 개의 각을 말합니다. 만약 평행한 두 직선이 다른 한 직선과 만난다면 각 동위각의 각도는 같습니다.

직선 l과 m이 평행이며, 다른 한 직선과 만날 때
$\angle a$와 $\angle e$, $\angle b$와 $\angle f$, $\angle c$와 $\angle g$, $\angle d$와 $\angle h$가 동위각입니다.
그리고 각 동위각의 각도는 같습니다.

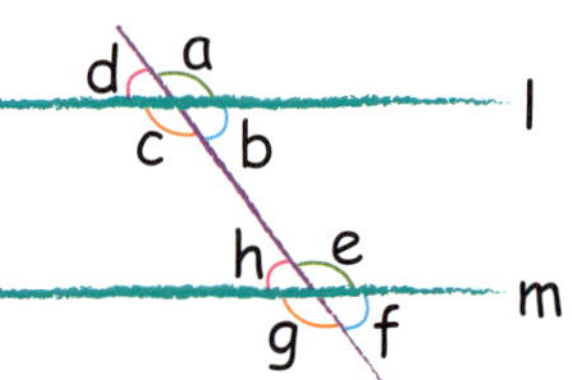

엇각 엇 角 엇갈려 위치하는 각 角

엇각은 서로 엇갈리는 위치에 놓인 각으로 '엇'은 방향이 비켜서 서로 만나지 못함을 뜻합니다. 한 직선이 다른 두 직선과 각각 다른 두 점에서 만날 때, 서로 반대쪽에서 상대하는 각을 말합니다.

$\angle a$와 $\angle e$, $\angle b$와 $\angle f$, $\angle d$와 $\angle h$, $\angle c$와 $\angle g$는 같은 위치에 있습니다. 이러한 각을 동위각이라고 합니다.
$\angle b$와 $\angle h$, $\angle c$와 $\angle e$, $\angle d$와 $\angle f$, $\angle a$와 $\angle g$처럼 서로 어긋나 있는 위치에 있는 각을 엇각이라고 합니다.

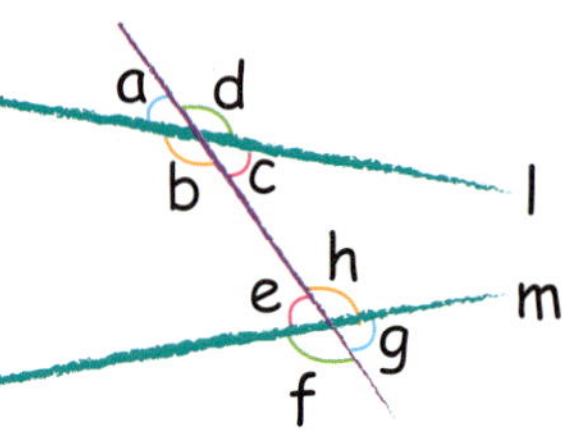

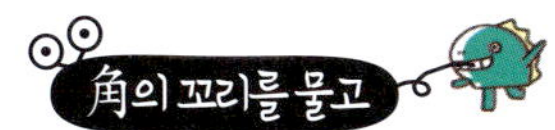

角은 짐승의 뿔을 본떠 만든 한자로 '뿔'이라는 뜻에서 '겨루다, 각'의 뜻이 생겨났습니다.

- 교각살우 矯角殺牛: '소의 뿔[角]을 바로 잡으려다[矯] 소[牛]를 죽인다[殺].'라는 뜻으로, 잘못된 점을 고치려다 그 방법이나 정도가 지나쳐 오히려 일을 그르침.

- 각축 角逐: '겨루고[角] 쫓는다[逐].'라는 뜻으로, 서로 이기기 위해 재능을 다툼.

교선 交線 만나서 交 생기는 선 線

교선은 어떤 면과 면이 만날 때 생기는 선으로 두 면이 하나의 같은 선을 공유합니다. 두 평면이 만나게 되면 직선을 공유하게 되고 평면과 곡면이 만나면 곡선이 생깁니다.

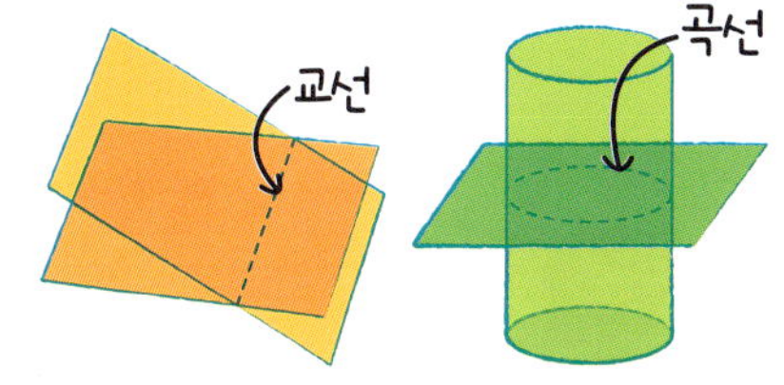

교점 交點 만나서 交 생기는 점 點

교점은 선과 선, 선과 면이 만날 때 생기는 점입니다. 직선과 직선이 만날 때 생기는 교점은 1개입니다. 그러나 두 직선의 교점이 없다면 두 직선은 평행을 이루고 있는 것입니다.

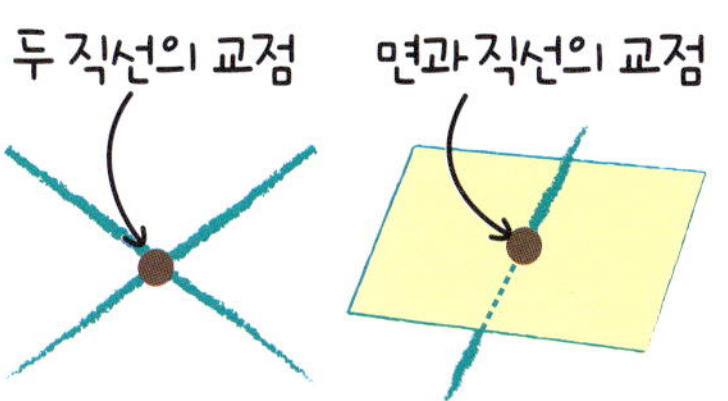

교각 交角 만나서 交 생기는 각 角

교각은 선과 선, 평면과 선 등이 만날 때 생기는 각입니다. 직선과 직선이 만날 때 교점을 중심으로 선과 선 사이의 각을 교각이라 하며, 서로 마주 보고 있는 교각을 맞꼭지각이라고 합니다. 맞꼭지각은 각도가 같답니다.

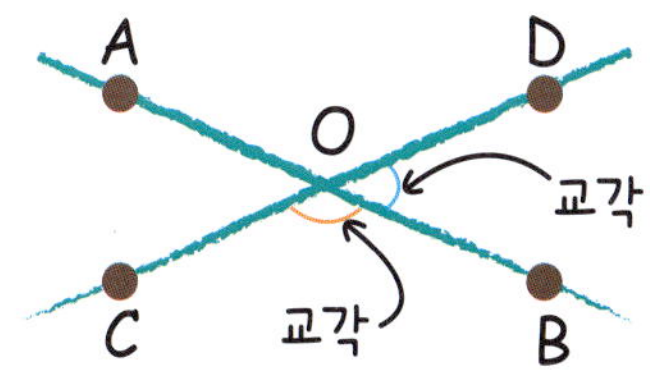

직교 直交 직각 直 으로 만나는 交 것

직교는 직선과 직선, 직선과 평면, 평면과 평면이 직각으로 만나는 것입니다. 직선 AB와 직선 CD가 직교하면 $\overleftrightarrow{AB} \perp \overleftrightarrow{CD}$로 표시하며, 두 직선의 관계를 수직이라고 말합니다.

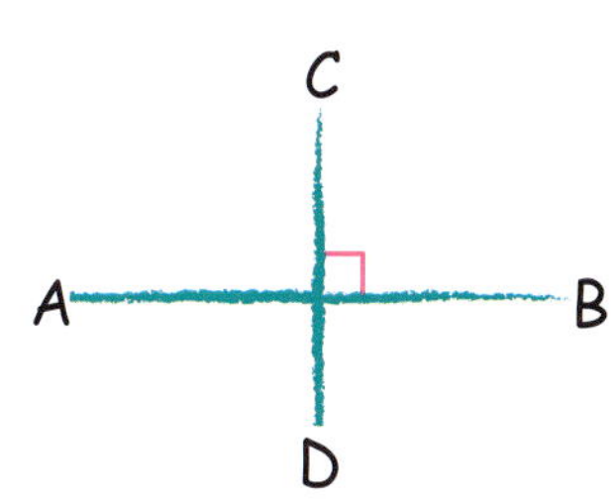

수선 垂線 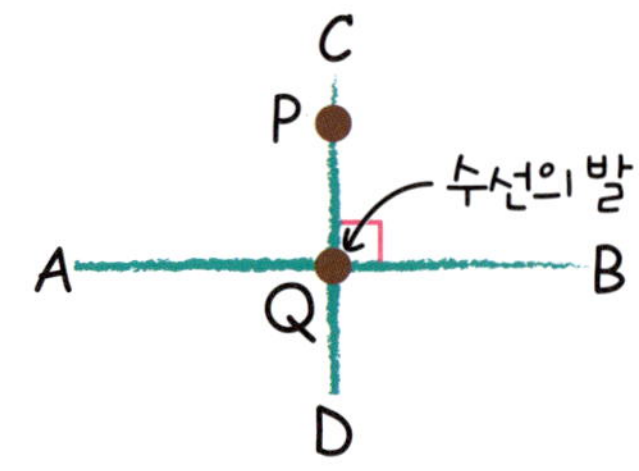 곧게 드리우는 垂 선 線

수선은 일정한 직선 또는 평면과 직각을 이루는 직선입니다. $\overleftrightarrow{AB}$의 선 위에 있지 않은 한 점 P에서 $\overleftrightarrow{AB}$에 직각을 이루는 직선을 그으면 $\overleftrightarrow{CD}$가 됩니다. 즉, $\overleftrightarrow{AB}$의 수선은 $\overleftrightarrow{CD}$이며, $\overleftrightarrow{AB}$와 만나는 점 Q를 수선의 발이라고 합니다.

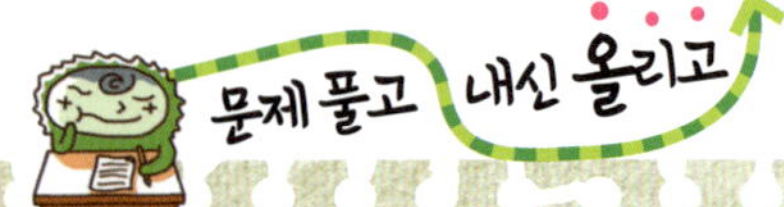

》정답 p.311

문제 1 다음은 어떤 각에 해당하는지 써 보세요.

(1) $48°$

(2) $180°$

(3) $90°$

(4) $104°$

문제 2 다음 설명 중 옳은 것은?

① 동위각은 항상 각의 크기가 같다.

② 직선 AB는 기호로 $\overrightarrow{AB}$라고 쓴다.

③ 교선은 두 직선이 서로 만나는 것이다.

④ 수선의 발은 두 직선이 서로 만났을 때 이루는 각을 뜻한다.

⑤ 직선 AB에서 두 점 A, B를 연결하는 부분을 선분이라고 한다.

문제 3 다음 질문을 읽고 알맞은 답을 써 보세요.

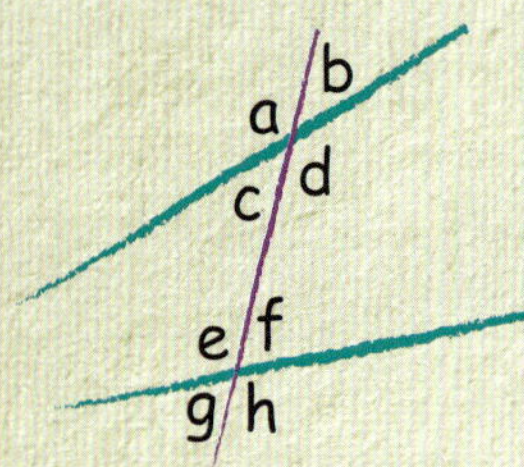

(1) ∠a와 동위각은?

(2) ∠g와 엇각은?

(3) ∠d가 $135°$일 때 ∠b와 ∠c의 각도를 더한 값은?

원과 도형

왜 맨홀 뚜껑은 원으로 되어 있을까요?

원은 동그란 모양으로 원의 중심을 지나는 어느 방향으로 길이를 재어도 똑같습니다. 그래서 맨홀 뚜껑을 세우더라도 맨홀에 빠지지 않기 때문에 원 모양으로 만든 것입니다. 맨홀 뚜껑이 삼각형과 사각형의 모양이면 어떨지 상상해 봅시다.

왜 보온병은 원기둥 모양일까요? 원기둥은 용기를 만드는 재료는 적게 들이면서 많은 양의 음식을 담을 수 있습니다. 다른 모양으로 보온병을 만드는 것보다 효율적이기 때문에 보온병을 원기둥으로 만든 것입니다.

벌은 왜 정육각형으로 집을 지을까요? 빈틈없이 평면을 메울 수 있는 정삼각형, 정사각형, 정육각형 중에서 환경적 영향을 덜 받으면서 많은 꿀을 보관할 수 있는 것은 정육각형입니다. 그래서 정육각형으로 벌집을 만든 것이죠.

우리는 일상생활과 자연 속에서 원과 도형의 원리를 이용하여 만들어진 많은 사물을 발견할 수 있습니다. 원과 도형에 관련된 기본적 어휘를 살펴봄으로써 그 원리를 이해하는 데 도움이 되도록 합시다.

호와 현 弧와 弦 활^弧과 활시위^弦

원둘레 상에 어떤 점 A, B를 찍었을 때 A와 B는 원을 두 개로 나누게 됩니다. 그때, 원둘레 상의 AB를 호라고 하며 $\overset{\frown}{AB}$로 나타냅니다. 보통 호는 두 점을 잇는 짧은 둘레 쪽을 말합니다. 호를 만드는 두 점 A와 B를 직선으로 연결할 때 생기는 선분을 현이라고 합니다. 사냥할 때 활을 떠올려 봅시다. 화살을 쏘기 위해 활시위를 팽팽하게 잡아당기면 활이 둥그렇게 구부러지죠. 수학에서는 둥그렇게 구부러진 부분을 호라고 하고, 팽팽하게 잡아당긴 쪽을 현이라고 부릅니다.

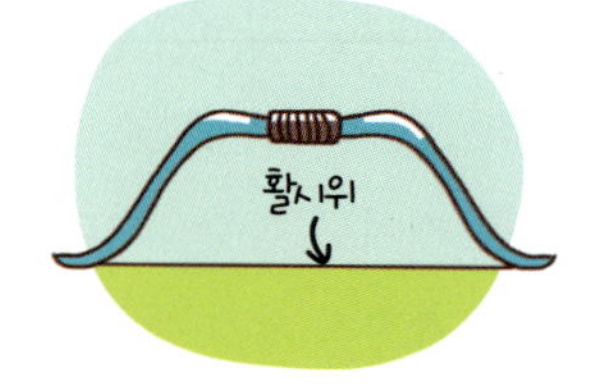

점 A와 점 B를 각각 원의 중심과 연결한 $\overline{OA}$와 $\overline{OB}$는 원의 반지름입니다. $\overline{OA}$와 $\overline{OB}$, $\overset{\frown}{AB}$를 연결하면 부채꼴이 되며, $\overline{OA}$와 $\overline{OB}$ 사이의 각은 부채꼴의 중심각이 됩니다.

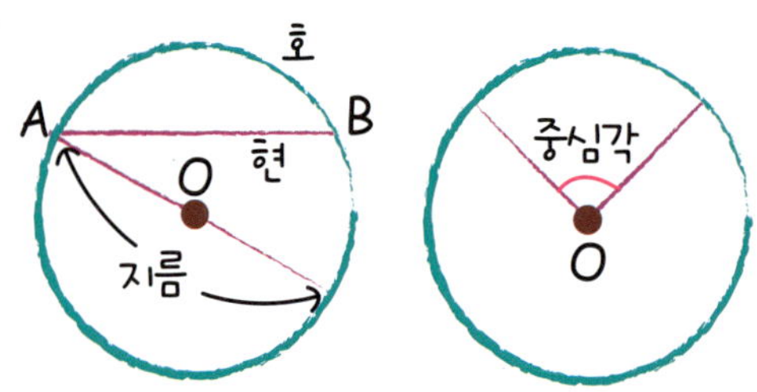

할선 割線 자르는^割 선^線

할선은 원과 두 점에서 만나는 직선으로 직선이 원둘레의 어떤 두 점과 만나면 원을 잘라 나누게 되어 할선이라고 일컫는 것입니다. 현은 할선의 일부분이라고 할 수 있답니다.

割은 害(해할 해)와 刂(칼 도)의 뜻이 만나서, 칼로 완성된 하나를 '나누다, 방해하다, 자르다, 빼다' 등의 뜻이 되었습니다.

- 할인 割引: 원래의 가격에서 어느 정도를 잘라서[割] 끌어내림[引].
  활용 아침 일찍 영화관에 가면 할인(割引) 받을 수 있습니다.
- 할증 割增: 원래 가격에서 어느 정도를 잘라서[割] 원래 가격에 더하는[增] 일
  활용 서울에서 택시를 타고 경기도로 넘어가면 할증(割增)이 붙어 가격이 더 비싸집니다.

접선 接線 접하는^接 선^線

접선은 원둘레의 한 점과 만나는 직선으로 원에 접해 있는 직선을 말합니다. 그리고 이때 만나는 점은 접점(接點)이라고 합니다. 원의 중심에서 접선에 선을 내리그으면 접선과 수직이 됩니다.

직선이 원에 접할[接]
때 만나는 점[點]

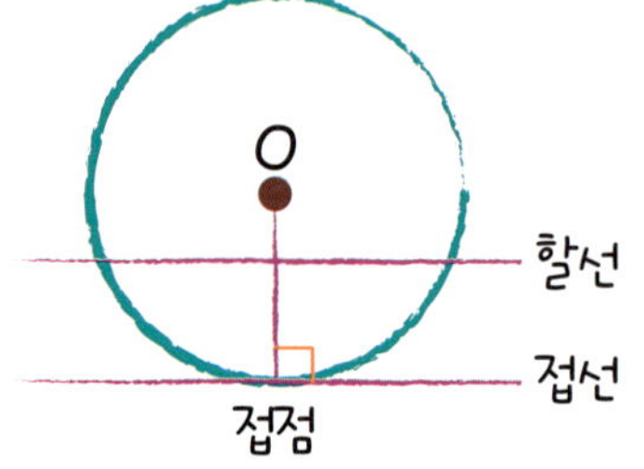

원주각 　圓周角　원 圓 둘레 周 의 한 점에서 생기는 각 角

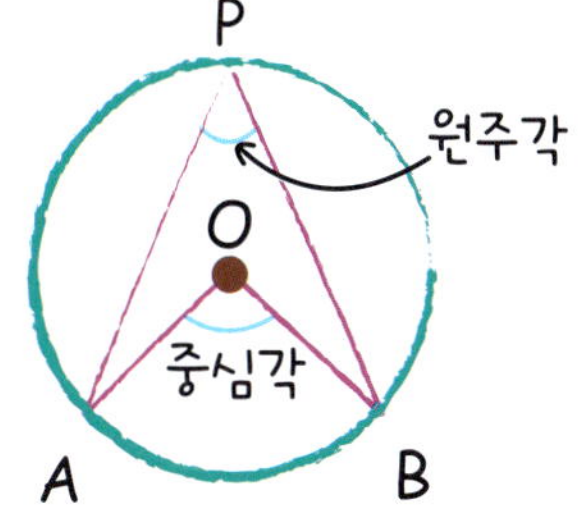

원주각은 원둘레 위의 어느 한 점에서 두 현을 그렸을 때 생기는 각입니다. 두 현을 그리면 원에는 다른 두 개의 점이 생기며, 이 두 개의 점을 원의 중심과 연결하면 각이 생기는데 이 각을 중심각이라고 합니다. 원주각의 크기는 중심각의 $\frac{1}{2}$입니다.

다각형　多角形　각 角 이 많은 多 도형 形

다각형은 셋 이상의 직선으로 둘러싸인 평면 도형으로 몇 개의 선과 각으로 이루어져 있습니다. 선과 각이 3개면 삼각형, 4개면 사각형, 5개면 오각형이라고 부릅니다.

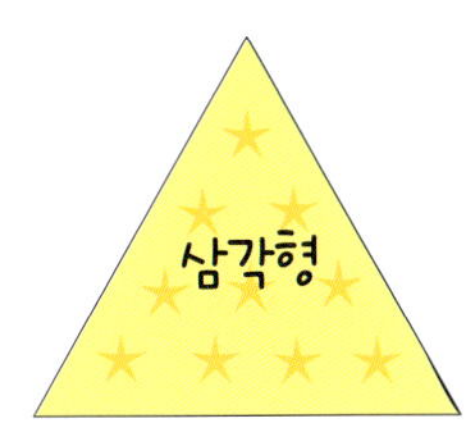

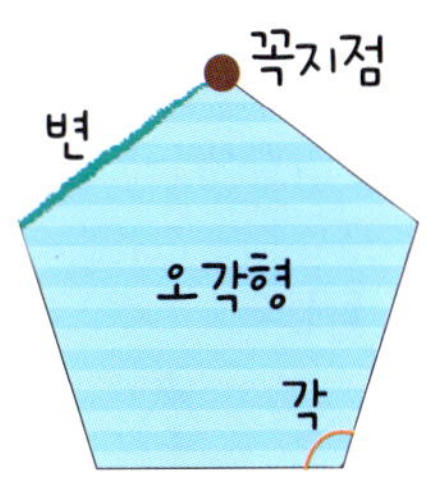

이등변삼각형　二等邊三角形

두 二 변 邊 의 길이가 같은 等 삼각형 三角形

이등변삼각형은 두 변의 길이가 같고, 두 각의 크기가 같은 삼각형입니다.

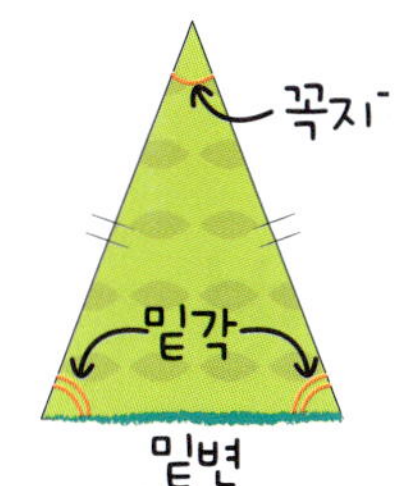

평행사변형　平行四邊形

나란히 平 가는 行 변 邊 이 4개 四 인 도형 形

평행사변형은 서로 마주 대하는 두 쌍의 변이 각각 평행인 사각형으로 평행한 변들의 길이는 각각 같습니다.

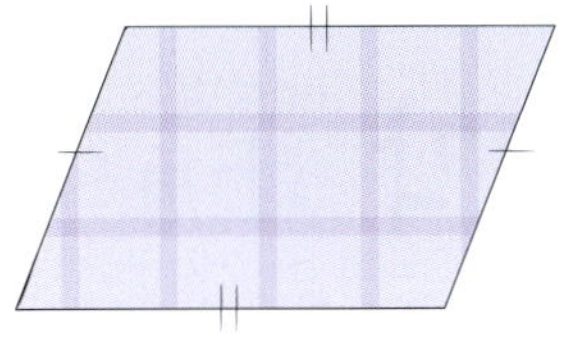

다면체　多面體　면 面 이 많은 多 입체 體 도형

다면체는 다각형의 면으로 둘러싸인 입체 도형입니다. 두 면이 만나는 선을 모서리(변), 몇 개의 모서리가 만나는 점을 꼭짓점이라고 합니다. 면이 4개면 사면체, 5개면 오면체라고 부릅니다.

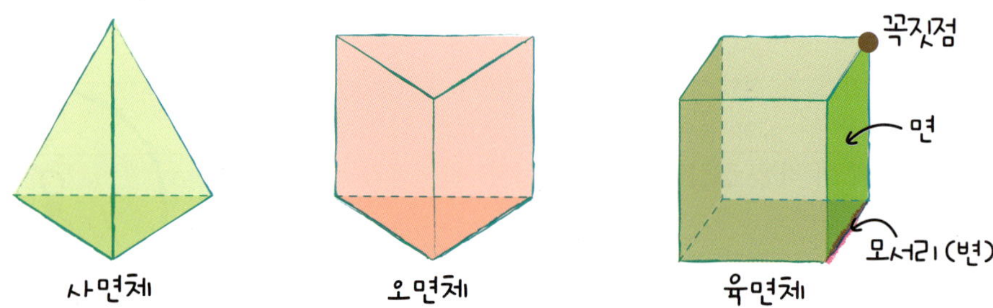

회전체 回轉體 돌리고回 굴려서轉 나온 입체體

회전체는 한 직선을 축으로 삼아 다각형이나 원을 회전시켰을 때 생기는 입체 도형입니다. 회전의 중심이 되는 직선을 회전축(回轉軸)이라고 하며, 회전하기 전 다각형의 옆선을 모선(母線)이라고 합니다. 회전체에는 원기둥, 원뿔, 원뿔대, 구 등이 있습니다.

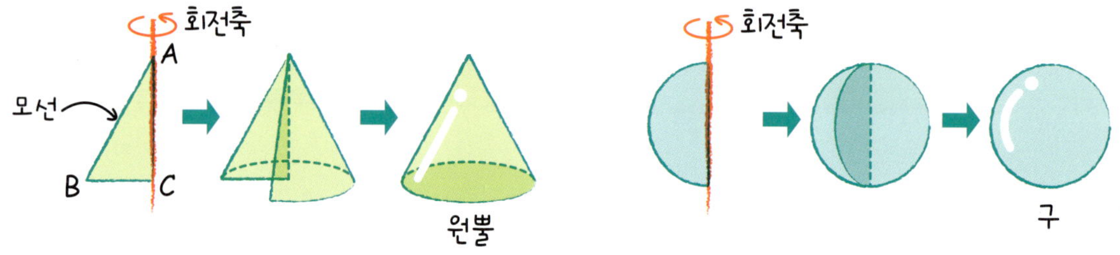

대변 對邊 서로 마주 대하고對 있는 변邊

대변은 다각형에서 한 변이나 한 각과 마주 대하고 있는 변입니다. 두 쌍의 대변의 길이가 각각 같고 평행을 이루는 사각형을 평행사변형이라고 합니다.

대각 對角 서로 마주 대하고對 있는 각角

대각은 다각형에서 한 변이나 한 각과 마주 대하고 있는 각입니다. 우리가 알고 있는 대각선(對角線)은 이 대각(對角)을 연결해 놓은 선(線)이죠. 대각과 대각선을 함께 기억해두면 좋습니다.

$\overline{AB}$와 $\overline{DC}$, $\overline{AD}$와 $\overline{BC}$는 서로 대변

∠A와 ∠C, ∠B와 ∠D는 서로 대각

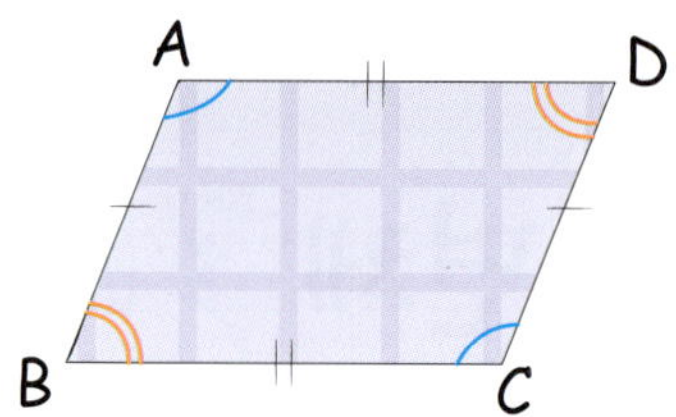

내각 内角 다각형 안^内의 각^角

내각은 다각형에서 인접한 두 변이 다각형의 안쪽에 만드는 모든 각을 말합니다. 즉, 다각형을 이루고 있는 몇 개의 각입니다. 삼각형 내각의 합은 180°, 사각형 내각의 합은 360°입니다. 참고로 내각의 합을 구하는 공식은 n각형의 경우 180° × (n−2)입니다.

외각 外角 다각형 밖^外의 각^角

외각은 다각형에서 한 변과 그 이웃한 변의 연장선이 이루는 각입니다. 다각형의 외각의 합은 꼭짓점 개수와 상관없이 모두 360°입니다. 삼각형에서의 외각의 크기는 이웃하고 있지 않은 내각의 합과 같습니다.

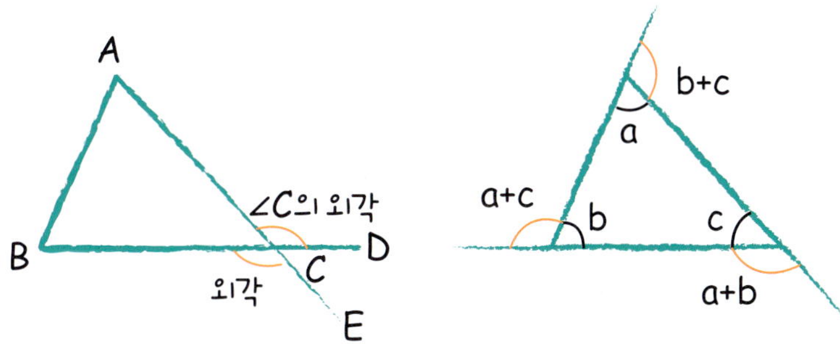

내대각 内對角 외각에 이웃한 내각^内에 마주 대하는^對 각^角

내대각은 삼각형이나 다각형에서 한 외각에 대하여 이웃한 내각과 마주 대하는 각입니다. 일반적으로 사각형의 모든 꼭짓점이 원둘레에 있고 사각형이 원의 내부에 있을 때의 한 외각의 크기는 그 내대각의 크기와 같습니다.

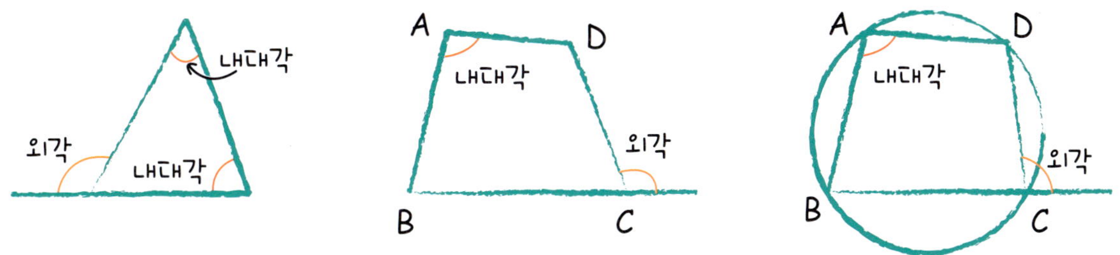

내심 안내 중심심 内心 다각형 안에 內 접하는 원의 중심 心

삼각형 안에 삼각형의 세 변과 접하는 원을 그렸을 때 원은 삼각형에 내접(內接)하며, 내접하는 원을 내접원(內接圓)이라고 합니다.
내심은 내접원의 중심입니다. 삼각형에서 세 각을 각각 둘로 나누는 이등분선은 내심에서 만나며, 내심에서 각 변까지의 거리는 모두 같습니다.

다각형 안[內]에 있고, 그 원주가
다각형의 각 변과 접하는[接] 원[圓]

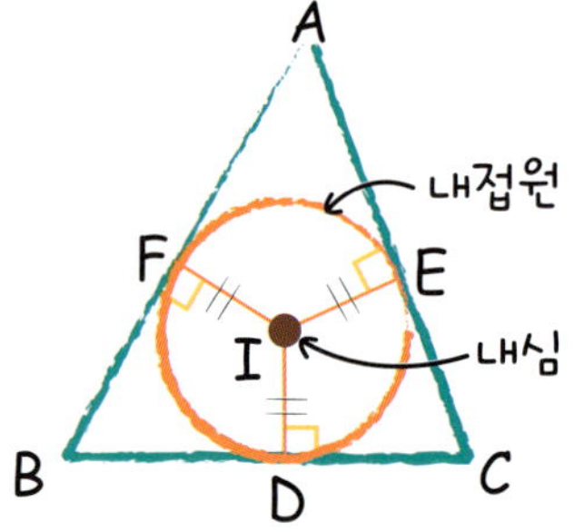

외심 바깥외 중심심 外心 다각형 밖에 外 접하는 원의 중심 心

삼각형 밖에 삼각형의 꼭짓점과 접하는 원을 그렸을 때 원은 삼각형에 외접(外接)하며, 외접하는 원을 외접원(外接圓)이라고 합니다.
외심은 외접원의 중심입니다. 삼각형 세 변의 수직 이등분선은 외심에서 만나며, 외심에서 각 꼭짓점까지의 거리는 모두 같습니다.

다각형 밖[外]에 있고, 그 원주가
다각형의 각 꼭짓점과 접하는[接] 원[圓]

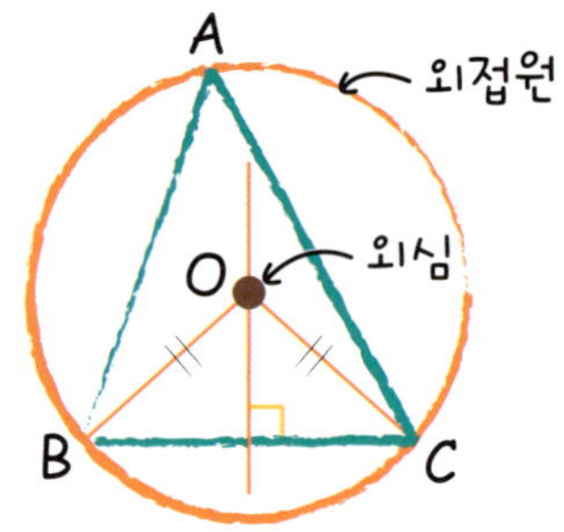

문제 풀고 내신 올리고

≫정답 p.311

문제 1 다음 (   ) 안에 부채꼴의 알맞은 명칭을 쓰세요.

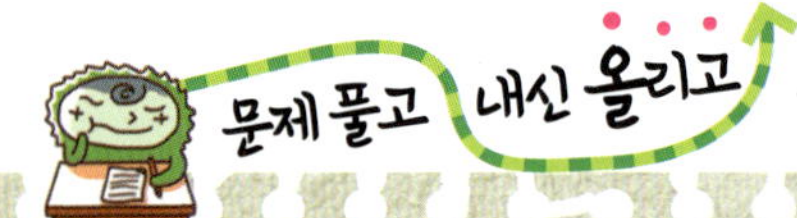

문제 2 ∠x와 ∠y의 합을 구하세요.

(1)

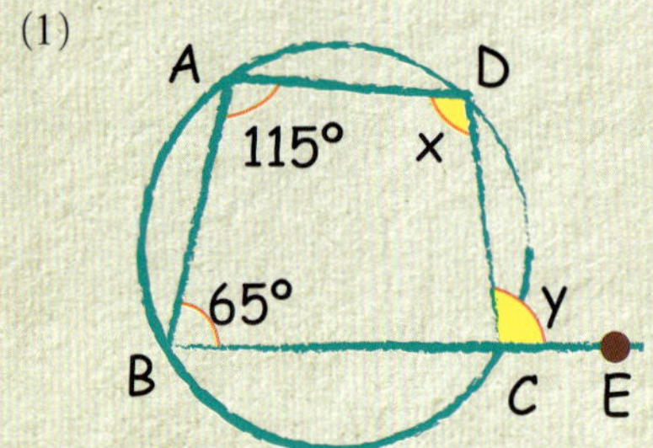

(2)

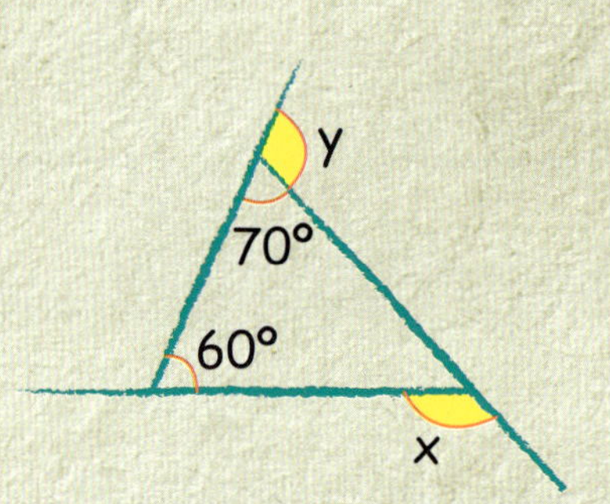

사람들이 만들었어요, 문화!

약 46억 년의 긴 역사를 가진 지구에는 약 69억 명의 사람이 살고 있습니다. 사람들은 오래전부터 지구에 살았으며, 의식주, 생활양식, 언어, 풍습, 종교, 제도, 예술, 과학, 철학 등의 문화를 창조해서 발전시켰습니다. 그러나 지구 전체 모든 사람이 같은 문화를 만든 것은 아닙니다. 사는 곳의 환경과 구성된 사람이 다른 만큼 문화도 각각 다르게 형성되어 발전했습니다.

우리나라에서는 웃어른을 만났을 때 큰절을 하거나 허리를 숙여 인사하지만, 미국에서는 서로 손을 내밀어 악수합니다. 뉴질랜드 마오리족은 코를 비비면서 인사하며, 프랑스와 스페인, 지중해 연안에 사는 사람들은 상대방의 볼에 가볍게 키스를 합니다. 각 나라의 인사법만 보아도 다양한 문화가 형성된 것을 알 수 있습니다. 나라마다 다른 문화를 몇 가지 알아본 다음 문화와 관련된 어휘를 알아봅시다.

나라별 행위의 의미

1. 식당에서 탁자를 치는 행위

우리나라에서는 음식을 빨리 달라는 독촉의 의미거나 아무 의미 없이 무료해서 하는 행동이지만, 필리핀에서는 여성을 비하하는 행동입니다.

2. 카네이션을 선물하는 것

우리나라에서는 부모님이나 스승에게 은혜에 감사하다는 의미로 선물하는 꽃이나 프랑스에서는 장례식 때 쓰는 꽃입니다.

3. 등 뒤에서 손뼉을 치는 것

우리는 손뼉을 칠 때 위치에 상관하지 않지만, 대만과 일본 사람들은 등 뒤에서 손뼉 치는 것을 불쾌하게 여깁니다.

4. 옷을 잡아당기는 것

우리는 옷을 살짝 잡아당기면서 "저기 실례합니다."라는 뜻을 표현하지만, 미국 사람들은 자신들의 영역을 침범한다고 생각하여 불쾌해합니다.

문화 지체 현상 文化遲滯現象
학문 문 · 될 화 · 더딜 지 · 막힐 체 · 나타날 현 · 모양 상

문화 文化 의 진행이 더디고 遲 막히는 滯 것을 나타내는 現 모양 象

문화 지체 현상은 물질문화와 비물질문화 간의 차이에서 나타나는 현상으로, 물질문화의 발전 속도가 빨라서 비물질문화가 쫓아가지 못해 나타나는 사회적 부조화입니다.

예 자동차 산업의 발달로 자동차 수가 증가하면서 자동차를 타는 사람은 많아졌으나, 사람들의 교통질서 의식은 낮아서 교통사고의 발생이 증가하는 것

물질문화와 비물질문화

물질문화는 인간이 물질을 바탕으로 이루어 놓은 문화로 건축, 기계, 도구, 교통, 통신 등을 말합니다. 반면에 비물질문화는 인간이 정신적 활동을 바탕으로 이루어 놓은 문화로 예술, 윤리, 정치, 종교, 행동 양식 등의 여러 가지 제도나 가치관을 말합니다.

문화 상대주의 文化相對主義
학문 문 · 될 화 · 서로 상 · 대비할 대 · 주인 주 · 뜻 의

문화 文化 를 서로 相 대비 對 하여 인정해야 한다는 주의 主義

지구 상의 모든 사람은 지역 혹은 인종에 따라 국가라는 테두리 안에서 각자의 문화를 만들어 살고 있습니다. 문화 상대주의는 제각기 다양하게 만들어져 발전한 문화의 우열을 가리지 않고, 그 자체로 이해하고 인정해야 한다는 태도나 관점입니다. 다양한 문화를 올바르게 이해하기 위해서는 자신이 그 국가나 사회의 입장이 되어 살펴보는 생각과 넓은 안목을 가져야 합니다.

예 수저로 식사하는 문화, 맨손으로 식사하는 문화, 칼과 포크로 식사하는 문화 등을 모두 인정하고 존중하는 것

자문화 중심주의 自文化中心主義
자신 자 · 학문 문 · 될 화 · 가운데 중 · 중심 심 · 주인 주 · 뜻 의

자신 自 의 문화 文化 만 중심 中心 으로 여기는 주의 主義

자문화 중심주의는 자신의 문화만 가치 있고 우수하다고 여기는 태도로 '자민족 중심주의(自民族中心主義)'라고 부르기도 합니다. 자신들의 문화에 긍지와 자부심을 느끼는 장점이 있지만, 다른 나라의 문화에 대해 폐쇄적이고 부정적이며, 문화 상대주의를 인정하지 않는 단점이 있습니다.

예 중국 민족이 세계 문명의 중심이며, 그 밖의 나라는 모두 오랑캐로 비하한 중국의 중화사상(中華思想)

관념 문화 觀念文化
볼 관 · 생각할 념 · 학문 문 · 될 화

보고 觀 생각한 念 것으로 이루어진 문화 文化

관념은 어떤 일에 대한 생각이나 견해로 인간의 정신 활동을 통해 이루어지는 것입니다. 이런 관념이 만들어낸 문화를 관념 문화라고 합니다.

예 학문, 철학, 종교, 언어, 예술

문화 사대주의 文化事大主義

세력이 큰 大 나라의 문화 文化 를 섬기는 事 주의 主義

문화 사대주의는 주체성이 없이 세력이 강한 나라의 문화를 우월하다고 여겨 숭상하는 태도입니다. 반면에 자신의 문화는 업신여기고 낮게 평가하는 경향이 있습니다. 문화 사대주의가 한 사회의 전반에 걸쳐 퍼진다면 민족 문화를 지키는 데 어려움이 있을 수 있으며, 다른 민족에게 자신의 문화를 뺏길 수도 있습니다.

예 영어 사용을 중시하고 한글 사용을 경시하는 풍조, 외국 명품에 대한 조건 없는 선호

제도문화 制度文化 법제 制 와 법도 度 로 이루어진 문화 文化

제도문화는 한 사회의 질서유지와 원활한 관계를 위해 인간이 만든 행위기준 및 사회제도입니다.

예 법률, 관습, 규범, 예절, 정치제도, 가족제도 등

복식문화 服飾文化 옷 服 과 장식 飾 으로 이루어진 문화 文化

복식은 사람이 입고 꾸미는 모든 것입니다. 추운 지방에 사는 사람은 보온이 잘 되는 옷을 입고, 더운 지방에 사는 사람은 몸을 시원하게 하는 옷을 입듯이 사람은 처한 환경과 문화에 따라 옷의 형태, 두께, 소재 등을 다르게 합니다. 한국, 일본, 중국은 비슷한 환경과 기후지만, 각 나라 고유의 문화에 따라 서로 다른 복식문화가 생겼습니다.

예

한국 – 한복

일본 – 기모노

중국 – 치파오

토착 신앙 土着信仰 땅 土 에 정착해 着 있는 신앙 信仰

인간이 이성과 지성을 가진 동물이지만 지식에 대한 확실성은 불완전할 때가 있습니다. 그래서 어느 한 대상에 의존하는 신앙이 생겼습니다. 토착 신앙은 한 지역에서 뿌리를 내리고 사는 집단이 갖는 신앙입니다. 그 대상은 인간과 쉽게 접할 수 있는 자연물이 많습니다.

예 산신, 물신, 동굴신

다원화 多元化 많을 다 · 근원 원 · 될 화 사물이나 현상이 만들어지는 근원(元)이 많아지게(多) 됨(化)

다원화는 어떤 것이 새롭게 만들어지는 근본이나 근원이 많아지게 되는 현상입니다. 이 단어가 사회 현상과 만나면 다양한 가치와 행동 양식의 발생이라는 폭넓은 의미로 쓰입니다. 현대로 오면서 과거의 획일적이고 기계적인 사고방식에서 벗어나 개인의 개성과 사생활을 중시하게 되었으며, 다양한 가치와 행동 양식이 생겨났습니다.

예 현대 사회의 종교적 다원화(불교, 천주교, 기독교, 원불교 등), 가족 형태의 다원화(대가족, 1인 가구, 2인 가구 등)

획일화 劃一化 그을 획 · 하나 일 · 될 화 줄을 그은(劃) 듯 한결같이(一) 됨(化)

획일화는 개개인의 차이를 인정하지 않고 여럿이, 모두 꼭 같이 하나와 같게 만들어 놓은 것입니다. 획일화된 사회는 질서와 규칙이 잘 지켜진다는 장점이 있지만 다양한 문화가 만들어지기 어려운 단점이 있습니다.

예 획일화된 주입식 교육과 입시 제도, 획일화된 미의 기준

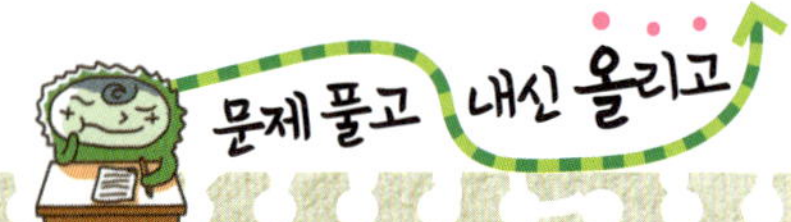

≫정답 p.311

문제1 다음 현상과 관련 있는 것은?

> 신라 시대에 '지귀'라는 사람이 살고 있었다. 그는 선덕여왕의 아름다움을 너무 사모한 나머지 몸이 점점 여위어 갔다. 어느 날 여왕이 절에 불공을 드리러 갔다가 지귀가 여왕을 사모한다는 이야기를 듣고 지귀를 절로 불렀다. 여왕이 절에서 기도를 올리고 있는 동안 지귀는 탑 아래에서 지쳐 잠이 들었다. 기도를 마치고 나오던 여왕은 지귀의 잠자는 모습을 보고 자신의 금팔찌를 빼서 지귀의 가슴에 놓고 갔다. 잠에서 깨어난 지귀는 여왕의 금팔찌를 발견하고 더욱더 사모하는 정이 불타올라 불귀신으로 변하였다. 지귀가 불귀신이 되어 온 세상을 떠돌아다니자 사람들은 그를 무서워하였다. 이에 선덕여왕이 주문을 지어 백성에게 그것을 대문에 붙이게 하니 더는 화재를 당하지 않게 되었다. 여왕이 지어 준 주문은 '지귀가 마음에 불이 나 몸을 태워 화귀가 되었네. 마땅히 창해 밖에 내쫓아 다시는 돌보지 않겠노라.'였다.

① 다원화   ② 획일화   ③ 토착 신앙
④ 제도문화   ⑤ 문화 사대주의

당신은
법 없이 살 수 있습니까?

법을 지키며 산다는 것은 쉬운 일 같으면서도, 꽤 어려운 일 같기도 합니다. 우리처럼 평범하게 사는 사람들은 굳이 법이 어떻게 정해져 있는지 알지 못해도 사는 데 지장이 없습니다. 우리 스스로 바르게 살고 있기 때문에 사회에서 정한 규칙이나 법을 어기는 일도 많지 않을 것입니다. 스스로 바르게 살 수 있는 이유는 가정 혹은 학교에서 그러한 행동을 옳지 못하다고 교육을 받았기 때문일 것입니다. 잘 생각해보면 우리는 법 없이도 살 수 있을 것 같네요. 하지만 법은 약자를 위해 존재한다는 것 아시나요? 살다 보면 나는 아무 잘못이 없는데 피해를 보는 일이 있습니다. 반대로 자신의 이익을 위해 남에게 피해를 주는 사람도 있습니다. 이러한 일을 그냥 넘기겠습니까? 그럴 수 없고, 그래서도 안 됩니다. 이때 잘못이 없는 나를 보호해 주는 것이 바로 법입니다. 법은 바르게 열심히 사는 국민을 보호해 주는 도구입니다.

공법 公法 여러 公 사람의 이익을 우선으로 하여 만든 법 法

여러공 법법

공법은 국가나 공공 단체 상호 간의 관계나 이들과 개인의 관계를 규정하는 법률로 국가 · 공익 · 윤리 · 권력과 관계되어 있습니다. 공적인 이익을 목적으로 하며, 헌법, 형법, 소송법, 행정법 등이 이에 속합니다.

헌법 憲法 모범 憲이 되는 법 法

모범헌 법법

헌법은 국가의 정치 조직 구성과 정치 작용의 원칙을 정하고, 국가와 국민의 관계를 규정하는 최고의 규범입니다. 국가의 통치 원리와 조직 원칙을 다스리는 규범과 국민의 기본권을 보장하는 규범을 포함하고 있습니다. 그래서 헌법은 국가의 기본적인 법질서의 근거가 됩니다. 우리나라와 같이 헌법이 문서로 만들어져 있는 국가도 있지만, 영국처럼 문서로 만들어져 있지 않은 나라도 있습니다.

형법 刑法 형벌 刑에 관한 법 法

형벌형 법법

형법은 범죄와 형벌에 관한 법률 체계로 범죄와 형벌 두 요소로 구성되어 있습니다. 즉, 어떤 행위가 범죄가 되며, 범죄에 따라 어떤 형벌이 가해지는지 규정한 것입니다. 사회의 질서와 평화를 위해서 형법이 필요합니다. 사회생활을 하는 사람에게는 죄를 짓지 않고 평화롭게 살아가는 데 도움을 주며, 죄를 지은 사람에게는 벌을 내리는 데 도움을 줍니다.

소송법 訴訟法 호소하고 訴 다투는 訟 절차에 관한 법 法

호소할 소 다툴 송 법법

소송법은 어떤 사건에 대한 소송 절차를 정해 놓은 법규입니다. 대립하고 있는 두 사람의 이익과 피해를 조절하며, 소송이 신속하게 해결될 수 있도록 합니다. 민사 소송법, 형사 소송법, 행정 소송법, 군사 법원법 등이 이에 속합니다.

들여다보기

형사 소송법 刑事訴訟法: 형벌[刑]에 관한 일[事]을 호소하고[訴] 다투는[訟] 절차에 관한 법[法]
형법의 적용을 받게 되는 사건이 일어나면 수사를 진행하고, 재판하고, 형벌을 선고하고, 선고된 형벌을 집행합니다. 이러한 절차에 관련된 모든 규범을 정해 놓은 법이 형사 소송법입니다.

행정법 行政法

행할 행 다스릴 정 법 법

국가를 다스리고 政 행하는데 行 필요한 법 法

행정법은 행정 기관의 조직과 행정권이 사용되는 분야에 관한 모든 법입니다. 법 아래에서 국가의 목적을 적극 실현하려고 제정되었으며, 주로 국가와 지방 자치 단체에 의해서 행해집니다.

사법 私法

개인 사 법 법

개인 私의 이익을 우선으로 하여 만든 법 法

사법은 개인 사이의 재산, 신분 따위에 관한 법률관계를 규정한 법률로 개인 · 사익 · 자율 · 대등과 관계되어 있습니다. 개인의 이익을 목적으로 하며, 사적 가치의 원칙이 적용됩니다. 재산이나 가족이 관련된 법, 민법, 상법 등이 이에 속합니다.

민법 民法

백성 민 법 법

시민 개인 民의 권리와 관련된 법 法

민법은 사람이면 누구에게나 적용될 수 있는 법입니다. 사람이 사회생활을 하면서 지켜야 할 개인 간의 거래 관계, 재산 관계, 가족 관계에 관한 내용을 정해 놓았습니다. 헌법, 형법과 더불어 우리나라 법의 기본을 형성하는 중요한 법입니다.

상법 商法

장사 상 법 법

장사 商와 관련된 법 法

시장은 장사가 이루어지는 공간으로 개인 사이에서 이루어지는 공간과 기업 사이에서 이루어지는 공간 모두를 포함합니다. 상법은 이런 모든 시장에서 이루어지는 물건을 사고파는 행위의 규칙을 정한 법입니다. 기업의 활동과 소비자와 기업, 기업과 기업 사이의 상거래를 다루고 있습니다.

사회법 社會法

단체 사 모일 회 법 법

→ 같은 무리가 집단[社]을 이루어 모임[會]

사회 社會 공공의 이익을 위해 만든 법 法

사회법은 사회적 사정과 조건에 따라 법률관계를 인도하는 법으로 사회 보장법, 경제법, 노동법 등이 이에 속합니다. 자본주의 사회에서는 경제적 약자와 사회적 약자가 생기는데 이들을 국가가 보호하기 위해서 사회법이 발달했습니다. 사회법은 실질적인 평등을 원리로 하며, 공공의 혜택을 위한 국가의 노력에 따라 사회법의 영역은 더욱 넓어지고 대상도 다양해졌습니다.

사회 보장법 社會保障法

단체 사 모일 회 보호할 보 막을 장 법 법

사회 社會 가 보호하고 保 막아줄 障 수 있게 한 법 法

사회 보장법은 국민이 인간답게 생활하는 것을 도와주려고 만든 법입니다. 우리는 자유주의, 무한경쟁, 부의 축적 등을 겪으면서 빈곤이라는 문제와 직면하였습니다. 그래서 국가는 국민의 생존권을 지킬 것을 목적으로 하는 경제적 보장으로 최저 생계비나 최저 임금 등을 책정하였고, 모든 국민이 건강하고 문화적인 생활을 유지하도록 여러 방안을 마련하였습니다. 이런 사회 보장 제도의 시행과 관련된 법적 규정과 법률이 바로 사회 보장법입니다.

경제법 經濟法

다스릴 경 구제할 제 법 법

바른 경제 經濟 질서를 위해 제정한 법 法

경제는 '경세제민(經世濟民: 세상〔世〕을 다스리고〔經〕 백성〔民〕을 구제〔濟〕하다.)'에서 나온 말입니다. 자본주의가 발달하면서 부를 축적하는 사람이 많이 생기게 되었지만 반대로 부를 잃어버리게 된 사람도 생겼습니다. 국가는 이런 문제를 해결하기 위해 경제법을 만들었습니다. 국민 경제의 성장과 안정을 위해 경제에 관한 규제를 만들고 국가가 경제를 조정할 수 있도록 한 것입니다. 이를 통해 국민 소득의 분배를 일정하게 유지하고 공공복리를 증진하는 등 국민 경제의 균형 있는 발전을 도모하는 데 힘을 씁니다. 경제법에 속한 법률로는 공정 거래에 관한 법률, 물가 안정에 관한 법률 등이 있습니다.

노동법 勞動法

일할 로 움직일 동 법 법

움직여 動 일하는 勞 사람들을 위해 만든 법 法

노동법이 생겨난 배경은 바로 자본주의입니다. 경제 이념으로 자본주의가 들어오면서 사용자와 노동자 사이에는 고용·임금·근로 조건 등의 다양한 문제가 발생하게 되었습니다. 쉽게 말해서 월급을 적게 주려는 사용자와 좋은 근로 환경에서 많은 월급을 받고 싶어 하는 노동자 사이의 갈등 문제입니다. 이러한 갈등을 해결하기 위해 노동법이 만들어지게 되었습니다. 노동법은 근로자가 일하고, 그것을 통해 그들이 생존을 확보할 수 있도록 도와주는 법입니다.

들여다보기

• **노동조합 勞動組合**: 노동〔勞動〕자들이 조직하여〔組〕 합한〔合〕 모임

노동조합은 노동자의 권리와 이익을 위해 노동자들이 스스로 만든 조직으로 기업별, 산업별, 지역별로 다양한 형태가 있습니다. 노동자는 노동조합을 통해 그들의 의견을 사용자와 의논하고 해결하며, 서로의 의견이 맞지 않을 때는 하던 일을 중지하는 집단행동을 하기도 합니다.

• **근로 기준법 勤勞基準法**: 부지런히〔勤〕 일하는〔勞〕 조건의 기본〔基〕이 되는 표준〔準〕을 정한 법〔法〕

근로 조건의 최저 기준을 정하여 근로자가 기본적인 생활을 할 수 있게 한 법을 말합니다. 이 법은 근로자의 임금·보상·휴가 등을 규정하고 있으며, 이는 근로자의 안정적 생활과 더불어 균형 있는 국민 경제의 발전을 목적으로 하고 있습니다.

관습법 慣習法 _{익숙할관 익힐습 법법} 익숙하게 慣 익혀서 習 알고 있는 법 法

관습은 어떤 사회에서 오랫동안 지켜 온 질서나 행동 양식입니다. 이런 관습에 의해 만들어진 법을 관습법이라고 합니다. 사회생활에서의 습관이나 관행이 굳어져서 법의 효력을 갖게 되었으며, 국가에서 의도적으로 만들지는 않았으나 법적 효력을 부여할 만한 법이기도 합니다. 성문법(成文法)을 채택하고 있는 대부분 국가에서도 관습법은 중요한 법입니다.

→ 문서[文]의 형식을 이룬[成] 법[法]

실체법 實體法 _{실제실 몸체 법법} 실제 實 의 형상 體 이 있는 법 法

권리와 의무의 존재 여부, 권리와 의무의 내용 및 범위 등을 정해 놓은 법으로 절차법에 대립하는 개념입니다. 대표적인 실체법으로는 민법, 형법, 상법이 있습니다. 예를 들어, 어떤 사람이 돈을 빌려 갔는데 갚을 생각을 하지 않습니다. 이때 빌려 준 사람은 빌려 간 사람에게 갚으라고 강요할 권리가 생깁니다. 이런 권리가 들어있는 법이 실체법입니다.

절차법 節次法 _{마디절 차례차 법법}

일을 하는데 밟아야 하는 마디마디 節 의 단계와 차례 次 를 정해 놓은 법 法

주어진 권리를 실현하기 위해서 거쳐야 할 방법 및 절차를 정한 법입니다. 절차법의 종류로는 민사 소송법, 형사 소송법, 행정 소송법 등이 있는데 '소송'이란 단어가 공통으로 들어가는 것이 특징입니다. 즉 절차법은 소송, 심판, 처리 등의 방법이 규정되어 있는 법입니다. 예를 들어 돈을 빌려 준 사람이 갚으라고 할 경우, 강제적으로 요구할 수 없고 소송과 심판의 절차를 거쳐 요구하게 되는 것입니다.

병역법 兵役法 _{군사병 일역 법법} 국가에 대한 군사 兵 적 일 役 을 규정한 법 法

병역법은 국민의 병역 의무를 규정한 법입니다. 대한민국 국민의 모든 남성은 일정한 나이에 병역의 의무를 수행해야 하며, 여성은 지원으로 병역을 수행할 수 있습니다. 입대 전의 신체검사, 입대부터 제대할 때까지의 군인의 임무, 제대 후 소집 등 병역과 관련된 모든 일을 규정하였습니다. 병역의 의무를 바르게 행한 사람에게 권리와 이익을 보장하며, 그렇지 않은 사람에게 처벌을 내립니다.

선거법 選擧法 _{뽑을선 들거 법법} 대표를 뽑아 選 드는 擧 일과 관련된 법 法

선거법은 선거를 부정 없이 공정하게 치르기 위해서 선거와 관련된 모든 행위에 규칙을 정한 법입니다. 선거는 선거권을 가진 사람이 공직에 임할 사람을 투표로 뽑는 일로 국민이 할 수 있는 최고의 정치적 행위입니다. 민주주의 국가에서는 국민이 선거를 통해 대표를 뽑기 때문에 사회 권력의 힘을 일정하게 나눌 수 있답니다. 대통령 선거, 국회의원 선거, 지방 의회 의원과 지방 자치 단체의 장 선거에 관련된 선거권, 선거 관리, 선거 기간, 선거 운동, 투표 및 개표 등 선거에 관련된 것이 선거법에 규정되어 있습니다.

세법 稅法 세금 세 법 법 세금 稅 과 관련된 법 法

국가는 나라를 운영하고 발전시키는 데 필요한 돈을 국민에게 받습니다. 국민은 그들의 소득이나 재산 일부를 세금으로 국가에 내는데, 이것이 바로 납세(納稅)의 의무입니다. 세법은 이러한 세금과 관련된 법규로 납세 의무, 세금 부과 및 징수, 세금을 내지 않았을 때의 처벌 등에 관련된 규정입니다.

→ 세금[稅]을 냄[納]

≫정답 p.311

문제 1 다음의 내용과 관련 있는 법을 쓰세요.

(1) 현역병의 복무 기간은 육군·해병은 2년, 해군·공군은 2년 6월로 하고 연장될 수 있다.

(2) 만 19세 이상의 국민은 선거권이 있다. 선거 관리는 선거 관리 위원회에서 담당한다. 정당· 후보자 등은 공정하게 경쟁할 의무가 있다.

(3) 부과 과세는 세무 행정 기관이 매기어 물리는 방식의 세금이다. 상속세·증여세·부당이득 세 등이 부과 과세 방식으로 세금이 매겨지고 있다.

(4) 일용 근로자에 대한 사업주의 채용 때 교육 시행 의무를 삭제하는 대신, 근로자가 고용 노동 부 장관이 시행하는 기초 안전 보건 교육을 이수하도록 의무를 부여한다.

법을 알아야 권리를 찾지!

법과 관련된 용어는 법을 배운 사람들도 자세히 봐야 할 만큼 어려운 용어들이 많습니다. 위의 그림에서 보이는 '금지가처분', '기각'이란 단어는 무슨 뜻일까요? '금지가처분(禁止假處分)'은 '금지[禁止]를 일시적[假]으로 처해[處] 놓은 부분[分]'이란 뜻이고, '기각(棄却)'은 '버리고[棄] 물리치다[却].'란 뜻입니다. 즉, 위 판결 내용은 '상영 등의 행위를 일시적으로 금지하려고 신청을 했으나 이 신청이 받아들여지지 않았다.'라는 내용의 판결인 거죠. 어려운 판결에 대한 명쾌한 해석이 이해되셨나요? 이처럼 법에서 쓰는 용어는 한자 어휘가 많습니다. 짧은 단어로 많은 뜻을 표현할 수 있기 때문이죠.

심급 제도 審級制度

살필심 등급급 만들제 법도

> 만들어[制] 정한 법도[度]

심판審을 서로 다른 계급級의 법원에서 여러 번 하는 제도制度

심급 제도란 공정하고 정확한 재판을 위해 하나의 소송 사건에 대하여 서로 다른 계급의 법원에서 반복하여 심판하는 상소 제도입니다. 한 사건을 한 번만 재판한다면 공정한 재판이 이루어지지 않을 수 있습니다. 그래서 두 번 또는 세 번까지 다른 법원(지방 법원→고등 법원→대법원)에서 재판을 받을 수 있는 심급 제도가 있습니다. 이를 '3심 제도'라고도 합니다.

상소 上訴

위상 하소연할소

위上에 하소연함訴

상소는 하급 법원의 판결에 따르지 않고 상급 법원에 다시 심판해 주기를 요구하는 일입니다. 즉, 지방 법원의 판결에 복종하지 않고 고등 법원에 재판을 요구하는 항소, 고등 법원의 판결에 복종하지 않고 대법원에 재판을 요구하는 상고 모두 상소에 포함됩니다. 상소는 잘못된 판결을 고치기 위해 하는 것입니다.

항소 抗訴

저항할항 하소연할소

판결에 저항하고抗 다시 상소함訴

항소는 지방 법원의 판결에 불복하고 고등 법원에 재심을 요구하는 일입니다. 상소의 일종으로 상고가 대법원까지 이루어지지만, 항소는 하급 법원에서 받은 판결에 불복하여 변경 또는 파기를 고등 법원에 신청하는 일에 국한됩니다.

상고 上告

위상 알릴고

윗上 법원에 알림告

상고는 고등 법원에서의 판결에 대한 상소로 최고 법원인 대법원에 재판을 요구하는 일입니다. 고등 법원의 판결에 복종하지 않고 판결의 재심사를 상급 법원에 신청하는 것입니다.

- **지방 법원**: 민사 및 형사 소송을 처리하는 제1심(第一審: 소송에서 제1차로 받는 심리)의 법원으로 특별시, 광역시, 도청 소재지에 있습니다.

- **고등 법원:** 법원 조직법에 따라 설치한 하급 법원 가운데 최상위의 법원입니다. 지방 법원의 위이고 대법원의 아래인 중급 법원으로, 지방 법원의 심판에 대한 항소·항고 사건 따위를 다룹니다. 현재 서울, 부산, 대구, 광주, 대전에 설치되어 있습니다.
- **대법원:** 우리나라의 최고 법원입니다. 상고 사건, 고등 법원의 결정·명령에 대한 재항고 사건 등을 재판합니다.

소송 訴訟 (법원에) 소송하는 訟 일을 청구함 訴
하소연할 소 소송할 송

소송은 재판으로 대립하는 당사자의 권리나 의무 등의 법률관계를 확정하여 줄 것을 법원에 요구하는 것입니다. 재판해야 하는 사건의 성질에 따라 민사 소송, 형사 소송, 행정 소송, 선거 소송 등으로 나눕니다.

재판 裁判 결단하고 裁 판단함 判
결단할 재 판단할 판

재판은 서로 다투어 소송했을 때 법원이나 법관이 이 일을 해결하기 위해 결단하고 판단하는 행위입니다. 재판에는 개인 간의 사사로운 문제로 권리 다툼이 생겼을 때 개인의 권리를 찾도록 판결하는 민사 재판, 사회 질서를 어지럽히는 범죄자를 처벌하여 사회 질서를 유지하는 형사 재판, 가정이나 가족 내 인척 관계에서 발생하는 문제를 판결하는 가사 재판, 행정 기관에 의해 국민의 권리가 침해 당했을 때 이를 구제받기 위해 청구하는 행정 재판 등이 있습니다.

알선 斡旋 일이 잘되도록 주선하고 斡 이리저리 旋 힘을 씀
돌 알 돌 선

알선은 두 사람이 어떤 일로 분쟁할 때 당사자들이 합의하도록 제삼자가 자리를 마련하여 화해시키는 일입니다. 그리고 두 사람 사이에 일어나는 계약이 성립하도록 힘쓰는 일도 알선이라고 합니다.

조정 調停 잘 조절하여 調 분쟁을 멈추게 停 함
고를 조 머무를 정

조정은 양자 간의 분쟁을 해결하기 위하여 법원이 끼어들어 합의를 이끌어 냄으로써 서로 타협시키거나 화해시키는 일입니다. 조정 담당 판사나 법관 등으로 구성된 조정 위원회는 다툼이 있는 당사자들이 서로 양보하고 타협하도록 권유하는 것으로, 재판을 하지 않고 해결할 수 있는 제도입니다.

중재 仲裁 가운데 仲 에서 결단함 裁
가운데 중 결단할 재

중재는 분쟁이 있는 당사자 사이에 제삼자가 개입하여 분쟁을 조정하고 해결하는 일입니다. 조정과 의미가 비슷한 것 같으나 법률적으로 확실하게 구별됩니다. 조정에서는 제삼자의 의사를 승낙할 것인지 아닌지를 당사자가 결정하지만, 중재에서는 제삼자의 판단이 법적으로 효력을 갖기 때문에 당사자가 이를 어길 경우 처벌을 받습니다.

변론 辯論 옳고 그름을 따져서辯 논함論

변론은 사리를 밝혀 옳고 그름을 따지는 일입니다. 개인 사이에 분쟁이 있을 때 이들은 자신의 권리를 확정해 줄 것을 법원에 요구하며, 법원은 이 요구를 받아들여 재판합니다. 변론은 재판이 이루어지는 법정에서 분쟁 당사자나 변호인이 자신들의 입장을 주장하거나 진술하는 일로 사건에 대한 당사자의 의사 표시로 볼 수 있습니다.

소장 訴狀 하소연하는訴 문서狀

소장은 법원에 소송을 제기하기 위하여 제출하는 서류입니다. 소장에는 당사자, 법정 대리인, 소송하는 이유나 목적을 적어야 합니다. 소장을 제출함으로써 재판이 진행되기 때문에 이를 최초의 진술서로 볼 수 있습니다.

소환 召喚 불러서召 喚 오게 함

소장을 통해 소송이 제기되면 법원은 이 소송과 관련된 사람들을 법정으로 불러들입니다. 이러한 일을 소환이라고 합니다. 소환할 때에는 소환장이라는 문서를 보내게 되는데, 이 문서에는 재판이 이루어지는 날짜 및 장소와 재판에 출석할 것을 명령하는 내용이 들어 있습니다.

공소 公訴 공적公으로 하소연함訴

공소는 검사가 법원에 특정 형사 사건의 재판을 공적으로 청구하는 일입니다. 즉, 사회 질서를 어지럽히는 범죄가 발생했을 때 검사가 사건에 대한 재판을 법원에 신청하는 것이죠. 범죄 행위가 일어난 사건을 형사 사건이라고 하며, 검사의 공소를 시작으로 재판이 진행됩니다.

피의자 被疑者 의심疑 받은被 사람者

피의자는 형사 사건에서 범죄를 저질렀을 가능성이 있다고 보고 수사 기관의 수사를 받고 있지만, 아직 공소 제기가 되지 아니한 사람입니다. 피의자는 범인으로 확정되지 않은 상태, 즉 수사의 대상에 불과하므로 인권 보호 측면에서 많은 권리가 인정됩니다. 사건에 대해 물어보려고 출석을 요구했을 때 그 요구를 거부할 수도 있다고 합니다.

피고인 _{입을} 피 _{소송할} 고 _{사람} 인 被告人　고소告 받은被 사람人

피고인은 검사에 의하여 공소 제기를 받은 사람입니다. 형사 사건의 피의자였던 사람이 공소 제기를 받아 피고인이 되며, 피고인은 형사적 책임을 져야 합니다. 피고인은 공소를 제기한 검사와 함께 소송 당사자에 해당하며, 자신의 처지를 변호하고 각종 증거를 신청할 수 있습니다.

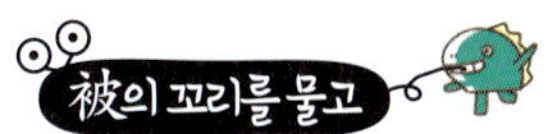

被는 '衤(=衣)'와 '皮'가 합쳐진 글자입니다. '衤(옷 의)'는 뜻을, '皮(가죽 피)'는 소리를 나타냅니다. 즉 '입다'란 뜻을 가진 '피' 소리의 한자입니다. '입다'란 뜻이 확대되어 '당하다, 받다, 의지하다'라는 뜻도 생겼습니다.

- **피해 被害**: 해로움[害]을 입음[被].
  활용 이번에 내린 비 피해(被害)로 농작물 수확이 어렵게 되었습니다.
- **피습 被襲**: 습격[襲]을 당함[被].
  활용 봉사단은 어젯밤 테러단에게 피습(被襲)되었습니다.

원고 _{근원} 원 _{소송할} 고　原告　애초原에 고소한告 사람

원고는 개인 사이에 일어난 권리관계의 다툼을 해결하고 조정하기 위하여 소송을 제기한 사람입니다. 즉, 어떤 사건에서 피해를 당해 법원이 자신의 피해를 재판해 줄 것을 요구하는 사람입니다.

피고 _{입을} 피 _{소송할} 고　被告　소송告을 받은被 사람

피고는 원고가 제기한 소송에 의해 소송을 당한 사람입니다. 민사 소송에서, 소송을 당한 쪽의 당사자로 법원에 나와 재판을 받으라고 요구되는 사람입니다.

법치주의 法治主義 법法 다스릴治 주인主 뜻의

법法으로 다스려야治 한다는 주의主義   주된[主] 뜻[義]

법치주의는 법에 따라 국가를 다스려야 한다는 주장입니다. 법은 의회에 의해 제정된 법이며, 국가는 법에 따르지 않고는 국민에게 어떤 것을 명령하거나 금지할 수 없습니다. 법치주의가 실현되기 위해서는 입법·사법·행정의 세 가지 권력이 분리되어야 합니다.

증거 재판주의 證據裁判主義 증명할증 근거거 결단할재 판단할판 주인주 뜻의

어떤 사실을 증명할證 수 있는 근거據에 따라 재판해야裁判 한다는 주의主義

증거 재판주의는 반드시 증거에 의하여 사실을 인정하는 재판을 해야 한다는 원칙입니다. "혐의에 대해 증거가 불충분하므로 무혐의 판결을 내립니다."라는 말은 증거가 충분하지 않아서 잘못을 인정하지 못하겠다는 것입니다. 유죄를 인정할 때는 그에 합당한 증거가 있어야 합니다.

구속 적부 심사제 拘束適否審査制 잡을구 묶을속 맞을적 아닐부 살필심 조사할사 제도제

잡아서拘 묶는束 일이 법에 맞는지適 아닌지否를 살피고審 조사하는査 제도制

구속 적부 심사제는 피의자를 구속하는 일이 법에 맞는지 아닌지 심사하는 제도입니다. 법원은 타당한 이유 없이 피의자를 구속할 수 없습니다. 이 제도는 피의자나 피의자와 관계된 사람이 법원에 요청해야 이루어집니다.

무죄 추정의 원칙 無罪推定의 原則 없을무 죄죄 추측할추 정할정 근본원 법칙칙

죄罪가 없다고無 추측하여推 정하는定 근본적인原 법칙則

무죄 추정의 원칙은 모든 피의자나 피고인은 유죄의 판결이 확정될 때까지는 무죄로 봐야 한다는 원칙입니다. 유죄로 판정되기 전에는 범죄인이 아니며, 범죄인으로 단정해서는 안 됩니다. 이것은 피의자나 피고인의 시민 권리를 보장하는 역할을 합니다.

죄형 법정주의 罪刑法定主義 죄죄 형벌형 법법 정할정 주인주 뜻의

죄罪와 형벌刑은 법法에 따라서 정해져야定 한다는 주의主義

죄형 법정주의는 어떤 행위가 범죄인가 아닌가, 그 범죄에 대하여 어떤 형벌을 내릴 것인가는 법률에 따라

서만 정할 수 있다는 원칙입니다. 죄와 벌은 법에 따라 이루어져야 하며, 권력자가 이것을 마음대로 할 수 없습니다. 법으로 규정된 것들만 처벌하기 때문에 사회적으로 비난 받을 행동이라도 법으로 규정되지 않았다면 처벌할 수 없습니다.

일사부재리 원칙　一事不再理 原則

한 번一 판결이 난 일事에 대해서는 다시再 다스리지理 않는다는不 원칙原則

일사부재리의 원칙은 형사소송법에서, 한번 판결이 확정되어 처벌한 사건에 대하여서는 다시 재판하지 않는다는 원칙입니다. 대한민국헌법 제13조 1항에 "모든 국민은……동일한 범죄에 대하여 거듭 처벌 받지 아니한다."라고 하여 일사부재리의 원칙이 명시되어 있으며, 형사소송법에 이를 구체화하였습니다.

법률 불소급의 원칙　法律不遡及의 原則

새로 제정한 법률法律은 지나간 일에 거슬러 올라가遡 미치지及 않는다는不 원칙原則

법률 불소급의 원칙은 당시에 새로 제정한 법률은 이전에 발생한 사실에 대하여 거슬러 올라가 적용하지 않는다는 원칙입니다. 예를 들어 작년에 다른 사람의 그림을 베꼈는데 올해에 '다른 사람의 그림을 베끼는 행위는 처벌한다.'라는 법이 정해진다면, 이 법은 올해부터 시행되는 것이지 작년의 행위까지 거슬러 올라가 적용할 수 없습니다.

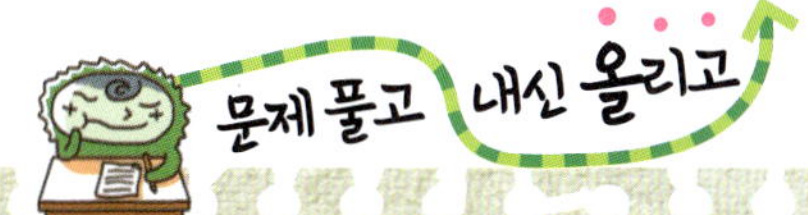

≫정답 p.311

문제1 다음 설명에 해당하는 단어를 바르게 연결하세요.

(1) 검사에 의하여 공소 제기를 받은 사람　·　·　㉠ 피고

(2) 소송을 제기한 사람　·　·　㉡ 피고인

(3) 범죄를 저질렀을 가능성이 있다고 보고 수사 기관의 수사를 받고 있지만, 아직 공소 제기가 되지 아니한 사람　·　·　㉢ 피의자

(4) 원고가 제기한 소송에 의해 소송을 당한 사람　·　·　㉣ 원고

우리를 둘러싸고 있는 기후와 환경

우리나라 기후의 특징은 사계절이 뚜렷하다는 것입니다. 지구 위의 다른 여러 나라의 기후와 환경은 어떨까요? 어떤 지역은 열대 우림 기후이고, 어떤 지역은 고산 기후입니다. 화산이 폭발했던 지역에는 용암 동굴이 생기기도 하고 사막 지역에는 사구가 생기기도 합니다. 이러한 지구의 기후와 환경은 사람이 사는 일과 매우 밀접한 관계가 있습니다. 기후와 환경 때문에 다양한 문화가 만들어지고, 또 사람들은 여기에 적응하기 위해 열심히 노력하면서 사니까요. 이번에는 지구의 기후와 환경에 무엇이 있는지 살펴보려고 합니다. 이 부분을 공부하면서 우리 주위에 있는 기후와 환경은 어떤지 알아보세요.

땅[地] 표면에 돌, 흙,
화석들이 쌓여있는 층[層]

조산대 造山帶

 만들조 산산 띠대

산山을 만들며造 형성된 띠帶 모양의 산맥

지구의 지층(地層) 밑에는 판(지각)이 여러 개 있는데, 판끼리 충돌할 때 엄청난 힘을 냅니다. 이 힘이 지층에 영향을 주어 산이 만들어지게 됩니다. 산이 만들어질 때에는 어느 한 곳만 만들어지는 것이 아니라 판이 충돌한 선을 따라 만들어지게 되는데, 이 때문에 띠 모양의 산맥이 생깁니다. 이것이 조산대입니다.

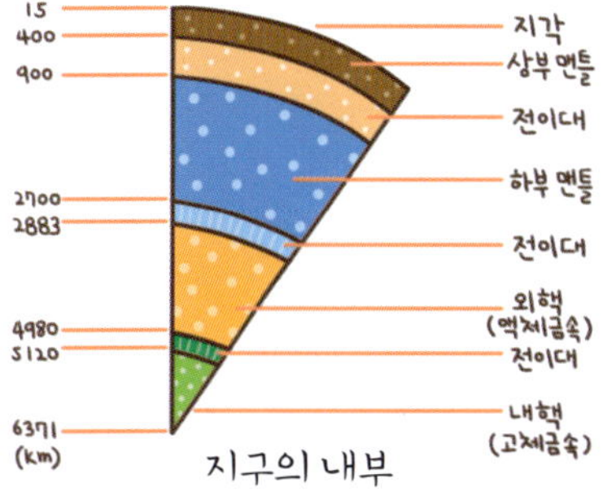

해일 海溢

바다해 넘칠일

바닷물海이 육지로 넘치는溢 현상

해일은 바다 밑의 지각 변동이나 바다 위의 기상 변화 때문에 바닷물이 갑자기 높아져 육지로 넘치는 현상입니다. 바다 밑의 지각이 움직이면서 발생한 힘이 바닷물을 진동해서 해일을 일으키는데 지진이 일어나는 곳에서 자주 발생합니다. 해일에는 지진 때문에 바다 밑에 지각 변동이 생겨서 일어나는 지진 해일과 태풍으로 해수면이 급격히 높아지면서 일어나는 폭풍 해일이 있습니다.

용암동굴 鎔巖洞窟

녹일용 바위암 동굴동 굴굴

용암鎔巖에 의해서 생긴 동굴洞窟

용암동굴은 화산이 폭발하여 많은 용암이 지표면을 흐를 때 형성되는 동굴입니다. 용암이 지표면에 흐를 때 그 표면은 냉각되어 굳어지고, 표면 안쪽에는 흐르던 용암이 천천히 빠져나가면서 긴 터널이 생성됩니다. 용암 온도가 매우 높고, 용암의 양이 많으며, 주변 지형은 용암이 어느 정도 모일 수 있는 계곡의 형태를 이루고 있어야 용암동굴이 형성됩니다.

기생 화산 寄生火山

의지할기 날생 불화 산산

의지해서寄 생긴生 화산火山

기생 화산은 큰 화산에 의지해서 생긴 작은 화산입니다. 큰 화산에서 분출된 용암이 지표를 따라 흐를 때 힘이 약한 주변의 지표는 지표에 흐르는 용암 때문에 갈라집니다. 그리고 그 밑에 있던 용암은 갈라진 지표를 뚫고 나와서 화산이 생성되는데 이것이 바로 기생 화산입니다. 규모는 작으며 여러 개가 동시에 생기기도 합니다. 제주도 한라산 주변에서 볼 수 있습니다.

침식 浸蝕 젖을 침 좀먹을 식 물이 땅을 적시면서 浸 좀먹는 蝕 현상

침식은 비, 바람, 흐르는 물, 파도, 빙하 등의 자연 현상이 조금씩 자연물을 깎는 일을 일컫는 말입니다. 주로 물살이 센 강의 상류 지역에서 일어나며, 토양이나 암석 같은 물질이 영향을 받습니다. 침식으로 해안선의 모양이 조금씩 바뀌거나 해안 절벽이 생기기도 합니다.

풍화 風化 바람 풍 될 화 바람 風에 의해 모양이 바뀌는 化 현상

암석이 바람, 물, 기후 등에 의해 점점 분해되어 가는 일을 말합니다. 지표가 모두 같은 종류의 암석으로 이루어진 것은 아닙니다. 바람에 강한 암석도 있고 약한 암석도 있습니다. 특징이 다른 암석들이 같은 지표를 구성할 때 어떤 암석은 바람에 쉽게 분해되며, 어떤 암석은 쉽게 분해되지 않습니다. 이러한 차이 때문에 지표의 모양이 변하게 되는 것이죠.

오랜 시간 풍화 작용으로 만들어진 자연

퇴적 堆積 쌓을 퇴 쌓을 적 쌓이고 堆 쌓임 積

자연 현상에 의해 침식이 되었다면 침식으로 깎인 물질은 어디로 갔을까요? 그 물질들은 다시 물이나 바람의 작용으로 움직여서 일정한 곳에 쌓이게 됩니다. 이것이 바로 퇴적입니다. 퇴적 작용은 물질이 쌓이기 쉬운 강의 하류에서 많이 일어납니다. 그 이유는 강의 폭이 넓고 물살이 약하기 때문입니다.

충적 평야 沖積平野 빌 충 쌓을 적 평평할 평 들 야

비어 있는 沖 곳에 모래, 자갈 등이 쌓여 積 생긴 평평한 平 들 野

충적 평야는 하천에 떠내려온 모래, 자갈, 진흙 등이 하천 주변에 쌓여 생긴 평야로 퇴적 평야의 일종입니다. 하천은 흐르는 속도에 따라 물속에 떠다니는 물질을 내려놓는데 속도가 느려지면서 입자가 굵은 것부터 퇴적하게 됩니다. 충적 평야는 위치에 따라 선상지, 범람원, 삼각주로 나뉩니다.

- **선상지 扇狀地: 부채[扇] 모양[狀]으로 만들어진 땅[地]**
  선상지는 산에서 내려온 강물이 평지를 만나 부채꼴 모양으로 흩어지면서 퇴적물이 쌓여 이루어지는 지형입니다. 선상지는 산과 평야가 만나는 지점에서 발달하는데 우리나라는 산이 낮고 험하지 않기 때문에 선상지가 잘 형성되어 있지 않습니다.

- **범람원 汎濫原**: 범람[汎濫]할 때 만들어지는 들[原]

범람은 큰물이 흘러넘치는 것을 일컫는 말입니다. 범람원은 홍수 때 강물이 평소의 물길에서 흘러넘쳐 이루어진 평야로 하천 양쪽에 형성됩니다. 우리나라는 계절에 따라 강수의 편차가 크고 홍수가 잦아서 넓은 범람원이 잘 형성되어 있답니다.

- **삼각주 三角洲**: 삼각형[三角] 모양으로 만들어진 물가나 섬[洲]

삼각주는 강이 바다를 만나면서 흐르는 속도가 감소하여, 하구에 운반한 물질이 퇴적되어 이루어진 지형입니다. 주로 농경지로 이용되며, 밀물과 썰물 때의 물 높이 차이가 작아야 잘 형성됩니다.

석호 潟湖 개펄 석 호수 호
개펄[潟]에 의해 만들어진 호수[湖]

해안가에는 육지로부터 계속해서 많은 흙과 모래가 흘러내려 와 쌓이게 됩니다. 이때 흙과 모래가 차근차근 쌓이는 것이 아니라 바람이나 해류의 영향에 의해 바다를 조금씩 막고 호수를 만들게 되는 경우가 있습니다. 이렇게 만들어진 호수가 바로 석호입니다. 석호는 바다가 분리된 형태이기 때문에 바닷물이 섞여 들어와 염분 농도가 짙어집니다.

사구 沙丘 모래 사 언덕 구
모래[沙]로 만들어진 언덕[丘]

사구는 해안이나 사막에서 바람에 의해 운반된 모래가 쌓여 이루어진 모래 언덕입니다. 건조한 모래와 일정하게 부는 강한 바람이 있는 곳에서 잘 형성되며, 바람의 영향을 많이 받기 때문에 바람의 세기와 방향에 따라 여러 형태와 크기를 이룹니다. 계속되는 바람의 영향으로 사구가 천천히 이동하기도 합니다.

분지 盆地 그릇 분 땅 지
산에 둘러싸인 그릇[盆] 모양의 땅[地]

분지는 주위가 산으로 둘러싸인 평탄한 지역을 말합니다. 지층을 이루는 암석 중 약한 암석만 침식되어 생긴 침식 분지와 퇴적물이 한 곳에 집중적으로 쌓여 만들어진 퇴적 분지가 있습니다. 우리나라 대부분의 분지는 침식 분지에 해당합니다.

습지 濕地 젖을 습 땅 지
젖은[濕] 땅[地]

습지는 수분을 많이 함유한 축축한 땅입니다. 퇴적물이 계속 쌓이기 때문에 토양이 매우 비옥하며, 강의 하구에 많이 분포되어 있습니다. 계속 유지되는 수분은 식물이 잘 자랄 수 있는 환경을 제공하며, 식물의 뿌리는 흙과 결합해서 습지가 확장될 수 있도록 도와줍니다.

濕은 총 17획의 어려운 한자이지만, 우리 주변에서 쓰임이 많은 글자입니다. 'ⅰ(水)'에서 알 수 있듯이 물과 관련된 뜻이 있습니다. 즉 '물로 축축하게 젖게 하다.'라는 뜻이 있죠.

- 습기 濕氣: 물에 젖은[濕] 듯한 기운[氣]
- 다습 多濕: 축축한[濕] 기운이 많음[多].
- 제습 除濕: 습기[濕]를 없앰[除].

열대 우림 기후 熱帶雨林氣候

지구에서 뜨거운 熱 지대 帶 로 비 雨 가 많이 내리는 숲 林 의 기후 氣 候

지구 표면을 구분할 때, 적도에서 남북회귀선까지의 지역을 열대라고 합니다. 이 지역 가운데 숲이 우거지고 습한 지역의 기후를 열대 우림 기후라고 합니다. 이러한 기후는 열과 물이 풍부하여 많은 종류의 식물이 자랄 수 있도록 해줍니다. 이 기후에 속하는 아마존 강 유역의 열대 우림은 지구의 폐 역할을 하는 세계 최대의 열대 우림 지역입니다.

열적도 熱赤道 가장 뜨거운 熱 지점만 연결하여 적도 赤 道 처럼 만든 선

> 지도에 붉은[赤]색으로 표시한 길[道]

지구에서 가장 온도가 높은 곳만 표시하여 연결해 놓은 선을 말합니다. 태양이 지나가는 길인 적도와 일치하지 않으며 계절에 따라 달라지기도 합니다. 왜 적도와 일치하지 않을까요? 당연히 태양이 지나가는 길의 온도가 가장 높지 않을까요? 적도와 일치하지 않은 이유는 지구의 육지와 바다가 북반구와 남반구에 고르게 분포되어 있지 않기 때문입니다. 북반구에 육지 대부분이 있고, 육지는 바다보다 온도가 쉽게 올라갑니다. 이 때문에 열적도는 적도보다 북쪽에 있습니다.

고산 기후 高山氣候 높은 高 산 山 에서 나타나는 기후 氣 候

해수면보다 높은 곳, 즉 해발 2,000m 안팎을 고산(高山)이라고 하는데, 이러한 고산 지역에서 나타나는 기후를 고산 기후라고 합니다. 이곳의 기후는 기온의 변화는 적으나 습도가 높아서 구름이나 안개가 잘 생기고 바람이 강합니다. 고산 지역에 가면 기압이 낮아지고 공기 중 산소가 부족해져서 두통이니 식욕 부진 등의 고산병에 걸리기도 합니다.

들여다보기

- **고랭지 채소 高冷地菜蔬**: 높고[高] 차가운[冷] 땅[地]에서 재배되는 채소[菜蔬]

높은 지역은 낮은 지역보다 기온이 낮지만 해가 비추는 시간이 길어서 품종을 잘 선택한다면 좋은 품질의 작물을 수확할 수 있습니다. 바로 이러한 환경에서 재배된 채소가 고랭지 채소입니다. 우리나라에서는 대관령 일대에서 고랭지 채소가 재배됩니다.

평원 平原 평평한 平 벌판 原
평평할 평 벌판 원

기울어짐이 거의 없고, 비교적 평평한 넓은 토지를 말합니다. 평탄한 지역이기 때문에 사람이 거주하고 교통이 발달하기에 좋습니다. 그래서 평원은 주거 · 산업 · 상업의 중심지가 됩니다.

고원 高原 높은 高 곳에 위치한 벌판 原
높을 고 벌판 원

해수면으로부터 높은 곳(해발 2,000m 이상)에 있는 넓은 벌판을 말합니다. 범위가 넓은 지역이 같이 높게 일어나서 생긴 지형으로 우리나라에는 개마고원이 있습니다.

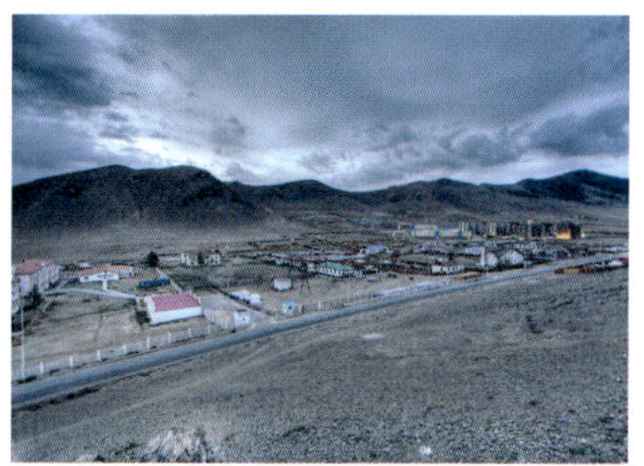

몽골은 대부분의 지역이 이러한 고원의 형태입니다. 그래서 몽골을 고원 국가라고 합니다.

몽골의 울란바토르 고원

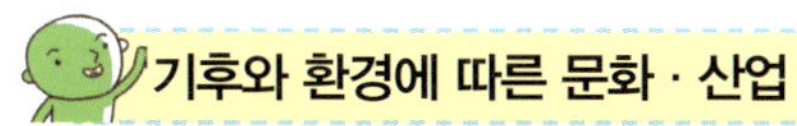

내진 설계 耐震設計
견딜 내 움직일 진 세울 설 계획할 계

지진 震에 견딜 耐 수 있도록 계획 計을 세우는 設 것

지진에 견딜 수 있는 구조물을 설계하는 일을 말합니다. 내진 설계의 원리는 지진의 진동이 지층에 전달되었을 때 지표면과 구조물이 분리되지 않도록 하는 것입니다. 지표면이 움직일 때 구조물이 진동을 흡수하는 방법도 내진 설계 방법의 하나입니다.

지열 발전 地熱發電 땅地의 열熱로 전기電를 발생發시키는 것

화산 활동이 있었던 곳이라면 지표면 밑에 높은 온도의 물이나 암석이 있습니다. 지열 발전은 이러한 물이나 암석의 열을 이용하여 얻는 에너지입니다. 지열 발전은 환경오염이 거의 없이 에너지를 얻을 수 있으며, 지구 자체에서 얻는 에너지인 만큼 그 양이 무한한 것이 장점입니다.

관개 농업 灌漑農業 물을 대서灌漑 하는 농업農業 방식

농사를 짓는데 가장 중요한 자원은 바로 물입니다. 관개 농업이란 농사가 이루어지는 땅에 사람의 힘으로 물을 끌어다가 효율적으로 공급하는 농업 방식을 말합니다. 예전에는 하늘에서 내리는 비를 이용하거나 호수나 강의 지형을 이용하여 농사를 지었습니다. 그러므로 가뭄일 때는 비를 기다리는 수밖에 없었습니다. 하지만 현대에는 지하수를 끌어올리기도 하고, 호수나 강을 개발하여 원하는 시기에 물의 공급이 가능할 수 있게 되었습니다. 관개 농업은 주로 건조한 서부나 북부 유럽에서 많이 발전하였습니다.

대상 隊商 무리지어隊 다니면서 장사商하는 사람들

교통수단이 발달하지 않았던 예전에는 사람이 직접 물건을 싣고 다니며 장사를 해야 했습니다. 하지만 넓은 황야를 지날 때에는 상인들을 위협하는 요소가 많았습니다. 그래서 여러 사람이 단체를 이루어 다니게 되었는데, 이것이 바로 대상입니다. 대상은 세계 지역 곳곳을 다녔기 때문에 문화 교류에 큰 역할을 하게 됩니다. 대상이 다니던 길로 유명한 것이 바로 실크로드입니다.

유목 遊牧 돌아다니면서遊 가축을 기르는牧 일

가축을 기를 때, 가축에게 먹일 물과 풀이 주변에 항상 충분하면 좋지만, 대규모로 가축을 기르는 경우에는 그렇지 못할 때가 더 많습니다. 이때 가축에게 먹일 물과 풀을 얻기 위해 여기저기 옮겨 다니는 일을 유목이라고 합니다. 과거에는 몽골, 중앙아시아, 페르시아, 아라비아 등에서 유목민들이 유목하며 생활하였지만, 현대에 이르러 그 모습이 사라지고 있습니다.

이목 移牧
옮길이 기를목

가축을 옮기면서 移 기르는 牧 일

이목은 계절의 변화에 따라 가축을 이동시켜 기르는 것입니다. 더운 여름에는 가축을 산으로 옮겨서 기르고, 겨울에는 마른 풀이 있는 평지에 놓아 기릅니다. 높은 산지가 많은 지역에서 발달하였습니다.

간척 사업 干拓事業
막을간 넓힐척 일사 일업

바다나 호수를 막아 干 땅을 넓히는 拓 사업 事業

간척 사업은 밀물과 썰물이 드나드는 갯벌을 막고 물을 빼내어 사람이 이용할 수 있는 땅으로 만드는 일입니다. 간척 사업으로 간척지가 만들어지며, 이곳에서 염전을 개발하고 농경지를 만들고, 양식장을 설치합니다. 간척 사업을 하기에 유리한 지역은 넓은 갯벌이 있는 곳, 해안선의 굴곡이 심한 곳, 섬이 많은 곳 등이 있습니다.

수운 水運
물수 옮길운

물 水을 이용하여 옮김 運

수운은 강이나 바다의 물길을 이용하여 사람이나 물건을 배로 운반하는 일입니다. 예전에는 다양한 교통수단이 발달하지 못해서 물길을 이용하여 많은 것을 운반하였지만 지금은 교통수단이 발달하여 물길을 이용했던 많은 부분을 자동차, 기차, 비행기로 대체하였습니다.

≫정답 p.311

문제 1 다음 단어 중 연관성이 떨어지는 하나는?

① 내진 설계　　② 해일　　③ 용암동굴
④ 습지　　⑤ 기생 화산

서양 세계 들여다보기

어디서 많이 본 그림이죠? 바로 레오나르도 다빈치와 미켈란젤로의 그림입니다. 이 두 사람은 중세 유럽을 대표하는 서양 미술가들입니다. 우리와 반대쪽에 있는, 그것도 아주 오래전에 존재했던 사람들입니다. 하지만 우리가 한 번쯤 그 이름을 들어봤고, 그들의 작품을 본 적이 있는 것을 보니 보통 유명한 사람들이 아닌가 봅니다.

지금은 서양이라고 하면 대표적으로 미국이라는 나라를 떠올리지만, 미국은 근대에 들어서 관심의 대상이 된 나라입니다. 우리가 교과서에서 배우는 서양 세계는 대부분 유럽 국가에 관한 이야기이죠. 고대부터 현대까지 유럽은 우리나라만큼이나 이야깃거리가 많은 서양 세계입니다.

이번에는 서양 세계의 정치, 사회, 종교와 문화, 경제에 대해 알아보려고 합니다.

공화정 共和政

함께 공 화합할 화 정치 정

여러 사람이 함께 共 화합하여 和 통치하는 정치 政

공화정은 왕 혼자 나라를 다스리는 것과는 달리 여러 사람이 함께 국가를 다스리는 것입니다. 왕이 다스리는 정치 제도는 혈통에 의해 세습되어 국가 권력이 한 사람의 의사에 따라 이루어지지만, 공화정은 주인된 권리가 국민에게 있어, 국민이 선출한 대표자가 국가를 다스립니다. 어느 한 사람에게 권력을 주지 않고 여러 사람들에게 권력을 분배하는 정치를 말합니다.

3두 정치 三頭政治

셋 삼 우두머리 두 정치 정 다스릴 치

세 三 명의 우두머리 頭 가 행한 정치 政治

3두 정치는 고대 로마에서 시행한 전제 정치로, 세 명의 지도자가 동맹하여 나라를 다스리는 일입니다. 2차례에 걸친 3두 정치가 공화정에서 제정으로 넘어가는 시기에 잠깐 존재했습니다. 1차는 카이사르·폼페이우스·크라수스, 2차는 옥타비아누스·안토니우스·레피두스에 의해 이루어졌습니다.

제정 帝政

임금 제 정치 정

임금 帝 이 직접 나라를 다스리는 정치 政

임금이 직접 나라를 다스리는 정치 형태를 말합니다. 서양에서 기원전 27년에 로마의 옥타비아누스가 아우구스투스(존엄한 자)라는 칭호를 받고 제정을 시행한 것이 그 시작입니다.

전제 군주 정치 專制君主政治

오로지 전 만들 제 임금 군 주인 주 정치 정 다스릴 치

임금 君 이 주인 主 이 되어 오로지 專 지배하는 制 정치 政治

나라의 모든 권력을 군주가 쥐고, 군주의 뜻에 따라 정치를 하는 제도입니다. 한 사람이 나라의 모든 권력을 가지고 정치를 하기 때문에 국민이 정치에 참여하는 것이나 의회가 만들어지는 등의 정치 형태가 이루어지지 않습니다. 지배자가 아무런 제약 없이 나라를 다스리기 때문에 매우 강력하게 국가를 지배할 수 있습니다. 동양에서는 역사의 대부분이 전제 군주 정치였으며, 서양에서는 17~18세기에 있었습니다.

중앙 집권제 中央集權制

가운데 중 가운데 앙 모일 집 권력 권 제도 제

중앙 中央 에서 권력 權 을 모아 集 다스리는 제도 制

국가의 모든 권력을 중앙으로 모으는 것을 말합니다. 여기서 중앙은 나라를 다스리는 조직을 뜻하는 것으

로 '행정'이라고 보면 됩니다. 과거의 중앙 집권은 주로 왕이 혼자서 나라를 다스리는 것을 나타냈습니다. 현대 사회에서는 행정 조직에 요구되는 사항이 많아, 중앙 집권제가 이런 부분을 충족시켜 주기도 하지만 권력이 한곳에 모이기 때문에 자칫 독재의 형태로 나타날 수도 있습니다.

상하 양원제 上下兩院制

위上와 아래下로 나누어진 두兩 개의 집院에서 다스리는 제도制

'양원'이란 입법을 담당하는 의회가 두 개인 것을 말합니다. 즉 상하 양원제란 의회를 상원과 하원의 두 개로 구성하는 국회 구성 제도입니다. 어떠한 논의가 있을 때 상원과 하원에서 각각 의논하여 결정된 의사가 일치할 때 그것을 의회의 의사로 봅니다. 상하 양원제를 채택하는 나라 중 미국은 상원이 각 주를 대표하고, 하원은 국민을 대표하는 것으로 봅니다. 이 제도의 실시는 의회가 하나인 단원제의 독재와 부패를 방지하려는 데 이유가 있습니다.

입헌 군주제 立憲君主制

법憲을 세워立 임금君主의 권력에 제한을 두며 다스리는 제도制

나라의 통치자가 법에 따라서 권력에 제한을 받는 정치 제도를 말합니다. 법으로 제한을 받다 보니 법을 세우는 기관인 의회와 대립하게 됩니다. 더욱 좋은 나라를 만들기 위해서는 통치자와 의회는 대립 관계가 아닌 타협의 관계가 되어야겠죠.

내각 책임제 內閣責任制

내각內閣에서 책임責任을 가지고 다스리는 제도制

'내각'은 국가의 행정을 담당하는 최고 기관을 말합니다. 내각 책임제는 내각에서 국가를 다스리는 제도로 대통령이 다스리는 대통령제와 다릅니다. 입법부와 행정부가 섞여 있는 형태이며, 내각이 입법부와 행정부의 핵심을 이루고 권력을 행사하는 데에 책임을 집니다. 의원 내각제와 같은 의미로 쓰입니다.

왕권신수설 王權神授說

왕王의 권력權은 신神이 주었다는授 이야기說

왕은 신으로부터 권력을 받았기 때문에 지상의 어떠한 권력도 왕의 행동을 막을 수 없다는 이론입니다. 왕은 절대적인 권력을 가지고 있다는 의견을 지지하는 것이죠. 봉건제 덕분에 세력이 커진 제후들이 생기게 되자 이들을 누르고 왕권을 확립하는 데에 뒷받침된 주장입니다. 이는 전제 군주 정치, 중앙 집권제와 관련이 있습니다.

삼권 분립 三權分立

셋삼 권세권 나눌분 설립

세三 가지의 권력權이 나누어分 서立 있음

세 가지 권력이란 법을 만드는 입법, 재판하는 사법, 법을 집행하는 행정을 말합니다. 하는 일이 서로 다른 세 개의 기관을 분산시키고 독립시켜, 권력을 균형적으로 가지게 하여 서로 견제할 수 있도록 한 것입니다. 국가의 권력을 분산시켜 권력이 마음대로 쓰이는 것을 막는 데 그 목적이 있습니다.

권리 청원 權利請願

권세권 이로울리 청할청 원할원

권리權와 이익利을 청하고請 원함願

통치자에게 자신의 권리와 이익을 주장할 수 있도록 법적으로 요구하는 것을 말합니다. 1628년 영국에서 만들어진 것으로 그 당시 왕인 찰스 1세가 권력을 마음대로 휘두르자 이를 막고자 의회가 권리 청원이라는 것을 만들었습니다. 찰스 1세는 처음에 이 요구를 거부했으나 결국 승인합니다. 하지만 얼마 지나지 않아 왕은 이 권리 청원을 무시하고 의회를 해산시킵니다. 이후 이 전제 정치는 11년간 계속되었으며 이는 청교도 혁명의 직접적인 원인이 되었습니다.

권리 장전 權利章典

권세권 이로울리 글장 법전

권리權와 이익利을 글章로 쓴 법典

1689년 영국에서 만든 것으로 영국 헌법의 기초가 되는 법률 문서 중 하나입니다. 의회의 동의나 승인을 중요한 절차로 여겼으며 최대한 왕의 개입이 없도록 했습니다. 이 법은 영국 의회 정치 확립의 기초가 되었고, 그동안 행했던 절대주의에 마침표를 찍게 하였습니다.

권리 청원과 권리 장전은 미국 독립 선언(1776년)과 더불어 인권을 생각하기 시작한 시민 혁명의 하나라고 생각할 수 있습니다. 이는 시민 사회로 가는 밑거름이 되었습니다.

철혈 정책 鐵血政策

쇠철 피혈 정치정 꾀책

철鐵과 피血로 나라를 다스리는政 계책策

독일의 비스마르크는 의회에서 "현재의 큰 문제는 언론이나 다수결에 의해서가 아니라 오로지 철과 피, 곧 병기와 병력에 의해서만 해결할 수 있다."고 주장하였습니다. 여기서 '철과 피'를 따서 철혈 정책이라는 말이 나왔는데, 이는 독일의 통일은 무력을 통해 이루어질 수 있다는 비스마르크의 정책을 표현한 말입니다.

 세계사를 공부할 때 '○○칙령', '◇◇◇포고령'의 단어를 볼 수 있습니다. 우리가 봤을 때는 모두 같은 명령인 것 같은데, 칙령과 포고령은 어떻게 다른 것일까요?

- **칙령 勅令** : 조서〔勅〕로 내린 명령〔令〕

'조서'란 임금의 명령이 적힌 문서입니다. 즉 칙령은 임금이 내린 명령을 말합니다.

- **포고령 布告令** : 펴서〔布〕 알리는〔告〕 명령〔令〕

'포고'란 널리 알리는 것입니다. 포고령은 널리 알리는 명령으로, 어떤 내용을 사람들이 알 수 있도록 법령을 만들거나 명령을 내리는 것입니다.

동맹 同盟 함께同 맹세함盟

함께 동 맹세할 맹

동맹은 여러 국가가 힘을 모아 함께 행동하기를 맹세하는 것입니다. 국가들은 대개 적국에 대항하기 위해 제3의 국가와 힘을 합쳐 자신의 목적을 달성하려고 동맹을 맺습니다. 동맹을 맺는 국가들의 목적이 모두 같지 않을 수 있기 때문에 국가 간의 이해관계에 따라 맺기도 하고 끊기도 합니다.

호민관 護民官 백성民을 보호하는護 관리官

보호할 호 백성 민 관리 관

호민관은 고대 로마에서 시민의 생명과 재산을 지키고, 시민을 위해 일하던 관리입니다. 그 당시 로마에서 가장 강력한 힘을 가진 지위에 속했습니다. 평민으로 구성된 의회에서 투표로 호민관을 뽑았으며, 원로원이나 집정관의 결정에 대하여 거부권을 가졌고 평민으로 구성된 의회의 의장이 되었습니다.

봉건제 封建制 땅을 봉해주고封 주인으로 세워주면서建 다스리는制 일

봉할 봉 세울 건 제도 제

'봉건'이라는 것은 어떤 땅의 소유권을 주고 그 땅의 주인이 되도록 해준다는 말입니다. 이때 땅을 주는 사람은 왕이고, 땅을 받는 사람은 신하입니다. 땅을 받은 사람은 영주라고 불리며, 영주들은 농노(영주에게 속한 농민)를 부려 이득을 냅니다. 이 이득을 왕에게 바치고, 왕은 계속해서 영주(領主)에게 이 땅을 소유할 수 있도록 소유 및 지배권을 줍니다. 후에 봉건제는 소수의 영주에게 권력이 집중되는 등 부작용이 생기기도 하지만 결국 상업의 발달 및 도시의 성립 등으로 붕괴하기 시작합니다.

→ 받은 땅을 거느리고〔領〕 다스리는 주인〔主〕

- **봉신 封臣**: 땅을 봉해준[封] 신하[臣]
봉건제 사회에서 임금에게 충성하는 대가로 땅의 지배권을 받은 사람을 말합니다. 임금에게 직접 땅을 받은 봉신도 있지만, 왕의 직속 봉신이 자신들의 땅을 다시 나눠 다른 봉신에게 주기도 했습니다. 왕의 직속 봉신을 대영주, 그 땅을 받은 다른 봉신을 소영주라고 불렀습니다. 봉신이 충성의 의무를 저버렸을 때 그의 땅은 다시 임금에게 돌아갑니다.

- **봉토 封土**: 봉해진[封] 땅[土]
'봉하다'라는 것은 임금이 신하에게 일정의 땅을 주고, 신하는 임금을 주인으로 삼는 것을 말합니다. 봉토란 임금이 신하에게 준 땅을 뜻합니다. 봉토의 크기는 매우 다양합니다. 크게는 하나의 행정 구역 전체인 경우도 있고, 작게는 얼마 되지 않는 자그마한 땅에 불과한 경우도 있었습니다.

종사제 從士制　따르는 從 선비 士 를 다스리는 制 일

'종사'는 신하를 뜻하는 단어이고 그 지위는 매우 명예로운 것으로 여겼습니다. 종사제란 종사가 군주에게 충성을 다하고 군주는 충성하는 종사에게 식량이나 무기 등을 제공하여 주인과 부하의 관계를 유지하는 제도입니다.

장원제 莊園制

중세의 귀족과 교회가 소유한 대토지인 장원 莊園 을 중심으로 다스리는 制 일

봉건 제도에서는 왕이 영주에게 토지를 주고 자신에게 충성하라고 요구하였습니다. 토지를 받은 영주는 그 토지를 다스리게 되는데, 이 토지를 바로 '장원'이라고 합니다. 장원제는 '장원'이라는 토지를 중심으로 영주가 농민들을 부리는 제도를 말합니다. 농민들은 장원제를 통해 영주에게 의존하게 됩니다. 영주라는 지배자와 농민이라는 피지배자를 중심으로 하나의 사회가 만들어지게 되는데, 이는 마치 작은 국가처럼 구성되고 운영됩니다. 중세 장원에서는 신분에 따라 농노가 일하고, 영주나 기사는 장원을 관리하는 역할을 합니다. 장원에는 영주의 성이 대부분 가운데에 있고 그 성을 중심으로 교회나 대장간 등 중요한 건물들이 있습니다. 그 외의 농노들과 관련된 목초지, 방목지, 휴경지 등은 영주의 성에서 멀리 떨어져 있습니다.

- **윤작 輪作**: 돌려가면서[輪] 짓는[作] 일

윤작은 땅을 돌려가면서 농사를 짓는 일입니다. 모든 땅에 작물을 심어 놓고 재배하는 것이 아니라 한번은 이쪽에 만 농작물을 심고, 다음번에는 다른 쪽에 농작물을 심어 토지가 돌아가면서 쉴 수 있도록 하는 방법입니다. 이것은 땅의 영양분을 보충할 수 있게 하고, 자연재해나 병충해에 의한 농작물 피해를 줄이는 데 도움을 줍니다.

- **농노 農奴**: 농사짓는[農] 종[奴]

농노는 중세 봉건 사회에서, 봉건 영주가 마음대로 부리는 농민입니다. 즉, 영주의 지배 아래에서 농사지으며 생계 를 꾸려 나가는 종이죠. 농노는 땅을 경작하여 수확한 작물 대부분을 영주에게 바치고 나머지는 본인이 갖습니다. 영주에게 속한 신분이라서 영주의 허락이 없으면 마을을 떠날 수 없었으며, 결혼할 수도 없었습니다.

삼포제 三圃制
셋삼 밭포 제도제
세 三 개의 밭 圃 으로 나누는 제도 制

삼포제란 윤작을 하되 밭을 3개로 나누어 하는 것으로 서양의 중세 봉건 사회에서 많이 시행하였습니다. 토지의 $\frac{1}{3}$만 쉬게 하고 나머지 $\frac{1}{3}$은 밀이나 보리, 또 $\frac{1}{3}$은 콩과 같은 곡물을 심어 수확합니다. 이런 방식으로 1년에 2번 수확할 수 있게 함으로써 양식이 없어 굶는 상황이 되지 않게 하였습니다.

관료제 官僚制
벼슬관 동료료 제도제
벼슬 官 에 있는 동료 僚 가 다스리는 제도 制

어떤 집단의 구성원들을 피라미드식으로 계층을 구별해 놓았을 때, 피라미드의 윗부분에 해당하는 사람들 이 그 아랫부분의 사람들을 다스리는 것을 말합니다. 바로 특권 계층이 지배하는 제도를 뜻하는 것입니다. 일정한 규칙과 절차에 따라 일이 진행되기 때문에 효율적이고 신속하나 비인격적이라는 비판을 받습니다.

사회 계약설 社會契約說
단체사 모일회 맺을계 묶을약 이야기설
사회 社會 는 개인 간의 계약 契約 에 의해 만들어졌다는 이야기 說

'왕의 권력은 절대적이다.'라는 이론에 반대하여 나온 이론으로, 국가는 자유로운 개인의 계약으로 만들어 졌다는 이론입니다. 유럽 사회는 근대에 들어서 시민 계급이 중요한 집단으로 여겨지게 되는데, 시민은 사 회 계약 때문에 각자 자유와 평등을 누릴 수 있다고 생각했습니다. 이는 왕권신수설과 대립한 입장으로 입 헌 군주제의 이론을 뒷받침하기도 했습니다.

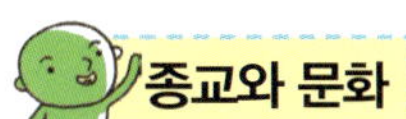

공의회 公議會

여러 공 의논할 의 모일 회

여러 **公** 사람이 의논하는 **議** 모임 **會**

공의회는 교황이 전 세계의 가톨릭 교구 지도자나 신학자들을 소집하여 진행하는 공식적인 종교 회의입니다. 이 회의에서 가톨릭교회 전체에 해당하는 교리나 규율 등을 의논하고 결정하였습니다.

면벌부 免罰符

면할 면 죄벌 증표 부

죄 **罰** 를 면해주는 **免** 증표 **符**

면벌부는 유럽 중세 말기에 가톨릭교회가 금전이나 재물을 바친 사람에게 그동안 지었던 죄를 없애준다는 뜻으로 발행하던 증표입니다. 가톨릭교회는 성당 건설과 여러 가지 활동 등을 위해 많은 돈이 필요하여 이를 상품화하였습니다. 면벌부는 바로 돈을 벌기 위한 하나의 수단이었으며, 이것의 대량 발행은 루터의 종교 개혁에 영향을 끼쳤습니다.

동방견문록 東方見聞錄

동녘 동 방위 방 볼 견 들을 문 기록할 록

동쪽 **東** 지방 **方** 을 여행하면서 보고 **見** 들은 **聞** 것을 기록한 **錄** 책

동방견문록은 중세 이탈리아 사람 마르코 폴로가 동방을 여행하면서 체험한 것을 기록한 여행기입니다. 이 책에서 말한 동방은 서아시아와 중앙아시아, 중국을 가리키며, 내용에 과장된 부분이 있기도 합니다. 동방견문록은 유럽 사람들의 동양에 관한 관심을 불러일으켰으며, 콜럼버스의 신항로 개척에도 많은 영향을 주었습니다.

계몽사상 啓蒙思想

일깨울 계 어두울 몽 생각 사 생각 상

대중의 어리석음 **蒙** 을 일깨우려는 **啓** 생각 **思 想**

중세 유럽의 사상은 대부분 가톨릭교회의 권위에 바탕을 두고 있었습니다. 이에 반대하여 인간 중심의 합리적인 생각을 하자는 주장이 대두하였습니다. 계몽이란 아직 이성적으로 깨어있지 못한 인간을 가르쳐서 과학적이고 합리적으로 생각하게 하여 인간의 어리석음을 일깨워주는 것을 말합니다. 이후 계몽사상은 프랑스 혁명의 사상적 배경이 되었습니다.

들여다보기

- **계몽 전제 군주 啓蒙專制君主**: 대중의 어리석음[蒙]을 일깨우려고[啓] 오로지[專] 지배하는[制] 군주[君主]

계몽 전제 군주는 유럽 17~18세기 계몽주의 시대에 백성의 어리석음을 일깨우기 위해서 근대적인 개혁을 시도했던 왕입니다. 농사 방법을 개선하고 여러 가지 산업을 일으켜 사회 여러 방면의 개혁을 시도했지만 처음 의도와 달리 백성에게 그다지 도움이 되지 못했습니다. 오히려 왕권을 강화시켜 반민주주의 성격을 띤 군주가 되었습니다.

부역 賦役
세금 부 부릴/일 역

세금 賦 처럼 국민에게 의무적으로 시키는 일 役

자신이 속한 국가에 대가 없이 제공하는 개인의 노동 행위입니다. 공동의 노동력이 필요한 공동체 작업에서 비롯되었습니다.

공납 貢納
바칠 공 바칠 납

공물을 바치는 貢 納 일

공물이란 각 지역에서 생산되는 특산물을 말합니다. 백성이 나라에 세금을 내듯이, 각 지역에서도 그곳에서만 나오는 특별한 것을 나라에 바칩니다. 과거 우리나라는 공물의 생산이 어려운 때가 잦았으며, 이를 둘러싼 부정이 점차 증가하자 공물을 쌀로 대신하는 제도가 생기게 되었습니다.

동인도 회사 東印度會社
동녘 동 도장 인 법도 도 모일 회 모일 사

동인도 東 印 度 에 설립한 회사 會 社

동인도 회사는 유럽의 여러 나라가 인도 및 동남아시아와 무역하기 위해 동인도에 세운 무역 회사입니다. 여기서 말하는 동인도는 인도, 인도차이나, 말레이 제도를 포함하는 지역입니다. 각국의 동인도 회사들은 동인도의 특산물인 후추 · 커피 · 사탕 등의 무역을 독점하기 위해 맞서 싸웠으며, 영국의 동인도 회사는 나중에 인도를 식민지로 만드는 데 힘을 쏟았습니다.

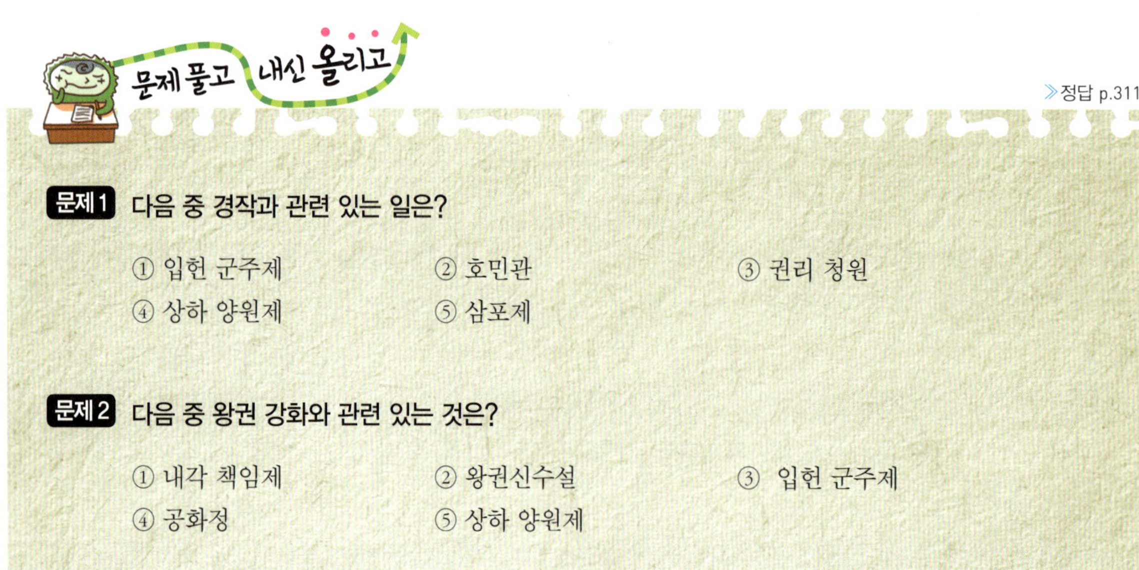

국민이 잘 살아야 나라가 잘 삽니다.

통치자가 국가를 운영하는데 가장 힘써야 할 분야가 무엇일까요?

정치? 경제? 문화? 물론 모두 중요한 분야입니다. 그중에서도 경제는 돈과 관련 있는 분야로 더욱 중요시되죠. 통치자들이 경제를 중요하게 여기는 이유는 무엇일까요? 바로 국민이 먹고사는 문제가 달려있기 때문입니다. 우리나라는 과거에 세계 여러 나라로부터 경제적 도움을 받는 나라였지만 지금은 오히려 다른 나라에 경제적 도움을 주는 나라가 되었습니다. 지원을 받던 나라가 지원을 하는 나라로 바뀐 유일한 나라가 바로 우리나라라고 합니다. 우리나라의 경제 발전 속도가 매우 빨랐음을 보여주는 한 예라고 할 수 있습니다.

이번에는 경제와 산업에 대해 알아보려고 합니다. 경제 용어가 어렵다는 것은 신문의 경제면만 보아도 알 수 있습니다. 하지만 많이 사용하는 어휘인 만큼 정확히 알아보도록 합시다.

자원의 희소성 資源의 稀少性

재물^資의 근원^源이 드물고^稀 적어지는^少 성질^性

자원은 인간의 생활 및 경제 생산에 이용되는 재료입니다. 인간이 얻기를 바라고 요구하는 양보다 자원이 질적·양적으로 한정되어 있거나 부족할 때, 그 자원은 희소성이 있습니다. 그리고 이것은 환경·문화·기호에 따라 차이가 납니다. 예를 들어 A와 B 지역 모두 사과를 재배합니다. A 지역의 사람들은 사과를 많이 좋아하고, B 지역의 사람들은 사과를 좋아하지 않습니다. 이럴 때 사과를 요구하는 사람이 많은 A 지역에서는 자원의 희소성이 나타나며, 그 자원의 가치는 올라가게 됩니다.

기회비용 機會費用

어떤 기회^{機會}를 포기하면서 발생하는 비용^{費用}

기회비용은 선택의 갈림길에서 하나를 선택했을 때, 그 선택 때문에 포기해야 하는 기회를 가치로 나타낸 비용입니다. 예를 들어 여기에 백 가마의 쌀이 있습니다. 이 쌀을 그냥 팔면 백만 원의 이익을 얻고, 떡을 만들어서 팔면 백오십만 원의 이익을 얻습니다. 그냥 팔 때의 기회비용은 백오십만 원이고, 떡으로 팔 때의 기회비용은 백만 원입니다. 그럼 어떤 경우를 선택하는 것이 나을까요? 기회비용이 많은 것보다 기회비용이 적은 것을 선택하는 것이 경제적이고 합리적이지만, 떡을 만드는 비용까지 잘 살펴보고 선택해야 합니다.

공공재 公共財 여러 사람들이^公 함께^共 사용하는 물품^財

공공재는 국가가 여러 사람의 이익이나 편의를 위해 만들어 놓은 물건이나 시설입니다. 도로, 다리, 공원, 항만 등이 공공재에 해당하며, 사람들은 이 모든 것을 이용할 수 있습니다. 공공의 이익을 위하여 공공재를 만드는 일을 공공사업이라고 하는데, 국가는 국민의 세금을 가지고 이 사업을 진행합니다.

사유 재산권 私有財産權

개인^私이 가진^有 재산^{財産}을 자기 마음대로 할 수 있는 권리^權

자유주의 국가에서는 개인이 자기의 재산을 소유할 수 있으며, 이를 사유 재산 또는 개인 재산이라고 말합니다. 사유 재산권은 개인이 가진 재산을 개인의 의사에 따라 관리·사용·처분할 수 있는 권리입니다.

자급자족 自給自足

스스로 자 줄 급 스스로 자 만족할 족

스스로 自 공급하고 給 스스로 自 충족함 足

자급자족은 어떤 활동에 필요한 물건이나 재료를 스스로 생산하여 공급하고 충당하는 것을 말합니다. 원시 시대에는 배가 고프면 나가서 동물을 잡거나 과일을 땄으며, 다루기 쉬운 돌이나 나무를 구해서 직접 도구를 만드는 등의 자급자족이 활발하게 일어났습니다.

사회적 분업 社會的分業

모일 사 모일 회 어조사 적 나눌 분 일 업

사회 社會 에서 的 나누어 分 일 業 하는 것

물건이 생산되기 위해서는 여러 가지 작업을 거치게 됩니다. 그런데 개인이 이 모든 작업을 수행하는 것이 아니라 이 작업을 여러 개로 나누어 그 중 하나의 작업에만 종사할 수 있도록 한 것이 바로 분업입니다. 개인이 일정한 작업에만 종사하기 때문에 그 작업에 대해 전문성을 띨 수 있지만, 작업의 단순화로 노동의 고통이 늘어난다는 부작용이 있습니다.

전자 상거래 電子商去來

전기 전 입자 자 장사 상 갈 거 올 래

전자 電子 를 통해 이루어지는 장사 商 의 거래 去來

전자 상거래는 인터넷과 같은 정보 통신 네트워크를 이용하여 상품을 사고파는 행위입니다. 인터넷에 개설된 홈페이지를 통해 실시간으로 상품을 거래하는데 물건뿐만 아니라 교육, 의학 서비스 등의 서비스 상품도 거래합니다. 판매자와 구매자는 서로의 얼굴을 보지 않고 사고팔기 때문에 상호 간의 신뢰를 바탕으로 거래가 이루어져야 하며, 전자 문서 등의 사용 및 기록 조작에 대한 불이익이 발생하지 않도록 노력해야 합니다.

고용 雇傭

품살 고 품팔 용

품을 팔아 雇傭 남의 일을 함

'품'이라는 것은 어떤 일에 드는 힘을 말합니다. 이러한 힘을 '노동력'이라고 하고, 노동력이 생산 활동에 투입되는 것을 '고용'이라고 합니다. 개인을 고용한 회사에서는 개인에게 '급여'라는 돈을 지급합니다. 고용하는 회사는 사용자가 되고 고용되는 개인은 노동자가 됩니다.

노사 분규 勞使紛糾

힘쓸 로 부릴 사 어지러울 분 얽힐 규

노동자 勞 와 사용자 使 사이에 어지럽고 紛 얽힌 糾 일이 일어남

분규는 이해나 주장이 뒤얽혀서 말썽이 많고 시끄러운 것을 뜻합니다. 노동자와 사용자는 이해관계로 맺

어져 있기 때문에 이해관계가 맞지 않으면 충돌하며, 대립과 갈등이 발생할 수 있습니다. 이런 상황을 일컬어 노사 분규, 노사 문제라고 합니다.

균형 가격 均衡價格

고를 균 저울대 형 값 가 이를 격

치우침 없이 고른 均 衡 물건의 가격 價 格

값[價]이 얼마에 이름[格].

시장은 물건을 거래하는 곳으로 이곳에서 수요와 공급이 이루어지며, 수요자와 공급자의 결정에 따라 물건의 값이 정해집니다. 즉 수요량과 공급량이 일치하는 지점에서 성립하는 가격을 균형 가격 또는 시장 가격이라고 합니다. 수요가 공급보다 높을 때는 가격이 올라가고, 수요가 공급보다 낮을 때는 가격이 내려갑니다.

과잉 투자 過剩投資

지나칠 과 남을 잉 던질 투 재물 자

지나치게 過 남도록 剩 자본 資 을 대는 投 일

이익을 얻기 위해 어떤 일에 돈이나 시간을 쏟는 일을 투자라고 합니다. 과잉 투자란 투자가 지나치게 많은 것을 말합니다. 대규모 터널을 만들어 놓았으나 이용하는 차량이 적은 경우, 막대한 자본을 들여 첨단 관광 도시를 만들었으나 사람들의 방문이 거의 없는 경우 등은 투자보다 얻는 이익이 미비해서 과잉 투자라는 비판을 받기도 합니다.

- 잉여 剩餘: 사용하고 난 후에 남은[剩餘] 것
  활용 각 지역의 잉여(剩餘) 생산물을 교환합시다.

투기 投機

던질 투 기회 기

기회 機 에 뛰어드는 投 일

비용을 빼고 [差] 남은 이익[益]

기회를 틈타 큰 이익을 얻으려고 하는 행위입니다. 가격 변동으로 생기는 차익(差益)을 얻고자 하는 매매 거래인 것이죠. 예를 들어 지금 배추 한 포기의 가격은 천 원입니다. 이때 배추가 필요하지 않는데 배추의 값이 상승할 것을 예상하여 다량의 배추를 사들입니다. 며칠 후 배추 한 포기의 가격이 삼천 원으로 올랐을 때 배추를 팔면 이익을 봅니다. 이러한 행동이 투기입니다.

과소비 過消費

지나칠 과 사라질 소 쓸 비

지나치게 過 없애고 消 쓰는 費 일

돈이나 물건, 시간, 노력 등을 써서 없애는 것을 소비라고 하며, 소비 수준이 일정한 한도를 넘어 정도가 심한 것을 과소비라고 일컫습니다. 바람직한 소비는 경제 활동을 활발하게 만들지만, 지나친 소비는 개인의 경제 상태를 좋지 않게 만듭니다. 개인의 경제적 어려움은 국가의 경제 상태에도 큰 영향을 미칩니다.

과장 광고 誇張廣告
자랑할과 펼장 넓을광 알릴고

사실보다 부풀려 張 자랑하며 誇 널리 廣 알림 告

상품이나 서비스에 대한 정보를 과장하거나 과대하게 꾸며 소비자에게 널리 알리는 활동입니다. 회사는 자신들의 상품을 많이 팔고자 과장 광고를 활용하는데, 자칫하면 소비자에게 잘못된 정보를 전달하여 상품에 대한 신뢰감을 떨어뜨릴 수 있습니다. 법적으로 이것을 규제하기도 하지만 소비자는 과장 광고에 현혹되지 않도록 현명하게 판단해야 합니다.

독과점 獨寡占　혼자 獨 또는 적은 寡 수의 기업이 차지함 占
홀로독 적을과 차지할점

독과점은 하나의 단체가 시장을 지배하여 이익을 독차지하는 독점과 몇몇 기업이 시장을 장악하는 과점을 합쳐 일컫는 말입니다. 독점은 다른 경쟁자를 배제하고 혼자 마음대로 생산과 시장을 지배함으로써 경제를 어지럽힐 수 있으며, 과점은 몇몇 기업이 상품 시장의 대부분을 차지하고 담합함으로써 경제 발전을 저해할 수 있습니다.

독점 규제 獨占規制　혼자 獨 차지하는 占 것을 법 規 으로 금함 制
홀로독 차지할점 법규 금할제

독점이 되면 소비자를 고려하지 않고 기업의 이익을 위해 마음대로 가격을 정할 수 있습니다. 이러한 행위를 막는 것이 독점 규제입니다. 한 기업의 독점을 규제하고 여러 기업이 공정하게 경쟁할 수 있게 하여 경제 활동이 건전하게 발달할 수 있도록 해야 합니다.

담합 행위 談合行爲　이야기하여 談 뜻을 합하고 合 행동함 行爲
이야기담 합할합 행할행 할위

한 분야에서 경쟁 관계에 있는 사업자가 함께 모의해서 공동 행위를 하는 것을 말합니다. 담합 행위는 소비자에게 손해를 입히고 경제 질서에도 악영향을 미칩니다. 뉴스에서 담합 행위를 한 사건들을 종종 볼 수 있습니다. 한 동네의 치킨 가게들이 담합해서 치킨 가격을 정한 일, 유제품을 만드는 기업들이 담합해서 같은 가격으로 올린 일 등, 소비자를 우롱하는 일들을 접할 수 있습니다.

공업 工業　자연물에 솜씨 工 를 더해 새로운 물건을 만드는 일 業
장인공 일업

공업은 자연물에 사람이나 기계의 힘을 더해 쓸모 있는 물건을 만드는 일입니다. 공장에서 기계를 이용하여 물건을 만드는 것으로 이해하면 됩니다. 농업, 임업, 수산업을 일차 산업이라 하고, 공업을 이차 산업이라고 하는데, 공업은 일반적으로 경공업과 중화학 공업으로 분류합니다.

• 임해 공업 지역 臨海工業地域: 바다[海]에 접근해[臨] 있는 공업[工業] 지역 [地域]

임해 공업 지역은 해안에 인접하여 있는 공업 지대입니다. 해안 지역에 공장을 짓는 이유는 원자재를 수입하거나 가공한 제품을 수출하기에 편리하기 때문입니다. 예를 들어 외국에서 철광석 재료를 가져오기 쉬운 포항과 광양 지역에는 제철소가 있으며, 외국으로 자동차를 보내기 쉬운 울산에는 자동차 공장이 있습니다. 우리나라의 포항, 울산, 창원, 거제, 사천, 광양, 여천 등이 임해 공업 지역입니다.

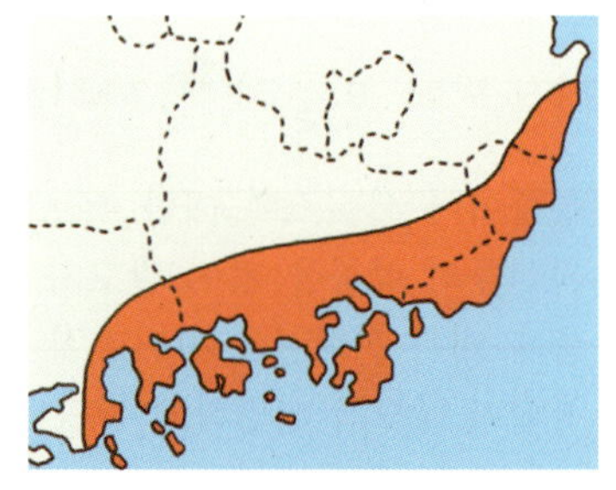

우리나라 임해 공업 지역

경공업 輕工業
가벼울 경 장인 공 일 업

가벼운 輕 제품을 만드는 공업 工業

경공업은 제품의 무게가 중공업보다 상대적으로 가벼운 것을 만드는 공업을 일컫는 말입니다. 소비재를 생산하는 공업으로 섬유·제지·가죽·식품·신발 등을 만들며, 생산 과정도 중공업에 비해 간결하고 단조로워서 적은 자본으로도 할 수 있습니다. 우리나라는 1960년대 초 경제 개발을 하던 시기에 경공업 제품의 수출로 경제가 성장할 수 있었지만, 경제가 발전하면서 점점 경공업의 비중이 줄었습니다.

중화학 공업 重化學工業
무거울 중 될 화 배울 학 장인 공 일 업

물질이 바뀌어 다른 것이 되는[化] 것을 연구하는 학문[學]

무거운 重 제품을 만드는 공업과 화학 化學 의 원리를 이용하여 만드는 공업 工業

중화학 공업은 중공업과 에너지 산업, 화학 공업을 모두 아울러 일컫는 말입니다. 중공업은 경공업의 상대적인 말로 철강·금속·기계·조선과 같은 비교적 대규모의 공업을 말하고, 에너지 산업은 석유나 전기·전자 등의 동력원을 생산하는 산업이며, 화학 공업은 생산 방법에 화학적 원리나 변화를 이용하여 새로운 물질을 만들어 내는 공업입니다.

가내 수공업 家內手工業
집 가 안 내 손 수 장인 공 일 업

집 家 안 內 에서 손 手 으로 하는 공업 工業

가내 수공업은 가정에서 제품을 만드는 공업으로 손과 간단한 도구를 사용하여 물건을 생산합니다. 규모가 작으며, 주로 옷감이나 옷, 짚신, 공예품, 도기 등이 가내 수공업으로 만들어집니다.

광업 鑛業
광석광 일업
광석鑛과 관련된 일業

광석은 경제적으로 가치가 있고 캘 수 있는 광물을 말합니다. 광업은 광물을 캐는 일을 가리키지만, 경제학상으로는 쓸모 있는, 즉 경제적으로 가치가 있는 광물을 캐는 일만을 말합니다. 대표적인 광물은 금·은·백금·동·아연·철·석탄·흑연·석회석 등이 있습니다.

낙농업 酪農業
쇠젖락 농사농 일업
젖소를 길러 그 젖酪을 이용하는 농업農業

젖소로부터 젖을 짜서 우유를 생산하고, 우유를 가공하여 여러 가지 유제품을 만드는 농업을 말합니다. 우유를 가공하여 만든 유제품으로는 버터·치즈·아이스크림 등이 있습니다. 시작은 농가에서 우유를 먹기 위해 소를 키운 것에서 출발합니다. 그러다 우유가 필요한 소비자가 생겨서 우유를 공급하였고, 공급자와 소비자의 거리가 멀어지게 되자 우유의 신선도를 유지하기 위해 가공하게 되었습니다. 가공하면서 다양한 유제품들이 생산되었고 이후 낙농업은 상업의 주요 품목 중 하나가 되었습니다.

양식업 養殖業
기를양 번성할식 일업
기르고養 번식시키는殖 일業

물고기나 해조류를 전문적으로 생산하는 일을 말합니다. 물고기나 해조류는 바다에서 잡고 캐는 것이라는 고정 관념을 깨고, 사람이 직접 해조류가 잘 자랄 수 있는 환경을 만들어 집중적으로 원하는 생물만 생산할 수 있도록 한 산업입니다. 양식업의 발달로 바다에서 구하기 어려운 물고기나 해조류를 풍부하게 얻을 수 있게 되었습니다.

원예 농업 園藝農業
동산원 심을예 농사농 일업
동산園에 심어서藝 재배하는 농업農業

여러 가지 식물 중 경제적 가치가 있는 채소나 과일, 꽃 등을 전문적으로 심고 재배하는 농업을 말합니다. 원예 농업으로 재배한 식물들은 빠른 소비를 위해 대도시로 이동됩니다. 그래서 원예 농업은 이동 시간과 비용을 줄이기 위해 도시 근교에서 주로 행합니다.

첨단 산업

尖端産業 뾰족한 尖 끝 端 처럼 가장 앞서 있는 산업 産業

현재 가장 앞장 서 있는 산업을 이르는 말입니다. 기존에는 없었던 새로운 산업을 일컫는 말이죠. 첨단 산업의 특징은 그 시대 가장 최고 수준의 기술이 모여 있다는 점과 관련된 산업에 미치는 효과가 매우 크다는 점이 있습니다. 대표적인 첨단 산업으로는 항공·우주·원자력·컴퓨터 등이 있습니다.

≫정답 p.311

문제 1 다음의 선택에서 고려되는 비용을 무엇이라고 하는가?

- A 지역에 투자할 것인가, B 지역에 투자할 것인가?
- 신입 사원을 뽑을 것인가, 경력 사원을 뽑을 것인가?
- 그동안 모은 돈으로 유학을 갈 것인가, 장사할 것인가?

문제 2 다음 글의 세 업체가 한 행동은 무엇인가?

서울 지방 검찰청은 서로 의견을 모아서 분유 가격을 공동 인상한 혐의로 A 업체, B 업체, C 업체를 각각 불구속 기소했다. 세 업체는 함께 분유 가격을 올리기로 합의하고서 분유 가격을 5~10% 인상한 혐의를 받고 있다. 업체들의 이런 행동으로 소비자들의 피해가 2천억 원에 달하는 것으로 드러났다.

① 독과점　　② 과장 광고　　③ 담합 행위
④ 과소비　　⑤ 과잉 투자

문제 3 다음 글에서 이것이 가리키는 것은 무엇인가?

- 사용할 수 있는 자원은 한정되어 있는데 사람의 요구가 무한할 때 이것이 나타납니다.
- 더운 아프리카에서는 에어컨이 요구되는 양보다 적기 때문에 이것이 있으며, 난로는 요구되는 양보다 많아서 이것이 없습니다.

① 재화의 다양성　　② 자원의 희소성　　③ 생산의 비효율성
④ 분배의 불공정성　　⑤ 미래의 불확실성

지구와 사람

위는 출산 정책과 관련된 그림입니다. 그런데 내용이 제각각이죠? 어떤 그림은 아이를 적게 낳자고 하고, 또 어떤 그림은 아이를 많이 낳자고 하네요.

우리나라는 1980년대까지 산아 제한 정책을 폈습니다. 산아 제한이란 쉽게 말해 아이를 적게 낳자는 것이죠. 이때 사용한 표어들이 '둘만 낳아 잘 기르자.', '둘도 많다. 하나만 낳아 잘 기르자.' 등입니다. 정부에서 산아 제한 정책을 시행한 이후 실제로 부모들이 아이를 많이 낳지 않았습니다. 그런데 지금은 오히려 인구가 줄어들게 되는 상황에 직면하게 되었습니다. 이때 시행한 정책이 바로 출산 장려 정책입니다. 출산 장려란 아이를 많이 낳자는 말입니다. 출산 장려 정책 시행과 더불어 만들어진 표어는 '혼자는 싫어요.', '둘보다 셋이 더 행복해요.' 등입니다. 불과 20년 사이에 인구 정책이 크게 바뀌게 되었죠.

지구의 인구가 기하급수적으로 늘어나 세계적으로 식량 부족 사태가 일어날 것이라는 사회학자들의 예견이 빗나간 현재, 지구와 사람의 미래는 어떻게 될까요?

인구 밀도 人口密度

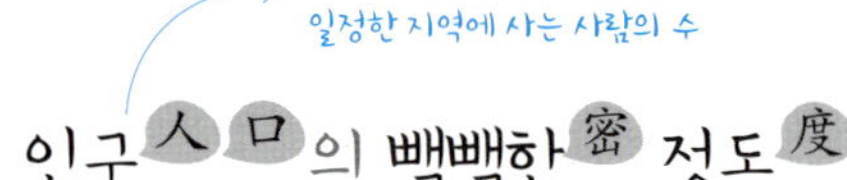

사람 인 입구 빽빽할 밀 정도 도

인구 人口 의 빽빽한 密 정도 度

인구 밀도는 보통 1㎢의 면적 안에 몇 명의 사람이 있는지를 비율로 나타낸 것입니다. 자연적 요인과 사회적 요인에 따라 결정되는데, 평지 지형과 경제·문화가 발전한 곳에서 높게 나타납니다.

인구 분포 人口分布

사람 인 입구 나눌 분 펼 포

인구 人口 가 나누어 分 퍼져 布 있음

인구 분포는 인구가 일정한 범위에 흩어져 퍼져 있음을 나타내는 말입니다. 세계 인구의 분포가 고르지 않은 이유는 육지와 바다의 분포가 고르지 않으며, 사람이 살기 적합한 기후와 환경을 가진 지역이 한정되어 있기 때문입니다.

인구 유입과 유출 人口流入과 流出

사람 인 입구 흐를 류 들 입　흐를 류 날 출

인구 人口 가 흘러 流 들어오는 入 것과 흘러 流 나가는 出 것

인구 유입은 사람이 어떤 곳으로 모여들어 그 수가 늘어나는 것을 일컬으며, 인구 유출은 사람이 다른 곳으로 나가서 그 수가 줄어드는 것을 일컫습니다. 인구의 유입과 유출은 환경과 시대에 따라 달라집니다. 산업을 중요하게 여겼을 때는 산업이 발달한 도시로, 자연 친화적인 생활을 중요하게 여겼을 때는 자연이 잘 보호된 곳으로 사람들이 모입니다.

인구 과잉과 과소 人口過剩과 過少

사람 인 입구 지나칠 과 남을 잉　지나칠 과 적을 소

인구 人口 가 지나치게 過 많아서 남거나 剩 지나치게 過 적은 少 것

인구 과잉은 일정한 지역에 사는 사람의 수가 지나치게 많은 것을 일컬으며, 인구 과소는 일정한 지역에 사는 사람의 수가 지나치게 적은 것을 일컫습니다. 어떤 것이든 지나치게 많거나 적은 것은 문제가 되기 마련입니다. 인구 과잉이 되는 지역은 많은 인구를 수용할 시설이 미비하여 사람들의 생활 환경이 어렵고, 인구 과소가 되는 지역은 노동력 부족으로 경제 활동이 제대로 이루어지지 못합니다. 현재 우리나라의 농어촌 지역은 인구 과소에 해당합니다.

인구 조밀과 희박 人口稠密과 稀薄

사람인 입구 빽빽할조 빽빽할밀 　 드물희 엷을박

인구人口가 빽빽하게稠密 있는 것과 드물고稀 적게薄 있는 것

같은 넓이에서 사는 사람의 수를 비교할 때, 사람의 수가 많으면 인구 조밀로 표현하고 사람의 수가 적으면 인구 희박으로 표현합니다. 생활 환경에 따라 인구가 모여 있고 흩어져 있는 정도가 다릅니다. 생활하기 편리하여 사람들이 많이 선호하는 곳은 인구가 조밀하며, 생활하기 불편하여 사람들이 많이 선호하지 않는 곳은 인구가 희박합니다.

인구 고령화 人口高齡化

사람인 입구 높을고 나이령 될화

인구人口가 높은高 나이齡가 되어化 가는 것

고령화는 한 사회에서 노인의 인구 비율이 높아지는 것을 일컫는 말입니다. 인간의 평균 수명은 늘어나고 출산율이 낮아짐에 따라 사회는 점점 노인 인구가 많아지게 되었습니다. 65세 이상의 인구가 총인구의 7% 이상을 차지할 때 고령화 사회라고 말하는데, 우리나라는 2000년에 7.2%가 되어 고령화 사회로 진입했습니다. 고령화 사회에서는 노동력 부족과 노인을 부양할 비용 증가, 경제 성장 둔화 등의 문제점이 생길 수 있습니다.

인구 부양력 人口扶養力

사람인 입구 도울부 기를양 힘력

인구人口를 돕고扶 기르는養 힘力

인구 부양력은 한 나라의 인구가 그 나라의 사용 가능한 자원에 의해 생활할 수 있는 능력을 말합니다. 즉 그 나라의 인구를 먹여 살릴 수 있는 능력을 말하죠. 경제 발전과 기술 발전은 인구 부양력에 큰 요인으로 작용합니다. 그래서 인구 부양력은 나라마다 다르며, 과거와 비교하여 현재 향상되고 있습니다.

산아 제한 정책 産兒制限政策

낳을산 아이아 만들제 한계한 정치정 계책책

아이兒 낳는産 일에 한계限를 만드는制 정치적政 계책策

산아 제한 정책은 국가가 아이를 낳는 수의 한도를 정해서 그 한도를 넘지 못하게 막는 정책입니다. 인구가 급속히 증가하면 국민은 부양의 부담과 환경 파괴 등으로 인간다운 삶을 살 수 없으며, 생활 수준이 향상되지 못합니다. 그래서 국가는 그 나라의 인구가 증가하는 것을 억제하기 위해 산아 제한 정책을 내놓습니다. 우리나라는 한때 인구가 급속히 증가하였으며, 높은 출산율이 가난의 원인으로 지목되었습니다. 그래서 정부가 1970년대부터 본격적으로 산아 제한 정책을 시행하였습니다.

출산 장려 정책 出産獎勵政策

날出 낳을산 권할장 힘쓸려 정치정 계책책

아기를 낳는^{出産} 것을 권하고^獎 힘쓰게^勵 하는 정책^{政策}

출산 장려 정책은 출산율이 저하되면서 나타나는 저출산, 고령화 문제를 해결하기 위하여 아기를 낳는 것을 장려하는 정책입니다. 우리나라는 여성의 사회생활이 늘어나고, 자녀의 출산과 양육에 관한 부담이 증가하면서 저출산 현상이 나타났습니다. 이러한 저출산 현상을 줄이고 출산을 장려하기 위해서 국가에서는 자녀 성장에 따른 지원, 임산부를 위한 지원, 일하는 부부를 위한 지원, 다자녀 가정을 위한 지원, 가구 특성에 따른 지원으로 분류하여 출산 장려 정책을 시행하고 있습니다.

인구 분산 정책 人口分散政策

사람인 입구 나눌분 흩어질산 정치정 계책책

인구^{人口}를 나누어^分 흩어지게^散 하는 정책^{政策}

인구 분산 정책은 한 곳에 집중되는 인구를 여러 곳으로 흩어지게 하는 정책입니다. 현재 우리나라 인구의 대부분은 수도권에 집중되어 있습니다. 인구가 한곳에 모여 있으면 주택 부족, 교통 혼잡, 환경 오염 등의 문제가 생깁니다. 인구 분산 정책은 이러한 문제점을 없애면서 지방 소도시와 농촌의 경제를 활성화하는 최적의 방안입니다. 정책을 효과적으로 달성하려면 지방 소도시와 농촌에 기업과 학교를 이전하거나 교통 및 각종 생활 편의 시설을 구축하는 환경을 만들어야 합니다.

남아 선호 사상 男兒選好思想

사내남 아이아 가릴선 좋을호 생각사 생각상

사내^男 아이^兒를 가려서^選 좋아하는^好 사고^思나 생각^想

남아 선호 사상은 여자아이보다 남자아이를 특별히 가려서 좋아하는 사상입니다. 우리나라는 과거 남성 우위의 가치관이 사회를 지배하면서 남성과 여성이 동등한 관계를 형성하지 못하였습니다. 이러한 가치관 때문에 사람들은 남자아이를 좋아하였고, 결혼한 여성에게 아들을 출산할 것을 강요하였습니다. 남아 선호 사상은 여성 계층을 소외시키고, 인간의 기본권인 남녀평등을 무시하며, 사회 구성 인원의 성비를 고르게 하지 못하는 문제점을 만들어 냈습니다.

- **성비 불균형** 性比不均衡: 성[性]의 비율[比]이 고르고[均] 평형[衡]을 이루지 아니함[不].

  성비 불균형은 남성과 여성의 수가 비슷하지 못한 것을 일컫는 말로 지역, 시대, 나이에 따라 다르게 나타납니다. 공업 도시는 남성의 수가, 전쟁을 치른 후에는 여성의 수가, 고령자에서는 여성의 수가 더 많이 나타나는 것이 그 예입니다. 성비 불균형은 출산의 감소, 경제 활동 인구의 감소, 부양 부담 증가 등의 문제점을 발생시킵니다.

사회 보장 비용 社會保障費用

모일사 모일회 지킬보 막을장 쓸비 쓸용

사회 社會 적 생활을 할 수 있도록 지키고 保 어려움을 막는 障 데 쓰는 돈 費用

사회 보장 비용은 사회적 약자나 생활 능력이 없는 사람들이 최저 생활 수준이라도 누릴 수 있도록 국가가 경제적 지원을 하는 데 쓰는 비용입니다. 생활 보호비, 사회 복지비, 사회 보험비 등이 사회 보장 비용에 해당하며, 이 비용은 점차 늘어나고 있습니다.

개발 도상국 開發途上國

열개 필발 길도 위상 나라국

개발 開發 이 길 途 위 上 에서 진행 중인 나라 國

'길 위'를 뜻하는 '도상'이란 단어는 '어떤 일이 진행되는 과정이나 도중'을 뜻하기도 합니다. 즉 개발 도상 국이란 개발이 현재 진행되고 있는 나라를 말합니다. 개발이 진행되고 있다는 말은 아직은 경제 발전이 선 진국보다 뒤떨어져 있다는 것을 뜻하기도 합니다. 개발 도상국의 특징으로는 노동 집약적 산업에 대한 높은 의존도, 낮은 국민 소득, 높은 인구 증가율 등이 있습니다.

들여다보기

• **신흥 개발국 新興開發國**: 새롭게[新] 일어나는[興] 개발국[開發國]
현재 선진국은 아니지만 거대한 잠재력을 가지고 무서운 속도로 발전하는 국가를 일컫습니다. 개발 도상국은 발전 하고 있는 후진국이라는 의미이지만 신흥 개발국은 그중에서도 급성장하여 선진국 대열에 참여하려는 국가를 말합 니다.

지구의 地球儀

땅지 공구 천문 기계 의

지구 地球 를 본떠 만든 기계 儀

지구의 모양을 본떠서 만들었기 때문에 공의 모양을 하고 있습니다. 그러므로 지 표상의 위치 관계와 지구의 운동, 낮과 밤, 계절, 방위, 태양과의 관계 등을 이해 하는 데는 지도보다 훨씬 유용합니다. 하지만 지도보다 휴대가 어렵고, 전 세계 를 동시에 볼 수 없다는 점이 불편합니다.

본초 자오선 本初子午線

본래 本 처음 初 으로 자오 子午 를 지나는 줄 線

자오는 '십이지'의 자(子)와 오(午)를 말합니다. 방향으로 말하면 자는 북쪽, 오는 남쪽을 말하므로 자오선은 북쪽과 남쪽을 연결하는 선이라는 뜻입니다. 지구 위의 위치를 나타내는 좌표축 중에서 세로로 된 것을 경도, 가로로 된 것을 위도라고 하는데, 본초 자오선은 경도를 결정하는 데 기준이 되는 자오선입니다. 영국의 그리니치 천문대를 지나는 자오선을 본초 자오선으로 삼습니다.

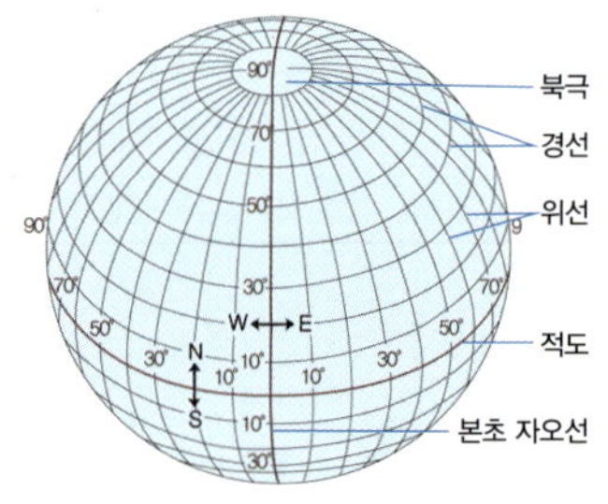

반도 半島 반 半 이 섬 島 인 곳

삼면이 바다로 둘러싸여 있고, 한 면은 육지에 연결된 곳을 반도라고 합니다. 우리가 사는 한반도가 대표적인 곳이죠. 반도는 육지와 바다를 연결해 주는 구실을 하므로 육지와 바다, 양쪽으로 진출하는 데 유리합니다. 우리나라는 대륙 국가인 중국의 문화를 받아들이고 해양 국가인 일본에 문화를 전파시켰습니다. 이런 유리한 점도 있지만 때로는 육지와 바다의 다리 역할 때문에 양쪽에서 침입을 받기도 하였습니다. 우리나라는 반도라는 지리적 특징을 이용해 임해 공업과 원양어업 등을 활발히 하였습니다.

남북회귀선 南北回歸線

태양이 남쪽 南 과 북쪽 北 에서 돌아 回 가는 歸 선 線

남회귀선과 북회귀선을 합친 용어입니다. 지구에서 보았을 때 태양은 적도를 중심으로 움직입니다. 그 움직임이 남쪽으로 가장 많이 내려간 지점을 남회귀선, 북쪽으로 가장 많이 올라간 지점을 북회귀선이라고 합니다. 태양은 이 지점을 찍고 다시 적도로 향하게 됩니다. 북반구는 태양이 북회귀선에 있을 때 하지가 되며, 남회귀선에 있을 때 동지가 됩니다. 회귀선은 각각 남쪽과 북쪽의 23도 27분의 위선에 있습니다.

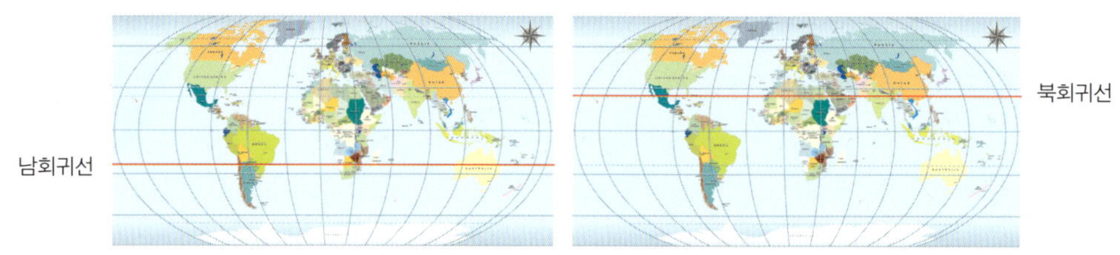

문제1 다음의 내용 요소를 가진 정책은?

> • 임산부 철분제 지원
> • 신생아 선천성 대사이상 검사
> • 영유아 국가 필수 예방 접종 지원
> • 다자녀 가정 주택 구입/전세 자금 대출 지원

① 인구 고령화   ② 인구 분산 정책   ③ 사회 보장 비용
④ 산아 제한 정책   ⑤ 출산 장려 정책

문제2 다음 밑줄 친 이것에 해당하는 것은?

> 이것은 여성 계층을 소외시키고, 인간의 기본권인 남녀평등을 무시하며, 사회 구성 인원의 성비를 고르게 하지 못하는 문제점을 만들어 냈습니다.

① 성비 불균형   ② 인구 고령화   ③ 인구 부양력
④ 남아 선호 사상   ⑤ 산아 제한 정책

문제3 다음 그림에서 나타내는 붉은 선의 이름을 4음절의 한글로 쓰세요.

(1)

북위 23도 27분의 위선

(2)
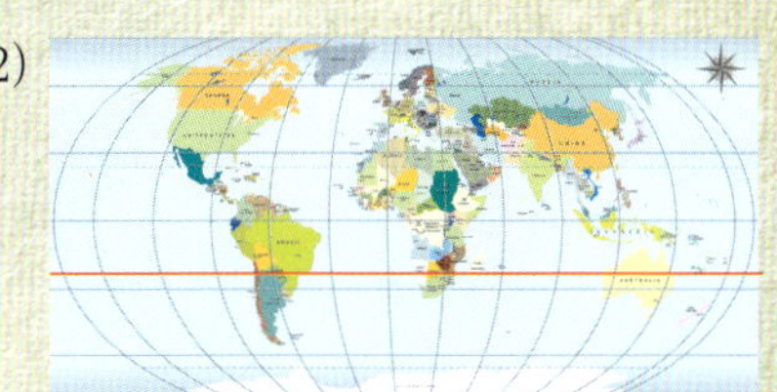
남위 23도 27분의 위선

아껴 써야 오래 쓰죠!

지구 상에 인류가 출현한 후 인류는 어떻게 생계를 유지했을까요?
물을 마시고 짐승과 물고기를 잡아먹었을 것입니다. 바로 주변에 있는 것들을 이용해서 생계를 유지했습니다. 이렇듯 지구에 존재하며 인간이 유용하게 쓸 수 있는 자연계 일부를 자원이라고 합니다. 자원은 그 모양 그대로 사용할 필요는 없어요. 예를 들어 '물'은 마시고 작물을 키우는 데만 사용하는 것이 아니라 물이 떨어지는 힘을 이용하여 전기를 만들어 내기도 하지요. 이처럼 인간은 그 능력을 바탕으로 하여 새로운 자원을 개발해 내고 있습니다.

위의 그림은 각각 '물', '광물', '토지'를 나타냅니다. 이 세 가지를 기초자원이라고 하고 이를 바탕으로 여러 가지 자원들이 형성됩니다.

우리나라에서 가장 풍족한 자원은 무엇일까요? 국토가 작은 편이니 자연에서 얻어지는 자원은 아니겠죠. 바로 사람입니다. 사람도 자원 일부입니다. 위에서 잠깐 말했듯이 인간의 능력을 활용하는 거죠. 이것이 바로 인적 자원입니다. 그럼 자원의 종류에는 무엇이 있는지 한번 알아볼까요?

천연자원 天然資源

하늘천 그러할연 재물자 근원원

하늘 天 이 만든 그대로 然 의 것을 이용한 재물 資 의 근원 源

자원은 인간 생활이나 생산 활동에 이용할 수 있는 물자나 에너지를 이르는 말로, 천연자원은 그 물자나 에너지가 자연에 존재하고 있는 것을 뜻합니다. 토지·물·광물·삼림·수산물 등의 자원을 천연자원이라고 하는데, 이러한 것들은 쓰면 없어지는 자원과 다시 생길 수 있는 자원으로 나뉩니다. 석유나 금 같은 광물 자원은 캐면 다시 생길 수 없지만, 물이나 나무 같은 자원들은 순환하거나 다시 생길 수 있습니다.

인적 자원 人的資源

사람인 어조사적 재물자 근원원

인간의 人 的 힘을 이용한 자원 資 源

사회나 국가가 필요로 하는 재화와 용역의 생산에 투입될 수 있는 인간의 노동력을 말합니다. 인적 자원은 그 사회에 속한 경제 활동 인구의 규모에 의해 결정됩니다. 좋은 재화와 용역을 생산하기 위해서는 재능, 기술, 지식을 갖춘 사람들이 많이 필요하겠죠? 우리나라 최고의 자원이 인적 자원이라는 것은 바로 이를 말합니다. 좋은 재능을 가진 사람들이 우리나라에 많이 있다는 것이죠.

삼림 자원 森林資源

빽빽할삼 수풀림 재물자 근원원

나무가 빽빽하게 森 있는 숲 林 을 이용한 자원 資 源

삼림은 나무가 울창하게 우거져 있는 숲을 말합니다. 이러한 숲을 사람들이 쓸모 있게 이용하는 것을 삼림 자원이라고 합니다. 삼림의 많은 나무는 목재가 되어 종이나 가구를 만드는 데 사용됩니다. 하지만 이보다 더 중요한 것은 삼림 자원이 지구가 살아 숨 쉬는 데 중요한 역할을 하고 있다는 것입니다. 많은 양의 나무는 지구 온도와 습도를 유지하는 데 도움을 주고 산소를 배출하여 지구가 쾌적한 환경을 유지할 수 있도록 해줍니다. 아마존 강 주변의 삼림 자원을 세계의 허파라고 하는 것처럼 말이죠.

🔍 들여다보기

森은 木이 세 개 모인 한자입니다. 같은 모양의 한자가 모인 경우, 모인 한자의 뜻을 알면 그 한자를 이해하기 쉽습니다. 森은 나무가 세 개나 있으니, 나무가 빽빽하게 많이 있는 모습을 나타낸 한자입니다. 이처럼 같은 모양이 세 개씩 모인 한자는 무엇이 있을까요?

- 品 물건 품: 口는 물건의 모양을 나타내고 品은 많은 물건을 나타냅니다.
- 晶 맑을 정: '해(日)'를 세 개 합쳐서 빛난다는 뜻을 나타냅니다.
- 磊 돌무더기 뢰: '돌(石)'을 세 개 겹친 모양으로 많은 돌이 여기저기 있음을 나타냅니다.
- 轟 울릴 굉: '수레(車)'가 여러 대 지나갈 때 나는 소리를 나타냅니다.
- 蟲 벌레 충: 벌레를 뜻하는 虫을 세 개 겹쳐 모든 벌레를 가리키는 뜻으로 쓰입니다.

수산 자원 水産資源 물水에서 나오는産 것을 이용한 자원資源

강과 바다 같은 곳에서 나오는 생물을 수산 자원이라고 합니다. 대표적인 수산 자원으로는 멸치, 오징어, 미역, 김과 같은 것이 있습니다. 예전에는 사람이 직접 잡아 그 자원을 활용하였으나 현재는 '양식'이라는 방법을 이용하여 생산하기도 합니다. 인간 생활과 밀접한 관련이 있는 만큼, 수산 자원을 위해서는 강과 바다가 오염되지 않도록 주의해야합니다.

고갈 자원 枯渴資源 마르고枯 말라서渴 없어지는 자원資源

'고갈'이란 어떤 일의 바탕이 되는 돈·물자·소재·인력 등이 다해서 없어지는 것을 말합니다. 양이 한정된 자원의 경우, 인간의 필요에 따라 계속 사용하면 그 자원은 모두 없어질 수 있습니다. 이러한 특징을 가지고 있는 자원을 고갈 자원이라고 하고 철과 구리, 석유와 석탄 같은 광물이 이에 속합니다.

들여다보기

- 가채 연수 可採年數: 캘[採] 수 있는[可] 해[年]의 수[數]

앞으로 매장된 고갈 자원을 얼마나 생산할 수 있는지를 알아보는 지표입니다. 이 수치는 확인된 매장량을 연간 생산량으로 나눈 값입니다. 2000년을 기준으로 할 때 주요 자원의 가채 연수는 다음과 같습니다. 석유는 30~40년, 천연가스 48년, 우라늄 45~60년, 아연·구리·납 10~15년, 석탄 200년입니다. 이 수치를 보면 대체 에너지의 개발이 시급하다는 것을 알 수 있습니다.

순환 자원 循環資源 돌아가는循 고리環 같은 자원資源

자원은 한번 쓰면 고갈되는 것이 있고 계속해서 쓸 수 있는 것도 있습니다. 고리가 돌 듯 계속해서 쓸 수 있는 자원을 순환 자원이라고 하는데, 대표적으로 태양·물·토지·바람이 있습니다. 태양력, 수력, 풍력, 지열 등은 순환 자원을 사용하는 원리입니다.

태양력

수력

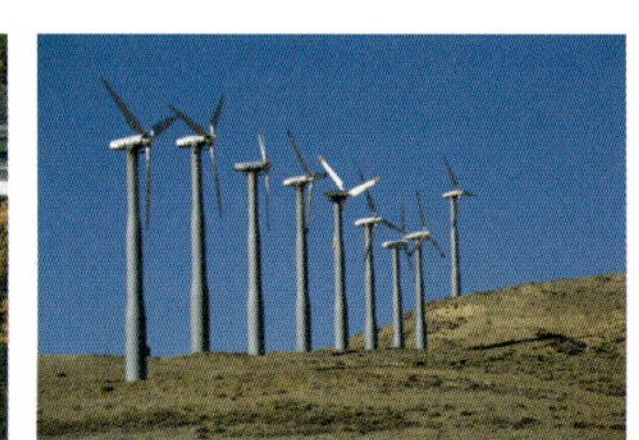

풍력

자원 민족주의 資源民族主義

재물 자 근원 원 백성 민 겨레 족 주인 주 뜻 의

천연자원은 자원資源을 가진 민족民族의 것이라는 주의主義

우리는 지구의 표면에 구획을 정하여 국가라고 하였습니다. 세계에는 이러한 국가가 모여 살고 있습니다. 그리고 구획을 정한 땅 밑에는 천연자원이 묻혀 있습니다. 자원 민족주의란 민족주의 개념이 자원에 적용된 것으로, 천연자원이 이것을 생산해 내는 국가의 것이라는 생각입니다. 자원 민족주의는 자원 보유국의 민족적 발전과 국민의 복지에 잘 이용될 수 있지만, 자국의 이익만을 위하다 보면 다른 국가에 손해를 끼치기도 합니다. 석유 생산국들이 함께 가격을 인상하여 석유를 이용하는 국가의 경제에 어려움을 주는 것이 그 예입니다.

기호 작물 嗜好作物 즐기고嗜 좋아해서好 짓는作 물건物

즐길 기 좋을 호 지을 작 물건 물

'작물'은 논이나 밭에 심어 가꾸는 곡식이나 채소를 말하지만, 기호 작물은 우리가 흔히 아는 쌀·보리·수수와 같은 작물을 일컫는 것이 아닙니다. 앞에 열거한 작물 중 특히 쌀은 동양에서 주식으로 사용되는 작물로써 반드시 생산해 내야 할 작물입니다. 하지만 필수가 아닌 선택으로 생산하는 작물들도 있습니다. 그것이 바로 기호 작물입니다. 기호 작물의 예로는 커피·담배·차 등이 있는데, 그 예만 살펴보아도 기호 작물이 무엇을 뜻하는지 아시겠죠? 이것은 사람들의 선택에 따라 생산되는 작물이기 때문에 소비에 중점을 두고 재배됩니다.

청정 연료 淸淨燃料 맑고淸 깨끗하게淨 불태우는燃 재료料

맑을 청 깨끗할 정 불탈 연 헤아릴 료

'연료'란 연소하여 열과 빛, 동력의 에너지를 얻을 수 있는 물질을 이르는 말입니다. 우리가 흔히 아는 석유와 석탄이 바로 연료에 해당하죠. 그런데 석유와 석탄은 연소하면서 환경 오염의 원인이 되는 많은 물질을 방출합니다. 이 때문에 대기는 갈수록 심각하게 오염되고 있습니다. 이를 개선하기 위해 개발된 연료가 바로 청정 연료입니다. 개발된 청정 연료 중 대표적인 것이 액화 천연가스(LNG)입니다. 이는 기체가 액체로 변할 때 유황분 등의 유해 물질을 거의 포함하지 않아 환경 오염 대책 면에서 뛰어난 연료라고 합니다.

부가 가치 附加價値 붙이고 附 더해진 加 값 價 값어치 値

부가 가치란 생산 활동의 결과나 어떠한 물건을 생산해 내는 과정에서 새롭게 붙여진 가치를 말합니다. 국가나 기업이 경제 활동을 통해 이윤을 얻기 위해서는 바로 이 부가 가치를 높여야 합니다. 사과를 수확하여 사과로 파는 것과 사과를 수확하여 사과 음료를 만들어 파는 것 중 어느 것의 부가 가치가 더 높을까요? 당연히 사과 음료를 만들어 파는 것이죠. 그럼 같은 사과 음료를 팔더라도 어떻게 하면 더 높은 부가 가치를 낼 수 있을까요? 제조 과정이나 방법을 획기적으로 바꾸면 되겠죠. 부가 가치를 높이는 아이디어는 바로 여러분에게 있습니다.

≫정답 p.311

문제 1 다음과 관련 있는 자원의 종류를 쓰세요.

> 이번 업무 협약을 통해 각 기관은 인력 · 시설 · 교육 · 고용 정보 등의 교류 및 공동 활동, 지역 기업체 사원의 능력 개발 교육 및 교육 참여 촉진, 상호 협력 및 기업 지원 정보 교류 활성화 등을 공동으로 수행해 지역의 인적 능력을 타 지역에 뒤지지 않는 수준으로 형성할 계획입니다.

문제 2 다음 중 자원 민족주의의 부정적 효과는?

① 자연환경을 훼손시킴.
② 대체 자원의 개발을 촉구함.
③ 국토 개발이 끊임없이 이루어짐.
④ 타국가의 경제에 악영향을 끼치기도 함.
⑤ 자국민보다 외국인을 우대하는 경향이 있음.

문제 3 다음이 설명하는 용어가 무엇인지 쓰세요.

(1) 물건을 생산해 내는 과정에서 새롭게 붙여진 가치 (　　　　　　　)

(2) 앞으로 생산해 낼 수 있는 천연자원의 양을 나타낸 지표 (　　　　　　　)

잘 다스리는 법

국가가 행복하려면 어떻게 해야 할까요? 국민이 행복하면 됩니다. 그럼 국민이 행복하려면 어떻게 해야 할까요? 국가를 잘 다스리면 됩니다. 국가를 어떻게 해야 잘 다스리는 걸까요? 위 대화에서 보듯이 국가와 국민은 여러 시대와 다양한 상황에서 삽니다. 앞으로도 계속 그러겠죠. 그런데 한 가지 방법으로 국가를 잘 다스릴 수 있을까요? 아니겠죠. 사회 문제는 수학처럼 공식이 있고 정답이 있지 않습니다. 사람들이 부딪쳐가며 해결하는 수밖에 없어요. 그러다 보니 다양한 이론들이 생겼습니다. 이 다양함 때문에 우리는 알아야 할 것이 더 많아졌지만, 우리보다 먼저 살다간 사람들의 노고 덕분에 지금 우리가 이만큼 잘살고 있다고 생각해 보세요. 한편으론 감사하지 않나요? 그럼 어렵다고 피하지 말고 국가를 잘 다스리는 방법에는 무엇이 있는지 함께 살펴볼까요?

절대주의 絕對主義

국가 권력의 절대(絕對)성을 주장한 정치 주의(主義)

'절대(絕對)'란 '상대함을 끊어버림', 즉 비교하거나 맞설 만한 것이 없음을 뜻하는 말입니다. 이를 정치 이론에 적용해 보자면 국가의 권력을 가진 사람은 어떠한 제약도 받지 않고 온전하게 자신이 가진 권력을 행사할 수 있음을 뜻합니다. 16~18세기 유럽의 보편적인 정치 체제를 말하며 이 시기에 권력을 가지고 행사할 수 있는 사람은 군주였습니다. 군주가 절대적인 권력을 가지고 국민을 다스리기 때문에 독재주의라고도 부릅니다.

자본주의 資本主義

재물(資)이 근본(本)이 되는 경제 주의(主義)

경제 활동에서 이윤 추구를 목적으로 하는 자본이 경제를 지배한다는 이론입니다. 이 용어와 개념은 마르크스(Karl Marx)와 같은 사회주의 경제학자들에 의해 만들어졌습니다. 자본주의의 특징은 의견이 분분하지만 일반적으로 사유 재산 인정, 자유경쟁주의, 시장 경제, 노동력의 상품화 등이 인정되고 있습니다. 자본주의에 입각한 경제 활동은 자기의 책임하에 자유롭게 개인의 이익을 추구하기 때문에 경제적 불평등을 가져오기도 하였습니다. 자본주의의 발달은 경제적 불평등, 시장 가격 자동 조절 불가능과 같은 사회적인 문제점을 드러내며, 국가가 경제를 간섭하고 통제하게 되는 단계까지 이르게 됩니다.

민주주의 民主主義

국민(民)이 국가의 주인(主)이 된다는 주의(主義)

국가의 주인 된 권리가 국민에게 있고 국민을 위하여 정치를 행하는 제도를 말합니다. 민주주의는 인간의 자유와 평등, 인권을 존중하는 견해를 따르며 다수결의 원칙에 따르는 것을 공식적으로 인정한 권력 형태입니다. 민주주의의 특징으로는 헌법 제정, 의회 설치, 선거, 삼권(입법, 사법, 행정)의 분립 등이 있습니다.

들여다보기

- **여론 輿論**: 많은[輿] 사람들의 공통된 의견[論]

  사회 현상이나 정치적 문제에 대해서 국민이 나타내는 공통된 의견을 말합니다.

- **복수 정당제 複數政黨制**: 두[複] 개[數] 이상의 정치하는[政] 무리[黨]가 있는 제도[制]

  단일 정당제의 상대적 의미입니다. 여러 개의 정당을 세워 정치 과정의 공개와 의견의 다양성, 정권의 교체 가능성을 보장하고 있습니다. 따라서 복수 정당제는 민주적 기본 질서의 중요한 요소입니다.

- **의회 민주주의 議會民主主義**: 의회[議會]를 통해서 이루어지는 민주주의[民主主義]

  의회란 국민의 의사를 대표하고 입법을 담당하는 기관입니다. 이곳에서 국민이 직접 뽑은 대표가 국정 운영에 참여하게 됩니다. 국민이 직접 참여하는 것이 아닌 대표를 뽑아 국민 대신 민주주의가 실현되도록 하므로 간접 민주주의 또는 대의 민주주의라고도 합니다.

자유주의 自由主義

스스로자 말미암을유 주인주 뜻의

개인의 자유 自由 를 존중하는 주의 主義

자유란 외부적인 구속이나 무엇에 얽매이지 않고 자기 마음대로 할 수 있는 상태를 뜻합니다. 자유주의란 바로 이러한 자유를 추구하는 사상입니다. 대체로 자유주의는 개인의 권리를 강조합니다. 자유주의의 특징으로는 인권 강조, 법의 지배, 권력 분립을 통한 권력 통제, 자유로운 경제 활동이 보장되는 시장 경제 등이 있습니다.

사회주의 社會主義

모일사 모일회 주인주 뜻의

평등한 사회 社會 를 추구하는 주의 主義

사회주의는 생산 수단의 사회적 소유와 사회적 관리에 의한 자유 · 평등 · 사회정의의 실현을 목적으로 합니다. 여기서 생산 수단의 공유는 자본주의에 물든 사회를 바꾸는 최고의 방법으로 여겨지고 있습니다. 개인이 아닌 여러 사람이 생산 수단을 소유하고 자원을 나누어 운영하는 공동 경제를 지향하며 모든 사람이 노동의 대가로서 평등하게 분배받는 사회를 추구합니다.

제국주의 帝國主義

임금제 나라국 주인주 뜻의

세력이 큰 帝 나라 國 가 다른 나라를 침략하여 다스린다는 주의 主義

우월한 군사력과 경제력을 가진 나라가 정치적 · 경제적 지배권을 다른 민족이나 국가의 영토로 확대하는 정책을 말합니다. 침략으로 자기 나라보다 힘이 약한 다른 나라를 지배한다는 의미가 있기도 하여 식민주의와 비슷한 의미로 사용합니다.

전체주의 全體主義

온전할전 몸체 주인주 뜻의

→ 온[全] 몸[體]

전체 全體 를 개인보다 중요시 여기는 주의 主義

전체주의는 개인의 이익보다 집단의 이익을 강조합니다. 개인은 전체 속에서 비로소 존재 가치가 있다는 주장을 근거로 하고 있으며 강력한 국가 권력이 국민 생활을 간섭하고 통제합니다. 개인을 전체의 존재와 발전을 위한 수단으로 여기며 개인의 자유를 억압하고 있습니다. 그 예로 이탈리아의 파시즘과 독일의 나치즘이 있습니다.

 들여다보기

- **파시즘:** 이탈리아의 무솔리니가 주장한 독재적이고 권위주의적인 정치주의. 자유주의를 부정하고 지배자에 대한 절대적인 복종을 강요한다.
- **나치즘:** 독일의 히틀러를 중심으로 한 파시즘의 하나로, 파시즘 가운데에서 그 성향이 가장 난폭하다. 반민주주의, 반자유주의와 민족적 전체주의, 인종 우월주의를 주장했다.

군국주의 軍國主義

군사 軍 력을 나라 國 발전의 최상위로 보는 주의 主義

군사력을 중시하여 전쟁과 그 준비를 위한 정책이나 제도를 국민 생활의 최상위에 두는 사상입니다. 군국주의 사회에서는 군대가 월등한 지위를 차지하고 있으며 본질에서 국민의 모든 생활이 전쟁과 연결되기 때문에 그것이 가져올 폐단은 매우 큽니다.

민족 자결주의 民族自決主義

각 민족 民族 은 스스로 自 결정할 決 권리가 있다는 주의 主義

각각의 민족은 정치적 운명을 스스로 결정할 권리가 있으며, 다른 민족의 간섭을 받을 수 없다고 주장하는 사상입니다. 이 정신은 전 세계로 확산되어, 식민지 상태의 민족들이 독립하기 위한 정당성을 주장하는데 사상적 근거가 되었고, 또한 이를 통해 많은 민족이 독립운동을 전개하기도 하였습니다.

자유방임주의 自由放任主義

개인의 자유 自由 에 따라 놓고 放 맡긴다 任 는 주의 主義

개인 경제 활동의 자유를 최대한으로 보장하고, 이에 대한 국가의 간섭을 받지 않으려는 경제사상을 말합니다. 경제학자 애덤 스미스는『국부론』에서 '개인의 이익을 추구하는 자유로운 경제 활동이야말로 사회적 부를 가져오는 것이며, 또 그 활동은 보이지 않는 손에 의해 부의 공정하고 효율적인 배분도 실현하며, 사회적 조화가 실현된다.'고 주장하였습니다. 하지만 자본주의의 부작용인 독점이 생기면서 그의 주장은 실현되기 어려웠다고 합니다.

입헌주의 立憲主義

법 憲 을 세우고 立 그에 따라 국가를 통치하는 주의 主義

국민과 그들을 포함한 공동체의 모든 생활이 헌법에 따라서 이루어져야 한다는 정치 원리입니다. 개인의 자유와 권리를 보장하기 위하여 국가의 통치 권력을 제한하고 합리화한 것을 만들었던 것에서 시작됩니다. 국민의 자유와 권리를 보장하고 국민의 헌법상 평등을 중시하며, 의회 제도나 참정 제도를 통하여 국민 자치 또는 국민 주권주의를 실현하고자 합니다.

대의 정치 代議政治 대신 代 해서 의논 議 하고 다스리는 政 治 일

한 국가를 구성하는 국민은 그 수가 매우 많아서 모두 직접 정치에 참여하기가 어렵습니다. 그래서 주권자인 국민이 직접 국가 정책을 결정하지 않고 대표자를 선출하여, 그 대표자로 하여금 국민을 대신하여 국가의 정책을 결정할 수 있게 만듭니다. 국민이 뽑은 대표자가 국민을 대신하여 정치하는 것이라 하여 대의 정치라 합니다. 국민이 뽑은 대표자로는 대통령, 국회의원 등이 있습니다.

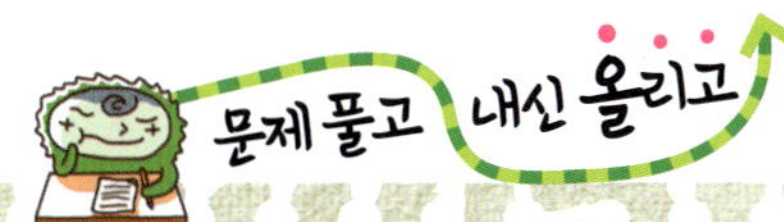

》정답 p.311

문제1 다음에서 설명하는 정치 방식을 쓰세요.

- 간접 민주주의
- 국민들의 정치적 무관심 발생과 국민의 의견 왜곡 가능성이 있음.
- 주권자인 국민이 직접 국가 정책을 결정하지 않고 대표자를 선출하는 방식

문제2 다음 글과 관련 있는 것은?

우리는 이에 조선이 독립국임과 조선인이 자주민임을 선언한다. 이 선언을 세계 온 나라에 알리어 인류 평등의 크고 바른 도리를 분명히 하며, 이것을 후손들에게 깨우쳐 우리 민족이 자기의 힘으로 살아가는 정당한 권리를 길이 지녀 누리게 하려는 것이다.

① 자유방임주의　　② 입헌주의　　③ 군국주의
④ 민족 자결주의　　⑤ 제국주의

문제3 다음에서 '개인' 혹은 '국민'의 권리를 우선으로 여긴 것을 찾아 ○를 하세요.

자유주의　　사회주의　　군국주의　　제국주의
자유방임주의　　전체주의　　민주주의

세계는
그리고 우리는

우리가 사는 지금 이 순간을 시간과 공간에서 생각해 봅시다.

시간은 현재이고 공간은 대한민국이죠. 현재 우리나라에서 많은 일이 일어나고 있지만, 과거 시대와 세계에서도 많은 일이 일어났고 지금도 일어나고 있습니다. 우리가 그 시대와 그 나라에 살지 않았다고 해서 그때 일어났던 사실들을 모를 수는 없죠. 과거를 알아야 미래에 대비할 수 있고, 다른 나라 상황을 알아야 우리나라의 사정도 잘 이해할 수 있답니다.

천조전무제도 天朝田畝制度

하늘 천 조정 조 밭 전 이랑 무 다스릴 제 법도 도

천자 天 의 조정 朝 에서 밭 田 이랑 畝 을 다스린 制 법 度

중국 청나라 말기에 홍수전이란 사람은 태평천국이란 나라를 세웁니다. 천조전무제도란 이 태평천국의 사회 경제 제도입니다. 이 제도는 '모든 토지는 상제(하느님)의 것으로서 함부로 가질 것이 아니며 필요한 만큼 균등하게 나누어 가진다.'는 사상을 원칙으로 합니다. 이에 따라 토지를 9 등분 하여 남녀 및 나이에 따라 균등하게 나누고, 필요 이상의 토지는 국가에 귀속시켜 장애인이나 무의탁자의 생활에 충당하도록 하였습니다.

향용 鄕勇 마을 鄕 용사 勇 들의 조직

시골 향 용사 용

중국 청나라 말기에 지방에서 구성된 군사 조직입니다. 청나라 정부 군대가 여러 난리를 겪으며 무력함을 드러내자 이에 대한 대책으로 각 지방에서 군대를 조직하였습니다. 특정 지역 출신들로 구성되어 있어서 인간적인 유대감이 돈독했고, 이러한 유대감은 군사 작전을 수행하는 데 있어 큰 장점으로 작용했습니다.

양무운동 洋務運動

바다 양 힘쓸 무 돌 운 움직일 동

서양 洋 문물을 힘써 務 수용하고자 일어난 운동 運 動

중국 청나라에서 일어난 운동으로, 서양의 문물을 수용해 나라를 부유하고 강하게 만들고자 힘쓴 운동입니다. 여기서 양무란 서양의 문물을 받아들여 군사적으로 강해지고 경제적으로 부유해지고자 했던 여러 정책을 말합니다.

중체서용론 中體西用論

중국 중 몸 체 서녘 서 쓸 용 논할 논

중국 中 의 학문을 근본 體 으로 하고 서양 西 의 학문을 도구로 쓴다는 用 이론 論

이 이론은 중국 청나라 말기의 양무운동을 근거로 하고 있습니다. 중국의 전통적 사상인 유교를 근본으로 서양의 발달된 기술과 문명을 받아들여 나라가 부유해지고 군사적으로 강해지고자 했던 이론입니다.

의화단 義和團 의롭고 義 화목한 和 모임 團

옳을 의 화목할 화 모일 단

중국 청나라 때, 서양 세력을 물리치기 위하여 조직한 비밀 조직입니다. 이들은 손오공이나 저팔계 등을 신으로 숭배하면서, 주문을 외우면 신통력이 생겨서 칼을 맞아도 다치지 않을 것이라고 믿었다고 합니다. 서양에서 들어온 그리스도교에 대한 반감이 높아 그리스도교회를 불태우고 그 신도들을 살해하는 등 반그리스도교 운동을 진행하기도 하였습니다.

삼민주의 三民主義 세三 가지 민民을 주장한 이념主義

삼민이란 민족(民族) · 민권(民權) · 민생(民生)을 말합니다. 중국 근대 혁명을 주도한 쑨원(孫文)이 주장한 이념이라 쑨원주의, 손문주의라고도 합니다. 민족은 민족적 독립을, 민권은 정치적 민주 제도를, 민생은 경제적 평등을 의미합니다. 이 이념은 중국 근대 혁명과 건국의 기본 정치 이념이 되었습니다.

변법자강 운동 變法自彊運動

법法을 바꾸어變 스스로自 강해지자彊는 운동運動

중국 청나라 말기 고위 관료 집단이 중심이 되어 일어난 정치 · 사회 제도의 개혁 운동을 말합니다. 청일전쟁의 패배와 서양 열강 때문에 중국이 분할되고 있는 상황에서 젊은 지식인층은 국가의 위기감을 느꼈습니다. 이에 낡은 과거 제도를 폐지하고 새로운 체계를 갖춘 초 · 중등학교 및 대학을 설립하였으며 서양의 산업 · 과학 · 의학을 적극 수용하였고, 정부 행정의 쇄신, 법전의 개정, 군대의 혁신 등이 이루어졌습니다. 하지만 보수파의 반격과 개혁파의 분열로 변법 정권은 100여 일 만에 붕괴하고 말았습니다.

신해혁명 辛亥革命 신해辛 亥년에 일어난 혁명革命

하늘이 내린 천명[命]을 바꾸어 고침[革]

신해년(1911년)에 일어난 혁명이기 때문에 신해혁명이라고 합니다. 이는 중국에서 일어난 민주주의 혁명으로, 그 결과 쑨원을 대총통으로 하는 중화민국이 탄생하였습니다. 위에서 배운 삼민주의(三民主義)는 중화민국의 지도 이념이기도 합니다.

열강 列強 줄지어列 있는 강強대국들

열강은 정치 · 군사 · 경제적으로 막대한 힘을 가지고 다른 나라에 영향력을 미치는 국가들을 말합니다. 상대되는 의미가 약소국(弱小國)이라면 이해가 쉬울까요? 열강은 시대에 따라 바뀌기도 합니다. 제2 차 세계 대전 이후에는 미국과 소련의 힘이 막강했으나 1970년대로 들어서면서 중국이 강대국의 위치로 부상하기 시작하였고, 1980년대부터는 일본과 독일이 국제 관계에 강력한 위치를 확보하였으며 현재는 다양한 국가들이 강대국으로 떠오르면서 복잡한 상황에 처해 있습니다.

- 이권회수 利權回收: 이익[利]과 권리[權]를 돌려[回] 거두는[收] 일
20세기 초에 중국은 열강에게 철도와 광산 등의 이권을 주었습니다. 중국은 이것을 다시 사들여 중국인의 자본으로 철도와 광산 등을 건설하고 경영하려고 하였습니다.

종단 정책 縱斷政策

세로縱 나눌斷 다스릴政 꾀책策

세로 縱 로 나누어 斷 다스리는 政 계책 策

여기서 세로는 남북 방향을 뜻합니다. 종단 정책은 19세기 말, 아프리카의 케이프타운(남아프리카공화국의 수도)과 카이로(이집트의 수도)를 철도와 전선으로 연결하여 아프리카를 다스리려 했던 영국의 식민화 정책을 말합니다. 철도를 놓는다는 것은 토지를 점유한다는 의미로 아프리카 전체를 식민지로 삼겠다는 영국의 야심을 나타낸 것입니다.

- 횡단 정책 橫斷政策: 가로[橫]로 나누어[斷] 다스리는[政] 계책[策]
여기서 가로는 동서 방향을 뜻합니다. 아프리카의 알제리와 마다가스카르를 연결하여 아프리카를 다스리려는 프랑스의 정책입니다. 이 정책은 영국의 아프리카 종단 정책과 대립하게 됩니다. 이 두 정책이 정면으로 충돌하여 일어난 사건이 바로 파쇼다 사건입니다.

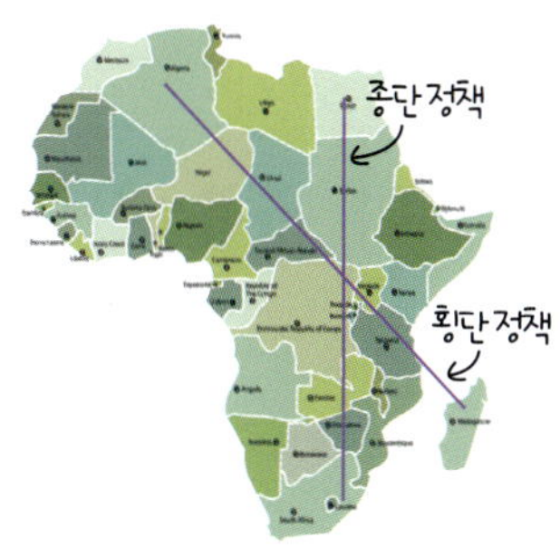

냉전 체제 冷戰體制

찰랭冷 싸울戰 몸체體 만들제制

차가운 冷 싸움 戰 이 일어나는 체제 體 制

제2 차 세계 대전 이후 1945년부터 1990년까지 미국을 중심으로 한 자본주의 국가와 구소련을 중심으로 한 사회주의 국가가 대립했던 구조를 말합니다. 1989년 독일의 통일과 1991년 구소련의 붕괴로 냉전 체제가 끝나게 되었습니다.

몸[體]이 만들어진[制] 구조.
즉, 사회 조직의 구조와 제도

- 부전조약 不戰條約: 전쟁[戰]을 하지 않겠다[不]는 조목[條]을 세워 만든 약속[約]
1928년에 프랑스의 파리에서 영국·미국·프랑스 등 15개국은 전쟁을 포기한다는 조약을 맺습니다. 이것이 바로 부전조약입니다. 이 조약의 내용은 국가의 정책 수단으로서의 전쟁을 포기할 것, 일체의 분쟁은 평화적 수단에 의해 해결할 것을 담고 있습니다.

경제 공황 經濟恐慌

다스릴 경 · 건널 제 · 두려울 공 · 어리둥절할 황

경제 經濟가 두렵고 恐 어리둥절해지는 慌 현상

경제란 인간의 생활에 필요한 재화나 용역을 생산 · 분배 · 소비하는 모든 활동을 말합니다. 사람이 먹고사는 문제와 직접적인 관련이 있죠. 그런데 이러한 경제가 수요와 공급 과정에서 혼란이 생기게 되면 자본주의 체제까지 위협할 정도의 힘이 생깁니다. 이것이 바로 경제 공황입니다. 경제 공황이 발생하면 물가 폭락, 기업 도산, 정치 불안 등이 생겨 심각한 사회 불안이 발생하게 됩니다.

연방 聯邦

합할 연 · 나라 방

합한 聯 나라 邦

자치권을 가진 여러 개의 지방이 공통된 정치 이념 아래 합동하여 구성된 나라를 말합니다. 연방제를 시행하는 국가는 연방 헌법을 가지고 있으며 연방 헌법에 따라 연방과 지방과의 법률관계가 결정됩니다. 미국, 독일, 스위스 등이 이 제도를 시행하는 국가입니다.

유신 체제 維新體制

오직 유 · 새 신 · 몸 체 · 만들 제

오직 維 새롭게 新 하려는 체제 體制

유신이란 유교 용어로 '새로 고친다.'는 뜻입니다. 1972년 당시 대통령이었던 박정희는 장기 집권과 권력 유지를 목적으로 비상조치를 내리고 유신 헌법을 제정하였습니다. 이 체제가 바로 유신 체제입니다. 이 체제는 삼권(입법 · 사법 · 행정)이 모두 대통령에게 집중하도록 규정되어 독재 정권이라는 비난을 받았습니다.

≫정답 p.312

문제1 다음 중 청나라(중국)와 관련이 없는 것은?

① 의화단　　② 변법자강 운동　　③ 종단 정책
④ 삼민주의　　⑤ 중체서용론

문제2 다음 글의 A와 B에 들어갈 단어를 각각 바르게 쓰세요.

> 파쇼다 사건은 1898년 유럽 열강의 아프리카 분할 과정에서 영국의 (A)과 프랑스의 (B)이 충돌한 사건입니다. 영국과 프랑스 간의 관계는 긴장되었으나 1899년 아프리카에서 영국과 프랑스 세력 범위의 경계를 각각 나일 강과 콩고 강까지로 한정한다는 협정을 맺어 조용하게 이 위기를 모면했습니다.

사람답게 살기

사람답게 산다는 것은 무엇을 말하는 걸까요? 우선 의식주가 해결되어야 하겠죠. 입을 수 있는 옷, 먹을 수 있는 음식, 살 수 있는 장소. 이 세 가지가 갖추어져야 비로소 인간답게 산다고 할 수 있지 않을까요? 하지만 이 세상에는 의식주를 잘 갖추고 생활하지 못하는 사람들도 있습니다. 여러분이 의식주 해결에 어려움이 없다면 부모님께 감사해야겠죠? 그럼 사람답게 사는 것과 관련 있는 어휘에는 무엇이 있는지 알아볼까요?

천부 인권 天賦人權 하늘천 줄부 사람인 권리권

하늘天이 준賦 사람人의 권리權

사람이 태어날 때부터 자연적으로 갖게 되는 권리를 말합니다. 자연적으로 갖게 되기 때문에 '자연권'이라고도 합니다. 우리나라 헌법에도 이와 관련된 조항이 있습니다. 제10조에서 '모든 국민은 인간으로서의 존엄과 가치를 가지며, 행복을 추구할 권리를 가진다. 국가는 개인이 가지는 불가침의 기본적 인권을 확인하고 이를 보장할 의무를 진다.'라고 밝히고 있으며, 구체적으로 평등권, 신체의 자유권, 재산권의 보장 등으로 나타내고 있습니다.

들여다보기

- 인권 선언 人權宣言: 사람[人]의 권리[權]를 널리 퍼트린[宣] 말[言]
  1789년 프랑스 혁명 때 사람이 누려야 할 권리를 널리 알린 선언입니다. 그 주요 내용에는 인간의 자유와 권리의 평등, 저항권, 주권재민, 사상과 언론의 자유 등이 있습니다.

대헌장 大憲章 큰대 법헌 글/법장

큰大 법憲 章

1215년 영국의 왕 존은 귀족들의 강요로 귀족과 성직자의 특권이 적힌 문서를 인정합니다. 원래 이 문서의 이름은 마그나카르타인데, 번역하여 대헌장이라고 부릅니다. 본래는 귀족의 권리를 재확인한 봉건적 문서였으나 17세기에 와서 왕이 권력을 마음대로 부리는 것에 대항하여 국민의 권리를 옹호하기 위한 법적 근거가 되었습니다. 이후로 국민의 자유와 권리를 지키는 가장 중요하고 기본적인 문서가 되었고 근대 헌법의 토대가 되었습니다.

행정 심판 行政審判 행할행 다스릴정 살필심 판단할판

→ 정치[政]나 사무를 행함[行].

행정行政을 살피고審 판단하는判 일

행정 기관이 국민의 권리를 침해하였을 때 국민이 자신의 권리를 구제받기 위해 행정 기관에 심판을 요구하는 일을 말합니다.

권력 분립 權力分立 권리권 힘력 나눌분 설립

→ 남을 복종시키거나 지배할 수 있는 권리[權]와 힘[力]

권력權力이 나뉘어分 서立 있음

국가의 권력을 각각 다른 기관에 나누어 서로 견제하게 하여 국민의 자유와 권리를 보장하려는 제도입니다. 보통 입법·사법·행정의 세 부분으로 나뉘어 있어 삼권 분립이라고 합니다. 권력이 한 곳으로 모이는 것을 막고 균형 있는 세력을 유지하려는 의도로 생겨났습니다.

- **입법부** 立法府: 법[法]을 세우는[立] 관청[府]

의회를 일컫는데, 의회의 본래 임무가 입법이므로 입법부라고 부릅니다. 우리나라의 국회가 여기에 해당합니다. 국민이 뽑은 의원들로 구성되며 법률을 만들고 나라의 정치를 감시하고 견제하는 역할을 합니다.

- **사법부** 司法府: 법[法]을 맡아[司] 다스리는 관청[府]

법을 해석하고 판단하여 적용하는 기관을 말합니다. 헌법 기관이 이에 해당합니다. 국가의 법질서를 유지하는 역할을 하며 재판을 통해 분쟁 해결과 질서 유지에 기여합니다.

- **행정부** 行政府: 나라의 일[政]을 행하는[行] 관청[府]

국가를 다스리는 권력을 행사하는 기관으로 이곳의 우두머리는 대통령입니다. 여러 가지 국가의 정책을 실행하는 곳이며 관공서가 여기에 속합니다.

탄핵 소추 의결권 彈劾訴追議決權

꾸짖을 탄 꾸짖을 핵 호소할 소 따를 추 의논할 의 결정할 결 권리 권

잘못을 꾸짖고[彈劾] 호소한[訴] 것을 따르도록[追] 의논하여[議] 결정할[決] 수 있는 권리[權]

탄핵이란 행정부의 고위 공무원이나 법관 등의 잘못된 행위에 대해 꾸짖고 처벌하는 것을 말합니다. 이때 국회가 이에 대한 심판을 신청하면 헌법재판소가 심판하여 처벌할 수 있는데, 이러한 행사를 결정할 수 있는 권리를 바로 탄핵 소추 의결권이라 합니다. 이 권리는 국회만 행사할 수 있죠. 국회는 대통령, 국무총리, 법관, 검사 등이 그 직무 집행에서 헌법이나 법률을 위배했을 때 탄핵 소추 의결권을 행사할 수 있습니다.

법률안 거부권 法律案拒否權

법 법 법률 률 안건 안 막을 거 아닐 부 권리 권

법률[法律]의 안건[案]에 대해 거절하고[拒] 부정하는[否] 권리[權]

국회가 만든 법률안에 대해 대통령이 다른 의견이 있으면 국회로 그 법률안을 돌려보내 다시 의논하라고 요구하는 권리를 말합니다. 이 권리는 대통령만이 행사할 수 있습니다. 법률안 거부로 되돌아온 법률안은 국회가 다시 의논합니다. 그럼에도 이전과 똑같은 법률안이 제정된다면 법률로 확정되게 됩니다. 즉 동일 법률안에 대한 거부권은 1회만 허용됩니다.

내각 불신임권 内閣不信任權

안내 집각 아니불 믿을신 맡길임 권리권

내각(內閣)을 믿고(信) 맡기지(任) 않는다는(不) 권리(權)

내각은 의원 내각제에서 국가의 행정권을 담당하는 최고 기관을 말합니다. 이 권리는 국회가 내각을 믿지 못해서 일을 맡기지 못한다는 의사를 표시하는 것입니다. 내각이 불신임을 받으면 내각 구성원 모두 사직을 하거나 반대로 국회가 해산해야 합니다. 이 권리를 통해 행정권을 담당하는 내각과 입법권을 담당하는 국회 간에 권력 균형이 유지됩니다.

의회 해산권 議會解散權

의논할의 모일회 풀해 흩어질산 권리권

의회(議會)를 풀어(解) 흩어지게(散) 하는 권리(權)

우리나라에서 의회는 국회를 말합니다. 이 권리는 의회를 해산시킬 수 있는 권리로 대통령이 행사할 수 있습니다. 구헌법에는 국가의 안정·국민 전체의 이익을 위하여 일정한 요건을 갖추어 대통령이 국회를 해산할 수 있다고 하였으나, 현행 헌법에는 폐지되었습니다.

헌법소원 憲法訴願

법헌 법법 하소연할소 원할원

헌법(憲法)에 하소연하여(訴) 바로잡아 주기를 원함(願)

국가의 권력 행사로 국민의 기본권이 침해되었을 때 국민은 이를 구제받기 위해 헌법재판소에 심판을 요구할 수 있습니다. 이를 헌법소원이라고 합니다.

귀속 지위 歸屬地位 맡겨(歸) 붙어진(屬) 처지(地)나 자리(位)

맡길귀 붙일속 처지지 자리위

태어나면서부터 저절로 가지게 된 지위를 말합니다. 성별, 인종, 양반과 같은 지위가 이에 속합니다. 태어나면서 갖게 되므로 선천적 지위라고도 합니다. 이 지위는 전통적 신분 사회에서 중요시되었습니다.

- **성취 지위 成就地位: 이루어[成就] 얻은 처지[地]나 자리[位]**
개인의 노력으로 얻는 지위를 말합니다. 후천적 노력이 필요하므로 후천적 지위라고도 합니다. 결혼을 통해 이루어진 남편이나 아내, 자수성가한 부자 등이 그 예입니다.

역할 갈등 役割葛藤

해야 할 역할 役 割 이 서로 충돌함 葛 藤

갈등은 본래 칡과 등나무를 뜻합니다. 칡과 등나무는 서로 얽히며 자라
는데 이러한 모습이 서로 뒤얽혀 화합하지 못하는 모습을 비유하게 되었
습니다. 역할은 개인이 어느 집단에 있느냐에 따라 다르게 부여됩니다.
한 사람이 동시에 여러 지위가 있을 때, 개인은 어떤 행동을 취할지 갈등
에 빠지게 됩니다. 이를 역할 갈등이라고 하죠. 고부(시어머니와 며느리)
갈등 사이에서 아들이자 남편인 남성의 역할 갈등이 그 예입니다.

복지 제도 福祉制度

행복한 福 祉 삶을 위한 제도 制 度

국민 전체가 행복한 삶을 살 수 있도록 국가가 노력하는 모든 정책을 말합니다.

들여다보기

• 사회 보장 제도 社會保障制度: 사회[社會]에서 보호하고[保] 어려움을 막아주는[障] 제도[制度]
생활에 불안과 위협을 받고 있는 국민을 국가가 인간다운 생활을 할 수 있도록 도와주는 제도를 말합니다. 사회 보
장에서 가장 기본이 되는 것은 소득 보장입니다. 소득을 보장하기 위해서 실업 수당을 주거나 최저 임금 제도 등을
실시합니다. 게다가 의료 보장, 교육 보장 등을 통해 인간다운 삶을 보장합니다. '요람에서 무덤까지'라는 말을 들어
본 적 있죠? 바로 사회 보장 제도의 완벽한 실시를 주장하며 내세운 표어입니다.

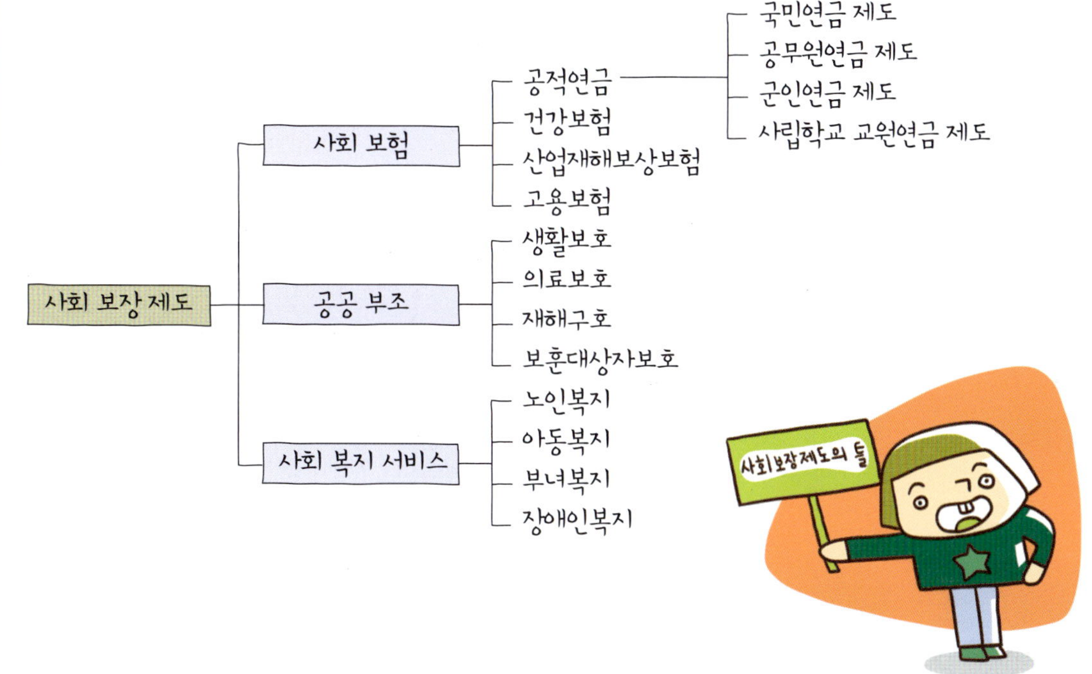

준거 집단 準據集團

기준 준 근거 거 모일 집 모일 단

일정한 기준 準을 근거 據로 삼은 집단 集團

개인이 자신의 가치와 행동을 결정하는 데 기준으로 삼고 있는 사회 집단을 말합니다. 학교 집단, 또래 집단, 사회 집단 등이 그 예라 할 수 있습니다. 개인은 스스로 자신이 속한 집단을 확인하고 그 규범을 따르게 됩니다.

이촌 향도 현상 離村向都現象

떠날 리 시골 촌 향할 향 도시 도 나타날 현 모양 상

시골 村을 떠나 離 도시 都를 향해 向 가는 현상 現象

농촌·산촌·어촌과 같은 시골을 떠나 도시로 이동하는 현상입니다. 산업화에 따라 도시에 일자리가 많아지고, 관공서·학교·병원과 같은 생활 편의 시설이 도시에 집중됨에 따라 시골에 살던 사람들이 도시로 모여들게 되었습니다. 이 때문에 시골에서는 젊은 층이 줄어들어 노동력이 부족하게 되었고, 땅을 경작할 사람이 없게 되자 땅의 이용률이 떨어졌습니다. 반면에 도시에서는 과다한 인구 집중으로 주택·교통 등의 문제가 발생하였습니다.

도심 都心

도시 도 중심 심

도시 都의 중심 心

도시의 중심을 가리키는 말입니다. 보통 도시의 가운데 만들어지며 그곳에는 관청·상점·회사·은행 등이 밀집하여 생깁니다. 그래서 땅값이 비싸지게 되죠. 서울의 대표적인 도심은 명동이라고 할 수 있죠.

들여다보기

- **부도심 副都心**: 다음[副]에 해당하는 도심[都心]
도심만큼 크게 발달하지 않았으나 도심 다음으로 발달한 지역을 부도심이라고 합니다. 부도심은 도심의 기능을 나누어 맡고 있습니다. 부도심은 도심에 집중된 업무를 나누고 도심 집중 때문에 생긴 문제를 가져와 해결하기도 합니다.

- **위성 도시 衛星都市**: 행성 주위를 돌며 지키는[衛] 별[星] 같은 도시[都市]
대도시 주변의 중소 도시를 말하며, 지구를 도는 달과 같은 관계라 해서 위성 도시라 부릅니다. 대도시가 점차 팽창하면 주변의 중소 도시가 이를 수용하게 되는데, 이러한 과정에서 중소 도시가 대도시의 기능을 일부 나누어 가지게 됩니다. 산업·교통·주택 등의 기능을 나눠 가진 중소 도시는 대도시의 위성과 같은 역할을 하는 도시가 됩니다.

문제 1 ㉠에 들어갈 단어는?

△△연구소는 최근 발표한 '농촌 인구 구성의 변화' 보고서에서 농촌 생산 가능 인구가 늘었고 앞으로 더 많은 인구수를 기록할 것으로 전망했다. 출산율 통계에서도 농촌의 인구 증가 현상을 확인할 수 있다. (중략) 산업화 이후 농촌 인구가 도시로 이동하는 (㉠) 현상은 이제 옛말이 된 것이다. 농촌 출산율이 바뀐 것은 결혼 이민자와 귀농 인구가 늘었기 때문으로 연구원은 분석했다.

문제 2 다음의 일을 하는 국가 권력 기관에 ○ 하세요.

- 국가의 경제 발전을 추진한다.
- 국민의 생명과 재산을 보호한다.
- 살기 좋은 민주 복지 사회를 만드는 데 힘쓴다.
- 국회에서 제정한 법률에 따라 나라를 다스린다.

입법부　　　　사법부　　　　행정부

문제 3 다음이 설명하는 것이 무엇인지 7음절의 한글로 쓰세요.

- 국회가 가지고 있는 권리이다.
- 다른 기관의 권력을 견제하기 위한 권리이다.
- 고위 공무원이나 법관 등의 잘못된 행위에 대해 처벌할 수 있다.

문제 4 다음 중 대통령만이 행사할 수 있는 권리는?

① 사회 보장권　　　② 헌법소원권　　　③ 탄핵 소추권
④ 법률안 거부권　　　⑤ 내각 불신임권

우리나라는 우리가 지킨다.

국사는 나라 국(國), 역사 사(史)가 만나 이루어진 '나라의 역사'입니다.

지금의 대한민국이 있기까지의 역사가 바로 국사입니다. 국사는 우리나라의 과거이지만 과거가 없다면 현재도 없습니다. 물론 현재가 없으니 미래도 있을 수 없겠죠.

국사는 객관적인 눈으로 과거를 보고 미래를 준비할 수 있도록 해주는 소중한 자료입니다. 한일 양국이 독도 문제로 서로 불편한 지금, '독도는 우리 땅'이라는 사실을 어떻게 설명해야 할까요? 여러분이 나라를 사랑하는 마음으로 국사 공부를 한다면 자신 있게 대답할 수 있지 않을까요?

애국은 바로 나라를 사랑한다는 말입니다. '애국자' 하면 누가 떠오르나요? 유관순?

안중근 의사? 이순신 장군? 우리나라는 1988 서울올림픽, 2002 한일월드컵, 2010 G20 정상회의, 2018 평창 동계올림픽 등 많은 국제 행사를 개최하는 나라입니다. 이렇게 될 수 있게 된 데에는 우리 조상의 많은 희생이 있었다는 사실을 잊으면 안 됩니다. 1997년 IMF 당시 우리나라 국민은 스스로 자신의 금을 모아서 경제 살리기에 나섰습니다. 여러분의 애국심은 어느 정도인가요?

우리 역사 속에서 조상의 애국 운동을 알아보고, 우리와 후손들의 멋진 미래를 위해 애국심을 깊이 생각하고 실천할 방법을 고민해 봅시다.

독립 협회 獨立協會

홀로 독 설립 협력할 협 모일 회

외세의 의존으로부터 **독립** 獨 立 하기 위해 **협력하는** 協 **모임** 會

독립 협회는 1896년 7월 서재필이 중심이 되어 만든 우리나라 최초의 근대적인 사회 · 정치 단체입니다. 외세의 침략에 반대하여 자주적인 힘으로 독립을 이뤄내야 한다고 주장하였습니다. 독립문을 건립하고 독립신문을 간행하였으며, 토론회와 강연회를 열어 민중들의 민족 사상과 무지함을 일깨우는 데 힘썼습니다. 민중들의 정치 참정권과 언론 · 집회의 자유, 애국 사상을 주장하면서 만민 공동회를 주최하기도 하였으나 보수파의 반대와 정부의 활동 금지령에 따라 1898년 12월경에 해체되었습니다.

독립문

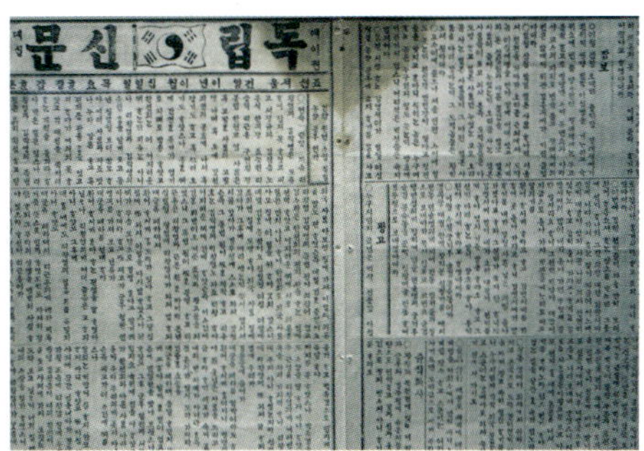

독립신문

 들여다보기

• **만민 공동회** 萬民共同會: 모든[萬] 백성[民]이 함께[共] 같이[同] 하는 모임[會]

1898년 3월 10일에 독립 협회의 주최로 서울 종로 네거리에서 열린, 우리나라 최초의 근대적 민중 집회입니다. 신분이나 직업의 차별 없이 시민, 독립 협회 회원, 정부 관료 등의 모든 백성이 이 집회에서 나라의 앞날을 토론하였습니다. 당시 열강들이 우리나라를 서로 차지하려는 다툼이 있었기 때문에 토론자들은 민족주의 · 민주주의를 주장했습니다. 1898년 10월에는 정부의 매국적 행위에 반대하며 개혁안 6조를 내놓았습니다. 처음 고종은 개혁안을 인정하고 시행하고자 하였으나, 보수적인 관료들의 반발로 시행하지 못하였고, 결국 독립 협회를 강제로 해산시켰습니다. 10월에 열린 집회는 만민 공동회에 진보적인 생각을 하는 정부 관료들까지 참여했다고 하여 관민 공동회(官民共同會)라고도 합니다.

만민 공동회의 개혁안 헌의 6조

1. 외국의 힘에 의지하지 말 것
2. 외국과의 이권 계약은 대신과 중추 의원들의 협의로 할 것
3. 국가재정은 정해진 기관에서만 하고 예산과 결산을 공개할 것
4. 중요한 범인은 공개 재판을 하고 피고의 자백 후 처벌할 것
5. 칙임관(대한 제국 말 높은 관직)의 임명은 많은 사람의 의견에 따를 것
6. 홍범 14조와 각 부처의 정해진 규정을 잘 따를 것

보안회 保安會 보호할 보 편안할 안 모일 회

나라를 보호하고 ^保 백성을 편안하게 ^安 하려는 모임 ^會

보안회는 1904년 일본의 조선 황무지 개간권 요구에 대항하기 위하여 서울에서 조직된 항일 단체입니다. 일본은 러일 전쟁 이후 일본 국민이 이주할 곳을 마련하려고 우리나라 국토의 25%에 해당하는 황무지 개간권을 요구하였습니다. 황무지를 개간하게 되면 땅에 대한 권리는 일본에 넘어가고 우리나라는 영토를 잃게 된다는 사실을 알게 된 백성은 보안회를 조직하여 이를 적극 반대하고 무산시켰습니다.

애국 계몽 운동 愛國啓蒙運動 사랑 애 나라 국 깨우칠 계 어두울 몽 돌 운 움직일 동

나라 ^國를 사랑하는 ^愛 마음으로 어둠 ^蒙을 깨우쳐 ^啓 주기 위한 운동 ^{運 動}

1905년 11월 을사늑약(乙巳勒約)이 강제로 체결된 후 우리나라의 주권 회복 운동은 개화파의 실력 양성과 강경파의 항일 무장 투쟁으로 나뉘었습니다. 그 중 부르주아 계층의 진보적인 지식인들은 백성의 실력이 부족하니 실력을 양성한 후 국권 회복에 힘써야 한다고 주장하였습니다. 학교를 세워 교육함으로써 민중들의 무지를 깨우치고, 산업 육성을 통해 민족 자본을 모았습니다. 이러한 애국 계몽 운동은 일본을 통해 들어온 서양의 신교육 운동과 언론 계몽 운동, 국채 보상 운동, 국학 운동, 신문학 운동, 민족 종교 운동으로 우리나라 사회 전반에 걸쳐 일어났습니다. 그러나 주권이 상실된 상태라 백성 간의 단합이 어려웠고, 일본의 탄압이 거세져 크게 발전하지 못했습니다.

> 을사[乙巳]년에 일본이
> 강제로[勒] 맺은 조약[約]

 **여다보기**

- **국채 보상 운동 國債報償運動**: 나라[國]의 빚[債]을 갚기[報償] 위한 운동[運動]

국채 보상 운동은 일본으로부터 빌려 쓴 돈을 갚기 위하여 1907년에 벌인 거족적인 애국 운동입니다. 일제는 반강제적으로 우리나라에 돈을 빌려주어 빚을 지도록 하여 경제적으로 침략하였습니다. 이에 대구에서 서상돈, 김광제 등에 의해 주권 회복 운동의 하나인 국채 보상 운동이 시작되었습니다. 점차 확산하여 전국에 걸쳐 국채 보상 모임들이 생겨났으며, 규모와 참여 계층도 다양했습니다. 『대한매일신보』, 『만세보』, 『황성신문』, 『제국신문』의 언론 기관이 적극 홍보하였으나 일제의 방해 공작과 탄압 때문에 분열되어 좌절되었습니다.

헌정 연구회 憲政研究會 법 헌 다스릴 정 갈 연 연구할 구 모일 회

헌법 ^憲에 의한 정치 ^政를 연구하는 ^{研 究} 모임 ^會

> 헌법[憲]을 세워[立] 국민의
> 생활을 꾸려나가야 한다는 주의[主義]

1905년 5월 독립 협회와 만민 공동회를 통해 얻은 자주 민권 의식과 독립 정신을 국민에게 널리 알리고자 만든 애국 계몽 단체입니다. 헌정 연구회는 입헌주의(立憲主義)에 근거를 둔 입헌 정치 체제를 연구하였습니다. 왕과 귀족, 정부는 헌법에 따라 정치를 펼쳐야 하며 국민도 헌법과 법률에 있는 권리를 누려야 한다고 주장했습니다. 하지만 1년이 채 안 되어 일제 통감부가 한국인의 정치 활동을 금지하였고, 헌정 연구회는 해체되었습니다. 뒤에 민족적 주체 의식을 고취하고 자주독립의 기반을 마련하고자 한 '대한 자강회'로 발전시켰습니다.

신민회 新民會

새로울 신 백성 민 모일 회

백성 民을 새롭게 新 하려는 모임 會

여러 사람이 함께[共] 의견을
화합하여[和] 국민을 통치하는 정치[政]

우리의 애국 계몽 운동을 탄압하는 일제의 압박이 더욱 거세지자 1907년 독립 협회의 청년 회원인 안창호, 신채호, 장지연, 박은식 등이 비밀리에 만든 단체입니다. 국권 회복을 위해서는 공화정(共和政)을 실시해야 하고, 국민이 새롭게 되려면 신기술, 신개혁 등으로 실력을 양성해야 한다고 주장하였습니다. 오산 학교, 대성 학교 등 100여 개의 학교를 설립하고, 애국주의, 국권 회복, 민족의식을 북돋기 위해 계몽 강연을 열었습니다. 『대한매일신보』, 『소년』 등의 출판물을 제작하였으며, 민족 산업을 발전시키기 위해 회사를 설립하였고, 무관 학교를 세워 독립군 양성에도 힘썼습니다. 1910년을 전후로 독립군 기지를 세우고 항일 무장 독립운동으로 방향을 바꾸면서 후에 만주와 중국에서 일어난 독립군 전쟁의 큰 밑거름이 되었습니다. 그러나 1911년 일제의 조작된 105인 사건으로 신민회 조직이 드러나게 되자 탄압이 거세졌고, 결국 해체되었습니다.

	신민회(新民會)	신간회(新幹會)
만들어진 시기	1907년	1927년
차이점	비밀 결사 단체	합법적 단체
	공화정 추구	추구하는 것이 뚜렷하지 않음.
	일제의 탄압 때문에 실패	민족주의와 사회주의의 대립으로 실패
공통점	일제에 대항하여 국권 회복을 위해 노력함. 국민 계몽 운동, 실력 양성 운동을 꾸준히 함. 일본의 끊임없는 탄압을 받음.	

의열단 義烈團

옳을 의 세찰 열 단체 단

옳은 義 일을 맹렬히 烈 실행하려는 단체 團

의열단은 1919년 11월 10일 만주 지린 성에서 조직한 항일 비밀 결사 단체입니다. 애국지사들은 일제의 지독한 감시와 탄압으로 3·1 운동 이후에 외국으로 독립운동 기지를 옮겨 단체를 세웠습니다. 이전의 온건파와 달리 매우 급진적이며 과격한 무력 항일 운동을 전개하였으며, 적극적인 투쟁과 희생정신을 주장하였습니다. 친일파와 매국노 및 조선총독부의 고위 관직자 암살, 경찰서 폭탄 투척, 조선총독부 폭탄 투척 등의 의로운 일을 도모하였습니다.

물산 장려 운동 物産 獎勵 運動

물건 물 생산할 산 권장할 장 권장할 려 돌 운 움직일 동

우리나라에서 생산되는 産 물건 物을 쓰라고 권장하는 獎 勵 운동 運 動

3·1 운동 이후 일제는 무력 탄압에서 문화 정치로 탄압의 방법을 바꿔 우리나라를 압박하였습니다. 일본은 일제와 우리나라의 관세(關稅)를 철폐하였으며, 일본인들은 우리나라에 회사를 쉽게 차려 이익을 얻어

국가가 관리하는 영역[關]을 통과하는
화물에 대하여 부과되는 조세[稅]

가는 경제적 침탈이 심했습니다. 이 때문에 우리 민족이 "내 살림 내 것으로"라는 표어를 내세워 경제 자립 운동을 펼쳤습니다. 전국적으로 퍼져 나간 물산 장려 운동은 시민의 경제 계몽에 큰 역할을 하였으나 토산품만을 애용하여 토산품의 가격이 상승하는 부작용도 있었습니다. 결국, 일제의 탄압으로 뜻을 크게 펼치지 못했습니다.

물산 장려 운동의 기본 정신
1. 남자는 무명베 두루마기, 여자는 검은 물을 들인 무명 치마를 입는다.
2. 소금, 과일, 음료, 설탕을 제외하고는 우리나라 것을 쓴다.
3. 일상 용품은 우리나라 것을 쓰고 어쩔 수 없이 외제를 사용할 때는 될 수 있으면 절약한다.

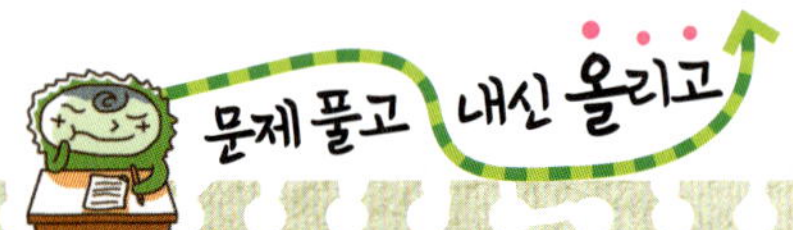

》정답 p.312

문제1 다음은 어느 단체에 대한 설명입니다. 알맞은 단체를 고르세요.

> • 안창호, 신채호, 장지연 등이 설립한 비밀 결사 단체
> • 오산 학교, 대성 학교 등 민중의 교육에 힘씀.
> • 후에 독립군 기지를 설립하여 독립군 전쟁에 밑거름이 됨.

① 보안회 　　　② 독립 협회 　　　③ 신간회
④ 신민회 　　　⑤ 헌정 연구회

문제2 1898년 독립 협회가 서울 종로에서 개최한 민중 대회로, 헌의 6조를 발표한 모임의 이름을 쓰세요.

문제3 다음 중 바르게 짝지은 것을 고르세요.

① 보안회 - 공화정 추구
② 헌정 연구회 - 입헌 정치 연구
③ 물산 장려 운동 - 수입한 물건을 씀.
④ 독립 협회 - 세력이 강한 나라에 의존함.
⑤ 국채 보상 운동 - 일제의 황무지 개간권 포기시킴.

치욕의 역사 속으로

한일전 축구 경기를 본 적이 있나요? 우리나라 사람들은 다른 나라와의 축구 경기보다 일본과의 축구 경기가 있는 날이면 앞다투어 경기를 보며 우리나라를 응원합니다. 일본에만큼은 절대로 질 수 없다는 절박한 심정으로 응원합니다. 왜일까요? 왜 그렇게 우리나라와 일본은 적대적인 관계가 되었을까요? 우리에게는 아픈 역사, 치욕스런 식민통치의 역사가 있기 때문입니다. 우리가 과거에는 힘이 없어 식민통치를 받았지만, 지금은 다르다는 강한 의지로 온 국민이 힘을 합쳐 응원하는 것이지요. 아픈 과거를 발판 삼아 다시는 그런 치욕스런 역사를 만들지 않겠다는 우리의 강한 의지가 반영된 것으로 볼 수 있지 않을까요?

이번에는 우리의 아픈 역사인 한국 식민통치시기에 일제가 우리에게 했던 일들을 배워 봅니다.

일제의 한국 식민통치는 세 가지로 분류될 수 있습니다. 1910년부터 1919년 삼일운동까지의 무력탄압이 1기, 삼일운동 이후부터 만주사변 전까지의 문화탄압이 2기, 1931년 만주사변 이후부터 일제가 망하게 된 1945년 광복절까지 일본과 한국은 한 핏줄이라고 우기며 민족말살정책을 펼쳤던 시기가 바로 3기입니다.

단발령 斷髮令

자를**단** 터럭**발** 명령**령**

머리카락 髮 을 자르라는 斷 명령 令

단발령은 을미개혁의 한 부분으로 상투를 잘라 머리를 짧게 깎도록 한 명령입니다. 우리 조상은 '신체발부 수지부모(身體髮膚受之父母: 몸과 터럭, 피부는 부모에게 받은 것이다.)'라는 유교의 가르침에 따라 몸을 소중히 여기면서 머리카락을 길렀는데, 개혁 아래 머리카락을 자르도록 강요받았습니다. 고종이 먼저 머리카락을 자르면서 정부가 백성에게 앞장서서 요구했으나, 그 배경에는 우리 민족정신과 혼을 약화시키려는 일본의 의도가 있었습니다.

통감부 統監府

거느릴**통** 감독할**감** 관청**부**

거느리고 統 감독하기 監 위한 관청 府

통감부는 을사늑약 후 우리나라의 외교권을 박탈하기 위해 일제가 1906년 2월에 설치한 관청입니다. 우리나라의 식민 통치를 위한 발판을 마련한 것이지요. 처음에는 대한 제국의 외교권에만 관여한다고 약속했으나 결국에는 모든 분야를 감독하고 간섭하였으며, 헤이그 특사 사건을 빌미로 고종까지 퇴위시켰습니다. 1910년 8월 이후 조선 총독부로 바꾸고 우리나라의 입법, 사법, 행정 등의 모든 권한을 가졌습니다.

한일 병합 조약 韓日倂合條約

나라이름**한** 나라이름**일** 합할**병** 합할**합** 조건**조** 약속**약**

대한제국 韓 과 일본 日 이 나라를 합하여 倂合 하나로 만든다는 조건 條 을 내세운 약속 約

1910년 8월 29일에 맺은 한일 병합 조약은 우리나라가 일본과 맺은 조약으로 우리나라를 일본의 식민지로 만들었습니다. 내각 총리대신 이완용이 통감부의 통감과 비밀리에 협의하고 순종황제 앞에서 형식적인 회의를 마친 후 왕의 도장인 어새를 가짜로 만들어 맺은 불법적인 행위였습니다. 1910년 8월 22일에 모든 일을 끝냈으나 우리나라의 반발이 두려워 8월 29일에 발표했습니다. 이날이 바로 '경술국치(庚戌國恥)'의 날입니다.

경술[庚戌]년에 일어난 나라[國]의 수치[恥]

병참 기지화 정책 兵站基地化政策

병사**병** 역마을**참** 터기 땅**지** 될**화** 정치**정** 꾀**책**

군대 兵 에 필요한 기지 站 의 기초 基 가 되는 땅 地 으로 만들려는 化 정치적인 政 꾀 策

일제는 대륙 침략과 태평양 전쟁에 필요한 군사 물품을 준비하는 병참 기지로 한반도를 이용했습니다. 1931년 만주 사변을 전후한 시기부터 1945년 광복될 때까지 침략과 전쟁을 위해 군량미, 군수 공장, 노동력 착취(징병제) 등을 마련하려고 이용한 식민지 정책이었습니다. 전쟁 막바지에 이른 1945년에는 집에서 쓰는 놋그릇까지도 가져갔다고 합니다. 병참 기지화 정책으로 황국 신민화, 내선일체, 군대 위안부 등이 시행되었습니다.

황국 신민화 정책 皇國臣民化政策

임금 황 나라 국 신하 신 백성 민 될 화 정치 정 꾀 책

천황[皇]이 다스리는 나라[國]의 신하[臣]와 백성[民]으로 만들려는[化] 정책[政策]

1931년 만주 사변 이후 일본은 우리 민족의 전통성과 정체성을 말살해서 일본 일부로 만들려고 황국 신민화 정책, 민족 말살 정책을 펼쳤습니다. 전국 곳곳에 신사를 만들어 참배하게 했으며, 황국신민서사를 외우게 했고, 집집이 일본의 신을 모시는 상자를 놓고 항상 절하게 했습니다. 한글로 쓰인 신문 발행을 금지하고, 평상시 일본어를 쓰게 하여 우리 언어를 말살(抹殺)하려고 했습니다. 또한, 일본식 이름을 쓰도록 강요하고, 잘못되고 거짓된 역사의식을 펼쳐 우리의 민족성을 짓밟았습니다.

원래 있던 것을 지워[抹]
없애 버림[殺].

 들여다보기

- 황국신민서사 皇國臣民誓詞: 천황[皇]이 다스리는 나라[國]의 신하[臣]와 백성[民]으로서 맹세하는[誓] 말[詞]
일본이 1937년에 황국 신민화 정책의 하나로 만들어 백성에게 외우게 한 말로 아동용과 일반용 2가지가 있습니다. 백성에게 학교, 은행, 상점, 관공서 등 모든 장소에서 황국신민서사를 외우고 읽게 했으며, 이것을 영화로 제작하거나 라디오로도 방송했습니다. 일본의 신하와 백성[臣民]의 도리를 주입함으로써 일본 천황에게 충성하는 마음을 새기고자 했으며, 정신적으로 민족성을 말살하고자 했습니다.

- **아동용**
① 우리는 대일본 제국의 신민입니다.
② 우리는 마음을 합해 천왕 폐하께 충의를 다합니다.
③ 우리는 인고단련(忍苦鍛鍊)하여 훌륭하고 강한 국민이 되겠습니다.

- **일반용**
① 우리는 황국신민이며, 충성으로써 군국(君國)에 보답하겠습니다.
② 우리 황국신민은 서로 신애협력(信愛協力)하여 단결을 굳게 하겠습니다.
③ 우리 황국신민은 인고단련의 힘을 키워서 황도(皇道)를 선양하겠습니다.

내선일체 内鮮一體 일본 안[内]과 조선[鮮]은 하나[一]의 몸[體]이다.

안 내 조선 선 하나 일 몸 체

일본은 자신의 식민지를 외지(外地: 바깥 땅)라고 부르고, 일본 본토를 내지(內地: 안 땅)라고 불렀습니다. 내선일체는 일제 강점기 때 조선인의 민족성을 말살하고 조선을 착취하기 위하여 만들어낸 용어입니다. 일본과 조선은 하나이기 때문에 조선은 일본에 충성을 다해야 한다는 뜻이 담겨 있습니다. 일제 강점기 말에는 '일본은 형이고 조선은 동생'의 뜻을 지닌 일선동조론(日鮮同祖論)을 내세워 일본에 조선을 편입시켜 식민지로 만들려고 노력했습니다.

일본[日]과 조선[鮮]은 같은[同]
조상[祖]에게서 나왔다는 논리[論]

군대 위안부 軍隊慰安婦

군사 군 무리 대 위로할 위 편안할 안 여자 부

군대[軍隊]를 위로하고[慰] 편안하게[安] 하는 여자[婦]

일본은 1937년 중일 전쟁을 시작하면서 조선의 수많은 남자를 전쟁터에 끌고 갔으며, 군수 공장과 방직 공장의 노동, 간호보조, 잡일 등에는 조선의 여자들을 데려가 노동력을 착취했습니다. 여자 중 일부는 성적 착취까지 당하였는데 이들을 군대 위안부라고 합니다. 육체적, 정신적으로 힘든 생활을 겪은 군대 위안부의 여성들은 지금도 일본 정부의 사과를 기다리고 있으나 여전히 일본 정부는 외면하고 있습니다.

공출 供出   바치고供 내놓음出

계속되는 전쟁 때문에 많은 식량이 필요한 일본은 우리나라의 농산물을 계획적이고 정책적으로 빼앗았습니다. 일본이 돈을 주고 사는 것처럼 모양새를 갖췄으나 농민들 손에 들어온 현금은 거의 없었습니다. 자기가 소비할 곡식만 제외하고 쌀이나 잡곡, 고사리 같은 식량과 금속 등 뺏을 수 있는 것들을 공출하였습니다. 1940년부터 1945년까지 전체 생산량의 절반가량이 공출 되었고, 우리 농민들은 몰락하게 되었습니다.

추수 때의 공출

창씨개명 創氏改名

성씨氏를 일본식으로 만들고創 이름名을 고치는改 것

창씨개명은 일제가 강제로 우리나라 백성의 성과 이름을 일본식으로 고치게 한 일로 '창씨'라고 줄여서 말하기도 합니다. 우리 민족성을 말살하려는 정책 중 하나로 완전한 일본인의 혼을 넣기 위해 3글자의 이름을 일본식인 4글자의 이름으로 바꾸도록 강요했습니다. 창씨개명을 하지 않으면 징용에 우선순위로 끌려가고, 식량 배급에서 제외되는 등의 탄압이 따랐습니다. 결국, 강압적인 탄압에 우리 국민의 80% 정도가 창씨개명을 했다고 합니다.

방곡령 防穀令   곡식穀의 수출을 막는防 명령令

방곡령은 1889년에, 함경 감사(咸鏡監司) 조병식이 일본에 대한 곡물 수출을 금지한 명령입니다. 1876년 강화도 조약으로 우리나라를 자유롭게 드나든 일본은 갖은 방법으로 우리의 쌀과 콩을 일본으로 가져가 우리나라 백성은 식량난에 허덕였습니다. 이런 식량난을 해결하기 위해 우리의 곡물이 수출되는 것을 금지한다고 명령하였습니다. 그러나 일본은 방곡령으로 손해를 입었다며 손해 배상을 청구하는 방해 공작을 펼쳐 결국 1894년 1월에 전면 해제되었습니다.

시일야방성대곡 是日也放聲大哭

이 시 날 일 어조사 야 놓을 방 소리 성 큰 대 울 곡

이 **是** 날 **日** 은 **也** 소리 **聲** 내어 **放** 크게 **大** 통곡하노라 **哭**

1905년에 일본의 강요로 우리나라 외교권을 박탈한 을사늑약이 맺어진 것을 슬퍼하여 1905년 11월 20일 『황성신문』에 장지연이 민족적 울분을 표현한 논설입니다. 국어와 한문이 함께 쓰였으며, 강압적으로 조약을 체결한 우리나라 매국노(賣國奴) 대신들을 '개, 돼지만도 못한 사람'으로 비유하였습니다. 이 일로 장지연은 구속되었고, 『황성신문』은 3달간 간행을 금지당했습니다.

→ 나라[國]를 팔아먹은[賣] 놈[奴]

헤이그 특사 헤이그 特使

특별할 특 사신 사

헤이그에서 열린 만국 평화 회의에 **특별한 特** 임무를 갖고 보내진 **사신 使**

1907년 네덜란드의 수도 헤이그에서 제2회 만국 평화 회의가 있다는 소식을 듣고 고종이 특별한 임무를 준 사신을 헤이그 특사라고 하며, 이준, 이상설, 이위종을 말합니다. 이들은 강압적으로 이뤄진 을사늑약의 부당함과 일제의 만행을 온 세상에 알리려고 했으나 일제의 방해로 회의장에 들어가지 못했습니다. 그러나 네덜란드 언론인의 도움으로 국제 협회에서 우리의 실상을 발표할 수 있었습니다. 세계는 조선의 처지를 불쌍히 여길 뿐 별다른 성과는 없었으며, 일제는 이를 핑계로 고종을 강제로 퇴위시켰습니다.

문제 풀고 내신 올리고

≫정답 p.312

문제 1 다음 중 일본이 우리에게 행하지 <u>않은</u> 것은?

① 단발령　　　② 황국 신민화 정책　　　③ 통감부 설치
④ 방곡령　　　⑤ 공출

문제 2 고종이 특별한 임무를 주어 제2회 만국 평화 회의에 보낸 사신을 무엇이라고 하는지 써 보세요.

문제 3 다음 설명에 맞는 용어를 써 보세요.

(1) 한국식 이름을 일본식으로 바꿀 것을 강요한 사건 (　　　　　　　)

(2) 민족 말살의 정책으로 일본과 조선은 하나의 몸이라는 구호 (　　　　　　　)

(3) 천황이 다스리는 나라의 신하와 백성이 되는 것을 맹세하는 말 (　　　　　　　)

(4) 침략 전쟁을 위해 필요한 물품을 준비하기 위한 기지로 만드는 것 (　　　　　　　)

우리나라
토지 제도의 변천사

요즘 뉴스를 보면 전세난, 월세난 이야기가 많이 나옵니다.

여러분은 이러한 뉴스의 내용을 이해하고 있나요?

현대에는 자신의 집이 없으면 남의 집을 일정 기간 빌려서 살 수 있습니다. 그렇다면 과거에는 어땠을까요? 과거에도 땅을 빌려 주고 빌려 받고 했을까요? 과거에는 이사를 거의 하지 않았습니다. 태어난 집에서 할아버지, 아버지, 아들, 손자까지 대를 이어서 살았습니다. 그 이유는 바로 그 당시의 토지 제도 때문이었지요. 과거에는 토지가 참 중요했습니다. 거기서 나온 곡식으로 밥을 먹을 수 있었고, 세금을 낼 수 있었기 때문입니다. 세금이 잘 걷혀야 나라도 잘 꾸려갈 수 있었기 때문에 과거의 토지 제도는 계속 바뀔 수밖에 없었지요. 또한, 지금은 부모님께서 일하시면 월급이라는 돈을 받지만, 과거에는 땅으로 받았습니다. 땅에서 나온 모든 것이 자신의 것이 되기 때문에 힘이 있는 사람들은 자신에게 유리한 토지 제도를 만들려고 했습니다. 왕권이 강했을 때와 약했을 때의 토지 제도는 당연히 다를 수밖에 없었습니다. 과거의 토지 제도는 어떻게 변화되었는지 배워봅시다.

녹읍 祿邑
봉급 록 고을 읍

관리에게 봉급^祿으로 주는 영토^邑

녹읍은 신라에서 고려 초기까지 나라가 관리에게 봉급으로 주는 영토입니다. 나랏일을 하는 관료 귀족들에게 땅과 함께 그 땅을 가꾸는 노동력, 그 땅의 생산물 및 수조권(收租權)을 주었습니다. 왕권이 강해지면 폐지되었다가 약해지면 다시 부활하였습니다.

토지에서 나오는 세금[租]을
거둘[收] 수 있는 권리[權]

	녹읍(祿邑)	식읍(食邑)
차이점	직무의 대가로 관료들에게 주는 영토	나라를 위해 특별한 공을 세운 공신과 왕족 또는 귀족에게 주는 영토
공통점	왕권이 강화되면 폐지되고 왕권이 약화되면 부활함. 조세를 거두어들여서 가질 수 있고, 노동력을 강제로 모으거나 거둘 수 있음.	

687
관료전 官僚田
관리 관 벼슬아치 료 밭 전

관리^官와 벼슬아치^僚들에게 주는 땅^田

관료전은 신라 중기 신문왕 때부터 관리들에게 녹읍 대신 주던 땅입니다. 관직에서 물러나면 녹읍은 반납할 필요가 없었으나 관료전은 반납해야 했으며 반납하고 나서 어떠한 권리도 누릴 수 없었습니다. 또한, 관료전은 주어진 땅에 대한 세금만 거두도록 하였으며, 그 땅을 일구는 사람은 부릴 수 없었습니다. 관직에 있었던 귀족과 왕족들은 반발하였고, 왕권이 약해지자 자연히 폐지되었습니다.

722
정전 丁田
장정 정 밭 전

장정^丁들에게 경작하도록 나눠준 땅^田

정전은 통일 신라 성덕왕 21년(722)에 국가가 어떤 규칙에 따라 15세 이상의 장정들에게 토지를 나눠 준 땅입니다. 정전을 받은 사람들이 어떤 부류에 속하는 사람들이었으며, 어떤 기준으로 장정들에게 나눠 줬는지에 대한 것은 잘 알 수 없습니다. 정약용이 주장한 정전제(井田制)와 다르므로 구별합시다.

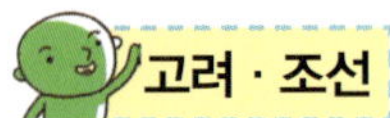

976

전시과 田柴科

밭 전 · 땔나무 시 · 등급 과

땅(田) 및 땔나무(柴)를 얻을 수 있는 숲을 등급(科)에 따라 나눠 준 제도

전시과는 국가의 최고 관직에 있는 관리부터 최하 관직에 있는 관리까지 등급을 나누어 농사를 짓는 땅뿐만 아니라 땔나무를 얻을 수 있는 임야까지 나누어 준 토지 제도입니다. 직접 땅과 임야를 가질 수 있는 것이 아니라 그 땅과 임야에 대한 수조권(收租權)만 준 것입니다. 즉, 전시(田柴)에서 나오는 세금을 국가가 걷어서 관리에게 주었으며, 전시를 받던 관리가 죽으면 그 전시는 다시 국가 소유가 되었습니다.

양전 量田

헤아릴 양 · 밭 전

땅(田)을 헤아려서(量) 측량하는 것

양전은 실제로 토지가 얼마나 경작되고 세금을 얼마나 걷을 수 있는지를 조사하는 토지 측량 제도였습니다. 과거에는 세금을 걷을 수 있는 기준이 경작을 하는 토지였으므로 국가의 재정에 매우 중요한 일이라고 할 수 있습니다. 20년마다 빠진 경작지는 없는지 다시는 경작할 수 없어 세금을 걷을 수 없는 곳이 있는지를 양안(量案)이라고 하는 토지 대장에 기록하였습니다. 20년마다 하는 것이 원칙이었으나 워낙 많은 인력과 자원이 동원되어야 하므로 수십 년 혹인 백 년에 한 번씩 시행하였다고 합니다.

1391

과전법 科田法

등급 과 · 밭 전 · 법 법

관직의 등급(科)에 따라 땅(田)을 나눠 준 법(法)

개인[私] 소유의 땅[田]

고려 말 귀족들은 전시과를 변형시켜 개인이 사사로이 땅을 소유하여 관리에게 줄 땅이 부족했습니다. 이에 위화도 회군으로 세력을 가진 이성계와 조준 등의 신진 사대부들이 과전법을 마련하여 사전(私田)을 개혁하였습니다. 과전법은 토지의 국유화를 원칙으로 공전(公田)을 확대하여 국가 재정을 확보하고, 전시과(田柴科)의 기본 원칙으로 돌아감으로써 관료 지배 체제를 확립하려는 것이었습니다.

국가[公] 소유의 땅[田]

직전법 職田法

벼슬직 밭전 법법

현재 일하는 관리職에게만 땅田을 나눠 준 법法

> 토지에서 나오는 세금[租]을
> 거둘[收] 수 있는 권리가 있는 땅[地]

직전법은 조선 전기에 현직에서 일하는 관리에게 수조지(收租地)를 나눠 준 토지 제도입니다. 과전법으로 각 개인이 소유하는 땅도 많아지고, 후손에게 세습하는 등의 문제가 생겨나자 나라에서 직전이라는 법을 정하여 현재 일하는 관리에게만 땅을 나눠 주고 후손이나 유가족에게 땅을 세습하는 권한을 없앴습니다. 그러나 퇴직 또는 사망으로 자손들의 살길이 막막해질 것을 걱정하여 관리들은 현직에 있을 때 규정 이상으로 세금을 거두었습니다. 그래서 국가 재정은 점점 악화하였고, 임진왜란을 겪으면서 결국 폐지되었습니다.

전제개혁론 田制改革論

밭전 제도제 고칠개 고칠혁 말할론

토지田 제도制를 새롭게 고치자改革는 학설論

과거 국가는 관리에게 일한 대가로 토지를 주었으며 왕권이 강해지고 약해질 때마다 토지 제도에 변화가 있었습니다. 권력을 가진 사람들은 권력을 유지하려고 자신에게 유리한 토지 제도를 원했고, 나라가 망할 때 왕권이 약해진 틈을 타 개인적인 땅을 더욱 넓히려고 노력했습니다. 이에 학자들은 토지 제도 개혁에 대한 의견과 학설을 주장하면서 토지 제도를 고치려고 하였습니다. 물론 주장대로 개혁에 성공하지는 못했다 하더라도 토지 제도에 많은 영향을 끼쳤습니다.

들여다보기

- **균전론 均田論**: 땅[田]을 고르게[均] 나눠 주어야 한다는 학설[論]
균전론은 조선 후기 실학자 유형원이 제기하였던 전제개혁론으로, 나라의 전체 토지를 조사하여 모든 농민에게 같게 토지를 분배하고 토지 소유에 맞게 세금을 걷자는 주장입니다. 농민들의 최저 생계를 보장하자는 것이었으나 양반과 평민들의 차별적인 신분 계층을 인정하고 특권 지주층을 인정하는 한계점을 갖고 있었습니다.

> 영원히[永] 일[業]할
> 수 있는 땅[田]

- **한전론 限田論**: 개인의 땅[田] 소유를 제한하자는[限] 학설[論]
한전론은 조선 후기 실학자 이익이 주장한 전제개혁론으로, 국가가 농민들에게 기본적인 영업전(永業田)을 정해 주고 영업전 이외의 땅은 매매할 수 있도록 하자는 주장입니다. 대토지 소유를 당장 금지하기보다는 시간을 두고 점진적으로 개혁하는 것을 주장했으나 대토지 소유를 효과적으로 막기가 어려웠고, 농사를 짓지 않는 사람들도 영업전을 갖게 되는 문제점이 있었습니다.

- **여전론 閭田論**: 마을[閭] 단위로 땅[田]을 공동으로 소유하고 경작하자는 학설[論]
여전론은 조선 후기 실학자 정약용이 『여유당전서』에서 주장한 전제개혁론으로, 마을 단위로 토지를 공동으로 소유하고 경작하여 그 생산물을 노동량에 따라 분배하자는 주장입니다. 땅의 모양대로 마을을 만들어 그것을 1여(閭)라고 하고, 개인적으로 농사를 짓는 땅과 마을 공동으로 경작하는 땅을 두어 세금을 걷는 것입니다.

- **정전론 井田論**: 땅[田]을 우물 정[井]자 모양으로 나누어 경작하자는 학설[論]
정전제는 정약용이 자신이 내놓은 여전론에 대해 현실성이 부족하다고 여겨 다시 수정하여 내놓은 전제개혁론입니다. 여전론은 이상적이기는 하나 귀족 등 일부의 지배 세력이 권력과 경제력을 모두 가진 상태에서는 불가능하다는 것이죠. 정전제는 이를 보완하여 일정한 구역을 우물 정(井) 자 형태인 9개로 나눠 8개는 농민 개인이 농사짓고, 가운데 1개는 함께 농사지어 세를 내자는 학설입니다. 그러나 이 또한 구체적인 실현 방안이 부족하여 학설로만 끝나게 되었습니다.

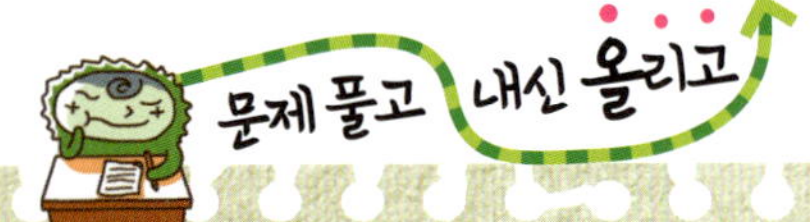

문제1 다음에서 설명하는 토지 제도는 무엇인지 바르게 써 보세요.

> • 토지 측량 제도
>
> • 20년마다 조사하여 토지 대장에 기록
>
> • 조사를 위한 막대한 지출로 인해 수십 년 혹인 백 년에 한 번씩 시행

문제2 전시과에 대한 설명으로 맞지 <u>않는</u> 것은?

① 직접 땅과 임야를 가질 수 있다.
② 국가의 최고 관직 관리부터 최하 관직 관리까지 받는다.
③ 전시에서 나오는 세금을 국가가 걷어서 관리에게 주었다.
④ 전시를 받던 관리가 죽으면 그 전시는 다시 국가 소유가 된다.
⑤ 농사를 짓는 땅뿐만 아니라 땔나무를 얻을 수 있는 임야까지 준다.

문제3 다음 설명에 해당하는 것은?

> • 통일 신라 때의 토지 제도
>
> • 국가가 백성의 토지 분배에 개입함.
>
> • 장정들에게 나눠준 토지라는 뜻으로 만들어진 이름

① 양전   ② 균전론   ③ 직전법
④ 과전법   ⑤ 정전

문제4 다음 중 가장 먼저 시행한 토지 제도는?

① 과전법   ② 정전론   ③ 여전론
④ 녹읍   ⑤ 관료전

문제5 다음 전제개혁론과 관련 있는 설명을 찾아 바르게 연결해 보세요.

(1) 여전론 •   • ㉠ 개인의 땅 소유를 제한하자는 학설

(2) 균전론 •   • ㉡ 땅을 고르게 나눠 주어야 한다는 학설

(3) 한전론 •   • ㉢ 마을 단위로 땅을 공동으로 소유하고 경작하자는 학설

왕권 강화와 약화

'王(임금 왕)'이라고 하면 어떤 점이 제일 먼저 떠오르나요? 모든 일을 자신이 하고 싶은 대로 할 수 있는 부러운 존재로 생각하고 있나요? 하지만 왕은 자신이 하고 싶은 것만 하면서 살 수는 없었답니다. 왕을 모시면서 왕의 의견에 찬성하기도 하고 반대하기도 하는 신하와 백성이 있었기 때문이죠. 왕이 백성을 위하고 나라를 다스리는 것 외에 다른 쪽에 지나친 관심을 두면 충신들은 계속 왕을 견제하고 충고를 아끼지 않았습니다. 하지만 왕에게 아부만 하고 왕의 옳지 않은 행동을 눈감기도 하고 함께 하기도 하는 간신도 있었습니다. 그래서 주변 신하에게 둘러싸여 자신의 뜻을 펼칠 수 없던 왕도 있었고, 적들의 침입을 피해 수도를 두고 피난을 갔던 왕도 있었습니다. 왕은 우리가 생각하는 편한 생활만 할 수는 없었던 것이죠. 왕은 한 나라를 이끌어야 하는 짐을 안고 사는 사람이기도 했습니다. 모든 왕은 왕의 권력 즉, 왕권 강화에 힘썼지만 많은 어려움에 부딪혔고, 왕권이 약해지는 어려운 상황을 맞이하기도 했습니다.

연호 年號　그 해^年의 이름^號

연호는 중국에서 전해진 것으로 자신이 왕으로 있는 기간에 이름을 붙여 부른 것입니다. 연호를 사용한다는 것은 천하를 다스리는 황제로 인정되는 것이므로 아무 때나 사용할 수 없었으며, 왕이 나라를 다스릴 때 하나의 연호를 사용하거나 여러 가지 연호를 사용하기도 했습니다. 우리나라는 고구려의 광개토 대왕, 신라의 진흥왕, 진평왕, 선덕 여왕, 고려의 태조, 광종 등이 연호를 사용했습니다. 삼국 시대 때부터 연호를 사용했지만, 조선 시대 때는 우리가 중국의 제후국임을 인정하여 연호를 사용하지 않았습니다. 중국이 청일 전쟁에서 패함으로써 1895년에 다시 우리나라도 연호를 사용하였고 현재는 연호 대신 서력기원(西曆紀元)을 사용합니다.

서양[西] 책력[曆]에서 연대[紀]를 계산하는 데 기준[元]이 되는 해

우리나라 역사 속 연호

나라	왕	연호
고구려	광개토 대왕	영락(永樂)
신라	법흥왕	건원(建元)
	진흥왕	개국(開國), 대창(大昌), 홍제(鴻濟)
	진평왕	건복(建福)
	선덕 여왕	인평(仁平)
	진덕 여왕	태화(太和)
발해	대조영	천통(天統)
고려	태조 왕건	천수(天授)
	광종	광덕(光德), 준풍(峻豊)
조선	고종	건양(建陽), 광무(光武)
	순종	융희(隆熙)

682

만파식적 萬波息笛

모든 만 물결 파 쉴 식 피리 적

세상의 모든 萬 물결 波 을 쉬게 息 하는 피리 笛

만파식적은 세상의 모든 파도를 잠재우는 피리로 『삼국유사(三國遺事)』에 관련된 이야기가 수록되어 전합니다. 거북이 머리처럼 생긴 산에 대나무 한 그루가 있었는데 낮에는 둘이 되고 밤에는 하나로 합쳐졌습니다. 왕은 대나무가 하나가 될 때 그것으로 피리를 만들어 불면 천하가 화평해지며 나라에 큰 힘이 된다고 듣고서 피리를 만들었습니다. 그 후 이 피리를 불면 가뭄이나 홍수가 잦아들고, 전염병이 없어지는 등 나라의 모든 근심이나 걱정거리가 없어져서 만파식적이라 부르게 되었습니다. 이 설화는 신라가 삼국을 통일했을 때, 고구려와 백제의 백성을 하나로 뭉치기 위한 목적이 있었습니다.

고구려, 백제, 신라, 세 나라[三國]의 남겨진[遺] 일[事]을 기록한 책

956

노비안검법 奴婢按檢法

남자종 노 여자종 비 살필 안 검사할 검 법 법

노비 奴 婢 를 살피고 按 검사하는 檢 법 法

노비안검법은 고려 광종 7년(956)에 원래 양인이었던 노비를 해방해 주려고 만든 법입니다. 호족들은 전쟁의 포로들과 땅을 잃고 방랑하는 유민들을 노예로 만들어 자신들의 재산으로 삼았습니다. 그러면서 노동력과 군사력을 갖춰 경제적, 군사적으로 왕권을 위협하는 존재가 되었습니다. 이들의 세력을 억제하기 위해 광종은 원래 양인이었던 노비들을 조사해서 이들에게 다시 양인의 신분을 주는 법을 시행하였습니다. 왕권 강화 정책의 하나인 노비안검법은 호족들의 세력을 약화시켰습니다.

들여다보기

- **노비환천법 奴婢還賤法**: 해방된 노비[奴婢]들을 다시 천민[賤]으로 돌려보내는[還] 법[法]
  노비환천법은 고려 성종 6년(987)에 노비안검법에 따라 해방된 노비들을 다시 천민으로 만든 법입니다. 노비안검법으로 자신들의 세력이 약해진 호족들은 강하게 불만을 드러냈습니다. 그래서 성종 때 노비안검법으로 양인이 된 노비들이 전 주인을 멸시하거나 전 주인의 친족들과 싸움이 있을 때 다시 노비의 신분으로 돌려보내는 노비환천법을 시행하였습니다.

원래 양인인 한 사람 → 전쟁으로 노비가 됨. → 노비안검법으로 다시 양인이 됨. → 노비환천법으로 다시 노비가 됨.

탕평책 蕩平策 넓고 크며 蕩 공평한 平 정책 策

넓고 클 탕 · 평평할 평 · 꾀 책

탕평(蕩平)이라는 말은 『서경(書經)』의 '무편무당, 왕도탕탕, 무당무편, 왕도평평.(無偏無黨, 王道蕩蕩, 無黨無偏, 王道平平.: 치우침이 없고 무리를 짓는 것이 없으면 왕도가 아득히 넓고, 무리를 짓는 것이 없고 치우침이 없으면 왕도가 평탄하다.)'이라는 글귀에서 유래한 것으로 싸움, 시비, 논쟁에서 어느 한 쪽으로 치우치지 않고 두루 공평한 것을 뜻하는 말입니다. 조선 후기에는 서로 생각이 맞는 선비들끼리 무리〔黨〕를 이루었으며, 자기가 속한 당파와 다른 당파의 의견을 반대하면서 세력을 다투었습니다. 영조는 이것을 해결하고자 탕평책을 시행하여 노론과 소론의 화목을 도모하였습니다. 그리고 당파와 상관없이 인재를 등용하여 당파 간의 싸움을 해결하였습니다. 그 후 정조도 탕평책을 시행하여 여러 세력들의 균형을 유지하는 데 어느 정도 효과가 있었습니다. 그러나 탕평책은 근본적인 해결책은 되지 못하였고, 붕당끼리의 다툼은 계속되었습니다.

조선 중기 영조는 자신의 탕평책을 신하들과 백성, 유생들에게 널리 알리고자 성균관 반수교에 탕평비를 세웠으며, 탕평책을 논하는 자리에서 '탕평채'라는 음식을 내놓았습니다. 탕평채는 잘게 썬 청포묵에 돼지고기와 미나리, 김을 섞고 식초나 간장으로 맛을 낸 것으로 청포묵이 고기와 채소의 맛을 조화롭게 중화시켜 주었답니다. 이것은 어느 한 쪽에 치우치지 않는 탕평책의 역할을 나타낸 것으로 볼 수 있습니다.

탕평채

탕평비

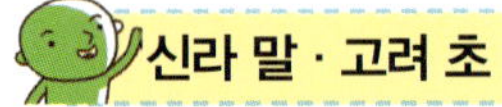

호족 豪族 어떤 지방에서 세력이 뛰어난 豪 무리 族

뛰어날 호 · 무리 족

호족은 신라 말 · 고려 초의 지방 세력을 일컫는 말입니다. 중앙 귀족이 시골로 돌아가서 세력을 이루거나 마을의 행정을 담당하던 촌주가 호족이 되기도 하였습니다. 지방의 넓은 땅과 사병, 농민들을 거느리면서 경제력과 군사력을 갖추었기 때문에 왕권을 위협하는 존재였습니다. 그래서 고려를 건국한 왕건은 지방 호족의 딸들과 결혼하여 그들의 세력을 자신의 것으로 만들면서 왕권을 강화시켰습니다.

1128

서경 천도 운동 西京遷都運動

서쪽 서 · 서울 경 · 옮길 천 · 도읍 도 · 돌 운 · 움직일 동

서경 西京 으로 도읍 都 을 옮기자는 遷 운동 運動

서경 천도 운동은 묘청이 고려 수도를 개경에서 서경(지금의 평양)으로 옮기자고 주장한 운동입니다. 고려 17대 왕 인종이 즉위했을 때 나라의 안과 밖은 혼란스러웠습니다. 나라 안에서는 인종의 친척 이자겸이 난을 일으켰고, 나라 밖에서는 송나라가 망하고 여진족인 금나라가 세워졌습니다. 이때 묘청이 개경(지금의 개성) 땅은 기운이 쇠하였으므로 서경(지금의 평양)으로 도읍을 옮겨야 고려 왕조가 자손 대대로 복을 받을 수 있다고 주장하였습니다. 인종도 묘청의 의견에 찬성하여 도읍을 옮기고자 하였으나 중앙 귀족들의 반대로 실현하지 못했습니다. 묘청과 그의 추종자들은 난(묘청의 난)을 일으키면서 주장을 굽히지 않고 버텼지만 결국 정부군의 공격으로 진압되었습니다. 서경 천도 운동은 비록 실패하였으나 금나라를 정벌하고 황제의 칭호와 연호를 쓰자고 주장하는 등의 자주정신을 드러낸 운동으로 평가받고 있습니다.

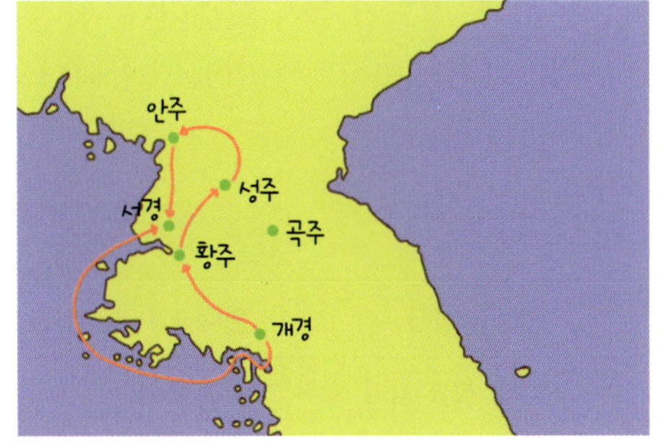

관군의 토벌 진로

1170

무신 정변 武臣政變

무기 무 · 신하 신 · 정치 정 · 변할 변

군사 武 일을 담당하는 신하 臣 들이 일으킨 정치 政 상의 큰 변화 變

무신 정변은 고려 의종 때 문신보다 낮은 대우를 받고, 문신에게 무시를 당하는 무신이 일으킨 쿠데타입니다. 문신이 최고 관리직으로 승진할 수 있는 것에 반해 무신은 그러지 못했으며, 의종도 또한 문신과 어울리면서 무신이 천대 받는 상황을 알지 못했습니다. 결국, 오랜 차별과 문신 위주의 정치에 불만을 품은 무신(정중부, 이의방, 이고 등)이 난을 일으켜 정권을 잡고 문신을 죽이고 왕을 폐위시켰습니다. '지렁이도 밟으면 꿈틀한다.'라는 것을 보인 무신 정변으로 고려의 신분 질서가 흔들렸으며, 백성은 신분 상승에 대한 기대감이 커져 '망이, 망소이의 난'을 일으키기도 했습니다.

13세기 고려 후기

권문세족 權門勢族

권세 권 · 문 문 · 세력 세 · 무리 족

권세 權 를 가진 가문 門 과 세력 勢 을 가진 무리 族

권문세족은 벼슬이 높고 권세가 있는 집안으로 무신 정변에서 살아남은 문신들과 무신 정변으로 힘을 얻은 무신들, 원나라와의 관계에서 힘을 얻은 가문들을 통틀어 일컫는 말입니다. 이들은 대토지를 소유하였으며, 농민들을 노비로 만들어 토지를 경작하게 했습니다. 이로 말미암아 세금을 내는 백성은 줄어들고, 권문세족은 세금을 내지 않아서 나라의 재정이 점점 궁핍해졌습니다.

신진 사대부 新進士大夫

새로울 신 나아갈 진 선비 사 큰 대 사내 부

새롭게 新 정치에 나아간 進 선비 士 와 벼슬아치들 大 夫

고려 말에 이르러 권문세족의 세력이 날로 커져 왕권이 약화되었습니다. 그래서 권문세족에 대항할 수 있는 세력이 필요했는데 이들이 바로 신진 사대부였습니다. 신진 사대부는 유학과 성리학을 공부하여 과거에 급제한 관리들로 공민왕을 도와 개혁을 주도하였으며, 원나라에 대항하였습니다. 대표적 인물로는 정몽주, 이색, 정도전 등이 있습니다. 신진 사대부가 등장한 시기에 새롭게 생겨난 무인 세력을 신흥 무인 세력이라고 하며 이성계가 이에 속합니다. 신진 사대부와 신흥 무인 세력이 힘을 합쳐 세운 나라가 바로 조선입니다.

	권문세족	신진 사대부
등장 배경	원나라가 고려를 간섭할 때	무신 정변 말
세력을 잡은 시기	고려 후기	고려 말, 조선 초
원에 대한 태도	친밀한 관계	대항하는 관계
경제적인 면	대토지 소유	중소농장 소유
출신	친원파, 기존의 문벌 귀족, 무인 세력	과거를 통해 선발된 관리
특징	자신들의 세력을 유지하기 위해 원나라와 친선 관계를 유지할 것을 주장	원나라의 간섭에 반대 권문세족의 대토지 소유 반대 전반적인 개혁을 주장

위화도 회군 威化島回軍

위엄 위 될 화 섬 도 돌 회 군사 군

위화도 威化島 에서 군사 軍 를 돌림 回

위화도 회군은 고려 우왕 14년(1388)에 명나라의 요동(遼東)을 정벌하러 나간 이성계(李成桂) 등이 위화도에서 군사를 돌려 돌아온 사건입니다. 고려 말 고려의 권문세족들은 명나라와 관계를 끊고 원나라와 손을 잡았으며, 최영 장군은 이성계, 조민수 등에게 명나라 요동을 정벌하라고 명령했습니다. 그러나 이성계와 조민수는 "작은 나라가 큰 나라를 공격하는 것은 옳지 않다. 여름철에 군대를 모으는 것은 마땅하지 않다. 요동을 공격하는 틈을 타서 왜구가 쳐들어올 수 있다. 여름에는 무기가 약해지고, 병사들은 전염병에 걸릴 위험이 있다."라는 4가지 이유를 들어 회군할 것을 조정에 요청했으나 받아들여지지 않자 군대를 돌려 최영과 우왕을 공격하였습니다. 이 사건으로 이성계는 정치적, 군사적 권력을 장악하였으며, 조선 건국의 초석을 마련하였습니다.

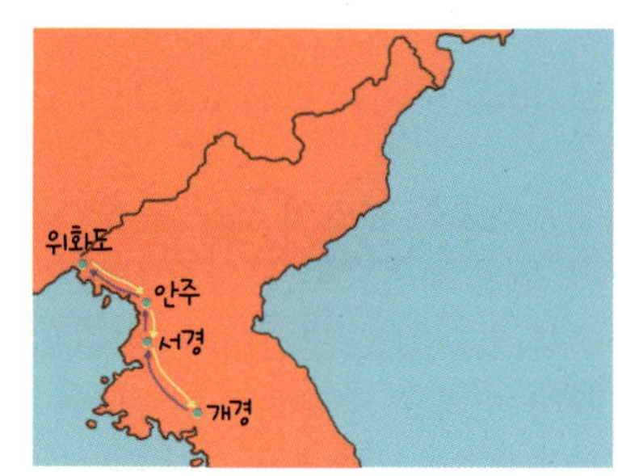

위화도 회군

15세기 초

훈구세력 勳舊勢力

공훈 옛구 기세세 힘력

예 舊 부터 공 勳 을 세워 세력 勢 力 을 가진 사람이나 집안

훈구세력은 고려 신진 사대부들에서 비롯된 집단으로 세조가 단종을 폐위하고 왕위를 찬탈할 때 공을 세워 세력을 가진 이들을 일컫는 말입니다. 이들은 공을 세운 대가로 국가로부터 넓은 땅과 많은 노비를 받아서 소유한 대지주입니다. 게다가 왕의 외척까지 되어 선조 이전까지 강력한 권력을 누렸습니다. 대표적인 인물로 한명회, 신숙주, 정인지 등이 있습니다.

15세기 말

사림 士林 선비 士 들의 무리 林

선비 사 수풀/무리 림

사림도 훈구 세력과 마찬가지로 고려 신진 사대부들에서 비롯되었습니다. 훈구 세력에 밀려 자신들의 터전인 지방에서 성리학과 경학을 공부하다가 15세기 말 선조 때에 이르러 힘을 가진 집단입니다. 성종 초에 사림들의 제자들이 중앙 관리로 선출되어 세력이 점점 커졌으며, 훈구 세력의 비리를 적발하여 비판하기도 했습니다. 나중에는 이해관계가 얽혀 서인과 동인, 남인과 북인 등의 붕당(朋黨)을 형성하여 조선 후기까지 많은 영향을 끼쳤습니다.

 들여다보기

• 붕당 朋黨: 추구하는 이익이 같은 친구[朋]들의 무리[黨]

붕당은 조선 시대에 이해와 이념 관계에 따라 이루어진 사림의 집단을 일컫던 말입니다. '끼리끼리 모인 모임'이라고 생각할 수 있겠죠. 사림은 훈구 세력을 완전히 몰아내자는 강경파 동인과 훈구 세력과 친하게 지내자는 온건파 서인으로 나뉘었습니다. 동인과 서인으로 이름 붙인 이유는 동인의 대표가 동대문 쪽에, 서인의 대표가 서대문 쪽에 살았기 때문입니다. 동인은 다시 남인과 북인으로, 서인은 다시 노론과 소론으로 나뉘었습니다. 붕당으로 각 세력이 서로 경쟁하면서 견제하여 부정부패가 줄어든 장점이 있지만, 사화를 일으키면서 권력을 다투고, 자신의 붕당만을 위한 의견을 내세우는 단점이 있었습니다.

1498 ~ 1545

사화 士禍 선비 士 들이 당한 재앙 禍

선비 사 재앙 화

사화는 '사림의 화'를 줄인 말로 조선 시대에, 조정의 신하들과 선비들이 정치적 반대파에게 몰려 참혹한 화를 입었던 일을 일컫는 말입니다. 조선 초 세력을 장악한 훈구 세력은 성종 때부터 중앙 관직으로 올라오는 사림에게 위협을 느꼈으며, 사림 세력을 없애고자 여러 가지 이유를 들어 탄압하였습니다. 사화에는 무오사화, 갑자사화, 기묘사화, 을사사화의 4대 사화가 있습니다.

• 무오사화(戊午士禍)

무오년(1498년)에 선비들이 당한 재앙으로 유자광 중심의 훈구파가 김종직 중심의 사림파에 대해서 일으킨 사화입니다. 훈구세력은 김종직의 제자 김일손이 스승의 「조의제문(弔義帝文)」이라는 글을 사초(史草: 공식적 역사 편찬의 자료가 되는 기록)에 실은 것을 빌미로 삼아 사림을 탄압하였습니다. 이들은 연산군에게 그 글의 주요 내용이 단종에게서 왕위를 빼앗은 세조를 비난하는 것이라고 고하여 사림파의 많은 사람을 죽이거나 귀양을 보내도록 하였습니다.

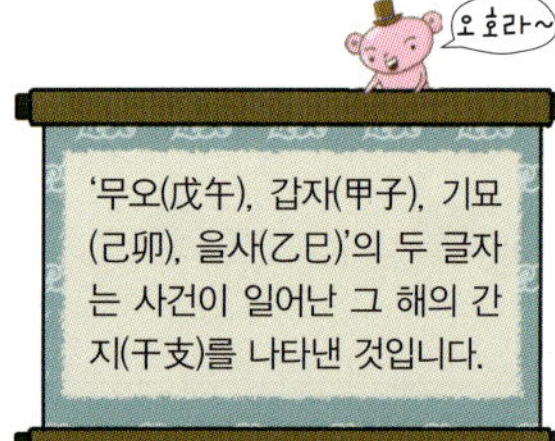

• 갑자사화(甲子士禍)

갑자년(1504년)에 선비들이 당한 재앙으로 폐비 윤씨와 관련하여 많은 선비가 죽임을 당한 사건입니다. 연산군이 자신의 생모 윤씨(尹氏)가 폐위되어 사약을 받고 죽은 사실을 알고서 어머니를 다시 왕비로 추대하고자 하였으나 신하들이 이것을 반대하였습니다. 그러자 연산군은 그들을 죽였고, 윤씨를 폐위하는 것을 찬성한 선비들을 죽이고 화를 입혔습니다.

• 기묘사화(己卯士禍)

기묘년(1519년)에 선비들이 당한 재앙으로 남곤, 심정, 홍경주 등의 훈구세력이 조광조, 김정 등의 신진세력을 죽이거나 귀양 보낸 사건입니다. 연산군을 폐하고 왕이 된 중종은 조광조 등의 신진세력을 등용해 사회적 혼란을 바로잡고, 성리학의 장려에 힘썼습니다. 그러나 훈구세력은 신진세력의 개혁 정치에 불만을 품고서 그들에게 화를 입혔습니다.

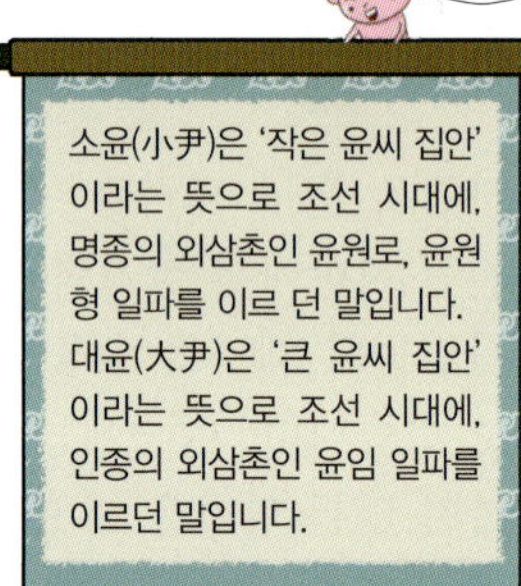

• 을사사화(乙巳士禍)

을사년(1545년)에 선비들이 당한 재앙으로 인종이 죽고 명종이 즉위하고서 명종의 측근들이 인종의 측근들을 처단하려고 일으킨 사건입니다. 명종의 측근 소윤(小尹) 일파가 먼저 권력을 잡은 인종의 측근 대윤(大尹) 일파를 몰아내고자 세력 다툼을 벌였고, 이 때문에 대윤 일파에 가담했던 사림이 크게 화를 입었습니다.

반정 돌이킬 반 바를 정 反正 본래의 바른 ^正 상태로 돌아가는 ^反 것

반정은 나쁜 상태에서 본래의 옳고 바른 상태로 돌아가는 것처럼 나쁜 정치를 일삼는 임금을 폐위시키고 옳고 바른 정치를 행할 새로운 임금을 세우는 것을 뜻합니다. 역사적으로 중종반정과 인조반정이 있었습니다.

• 중종반정(中宗反正)

1506년 조선의 10대 왕인 연산군을 몰아내고 이복동생인 진성대군이 왕(중종)의 자리에 오른 사건입니다. 왕위에 오른 연산군은 사치와 향락만을 일삼으며, 정사를 내시에게 맡기는 등의 폭정을 행한 왕이었죠.

• 인조반정(仁祖反正)

1623년 조선의 15대 왕인 광해군을 몰아내고 능양군이 왕(인조)의 자리에 오른 사건입니다. 이귀, 김유 등의 서인(西人) 일파가 광해군 및 집권파인 대북파(大北派)를 몰아내고 인조를 즉위시켰습니다. 그 당시에는 당파 싸움이 심했으며, 왕도 싸움과 관련돼 있었던 것이죠. 광해군은 대동법 시행, 토지 제도 개선, 군대 정비 등의 많은 업적을 쌓았지만, 당론에 휩쓸려 잘못된 실정을 거듭하였습니다. 그래서 서인 일파가 반정을 모의하여 실천하였습니다.

> 북인은 대북과 소북으로 나뉘었으며,
> 대북파는 북인에서 갈라진 한 정파임.

세도 정치

세상 세 따를 도 정치 정 다스릴 치

勢道政治 권세 勢를 좇아 道 잡고서 부리는 정치 政治

1804

세도 정치는 왕실의 근친이나 신하가 강력한 권세를 잡고 여러 가지의 정사를 마음대로 하는 정치입니다. 본래 세도 정치는 '세상〔世〕을 올바르게 다스리는 도리〔道〕로써 하는 정치〔政治〕'로 사람들이 이상적으로 생각하는 정치를 의미하였습니다. 그러나 조선 시대에, 왕의 측근들이 왕권이 약해진 틈을 타 왕의 권력을 휘두르면서 '권세〔勢〕를 좇아〔道〕 잡고서 부리는 정치〔政治〕'로 의미가 변질하였습니다. 조선 정조 때 홍국영에서 비롯하여 순조, 헌종, 철종의 3대에 걸쳐 60여 년간 왕의 외척인 안동 김씨, 풍양 조씨 가문이 세도 정치를 행하였습니다.

》정답 p.312

문제1 사건의 성격이 다른 하나는?

① 갑자사화 ② 무오사화 ③ 중종반정
④ 기묘사화 ⑤ 을사사화

문제2 다음 풀이에 알맞은 단어를 찾아 연결해 보세요.

(1) 위화도에서 군사를 돌림. • • ㉠ 무신 정변
(2) 노비를 살피고 검사하는 법 • • ㉡ 노비안검법
(3) 새롭게 정치에 나아간 선비와 벼슬아치들 • • ㉢ 신진 사대부
(4) 군사 일을 담당하는 신하들이 일으킨 정치상의 큰 변화 • • ㉣ 위화도 회군

문제3 다음 설명에 해당하는 것은 무엇인가?

- 당파와 상관없이 인재를 등용함.
- 성균관 입구에 이를 알리기 위한 비석을 세움.
- 싸움, 시비, 논쟁에서 어느 한쪽으로 치우치지 않겠다는 정책
- '무편무당, 왕도탕탕, 무당무편, 왕도평평.(無偏無黨, 王道蕩蕩, 無黨無偏, 王道平平.)' 이라는 글귀에서 유래한 것

① 세도 정치 ② 탕평책 ③ 무신 정변
④ 위화도 회군 ⑤ 훈구세력

오~ 놀라워라!
과거의 통신과 과학 기술

여러분도 급하게 연락하고 싶은데 연락할 방법이 없어 답답했던 상황을 겪은 적이 있었나요? 이럴 때 어떻게 했었나요? 마냥 발만 동동 구르고 있었나요? 아니면 다른 방법을 취했었나요? 현대에는 과학 기술이 눈부시게 발달해서 답답함이 덜하지만, 과거에는 어땠을까요? 공중전화도 휴대 전화도 없었던 과거에도 연락하는 방법이 있었답니다. 바로 직접 몸을 움직여 전해 주는 것이죠. 마라톤이 그러한 이유에서 생겼다는 것은 익히 알고 있을 것입니다. 과거에는 어떤 방법으로 급하게 연락을 했는지 알아보도록 합시다. 또한, 과거 우리나라의 뛰어난 과학 기술로 만들어진 것도 함께 알아 봅시다.

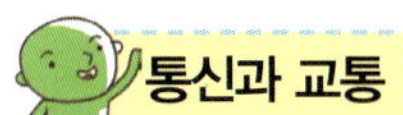

삼국 시대부터

봉수제 烽燧制

봉화 봉 · 봉화 수 · 제도 제

봉화 烽 燧 로 신호를 보내는 제도 制

봉수제는 적군이 나라를 침략하거나 나라가 위급한 상황일 때 멀리서 알 수 있도록 봉화대에 불을 피워 알리는 제도입니다. 문헌에 삼국 시대부터 봉산성, 봉현이라는 단어가 나오는 것으로 보아 전쟁이 벌어진 때뿐만 아니라 다양한 용도로 신호를 주고받았음을 알 수 있습니다. 본격적으로 사용한 것은 고려 18대 왕인 의종 때부터이며, 계속 발전하여 약 2천 년 동안 긴급 통신 수단으로 사용하다가 1890년대 전화기 사용으로 완전히 사라졌습니다. 아무 일 없이 평화로울 때는 불을 1개 피웠고, 변두리가 위급한 경우에는 2개, 적군이 쳐들어와서 전투가 시작될 때는 3개, 전투로 상황이 매우 급할 때는 4개를 피웠다고 합니다.

수원성 봉수대

고려 · 조선 시대

조운제 漕運制

배로 실어 나를 조 · 옮길 운 · 제도 제

배로 실어서 漕 옮기는 運 제도 制

조운제는 고려 및 조선 시대 때 백성에게 세금으로 걷은 곡식을 육로(땅의 길)가 아닌 바다, 강, 하천 등의 수로(물의 길)를 이용해서 서울로 나르는 제도입니다. 과거에는 세곡(세금으로 걷는 곡식)을 중요하게 여겼기 때문에 중앙 집권을 위해서 조운제는 꼭 필요했습니다. 바닷길을 통해 곡식을 모았다가 서울로 보내는 창고를 해운창이라고 했으며, 강이나 하천을 통해 곡식을 모았다가 서울로 보내는 곳을 수운창이라고 했습니다. 배가 침몰하거나 관리들의 부정부패로 폐단이 많아지고, 곡식을 돈으로 걷으면서 이 제도는 서서히 폐지되었습니다.

조선 시대

역원제 驛院制

역 역 · 집 원 · 제도 제

말을 바꿔 탈 수 있는 역 驛 과 잠을 잘 수 있는 원 院 에 대한 제도 制

역원제는 조선 시대에, 수송 교통 기관이던 역(驛)과 원(院)의 제도입니다. 신라 소지왕 때부터 이 제도가 있었으나 본격적으로 사용된 것은 조선 시대입니다. 역(驛)은 관리들이 말을 타고서 공적인 소식을 전달할 때 지친 말을 바꿀 수 있었던 곳입니다. 30리마다 역을 두어 전국에 500여 개나 되었으며, 관리들은 역에서 마패를 보여 주고 말을 바꿔 탔습니다. 원(院)은 공적인 임무로 지방에 가는 관리나 상인에게 숙식을 제공하던 여관이었습니다. 또한, 역과 원은 물자를 운반하고 수송하는 것도 담당하였습니다. 현재 조치원, 사리원, 장호원 등의 지명은 옛날 '원'이 있었던 데서 유래하였습니다.

마패 馬牌 역의 말馬을 이용할 수 있는 패牌

마패는 관리가 공적인 일로 다른 지역으로 갈 때 역에 있는 말을 탈 수 있도록 상서원(尙瑞院)에서 발급해 준 둥근 구리 패입니다. 한 면에는 관직의 등급에 따라 이용할 수 있는 말의 수를 새겼고, 다른 한 면에는 상서원인(마패를 발급해 주는 관청인 상서원의 도장), 연, 월, 일, 마패 주인의 이름을 새겼습니다. 관직의 등급에 따라 말 한 마리에서 말 열 마리까지 나뉘었으며, 암행어사가 출두할 때도 이 마패를 사용했습니다.

 들여다보기

- **호패법 號牌法**: 자신의 출생연도, 이름[號] 등을 기록한 패[牌]를 가지고 다니게 한 법[法]

호패법은 조선 시대에 16세 이상의 남자에게 자신의 신분을 나타내기 위해 호패를 가지고 다니게 한 제도입니다. 호패는 현재 주민등록증과 유사한 것으로 신분과 관계없이 16세 이상의 남자 모두가 가지고 다녔습니다. 호패법은 고려 공양왕 때 처음 시도하였으며, 조선 시대에 원나라의 제도를 본받아 본격적으로 시행했습니다. 주요 목적은 호적을 정비하여 세금을 정확히 걷고, 신분에 따라 재질을 달리하여 신분을 확인하며, 거주지별로 백성을 효율적으로 통제하기 위한 것이었습니다. 그러나 시간이 지날수록 법을 제대로 지키지 않았고, 남에게 호패를 빌려주거나 위조하는 등의 폐단이 생겨 조선 시대 중간중간 폐지되기도 했습니다.

호패

 과학 기술

혼천의 渾天儀 온渾 하늘天을 관측하던 천문 기계儀

중국의 혼천설에 입각해 만든 천문 기계로 혼천설은 새알의 껍질이 노른자위를 싸고 있는 것처럼 하늘이 땅을 둘러싸고 있다는 우주관입니다. 혼천의는 이런 혼천설에 입각해서 천체의 움직임과 위치를 파악하던 장치입니다. 지평선을 나타내는 둥근 고리와 자오선을 나타내는 둥근 고리, 하늘의 적도와 위도 따위를 나타내는 눈금이 달린 원형의 고리를 한데 짜 맞춘 것입니다.

들여다보기

- **인지의 印地儀**: 땅[地]의 높낮이와 멀고 가까움을 찍어서[印] 재는 기계[儀]
인지의는 세조가 직접 고안한 것으로 각도와 축척의 원리를 이용하여 땅의 높낮이와 멀고 가까움을 측량하는 데 쓰던 기구입니다. 구리로 만든 그릇 둘레에 24방위를 기록하였다고 하나 현재 전해지지 않아서 자세한 것은 알 수 없다는 것이 아쉽습니다.

앙부일구 仰釜日晷
우러를 앙 가마솥 부 해 일 해그림자 구

하늘을 우러르고 仰 있는 가마솥 釜 같이 생긴 해시계 日晷

앙부일구는 조선 시대 세종 때 만들어진 해시계로 모양이 가마솥같이 오목하고 하늘을 우러르고 있습니다. 그날의 시간을 알 수 있을 뿐 아니라 여름철에 짧아지고 겨울철에 길어지는 그림자로 절기까지 알 수 있었던 아주 소중한 문화재입니다. 솥처럼 만들어 좀 더 정확하게 시간을 알 수 있었던 것에서 우리 선조의 창조성을 엿볼 수 있습니다. 앙부일구는 궁전뿐만 아니라 종로 혜정교와 종묘 앞에도 설치하여 공공의 시계로 사용하였습니다.

자격루 自擊漏
스스로 자 칠 격 물시계 루

스스로 自 종을 쳐서 擊 시간을 알리는 물시계 漏

자격루는 물이 흐르는 것을 이용하여 시간을 소리로 알려 주는 물시계로 조선 세종 16년(1434)에 세종 대왕의 명령으로 장영실, 김빈 등이 만들었습니다. 나무로 되어 있고 동자(童子) 인형 모양인 물시계는 시간의 흐름에 따라 물이 이동하여 정해진 시각에 종과 북, 징이 저절로 울리도록 설계되었습니다. 세종 대왕 때 만들어진 물시계는 전쟁 때 불타 없어졌고, 세종 대왕 때 만든 것을 중종 때 개량한 것이 현재 유일하게 남아 있습니다. 기록상으로는 보루각의 자격루와 흠경각의 자격루가 있었다고 합니다.

측우기 測雨器
잴 측 비 우 기구 기

비 雨가 온 양을 재는 測 기구 器

측우기는 조선 세종 23년(1441)에 세계 최초로 만들어진 비가 내린 양을 측정하는 기구입니다. 비가 온 후 측우기에 괸 물에 주척이라는 자를 꽂아서 깊이를 재어 비가 온 양을 기록하고 보고했습니다. 4개의 측우기가 있었으나 국권 상실 때와 한국 전쟁 때 3개가 없어지고, 그중에 남은 하나는 일본에 빼앗겼다가 다시 돌려받아 기상청에서 보관하고 있습니다.

거중기 擧重機
들 거 무거울 중 기계 기

무거운 重 것을 드는 擧 기계 機

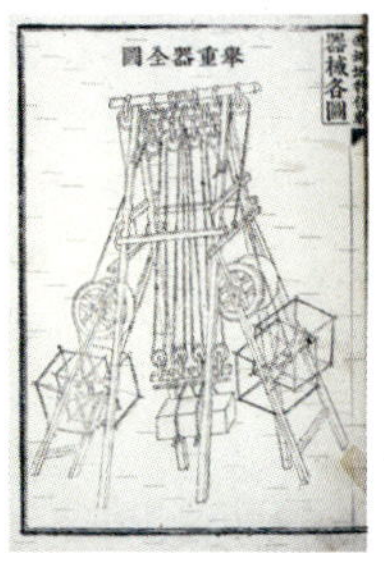

거중기는 도르래의 원리를 이용하여 무거운 물건을 쉽게 들 수 있게 만들어진 기계입니다. 정약용이 고안하였으며, 1792년 수원 화성을 쌓을 때 사용하였습니다. 중국에서 들여온 『기기도설』을 참고하여 도르래를 여러 개 연결해 만들었습니다.

문제1 다음은 역원제에 대한 설명입니다. 빈 칸에 들어갈 단어를 바르게 써 보세요.

> 역원제는 조선 시대에, 수송 교통 기관이던 역(驛)과 원(院)의 제도이다. 신라 소지왕 때부터 이 제도가 있었으나 본격적으로 사용된 것은 (㉠) 시대이다. (㉡)은 관리들이 말을 타고서 공적인 소식을 전달할 때 지친 말을 바꿀 수 있었던 곳이다. 관리들은 이곳에서 (㉢)를 보여 주고 말을 바꿔 탔다. (㉣)은 공적인 임무로 지방에 가는 관리나 상인에게 숙식을 제공하던 여관이었다. 현재 조치원, 사리원, 장호원 등의 지명은 옛날 이것이 있었던 데서 유래하였다.

㉠ - (   )   ㉡ - (   )   ㉢ - (   )   ㉣ - (   )

문제2 다음에서 시간을 알려 주는 것을 모두 골라 ○ 하세요.

> 측우기   마패   자격루   인지의   앙부일구

문제3 다음 호패법에 관한 설명으로 알맞은 것끼리 짝지은 것은?

> ㉠ 16세 이상의 양반 남자만 갖고 있다.   ㉡ 조선 시대에 처음으로 시도됐다.
> ㉢ 정확하게 세금을 걷을 수 있다.   ㉣ 신분을 정확하게 표현해 준다.

① ㉠, ㉡   ② ㉡, ㉢   ③ ㉢, ㉣
④ ㉠, ㉣   ⑤ ㉡, ㉣

문제4 다음 설명과 가장 관련 있는 것은?

> • 세금으로 걷는 곡식을 지정된 지방 창고에 모았다가 서울에 설치한 창고로 옮기는 데 효율적이다.
> • 우리나라는 산이 많은 지형으로 육지로 이동하는 데 많은 어려움이 있다. 그래서 육로보다 수로를 이용하여 물건을 운반하는 것이 좋다.

① 봉수제   ② 호패법   ③ 혼천의
④ 역원제   ⑤ 조운제

꽃보다 아름다운 남자?
나라 지키는 남자!

옛날에는 잘생긴 남자만 들어갈 수 있는 군대가 있었다는데
정말일까요? 정답은 yes입니다. 신라 시대의 화랑도는 꽃과 같이 잘 생기고 능력이 뛰어난 남자들로만
구성됐다고 합니다.
과거 우리나라의 군대는 나라의 안전을 위해 희생정신을 발휘해 목숨 바쳐 싸웠습니다. 우리가 지금 편하게
살 수 있도록 도와준 과거의 군대는 어떠했는지 감사의 마음으로 자세히 알아봅시다.

화랑도 花郞徒

꽃 화 젊은이 랑 무리 도

꽃[花]처럼 아름다운 젊은이[郞]들의 무리[徒]

화랑도는 신라 시대의 청소년 단체로 '풍류도, 풍월도, 국선도'라고도 부릅니다. 귀족 집안의 잘 생기고 성품이 곧은 젊은 청년을 뽑아 화랑(단장)으로 삼자 매우 많은 무리가 모여들었으며, 여러 무리의 화랑도가 생겼습니다. 화랑도에 속한 남자들은 15세부터 18세에 이르기까지 3년 동안 충성, 신의, 춤과 노래, 무사도 등을 수련하며, 유교·불교·선교(도교)의 가르침을 두루 배웠습니다. 이렇게 화랑도는 많은 인재를 키워냈고, 신라가 삼국을 통일하는 데 이바지했습니다. 김유신, 관창, 사다함, 설원랑 등이 바로 화랑도 출신이었습니다.

세속 오계 世俗五戒

세상 세 풍속 속 다섯 오 계율 계

굳게 믿어[信] 지키고 있는 조목[條]

세속[世俗]에서 지켜야 할 다섯[五] 가지 계율[戒]

세속 오계는 원광 스님이 자신을 찾아온 화랑 귀산(貴山)과 추항(箒項)에게 살면서 경계해야 할 것들을 가르쳐 준 금언입니다. 화랑도는 이 가르침을 신조(信條)로 삼았는데 다음 다섯 가지가 세속 오계입니다.

1. 사군이충(事君以忠): 충성[忠]으로써[以] 임금[君]을 섬긴다[事] – 충
2. 사친이효(事親以孝): 효[孝]로써[以] 어버이[親]를 섬긴다[事] – 효
3. 교우이신(交友以信): 믿음[信]으로써[以] 벗[友]을 사귄다[交] – 신의
4. 임전무퇴(臨戰無退): 싸움[戰]에 임해서는[臨] 물러서지[退] 않는다[無] – 용맹
5. 살생유택(殺生有擇): 산[生] 것을 죽일[殺] 때 가림[擇]이 있다[有] – 자비

임신서기석 壬申誓記石

천간 임 지지 신 맹세할 서 기록할 기 돌 석

임신년[壬申]의 맹세[誓]를 적은[記] 돌[石]

임신서기석은 임신년에 한 맹세를 기록한 돌로 1934년경 경상북도 경주시에서 발견되었습니다. 30cm 길이의 돌에 그 해를 가리키는 간지인 임신(壬申)과 맹세하는 글이 적혀 있어 임신서기석으로 부릅니다. 신라의 두 화랑이 오로지 학문에 마음을 쓸 것과 국가에 충성할 것을 맹세한 내용입니다. 이 맹세에 『시경』, 『상서』, 『예기』 등의 유교 경전이 언급된 것으로 보아 신라 시대에 유교를 중시했음을 알 수 있으며, 총 74자의 한자가 배열되어 있습니다.

돌에 새긴 맹세

임신년 6월 16일에 두 사람이 함께 맹세하여 기록한다. 하늘 앞에 맹세한다. 지금으로부터 3년 이후에 충성의 도를 지키고 과실이 없기를 맹세한다. 만약 이 맹세를 어기면 하늘로부터 큰 죄를 얻을 것을 맹세한다. 만일 나라가 불안하고 세상이 크게 어지러워지면 가히 행할 것을 맹세한다. 또한, 별도로 먼저 신미년 7월 22일에 크게 맹세하였다. 곧 『시경』, 『상서』, 『예기』, 『춘추』를 3년 동안 습득하기로 맹세하였다.

삼별초 三別抄
셋삼 다를별 뽑을초

특별히 別 뛰어난 사람들을 뽑아 抄 만든 세 三 개의 군대

삼별초는 고려 말엽 최씨 무신 정권 때 만들어진 특수 부대로 좌별초, 우별초, 신의군을 일컫습니다. 최우(崔瑀)는 용맹스러운 사람들로 야별초(夜別抄)라는 군대를 만들어 밤에 도둑을 잡았습니다. 나중에 야별초 용사들의 수가 많아지자 이들을 좌별초, 우별초로 나누었습니다. 그리고 몽골과 싸우다 포로로 잡혔다가 탈출한 병사들을 모아 신의군을 조직하였습니다. 좌별초, 우별초에 신의군을 합하여 삼별초라고 부른 것입니다.

병마절도사 兵馬節度使
병사병 말마 절개절 정도도 부릴사

병사 兵 와 말 馬 등을 다스리는 절도사 節度使

병마절도사는 조선 시대에 각 지방의 병사와 말을 통솔하던 무관 벼슬로 병사(兵使)라고도 부릅니다. 수군절도사보다 직책이 높으며 관찰사라는 지방 장관이 겸임하기도 하였습니다. 관찰사와 병마절도사가 별도로 설치되는 경우에는 관찰사보다 높은 권력을 지녔습니다. 『경국대전』에 의하면 경기도, 충청도, 경상도, 황해도, 평안도, 전라도, 강원도, 함경도에 적게는 1명씩 많게는 3명씩 배정하여 모두 15명의 병마절도사가 조선 시대에 있었다고 합니다. 이들은 평상시 군사적인 일을 도맡아 처리하다가 외적이 침입했을 때 즉시 군사를 동원하고 대응하여 중앙에 보고하였습니다. 또한, 그 지역 내의 백성과 관련된 일까지 지휘하고 통제할 수 있어서 맹수를 잡는 일, 도적을 체포하는 일, 내란에 관한 일 등도 지휘하였습니다.

- **절도사 節度使: 절도[節度]가 있는 벼슬[使]**

절도사는 당나라 때 변경을 수비하던 군대의 최고 수장이었습니다. 절도(節度)는 일이나 행동 따위를 정도에 알맞게 하는 규칙적인 한도로 군대가 지닐 덕목이었으며, 이러한 의미를 바탕으로 한 것이 절도사입니다. 우리나라의 고려 시대에는 지방 장관을 이르는 말이었으며, 조선 시대에는 병마절도사와 수군절도사를 통틀어 이르는 말입니다.

수군절도사 水軍節度使
물수 군사군 절개절 정도도 부릴사

수군 水軍 을 다스리는 절도사 節度使

수군(水軍)은 바다에서 국방과 치안을 맡아보던 군대이며, 수군절도사는 이러한 군대를 통솔하던 절도사입니다. 병마절도사와 마찬가지로 중앙에서 수군절도사를 파견하였으며, 병마절도사를 병사(兵使)라고 부르는 것처럼 수군절도사 또한 수사(水使)라고도 부릅니다. 임기는 2년이며, 전국에 모두 17명이 있었는데 대표적인 수군절도사가 이순신 장군이었습니다. 병마절도사보다 지위가 한 단계 아래지만 승진하여 병마절도사가 되기도 했습니다.

잡색군 雜色軍
섞일 잡 종류 색 군사 군

다양한 종류(色)의 사람들이 섞여(雜) 있는 군대(軍)

잡색군은 조선 시대에 생원, 진사, 향리, 교생, 장인, 노비 등 여러 계층의 사람들을 모아 형식적으로 조직한 예비군입니다. 평소에는 자신의 생업을 하다가 일이 생겼을 때 군인으로 전쟁에 임하였습니다. 조선 시대에는 천민을 제외한 모든 사람이 군사적 의무를 다해야 했으나 양반과 상공업자들은 여러 가지 이유로 빠지고 농민들만 군사적 일을 담당하였습니다. 그리하여 농민들은 정규군이 되었고, 농민을 제외한 사람들은 잡색군으로 비상시를 대비한 예비군이 되었습니다.

장용영 壯勇營
씩씩할 장 날랠 용 군영 영

씩씩하고(壯) 날랜(勇) 병사들이 있는 군영(營)

장용영은 조선 정조 때 국왕을 호위하기 위해 씩씩하고 날랜 병사들로 구성한 군대입니다. 1785년에 장용위로 명한 것을 1788년에 장용영으로 이름을 바꿨으며, 장용위의 인원에 더 많은 무사를 추가하였습니다. 내영과 외영으로 나뉘어 내영은 도성을 지키고 외영은 화성을 지켰으며, 정조의 왕권 강화 정책에 큰 역할을 하였습니다.

별기군 別技軍
다를 별 재주/기술 기 군사 군

특별한(別) 재주 및 기술(技)을 가르치는 군대(軍)

별기군은 1881년(고종 18년)에 조직한 우리나라 최초의 신식 군대입니다. 왜별기(倭別技)라고도 불렸는데 그 이유는 일본인 교관을 초빙하여 군사들에게 재주와 기술을 가르치며 근대식 군사 훈련을 시켰기 때문입니다. 별기군과 구식 군대를 차별 대우하여 임오군란(壬午軍亂)이 일어났으며, 시대적인 분위기로 말미암아 폐지되었습니다.

임오년[壬午]에 구식 군대[軍]가 일으킨 난[亂]

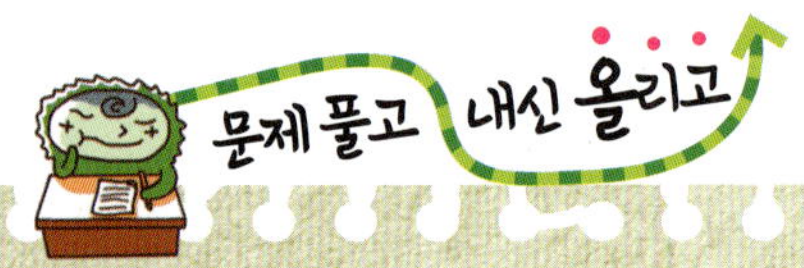

》정답 p.312

문제1 다음 중 군대가 아닌 것은?

① 장용영 ② 별기군 ③ 잡색군
④ 삼별초 ⑤ 병마절도사

벼슬을 지내어
집안을 일으키자!

제술과 製述科
지을 제 · 지을 술 · 과목 과

시나 글을 짓는 製述 시험 과목 科

제술과는 고려 시대 글을 짓는 능력을 평가하는 과거 시험으로 일정한 신분 이상의 사람만 응시할 수 있는 과목이었습니다. 시(詩)·부(賦)·송(頌)·책(策) 등의 한문학으로 문학적인 능력을 시험하였으며, 이것에 합격한 사람에게 '진사'라는 칭호를 주었습니다. 고려는 경학보다 문학을 더 중시하였으며, 시와 문장을 짓는 능력을 외교와 정치에 많이 활용하였기 때문에 제술과를 중요하게 여겼습니다.

들여다보기

- **시 詩**: 한문으로 이루어진 정형시로 평측과 각운에 엄격함. 한 구(句)는 네 자, 다섯 자, 일곱 자로 이루어지며, 고시, 절구, 율시, 배율 등이 있음
- **부 賦**: 여섯 글자로 한 글귀를 만들어 짓는 글
- **송 頌**: 공덕을 기리는 글이나 문장
- **책 策**: 정치에 관한 계책을 물어서 답하게 함

명경과 明經科
밝을 명 · 경서 경 · 과목 과

유교 경전 經에 밝은 明 사람을 뽑는 시험 과목 科

명경과는 고려 시대 유교 경전의 내용을 평가하는 과거 시험입니다. 『시경』, 『서경』, 『역경』, 『춘추』, 『예기』 등의 내용 암기와 독해를 시험하던 것으로 세 차례에 걸친 시험에 모두 합격해야 최종 합격자가 될 수 있었습니다. 과거 중에서 가장 어려운 과목이라 할 수 있습니다.

잡과 雜科
섞일 잡 · 과목 과

여러 雜 전문직의 사람을 뽑는 시험 과목 科

잡과는 고려 시대 기술관을 선발하기 위해 시행한 과거 시험으로 제술과, 명경과와 비교하여 격이 가장 낮았습니다. 잡과를 통해 의학, 풍수학, 산술, 문자와 서예, 기초 교양 등에 능한 사람을 가려 뽑았습니다.

승과 僧科
중 승 · 과목 과

승려 僧를 대상으로 한 시험 과목 科

승과는 고려 시대 승려를 대상으로 시행한 과거 시험입니다. 고려 시대 때의 불교는 교종과 선종으로 나뉘어 있었습니다. 그래서 교종의 승려를 선발하는 교종선과 선종의 승려를 선발하는 선종선의 두 종류가 있었으며, 승과 합격자에게는 교종과 선종의 구별 없이 법계(승과에 급제한 승려에게 내려 준 계급)를 주었습니다.

음서 蔭敍 조상의 숨은 蔭 덕에 따라 그 자손에게 벼슬을 줌 敍

그늘 음 줄 서

음서는 조상과 가문의 숨은 덕에 따라 그 자손을 관리로 등용하는 제도입니다. 고려 시대 때 공신과 5품 이상 관리의 자손들은 과거를 치르지 않고 음서로 관직에 오를 수 있었습니다. 음서는 공음전(功蔭田)과 함께 혈통을 중시하는 고려 문벌 귀족의 세력을 뒷받침하였으며, 암기 위주로 시험하는 과거의 한계점을 보완하는 이점이 있었습니다. 그러나 과거로 관직에 진출한 관리보다 지위가 낮거나 대우가 좋지 못했습니다.

공[功]이 있거나 조상의 숨은[蔭] 덕
이 있는 관리에게 주는 토지[田]

들여다보기

• **골품제 骨品制: 혈통에 따라 골[骨]과 품[品]으로 등급을 나누는 제도[制]**

골품제는 신라 시대 때, 혈통에 따라 엄격히 신분을 나눈 제도입니다. 부모가 모두 왕족인 사람은 성골, 부모 중 한 쪽이 왕족인 사람은 진골, 귀족은 육두품 · 오두품 · 사두품, 일반 백성은 삼두품 · 이두품 · 일두품으로 나누었습니다. 태어날 때부터 등급이 정해져 있어서 아무리 능력이 뛰어나더라도 골품제 때문에 관직에 오르지 못한 사람들이 많았습니다.

조선 시대

문과 文科 문관 文 을 뽑는 시험 과목 科

글/문관 문 과목 과

문과는 문관을 뽑는 시험 과목입니다. 소과(小科)와 대과(大科)로 나누어 실시하였으며, 고려 시대의 제술과와 명경과를 통합한 것입니다. 소과는 생원시와 진사시로 구분하였는데 고려 시대 과거의 명경과에 해당하는 것이 생원시이며, 제술과에 해당하는 것이 진사시입니다. 『사서오경』에 대한 지식을 시험 보고 생원시에 합격한 사람을 생원이라 하였으며, 글을 짓는 능력을 시험 보고 진사시에 합격한 사람을 진사라고 하였습니다. 생원과 진사는 성균관에 입학할 수 있는 자격이 있었으며, 성균관에서 원점 300점을 획득해야 대과에 응시할 수 있었습니다.

무과 武科 무관 武 을 뽑는 시험 과목 科

굳셀/무관 무 과목 과

무과는 무관을 뽑는 시험 과목입니다. 고려에서는 시행하지 않았으며, 조선에서는 시행하였습니다. 보통 3년마다 시험이 있었으며 주로 양반, 지방의 향리, 상민의 자식들이 무과에 응시하였습니다.

문음 門蔭

가문 門 조상의 숨은 蔭 덕으로 벼슬을 하는 제도

고려의 음서와 같은 의미의 문음은 고려 때보다 대상이 더욱 축소되었습니다. 고려 시대 때는 5품 이상 관리의 자손이 음서로 관직에 오를 수 있었으나 조선 시대 때는 2품 이상 관리의 자손이 문음으로 관직에 오를 수 있었습니다. 조선 시대는 가문보다 능력을 인정하는 사회였기 때문에 문음으로 관직에 오른 사람은 과거에 합격해서 벼슬하는 사람보다 대우가 낮았습니다.

천거 薦擧

인재를 들어 擧 추천하는 薦 제도

천거는 일을 맡아서 할 수 있는 인재를 그 자리에 쓰도록 소개하는 제도입니다. 조선 시대에는 3품 이상의 고위 관리들이 3년마다 3명의 인재를 추천할 수 있었습니다. 이것은 유능한 인재를 등용하여 과거 제도로 뽑힌 관리들의 단점을 보완하려는 것이었으나 결국 가문이나 당파 중심으로 사람을 추천하여 뽑게 만드는 제도가 되었습니다.

들여다보기

- **효렴과 孝廉科**: 효성스럽고[孝] 청렴한[廉] 선비를 뽑는 시험 과목[科]
- **현량과 賢良科**: 어질고[賢] 선량한[良] 선비를 뽑는 시험 과목[科]

효렴과와 현량과는 천거 제도의 한 부분입니다. 조선 중종 때 조광조의 건의에 따라 한나라의 관리 등용 방법을 본받은 것입니다. 단지 성리학을 학습하기만 하는 관리보다 몸소 성리학 이념을 실천하는 참다운 인재를 선발하려는 제도입니다. 후보자를 성균관에 천거하면 후보자의 성품, 재능, 학식, 행실, 생활 태도 등을 조사하여 관리로 등용하였습니다.

≫정답 p.312

문제 1 다음은 고려 어느 선비의 넋두리이다. 이 내용에서 알 수 있는 제도는?

> 나보다 잘나지 못한 놈이었다. 아니 못난 놈이었다. 잘난 조상 만나 좋은 집안에 태어나 어떤 노력도 없이 관직에 올랐다고 나를 멸시하는 것이 가당키나 한 것인가. 집에 들어앉아 손에서 책을 놓지 않고 시험을 준비하면 무슨 소용인가. 하늘이 원망스럽기만 하구나.

① 현량과 ② 음서 ③ 승과
④ 효렴과 ⑤ 매관매직

호랑이보다 무서운 것은 가혹한 정치란다.

우리는 과거를 통해서 벼슬을 얻고 관리가 되는 것에 대해 알아보았습니다. 관리가 되면 나랏일을 하면서 마을을 다스리기도 하죠? 백성은 어떤 관리가 다스리는 마을에서 살고 싶을까요? 다음 이야기를 보면서 한번 생각해 봅시다.

중국의 유명한 사상가 중 한 명인 공자를 알고 있나요? 공자의 가르침을 받기 위해 많은 사람이 제자가 되어 공자를 따라다녔답니다. 하루는 공자가 제자들을 데리고 길을 가다 절벽 앞에서 슬프게 울고 있는 여인을 보았습니다. 공자는 여인에게 왜 우느냐고 물었더니 작년에는 남편이 호랑이에게 잡아먹혔는데 올해는 아들이 호랑이에게 잡아먹혀 슬퍼서 운다고 답했습니다. 그러자 공자는 "아니 왜 그토록 무서운 호랑이가 매년 출몰하는 마을에 사는 것이오? 이사를 하면 좋을 것 아니오?"라고 묻자, 그 여인은 "하지만 우리 마을은 가혹한 정치가 없으니까요."라고 말했습니다. 가혹한 정치는 사람을 물어 죽이는 호랑이보다도 무섭다는 것을 알려준 일화지요. 벼슬에 올라 정치를 하는 관리 중에는 모든 백성이 행복하게 살 수 있도록 도움을 줘야 하는 처지임에도 오히려 자신들의 재산을 늘리고 권력을 유지하기에만 급급하여 가혹한 정치를 한 관리들이 있답니다. 다음은 호랑이보다도 무서운 가혹한 정치 때문에 백성이 굶주리고 어려웠던 시대에 관한 어휘입니다.

조공 朝貢 조정^朝에 예물을 바침^貢

朝는 '아침'이라는 뜻 외에도 '조정, 왕조'라는 뜻으로도 쓰입니다. 조공은 신하 된 나라에서 왕이 된 나라에 보물 등의 좋은 물건을 예를 갖춰서 바치는 것을 말합니다. 특히, 중국의 주변국들이 정기적으로 중국에 사신을 파견해 예물을 바쳤던 것을 가리키며, 중국은 이에 답하기 위해 하사품을 내리기도 했죠. 이는 식민지라는 의미보다는 큰 나라에 대한 작은 나라의 예의로써 생각되었던 덕목으로부터 시작되었으며, 중국과의 교류를 위한 절차 중 하나였습니다.

공물 貢物 바치는^貢 물건^物

공물은 중앙 정부나 왕실에서 필요한 것을 지방에서 바치도록 하여 상납 받은 물건입니다. 또한, 조공으로 바치는 물건을 공물이라고도 합니다. 삼국 시대부터 있던 것으로 짐작할 수 있는데 주로 각 지방의 특산물과 베, 광물 등이었습니다. 고려 시대에는 남자 장정의 수를 기준으로 했고, 조선 시대에는 토지 면적을 기준으로 부과하였죠. 그러나 점점 기준대로 받지 않고 공물의 품목과 수량이 늘어나고 그 지역의 토산물 외에도 요구가 계속되는 등 농민의 부담이 커졌습니다. 이 때문에 갑오개혁 때는 물건 대신 돈으로 내는 방법으로 바뀌었습니다.

고려 · 조선 시대

조용조 租庸調

땅에 대한 임대료^租, 남자가 채용^庸되어 일하여 내는 세금, 가업에서 나오는 특산물을 거둬가는^調 제도

나라의 큰살림을 위해서는 돈이 필요한데 이를 위해서 백성에게 거둬들이는 것이 바로 세금입니다. 조용조는 이러한 세금을 거둬들이는 제도로 중국으로부터 전해졌습니다. 이 제도는 고려와 조선 시대의 주요한 세금 제도로 채택되어 사용되었습니다. 과거에 모든 땅은 왕의 것이므로 백성은 왕의 땅을 빌려 쓰는 것이라 여겼습니다. 따라서 백성은 땅을 빌린 대가로 그 땅에서 나는 곡식을 나라에 내야 했는데 이를 조(租)라 불렀습니다. 주로 쌀을 세금으로 냈지요. 이를 전세(땅에 대한 세금)라고 부르기도 합니다. 용(庸)은 보통 15세에서 60세 사이의 남자들이 국가가 하는 사업에 노동력을 내는 것입니다. 이를 군역(군인으로서 해야 하는 일)이라고도 합니다. 현대로 보자면 다리를 놓는 사업이나 건물 보수하는 일에 노동력을 제공하는 것이죠. 하지만 노동력을 바치지 못하면 군포(베, 면)를 내기도 했습니다. 조(調)는 호(집)를 단위로 하여 특산물을 거둬가는 세금 제도입니다. 租는 일률적으로 정당하게 거둬들였으나 庸과 調는 거둬들이는 관리들이 백성을 착취하여 가장 괴롭혔던 제도였습니다. 그래서 17세기경에는 모두 租의 형식으로 세금을 내게 되어 백성의 부담이 줄어들게 되었습니다.

조세 징수

세금 조 세금 세 거둘 징 거둘 수
租稅徵收

땅의 이용료인 조 租 와 공동의 경비인 세 稅 를 거두어들이는 徵 收 것

조용조의 租는 땅의 이용료였습니다. 稅는 나라를 꾸려가기 위해서는 공동으로 드는 경비가 필요한데 이를 이르는 말입니다. 근대에는 조와 세를 구분하지 않고 모두 '세금'이라는 뜻으로 '租稅'라 합니다. 조세 징수는 백성에게는 당연한 의무였으나 탐관오리들의 횡포로 도저히 그 땅에서 버티지 못하고 도망가서 화전민(火田民)이 되어 떠도는 신세를 만들기도 했습니다.

땅[田]에 불[火]을 놓아 잡초를 태우고
그 위에 농사를 지으며 사는 농민[民]

삼정의 문란

셋 삼 정치 정 어지러울 문 어지러울 란
三政의 紊亂 세 三 가지 정치 政 가 어지러워짐 紊亂

삼정(三政)이란 조선 후기 때 국가재정의 주요한 세 가지를 말합니다. 이 세 가지는 다음과 같습니다.
1. 전세(田稅): 토지에 부과하는 세금
2. 군포(軍布): 병역을 면제해 주는 대신에 부과했던 베로 한 달에 베 1필씩 내는 것
3. 환곡(還穀): 흉년이나 먹을 것이 궁했던 봄철에 빈민에게 곡식을 빌려주고 추수기에 갚게 하는 제도

이러한 삼정이 관리들의 부정부패로 실제 땅보다 더 많은 양의 토지를 장부에 올려 세금을 더 많이 걷기도 하였습니다. 또한, 군포를 안 내도 되는 편법들이 유행하자, 가족들에게 대신 내게 하거나, 죽은 사람에게 대신 내게 하는 등 많은 폐단이 있었습니다. 환곡은 빌려 준 곡식을 돌려받지 못하는 때가 생기자 이자를 붙여서 더욱 많은 곡식을 내게 하거나, 빌려 주는 곡식에 모래나 겨를 섞어 빌려 주고 돌려받을 때는 그 양을 그대로 쌀만으로 내게 하는 등 백성의 고통이 이만저만이 아니었습니다.

호포제

집 호 베 포 제도 제
戶布制 집 戶 마다 베 布 를 걷는 제도 制

군대에서 일해야 하는 병역을 면제해 주는 대신에 부과했던 베가 바로 군포였죠? 이 군포는 일반적으로 양반은 내지 않고 일반 백성인 양인만이 내야 했습니다. 이것을 개선하기 위해 조선 후기에 호포제가 제기되었는데 양반층의 반대로 계속 미뤄지다가 1871년 흥선대원군에 의해 시행되었습니다. 양반 사대부에서 천

민에 이르기까지 모두 베를 내도록 했습니다. 양반들은 신분 질서가 붕괴하고, 빈곤한 양반들의 곤란함을 핑계로 반대했지만 백성은 경제적 부담이 줄어들어 대환영했습니다.

베

균역법 均役法 고를균 부릴역 법법 고르게 均 군역 役의 부담을 지우는 법 法

군역에 대한 폐단이 점점 늘어나 백성의 부담이 커지자 이를 줄이기 위해 영조 때 균역법을 시행하게 되었습니다. 정확한 군포를 징수하고 관리하기 위해 호구 조사(戶口調査)를 실시하고 원래 1년에 군포를 2필씩 내는 것을 1필로 줄여 부담을 줄였습니다. 그 부족분은 여러 가지 대책을 세워 채워나가고자 노력했죠. 하지만 군포를 폐지한 것이 아니라 단지 줄였으며, 부족분 또한 백성의 부담이 되기는 마찬가지였다는 한계가 있었습니다.

집[戶]에 살고 있는 인구[口]를 헤아리고[調] 조사함[查].

대동법 大同法 큰대 같을동 법법 크게 大 같아지는 同 법 法

대동(大同)이란 말은 『예기』에 나오는 말로써, '개인(私)'이라는 개념 대신 서로 위하면서, 다른 사람과의 경쟁이나 싸움, 규제 등이 없어도 되는 이상 사회를 말합니다. 이러한 개념이 포함된 대동법은 조선 시대에 공물(특산물)을 쌀로 통일하여 내게 하는 세금 제도입니다. 각 지방의 특산물을 걷는 것은 지방마다 부담도 불공평하고, 수송하고 저장하는 것도 문제가 되자, 광해군 즉위년에 처음으로 대동법을 시행하게 되었습니다. 대동법의 시행으로 단점도 있었으나 결과적으로는 상공업 및 도시의 발달을 있게 하였고, 농촌 사회의 분화를 촉진해 신분 질서가 해체되는 데 영향을 미치기도 했습니다.

사창제 社倉制 마을 단위사 창고창 제도제

마을 단위 社로 곡식을 창고 倉에 저장해 두고 대여하던 제도 制

흉년이나 춘궁기에 곡식을 백성에게 빌려 주던 것을 말하는 환곡이라는 용어를 봤죠? 환곡은 정부에서 운영하는 것이지만 사창제는 민간에서 자치적으로 운영합니다. 사(社)는 지금의 면 단위의 마을을 뜻합니다. 사창제는 곡물 대여 창고인 사창의 관리가 제대로 이뤄지지 않아 문제가 발생하여 결국은 흐지부지하게 되었습니다.

 이렇게 농민들은 열심히 일해서 자신의 배를 불리기보다는 세금으로 내는 것이 더 많아 항상 배고픔에 시달려야 했답니다. 조선 후기로 갈수록 관리의 횡포는 극에 달하여 정든 고향을 버리고 밤에 도망가듯 마을을 떠나야 하는 백성도 늘어났지요. 참을 수만은 없었던 농민도 이제는 소리내기 시작했습니다. 자신들의 어려움을 봐달라며 들고 일어나게 된 거죠.

농민 봉기 農民蜂起
농사 농 백성 민 벌 봉 일어날 기

농사 農 짓는 백성 民 들이 벌 蜂 떼처럼 일어나는 起 것

왕조가 끝날 때가 되면 항상 있는 것이 관리들의 부정부패입니다. 관리들이 관직을 사고팔거나, 재산 늘리기에만 급급하여 정치 기강이 무너지게 되었습니다. 그 결과 세금을 내는 농민들만 힘들어지는 것이죠. 이제 참지 못하고 함께 힘을 합쳐 벌 떼처럼 일어나 농민의 소리를 내기 시작합니다. 이것을 바로 농민 봉기라고 합니다. 대표적인 예로 홍경래의 난과 진주 농민 봉기를 들 수 있습니다.

들여다보기

- **홍경래의 난(1811년)**
조선 후기로 갈수록 관리들은 자신의 사리사욕을 채우기 바빴고, 세도 정치로 말미암은 문란한 정치 때문에 백성의 삶도 피폐해졌습니다. 그에 비해 교육 기회가 늘어난 백성은 부정부패한 관리에 대한 불만이 더욱 커졌죠. 홍경래는 평안북도 사람이었는데 시골 선비에 대한 차별이 심한 과거 제도에 불만이 있어 세상을 바꿀 결심을 하게 되었습니다. 이에 많은 사람이 힘을 모았고 약 5개월에 걸쳐 세도 정치와 차별 대우의 시정을 요구했으나 구체적인 개혁안을 제시하지 못하고 실패로 끝나게 되었습니다.

- **진주 농민 봉기(1862년)**
경남 진주에서 일어난 농민 봉기로 몰락한 양반인 유계춘을 중심으로 일어났습니다. 양반에게는 세금을 걷지 않고 백성에게는 어린 아이나 죽은 사람에게까지 세금을 걷어 가는 부당한 세금 제도의 개혁을 요구하며 진주성을 점령하였습니다. 정부에서는 관리를 파견해 개혁하겠다고 약속했지만 지켜지지는 않았죠. 그러나 이 농민 봉기는 전국으로 확산되어 농민층의 사회 개혁에 대한 의지를 키웠으며 동학 농민 운동의 기초가 되었습니다.

소작 쟁의 小作爭議
작을 소 지을 작 다툴 쟁 의견 의

작은 小 땅을 빌려서 농사짓는 作 농민이 의견 議 을 주장하며 싸우는 爭 것

소작 쟁의는 일제 강점기 시대에 소작 농민들이 지주들에게 생존권을 보장 받기 위해 행한 것으로 경제적·사회적 권익 운동뿐 아니라 독립운동의 하나로 행한 것입니다. 일제의 산미증식계획에 따라 우리나라 농민은 80% 이상이 소작농으로 전락하여 수확의 50% 이상을 소작료로 내면서 생존권을 위협받고 있었습니다. 농민 의식이 향상된 1920년대 이후, 연합된 조직의 필요성을 느낀 소작농 단체가 생겨나 더욱 조직적인 소작 쟁의를 펼치게 되었죠. 정부 수립 이후 농지 개혁이 이뤄짐에 따라 소작 쟁의도 사라지게 되었습니다.

1894
동학 농민 운동 東學農民運動
동쪽 동 배울 학 농사 농 백성 민 돌 운 움직일 동

동쪽 東 나라인 우리나라의 도를 일으키는 학문과 종교 學 를 믿는 사람들과 농민 農 民 이 연합하여 일으킨 운동 運 動

동학은 봉건적인 사회에 대한 비판과 열강 침략의 위기 속에서 최제우에 의해 창시되었습니다. 동학이란
용어는 천주교인 서학(서양의 학문과 종교)에 상대되는 말로 만들어졌죠. 인내천(人乃天) 사상을 내세우고,
유교, 불교 등의 교리를 다양하게 포용하여 평민, 천민 할 것 없이 큰 호응을 얻었습니다. 이러한 동학교도
와 농민이 힘을 합쳐 일으킨 동학 농민 운동의 시초는 고부 지역의 군수 조병갑이 농민을 동원하여 만석보
(농사에 필요한 저수지)를 짓고 과도한 물세를 받자 이에 격분하여 일으킨 고부 농민 운동입니다. 이들은
신분 제도를 없애고, 탐관오리와 열강들을 우리 땅에서 몰아내자고 주장하였습니다. 그러나 조정과 청나라,
일본 군대의 진압과 지도자였던 전봉준의 처형으로 실패로 끝났습니다.

집강소 執綱所

잡을 집 질서 강 장소 소

질서, 기강綱을 잡는執 장소所

동학 농민 운동이 전라도 일대를 휩쓸었을 때 각 지역의 질서가 엉망이 되어 이를 회복하고자 각 관아에
집강소라는 민간 자치 기구를 설치했습니다. 집강이라는 용어는 본래 고을의 수령을 나타내는 단어였죠.
이 집강소의 우두머리는 모두 동학교도였습니다. 이들은 각 지역의 치안과 행정을 도맡아 처리하며 그 지
역을 장악하였으며 농민들의 이익을 대변하였습니다.

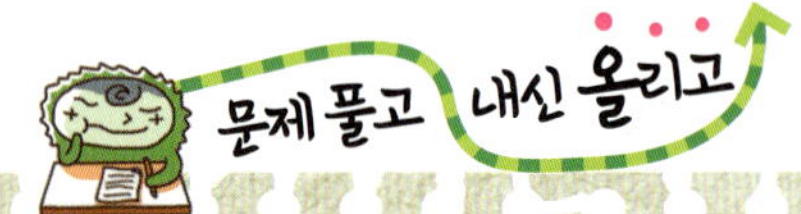

》정답 p.312

문제1 다음은 향촌의 사회 질서를 확립하고 규범 제정을 위해 만든 향약의 4대 덕목이다. 가장 관련 깊은
것은?

> 德業相勸(덕업상권) - 좋은 일은 서로 권한다.
> 過失相規(과실상규) - 잘못은 서로 규제한다.
> 禮俗相交(예속상교) - 좋은 풍속은 서로 교환한다.
> 患難相恤(환난상휼) - 어려운 일은 서로 돕는다.

① 조용조 ② 집강소 ③ 조공
④ 환곡 ⑤ 사창제

문제2 동학 농민 운동의 시초가 된 사건은?

행동하기 전에
생각하는 것!

인간을 만물의 영장이라고 하는 이유는 생각할 수 있는 동물이기 때문이랍니다. 자신의 생각대로 행동하게 되고 한편으로는 자신과 생각이 다른 사람과 사이가 멀어지기도 하죠. 단적인 예를 들어보겠습니다. 여러분은 인도에 가 본 적이 있나요? 인도에는 다양한 종교가 공존하는데 그 중 하나가 바로 힌두교입니다. 힌두교를 믿는 사람들은 소를 숭배해서 찻길에 소가 누워 있으면 그 소를 비켜서 간다고 합니다. 물론 절대 소고기를 먹지 않죠. 우리나라 사람들은 이를 보고 의아해하겠죠? 이는 힌두교를 믿는 사람들과 그렇지 않은 사람들 사이에서 생기는 차이랍니다. 또한, 인도에는 이슬람교를 믿는 사람들도 있는데 이들은 힌두교와 달리 돼지고기를 절대 먹지 않습니다. 한 나라 안에서도 이렇게 생각이 다른 것이죠.

사람들의 개성이 각자 다른 것처럼 중요하게 생각하는 것도 모두 다르답니다. 그래서 다양한 자신들의 생각을 주장하고 같은 생각을 하는 사람들끼리 모임을 만들기도 하죠. 이는 과거에도 현재에도 미래에도 공통으로 생기는 현상입니다. 그렇다면 과거 우리 선조는 어떤 생각을 다양하게 주장했는지 시대순으로 파헤쳐 볼까요? 크게 풍수지리설과 성리학, 실학, 동학으로 나뉩니다.

풍수지리설 風水地理說

바람風을 감추고 물水을 얻는 땅地의 이치理를 찾는 이론說

중국 전국 시대에는 혼란한 사회현상 속에서 자연현상이 인간생활에 영향을 끼친다는 사상이 생겼는데 이 것이 바로 풍수지리설이었습니다. 풍수(風水)는 장풍득수(藏風得水)의 줄임 말로 '바람을 감추고 물을 얻는다.'라는 뜻을 가진 말입니다. 결국, 풍수지리(風水地理)란 바람을 감추고 물을 얻을 수 있는 땅의 이치를 뜻한다고 할 수 있죠. 우리나라에도 이러한 풍수지리설이 전해져 신라 시대의 승려 도선에 의해 체계화되었습니다. 그리하여 삼국 시대부터 조선 시대까지 성행하여 국가적, 정치적인 중요한 일에서부터 일반 백성의 묫자리, 집터를 쓰는 일에 이르기까지 널리 이용되었습니다. 현대에도 풍수지리설을 적용합니다. 풍수인테리어가 있다는 것을 알고 있나요? 현관에 큰 붙박이 신발장을 놓는 것이 좋다거나, 안방은 남향이 좋고, 냉장고와 전자레인지를 위아래에 같이 놓지 않는 것이 좋다고 하네요. 여러분의 집은 어떤가요?

성리학 性理學 인간의 본성性과 이치理를 연구하는 학문學

중국의 공자와 맹자는 인(仁)과 의(義)로써 어지러운 사회를 구제하고자 많은 사람에게 자신들의 생각을 전파했는데 이것이 바로 유교입니다. 성리학은 유교에서 발전된 하나의 학파로 주자가 정리한 학문입니다. 이러한 성리학은 고려 말 원나라 사신으로 갔던 안향에 의해 우리나라에 전해지게 되었습니다. 조선이 건국되는 과정에서 건국 이념으로 채택되면서 성리학은 우리나라의 실정에 맞게 발전하게 되었죠. 조선의 성리학은 인간 내면의 본성과 도덕적 가치를 추구하여 충(忠)과 효(孝)를 더욱 강조하였습니다. 대표적인 학자로는 안향, 정몽주, 정도전, 이황, 이이 등이 있습니다.

고려, 조선 시대의 교육기관

• 고려 태조 때부터 있었던 국립 교육 기관 국자감(國子監)

국자감은 본래 유학학부와 기술학부가 있었으나 성리학이 대두하면서 기술학부는 떨어져 나가고 성리학만을 교육하게 되었습니다. 이러한 국자감은 여러 번의 명칭 변경이 있게 된 후 성균관(成均館)이라는 이름으로 조선 시대에까지 이어지게 되었죠.

• 고려와 조선 시대의 지방 교육 기관 향교(鄕校)

고려는 새 정치 이념인 유학을 교육하기 위해 국립 교육 기관으로는 국자감을 지방 교육 기관으로는 향교를 설치했습니다. 국가가 운영하는 향교와 달리 개인적으로 지은 사학 교육 기관인 서원(書院)이 흥성함에 따라 부진하게 되어 조선 고종 때에는 명목만 남게 되었습니다.

성균관

향교

고증학 考證學 살필 고 증명할 증 학문 학 옛 것에 대해 살펴보고 考 증명하는 證 학문 學

송나라, 명나라 때의 성리학은 지나치게 추상적이고 철학적인 것을 다루고 이론과 형식에만 치우친다는 비판을 받게 되었습니다. 이에 반해 명나라 말부터 청나라에서는 현실적인 경험에서 살펴보고 증명하는 학문인 고증학이 발전하게 되었습니다. 조선 시대에는 청에서 이러한 고증학이 전해지게 되었고, 이에 현실 사회의 어려움을 해결하는 데 도움을 주는 실용적인 학문 실학이 등장하게 되었습니다.

실학 實學 사실 실 학문 학 사실 實 적인 것을 연구하는 학문 學

실학은 17세기 중엽부터 19세기 초반의 조선 후기에 나타난 사상입니다. 조선의 기본 사상이라고 할 수 있었던 성리학이 현실과 동떨어져 실제 생활과 거리감이 있는 점을 비판하면서 고증학의 실사구시(實事求是)를 바탕으로 백성이 잘 살 수 있고 나라가 강해질 수 있는 현실적인 방법을 연구했죠. 대표적인 학자로는 실학의 아버지라고 할 수 있는 정약용을 비롯하여 유형원, 박지원, 박제가, 홍대용, 유득공 등을 들 수 있습니다. 앞서 나왔던 거중기가 바로 실학의 아버지인 정약용이 무거운 물건을 들 때 백성들의 힘을 덜어주고자 만든 것이랍니다.

거중기

들여다보기

- **실사구시 實事求是**: 사실[實]적인 일[事]에서 옳은[是] 것을 구한다[求].
  실학의 기본 사상인 실사구시는 직접 보고 듣고 만져보는 연구와 실험으로 나온 객관적인 사실에서 답을 찾고자 하는 고증학파의 표어입니다. 물론 이러한 주장은 성리학을 중시했던 지배계층에게는 배척당했죠.

중농학파 重農學派 중요할 중 농사 농 학문 학 갈래 파

농업 農 을 중요시 重 하는 학문 學 을 연구하는 갈래 派

조선 후기로 갈수록 농업 기술의 발달로 부자 농부가 생기기도 하고 오히려 농촌을 떠나는 가난한 농부가 늘어나기도 했습니다. 이에 실학자 중에서 유형원, 이익, 정약용은 농촌 문제에 관심을 두고 농민을 중심으로 문제 해결 방안을 생각했습니다. 이들은 불공평한 토지 제도로 고통받는 백성의 입장에서 농촌 사회의 모순을 해결하려고 노력했습니다.

들여다보기

- **유형원의 『반계수록(磻溪隧錄)』**
  반계는 유형원의 호이며 수록은 수시로 기록하여 발간한 책이라는 뜻입니다. 반계수록에는 국가 운영과 개혁에 대한 유형원의 주장이 담겨 있습니다.

중상학파 重商學派

상공업商을 중요시重하는 학문學을 연구하는 갈래派

중농학파가 농업을 중시하는 실학자들의 학파였다면 이와는 달리 상공업을 중시하는 중상학파가 있었습니다. 중농학파가 농촌에서 일생을 보냈다면 이들은 주로 한양에서 일생을 보낸 도시적인 사람들이었죠. 상공업이 발달하면 사회와 국가가 번창할 수 있다고 하면서 청나라의 발달한 문물을 적극 받아들일 것을 주장하였습니다. 그래서 이들을 북학파[北學派]라고도 불렀습니다. 연암 박지원, 홍대용, 박제가 등이 중상학파, 북학파에 속했습니다.

북쪽[北]의 학문[學]을 연구하는 갈래[派]

들여다보기

• 박지원의 『열하일기(熱河日記)』
『열하일기』는 박지원이 청나라를 여행하면서 겪은 일을 적은 글입니다. 박지원은 청나라 고종의 칠순연을 축하하기 위해 청나라에 가는 삼종형을 따라갔다가 열하(현재 중국 허베이 성 청더)를 여행하게 되었습니다. 청나라의 문물제도 및 교통제도, 중국학자와의 토론 등을 적은 것으로 북학을 주장하는 내용이 잘 나타나 있습니다.

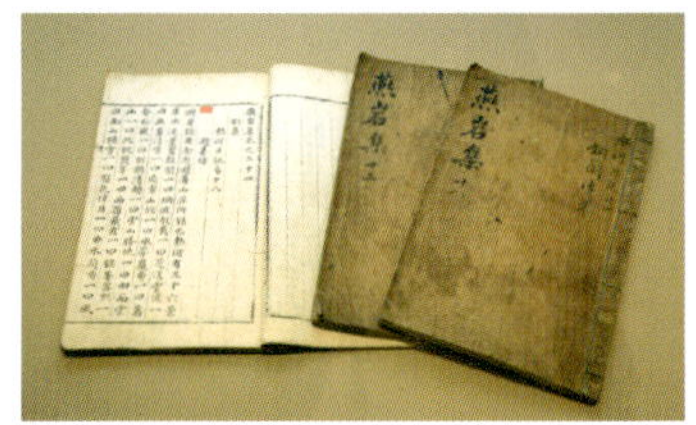
『열하일기』

동학 東學 동방東의 학문學

앞에서 동학 농민 운동이란 용어를 배운 것이 기억나나요? 동학이란 서학(서양의 학문, 종교)에 상대되는 말이라고 하였습니다. 봉건적인 사회에서 지배층의 착취 때문에 농민들은 설 자리를 잃게 되고 자본주의 열강의 침략으로 말미암은 나라의 위기에 대한 문제의식에서 동학은 발전하게 되었습니다. 이러한 때에 최제우가 창시한 동학은 "사람이 곧 하늘"이라 하며 신분 차별을 부정하는 인간 중심 사상을 주장했습니다. 물론 정부는 세상을 현혹한다고 최제우를 처형했으나 동학의 사상은 유교, 불교, 도교 등의 교리를 다양하게 포용하면서 백성에게 환영받으며 더욱 확대되었죠. 현세구복, 후천 개벽, 보국안민은 동학의 주요 사상입니다.

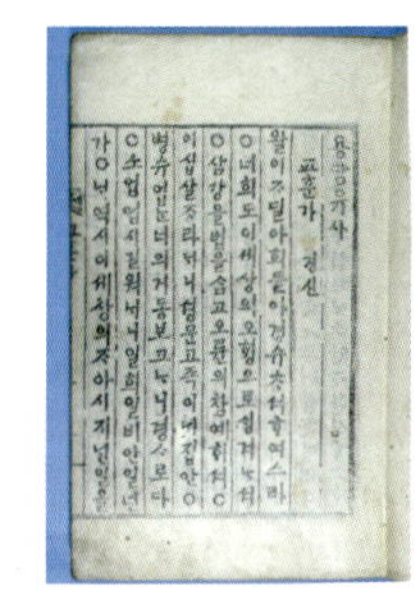
최제우가 한글로 쓴 포교 가사인 『용담유사(龍潭遺詞)』

들여다보기

• 현세구복 現世求福: 현재[現] 세상[世]에서 복[福]을 구하는[求] 것
현세구복은 동학의 교리입니다. 즉 지금 사는 이 세상에서 복을 구하면서 희망을 품고 살아가라는 말이죠. 희망을 품고 현실에 충실하고 또한 현실을 바꾸기 위해 노력하는 것을 뜻했습니다. 동학을 반대했던 지배층들도 이 교리는 사회에 품고 있는 백성의 불만을 누그러뜨릴 수 있다는 점에서 환영하였습니다.

• 후천 개벽 後天開闢: 뒤[後]에 시작하는 하늘[天]이 새롭게 열리는[開闢] 것
조선 후기를 힘겹게 살아가던 백성에게 힘든 이 세상은 망하고 그 뒤에 새로운 세상이 열린다고 주장한 것이 바로 후천 개벽 사상입니다. 이는 현실에서 고통받는 백성에게 큰 희망을 주는 동학의 주요 사상입니다.

• 보국안민 輔國安民 : 나라[國]의 일을 돕고[輔] 백성[民]을 편안하게[安] 하는 것

보국안민은 동학의 사회 개혁 사상의 중심 개념이었습니다. 시대에 따라 그 의미가 변하긴 했으나 기본적인 생각은 나라를 위하고 백성을 위하는 것이었습니다. 현세구복 사상과 마찬가지로 보국안민 사상도 지배층에게 환영받는 사상이었습니다.

≫정답 p.312

문제 1 다음은 무슨 이론에 영향을 받은 것인가?

> 현관은 집 안팎을 구분하는 경계이면서 집안 전체의 기운을 좌우하는 곳이다. 그러므로 신발장, 이중문, 거울 등으로 정면을 가로막지 않도록 한다. 현관이 좁다면 출입문에 맑은 소리가 나는 종이나 풍경을 달아 드나들 때마다 경쾌한 소리가 나도록 한다.

문제 2 우리나라에서 유행한 사상 및 학문 중 가장 오래된 사상은?

① 성리학   ② 동학   ③ 풍수지리설
④ 고증학   ⑤ 실학

문제 3 다음은 동학의 주요 사상입니다. 동학은 지배층에게 배척당했으나 동학의 사상 중 환영받는 사상도 있었습니다. 다음 중에서 지배층에게 환영 받았던 사상을 모두 찾아보세요.

① 인내천(人乃天)   ② 후천 개벽(後天開闢)   ③ 실사구시(實事求是)
④ 현세구복(現世求福)   ⑤ 보국안민(輔國安民)

문제 4 다음과 가장 관련 깊은 사상은 중국의 어느 사상에서 비롯된 것인지 쓰세요.

> 유형원의 『반계수록』, 박지원의 『열하일기』, 정약용의 '거중기'

날씨를 알려 드립니다!

우산을 가져가지 않은 등굣길에서 소나기를 만나 비에 흠뻑 젖은 적이 있나요? 이렇게 예상하지 못한 비를 만나면 일기예보를 보지 못한 것을 후회하게 됩니다. 일기예보를 보면 다양한 용어들이 나오는데 쉬운 말도 있지만, 어려운 용어도 섞여 있어서 "무슨 말이지?"라고 궁금한 것도 있을 것입니다. 일기예보란 그 날[日]의 기운[氣]을 미리[豫] 알려주는[報] 것입니다. 하늘의 상태나, 바람, 기압, 강수량 등을 땅에서, 하늘에서, 바다에서 조사하고 종합하여 알려주는 것이죠. 구름의 모양이나 바람의 방향 등도 모두 날씨를 예측하는 데 도움이 됩니다. 그러면 날씨를 미리 알게 해주는 고마운 일기예보 방송에는 어떠한 용어를 쓰는지 한번 알아볼까요?

구름이 생기는 원인

공기 덩어리가 상승하면 팽창하면서 온도가 낮아집니다. 온도가 낮아지면서 생긴 물방울이나 얼음 알갱이가 하늘 높은 곳에 떠 있는 것이 바로 구름입니다. 즉, 공기가 상승하면 구름이 생기는데, 공기가 상승하는 원인에 따라서 그 모양도 달라지고 날씨의 변화도 파악할 수 있습니다. 다음과 같은 경우에 공기가 상승하게 됩니다.

1) 찬 공기가 더운 공기와 만날 때
2) 지표면이 불균일하게 가열될 때
3) 산 쪽으로 바람이 불면서 산을 타고 올라갈 때
4) 저기압 중심으로 공기가 모여들 때

공기의 상승 운동이 활발하면 위로 치솟게 되는 적운형 구름이 만들어지고, 상승 운동이 약해지면 옆으로 퍼지는 층운형 구름이 만들어집니다.

구름의 종류

적운 積雲 쌓아 올린 積 모양의 구름 雲

구름의 모양은 공기의 상승 운동에 따라 달라집니다. 공기의 상승 운동이 활발할 때 생기는 구름이 바로 아이스크림처럼 위로 치솟는 적운입니다. 밑면은 수평선과 평행을 이루고 가장 윗부분은 둥그런 모양을 하고 있죠. 뭉게구름이라고도 불리는 적운은 각각 따로따로 떨어져서 발달하는데, 여름철에 땅이 뜨거워지면 잘 생깁니다. 적운이 떠 있을 때에는 날씨가 맑은 것을 예측할 수 있습니다.

층운 層雲 층 層을 이루고 있는 구름 雲

공기의 상승 운동이 활발하면 위로 치솟는 적운형 구름이 만들어지고, 상승 운동이 약해지면 옆으로 퍼지는 층운형 구름이 만들어집니다. 상승 운동이 약하므로 대체로 안정적이죠. 낮게 퍼지기 때문에 지면과 맞닿게 되면 안개가 되고 지상에서는 층운이 됩니다. 층운에서 내리는 비를 안개비라고 합니다.

권운 卷雲 책/말 권 구름 운 책^卷을 쌓아 놓은 듯한 구름^雲, 새털처럼 말려^卷 있는 구름^雲

권운은 우리가 알고 있는 새털구름을 뜻합니다. 새털구름을 들여다보면 책을 겹겹이 쌓아놓은 모양 같기도 하고, 새털처럼 말려있는 듯한 모양 같기도 합니다. 그래서 '책 권'이면서 '말 권'인 '卷'을 써서 권운이라고 이름 붙이게 되었습니다. 권운은 날씨가 맑았다가 점점 흐려지기 시작하면 나타납니다.

적란운 積亂雲 쌓을 적 어지러울 난 구름 운 어지럽게^亂 쌓아^積 올린 듯한 구름^雲

亂은 '어지러울 난'입니다. 이 한자가 구름 종류에 들어가게 되면 '비를 내리게 하는 구름'이라고 생각하면 됩니다. 즉, 적란운은 비가 내리는 적운을 뜻하는 것이죠. 적운보다 훨씬 높이가 높아 대류권계면에 닿는 경우가 생기는데 이 경우에는 적운의 높이가 더 커지지 못하고 수평 방향으로 퍼지기도 합니다. 일반적으로 우리가 소나기를 만나는 경우 보게 되는 구름이므로 '쎈비구름, 소나기구름'으로도 부릅니다.

대류권(지면에서 높이 10km까지)과 성층권(높이 10km ~ 50km)의 경계로 수증기가 많고 공기가 잘 섞여 기상 변화가 있음

기단 氣團 공기 기 덩어리 단 동일한 성질을 가진 공기^氣가 모인 덩어리^團

기단이란 날씨의 변화를 설명할 때 사용하는 개념으로 같은 성질을 가진 거대한 공기 덩어리입니다. 발생지에 따라 성질이 달라지는데 아주 넓고 바람이 약한 넓은 대륙 위나 바다 위에서 공기가 오랫동안 머물거나 천천히 이동하면서 발생합니다. 대륙에서 발생하면 건조하고 바다 위에서 발생하면 수증기를 많이 포함해 습합니다. 우리나라에 영향을 주는 기단은 시베리아 기단(한랭 건조, 겨울), 오호츠크 해 기단(한랭 다습, 장마철), 북태평양 기단(고온 다습, 여름철, 장마철), 양쯔 강 기단(온난 건조, 봄과 가을) 등이 있습니다.

전선 前線 앞 전 줄 선 전선면과 지표면이 만나는 가장 앞^前의 선^線

전선은 서로 성질이 다른 두 기단이 만나 생기는 경계면이 지표면에 닿은 선을 말합니다. 기상학적으로 중요한 개념 중 하나로 전선의 양쪽에서는 기온이나 공기의 밀도 등이 달라집니다. 전선은 얇은 선으로 이뤄진 것은 아니고 수백 킬로미터의 두께를 가지고 있습니다. 또한, 두 기단이 만나 생기게 되는 것이므로 전

선 가까이에서는 공기의 상승이 계속 일어나고 수증기가 얼어서 비가 내리는 현상을 동반하는 경우가 대부분입니다.

들여다보기

• **한랭 전선 寒冷前線: 차가운[寒冷] 기단이 더운 기단을 파고들어 생기는 전선[前線]**
한랭 전선은 차가운 기단이 더운 기단을 밀어 올리는 형태이므로 공기의 상승 운동이 매우 활발합니다. 앞에서 봤듯이 공기의 상승 운동이 활발하면 적운이 생기고 강한 비가 내리기도 합니다. 또한, 이름처럼 한랭 전선이 통과하면 차가운 공기 때문에 기온이 내려갑니다.

• **온난 전선 溫暖前線: 더운[溫暖] 기단이 차가운 기단을 타고 올라가며 생기는 전선[前線]**
온난 전선은 한랭 전선과 달리 가볍고 더운 기단이 무겁고 찬 기단 위를 타고 올라갈 때 생기는 것을 뜻합니다. 가볍고 더운 기단이 천천히 이동하여 공기의 상승 운동이 활발하지 않아 층운이 생기고 넓은 지역에 걸쳐 비가 오랫동안 내리게 됩니다. 물론 이름처럼 온난 전선이 통과하면 더운 공기 때문에 기온이 올라갑니다.

• **정체 전선 停滯前線: 머물러[停] 있거나 막혀서[滯] 느린 전선[前線]**
정체 전선은 성질이 서로 다른 두 기단이 세력이 비슷하여 일정한 장소에 머물러 있거나 매우 느리게 움직여서 생기는 것입니다. 장마 전선이 이에 속하는데, 우리나라 여름철에 큰 피해를 주는 장마 전선은 고온다습한 북태평양 기단과 한랭 습윤한 오호츠크 해 기단이 만나 형성되는 정체성이 매우 강한 차가운 전선입니다. 정체 전선은 어느 한 쪽의 세력이 강해지면 그 기단 쪽으로 이동하다가 소멸합니다.

• **폐색 전선 閉塞前線: 닫히고[閉] 막혀[塞] 있는 전선[前線]**
폐색 전선은 한랭 전선이 온난 전선보다 이동 속도가 빨라 미리 머물고 있는 온난 전선을 따라잡아서 두 기단이 겹쳐지는 부분을 말합니다. 폐색 전선은 정체 전선과 비슷한 것으로 차이점이 있다면 정체 전선은 두 기단이 서로 맞부딪히는 대결 구도이고 폐색 전선은 두 기단이 서로 같은 방향을 향하고 있다는 점입니다. 그래서 날씨 또한 한랭 전선과 온난 전선 날씨가 광범위하게 혼합되어 나타납니다.

일기도에서의 전선 표시

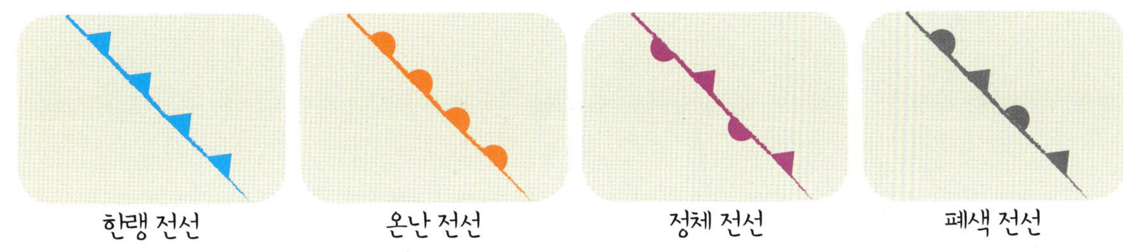

기압

기압 氣壓
공기 기 누를 압
지구를 둘러싸고 있는 대기(氣)가 누르는(壓) 힘

기압이란 간단히 말해 대기의 압력을 뜻하며 대기압(大氣壓)이라고도 합니다. 어떤 단위면적당 눌러지는 공기의 힘을 1기압이라고 하며 기압의 단위는 헥토파스칼(hPa)로 나타냅니다. 대기가 운동하면 기압 또한 그에 따라 변하게 됩니다.

- 기압골 氣壓골: 대기[氣]가 누르는[壓] 힘이 낮은 골짜기[골] 부분

일기 예보에서 많이 나오는 기압골이란 일기도에서 나타내는 등압선의 아래로 볼록한 모양을 한 부분입니다. 양쪽이 고기압으로 둘러싸여 기압이 낮은 부분을 나타내며 저기압 쪽을 향하게 됩니다. 보통 기압골은 서쪽에서 불어오는 바람에 의해 다가오며 기압골의 앞쪽은 날씨가 나빠져 비를 동반하지만, 기압골의 뒤쪽은 날씨가 맑아집니다. 기압골 중심이 얕으면 얕은 기압골, 깊으면 깊은 기압골이라고 하며 깊은 기압골일수록 날씨가 나빠집니다.

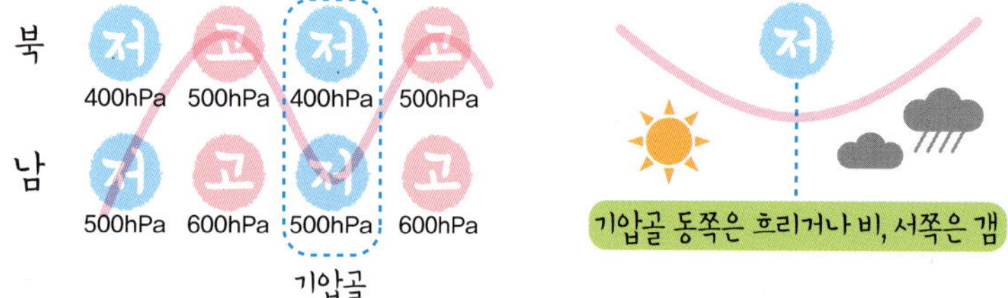

저기압 低氣壓
낮을 저 / 공기 기 / 누를 압

대기 氣가 누르는 壓 힘이 낮은 低 곳

저기압은 기압이 주위보다 낮은 곳을 뜻합니다. 북반구에서는 바람이 바깥쪽에서 안쪽으로 불어와 구름을 생성하여 저기압 안에서는 비바람이 강하게 내립니다.

고기압 高氣壓
높을 고 / 공기 기 / 누를 압

대기 氣가 누르는 壓 힘이 높은 高 곳

고기압은 저기압과 상대되며, 기압이 주위보다 높은 곳을 뜻합니다. 저기압과는 반대로 북반구에서는 바람이 안쪽에서 바깥쪽으로 불어 구름이 있어도 소멸하는 등 날씨가 맑고 바람이 약하게 붑니다. 그러나 고기압이 약해져 대기가 불안정해지면 구름이 발생하여 소나기나 천둥, 번개가 치기도 하죠.

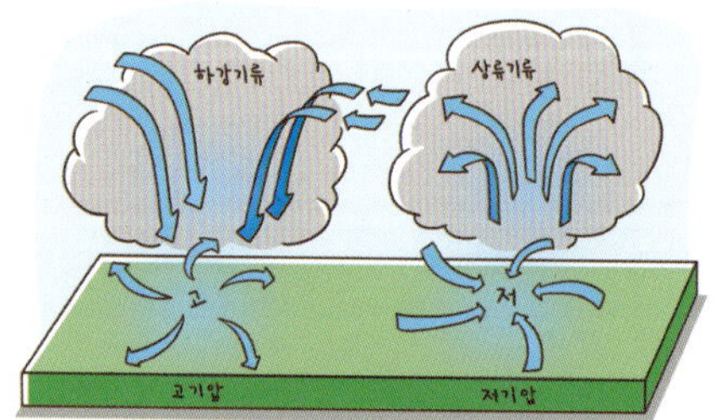

고기압과 저기압에서의 공기의 흐름(북반구)

열대 저기압 熱帶低氣壓
뜨거울 열 / 띠 대 / 낮을 저 / 공기 기 / 누를 압

뜨거운 熱 지역 帶에서 발생하는 공기 氣의 압력 壓이 낮은 低 곳

열대 저기압은 이름에서 알 수 있듯이 열대 지역의 해양 위에서 발생하는 저기압입니다. 우리가 알고 있는

태풍, 사이클론, 허리케인 등이 바로 강한 비바람을 동반하면서 움직이는 열대 저기압입니다. 각각 발생 지역에 따라 이름이 지어집니다. 태풍은 북태평양 서부, 사이클론은 아라비아 해에서 발생하며, 대서양과 북태평양 동부에서는 허리케인 등으로 불리죠. 우리나라에도 여름철에 열대 저기압의 영향으로 풍수해를 입기도 합니다.

허리케인

이동성 고기압 移動性高氣壓

옮길 이 움직일 동 성질 성 높을 고 공기 기 누를 압

중심이 옮겨 移 움직이는 動 성질 性 을 가진 공기 氣 의 압력 壓 이 높은 高 곳

이동성 고기압은 중심 위치가 움직이는 것을 뜻합니다. 또한, 규모가 작은 고기압으로 주로 봄과 가을에 시베리아 고기압이나 양쯔 강 기단이 이러한 형태로 우리나라를 통과합니다. 주로 서쪽에서 동쪽으로 이동하는 편서풍에 의해 영향을 받는데 중심 부근에서는 날씨가 맑습니다. 봄에는 대륙성 고기압이 약해져서 발생하고, 가을에는 해양성 고기압이 약해져서 발생하므로 봄과 가을 날씨에는 온도나, 습도 차이가 많이 나게 됩니다.

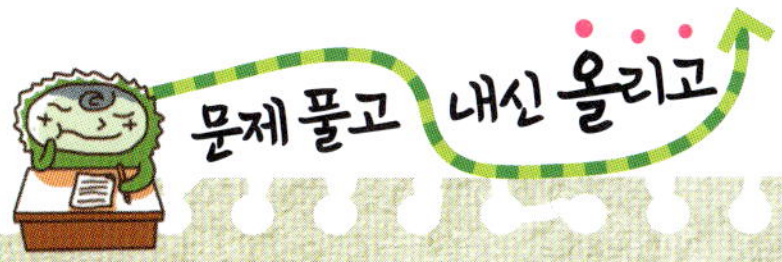

문제 풀고 내신 올리고

≫정답 p.312

문제1 다음 일기 예보를 읽고 (   ) 안에 들어갈 수 있는 것은?

> 중부 지방의 내일 날씨를 말씀드리겠습니다.
> 내일 중부 지방은 기압골의 후면에 자리하게 되어, (   )

① 태풍이 붑니다.
② 햇볕이 뜨겁습니다.
③ 바람이 불고 비가 옵니다.
④ 매우 맑고 화창한 날씨가 됩니다.
⑤ 안개가 끼고 스모그가 발생할 수 있습니다.

문제2 날씨가 맑기 위해서 필요한 조건을 모두 고른 것은?

> ㉠ 적란운　　ㄴ 적운　　ㄷ 양쯔 강 기단
> ㉣ 시베리아 기단　　ㅁ 열대 저기압　　ㅂ 이동성 고기압

① ㄱㄷㅂ
② ㄱㄷㄹ
③ ㄴㄹㅂ
④ ㄴㄷㅂ
⑤ ㄱㄷㅁㅂ

달과 태양

왜 같은 크리스마스인데 한쪽은 여름이고, 한쪽은 겨울일까요? 계절의 변화는 왜 생길까요? 또한, 아침에는 해가 뜨고 저녁에는 해가 지고, 달의 모양은 손톱만큼 작았다가, 태양처럼 커졌다가 하는 등 모양은 계속 변하죠. 이 모든 것이 바로 달과 지구, 태양의 관계에서 나온 변화입니다. 이 세 개의 별은 서로 떼려야 뗄 수 없는 관계에 있답니다. 어느 것 하나가 서로에게서 멀어지면 안 되는 관계랍니다. 지구에서 사람이 살 수 있는 이유는 태양과의 적절한 거리 덕분입니다. 금성은 지구보다 태양과 가깝고, 화성은 지구보다 태양과 더 먼 거리에 있어 사람이 살 수 없습니다. 그렇게 중요한 달과 태양에서는 지금 무슨 일이 일어나고 있는지 한번 알아볼까요?

공전 公轉 공평할 공 회전할 전
한 쪽으로 치우치지 않고 일정하게 公 도는 轉 것

달이 지구 둘레를 도는 것처럼 어떤 천체(우주를 이루고 있는 물체)가 다른 천체 주위를 도는 것을 공전이라고 합니다. 이때 어느 한 쪽으로도 치우치지 않고 서로의 무게 중심 둘레를 일정하게 돕니다. 달이 지구를 공전하고 지구가 태양을 공전하고 있는 거죠. 달의 공전 주기는 대략 30일이 되고, 지구의 공전 주기는 대략 365일이 됩니다.

자전 自轉 스스로 자 회전할 전
스스로 自 도는 轉 것

달이나 지구 같은 천체가 자신의 무게 중심을 지나는 회전축을 중심으로 스스로 도는 것을 자전이라고 합니다. 지구의 자전축은 남극과 북극을 연결하는데 23.4° 정도 기울어져 자전합니다. 기울어진 자전축을 중심으로 자전하면서 태양 주위를 공전하는 지구 때문에 계절의 변화가 생기는 것이지요. 또한, 지구가 한 바퀴 자전하면 낮과 밤이 생깁니다. 그리고 한 바퀴 자전하는 데 걸리는 시간을 24로 나눈 것이 바로 우리의 24시간이랍니다. 달은 공전과 자전의 주기가 같기 때문에 우리는 달의 앞면만을 볼 수 있습니다.

광구 光球 빛광 공구
빛나는 光 공 球 처럼 둥근 모습

하늘에 떠 있는 태양을 쳐다보면 매우 밝은 빛을 내는 둥근 모습을 볼 수 있습니다. 태양에서 광구라는 것은 우리가 눈으로 보는 그 빛을 말합니다. 빛을 내는 곳이 바로 광구인데 태양의 에너지를 발산하는 곳으로 가스층을 이루고 있습니다. 외부로 에너지를 발산하기 때문에 가장 온도가 낮은 곳이기도 하죠. 태양 중심의 뜨거운 열이 광구에서 외부로 방출되는 에너지를 보충해 주고 있습니다. 또한, 광구에는 흑점이나 백반이 나타납니다. 광구는 태양 이외의 별에서는 연속 스펙트럼을 내는 부분을 뜻합니다.

채층 彩層 빛깔채 층층
고운 빛깔 彩 을 내는 층 層

채층은 위에서 봤던 광구 윗부분의 대기층입니다. 붉은색을 띄기 때문에 색권(色圈)이라고도 합니다. 광구보다 밀도는 낮지만, 온도는 높습니다. 채층은 우리가 뜨거운 태양을 그릴 때 이글거리는 불꽃을 그리는데 이글거리는 불꽃이 바로 채층에서 활발하게 일어나는 현상인 '스피큘'입니다. 또한, 채층에서 홍염을 관측할 수 있습니다. 채층 밖으로는 코로나가 생성되는데 채층이나 코로나는 모두 태양의 대기에 속하는 것으로 평소에는 보이지 않지만, 개기 일식 때 볼 수 있습니다.

홍염 紅焰 붉은 紅 불꽃 焰

홍염은 비교적 온도가 낮은 광구에서 고온의 물질이 채층을 뚫고 폭발한 불꽃 모양의 가스입니다. 주로 불꽃이나 고리 등 다양한 모양으로 나타나 며칠에서 몇 주 동안 지속됩니다. 채층이나 코로나와 달리 홍염은 보통 때에도 관찰할 수 있으며 흑점이 출현하는 영역에 집중적으로 나타납니다.

들여다보기

홍염과 플레어(flare)

플레어는 태양의 광구와 코로나 사이의 대기층에 있는 물질이 급격히 분출하면서 순간적으로 강렬히 번쩍이다가 소멸하는 현상입니다.

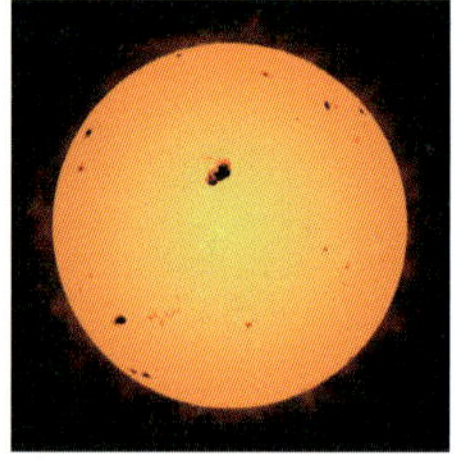

홍염

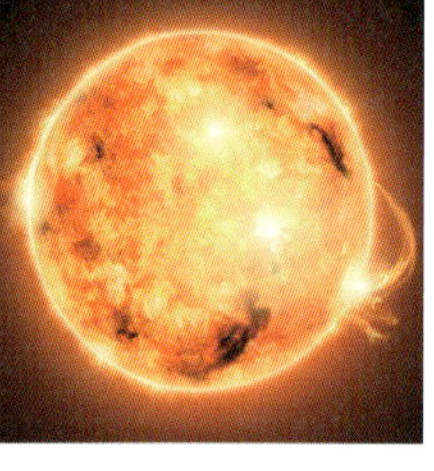

플레어

	발생 위치	온도	지속 시간
홍염	흑점 부근 (태양 표면)	수천 ~ 수만도	며칠~ 몇 주
플레어	흑점 아래 (태양 하층부)	수천만도	몇 초 ~ 한 시간 이내

흑점 黑點 태양 표면에 생기는 검은 黑 점 點

흑점이란 태양 표면에 보이는 검은 반점들을 가리킵니다. 광구의 어떤 지점에서 강한 자기장이 생기면 에너지가 제대로 전달되는 대류 과정이 일어나지 못해 상대적으로 자기장 주변의 온도가 떨어지게 되어 어둡게 보입니다. 이것이 바로 흑점이고 흑점은 11년을 주기로 증가했다가 감소하는 현상이 반복됩니다. 수명이 짧은 것은 1일 이내에서 긴 것은 몇 개월로 다양한데 태양 자체의 불안정하고 활동적인 상태를 나타내는 척도가 됩니다. 간혹 지구 크기의 11배 크기인 '괴물 태양흑점'이 나타나기도 하는데 이런 때에는 인공위성이나 북극 항로 운항 항공기의 통신 장애, 전력 시설 파손, GPS 신호 수신 오류 등의 피해를 일으키기도 합니다.

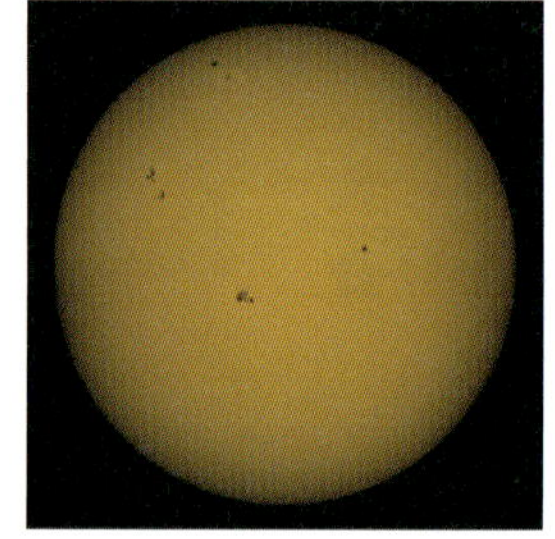

태양의 흑점

일식 해일 좀먹을식 日蝕 달이 해日를 좀먹는蝕 현상

달은 지구의 둘레를 공전하고 있습니다. 그래서 '태양 – 달 – 지구'가 일직선으로 나란히 놓이는 경우가 있는데 이때 달이 태양을 가리게 되면, 이를 일식이라고 합니다. 달의 그림자 속에 태양이 완전히 가려지면 개기 일식(皆旣日蝕)이라고 하고, 태양 일부분이 보이지 않게 되는 경우를 부분 일식이라고 합니다. 이론적으로는 매달 일식 현상이 나타날 수 있지만 달이 지구 둘레를 공전하는 길인 백도와 태양이 지나가는 길인 황도가 5° 정도 기울어져 자주 발생하지는 않습니다.

모두[皆] 다[旣] 해[日]가 먹히는[蝕] 현상

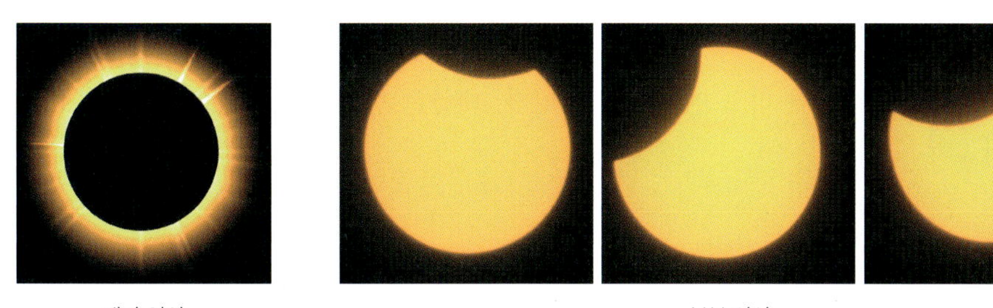

개기 일식　　　　　　　　　　부분 일식

월식 달월 좀먹을식 月蝕 지구가 달月을 좀먹는蝕 현상

'태양 – 지구 – 달'이 일직선으로 나란히 놓이는 경우가 있는데 이때에 지구의 그림자 때문에 달이 가려집니다. 이것이 바로 월식입니다. 달 전체가 가려지면 개기 월식이고, 일부분이 가려지면 부분 월식입니다. 월식은 보름달일 때만 일어납니다. 일식은 지구의 극히 한정된 곳에서만 볼 수 있지만 월식은 어디에서나 볼 수 있습니다. 개기 월식의 경우 지구 대기를 통과한 빛 중에서 붉은빛만 굴절되어 달에 도달하게 되는데 그것이 반사되어 우리 눈에 붉은 달로 보이기도 합니다.

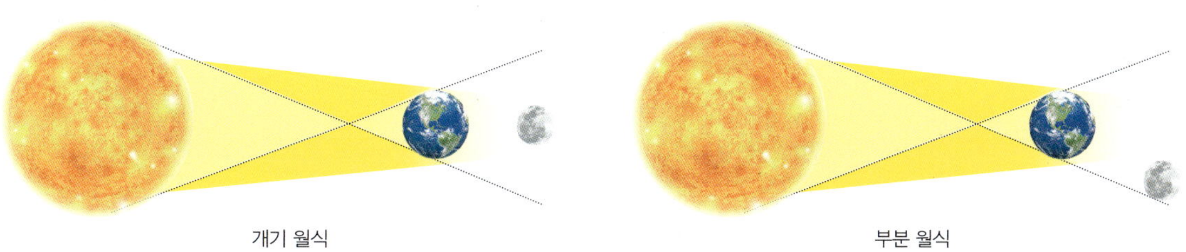

개기 월식　　　　　　　　　　부분 월식

천구 하늘천 공구 天球

지구를 둘러싼 공球처럼 보이는 하늘天

평지에 누워서 밤하늘을 바라보면 하늘이 큰 공처럼 보이고 별들이 그 둥근 면에 있는 것처럼 보입니다. 별들이 붙어서 자리 잡고 있는 큰 공 같은 하늘

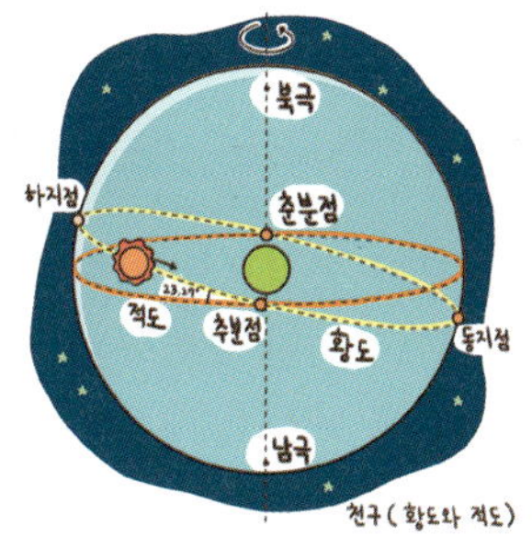

을 바로 천구라고 합니다. 지구의 자전축을 늘려서 천구와 만나는 두 점을 천구의 북극과 남극이라고 하고 지구의 적도를 연장해서 천구와 만나는 원을 천구의 적도라고 합니다. 한마디로 지구를 둘러싼 지구와 비슷한 가상의 큰 공이죠.

연주 운동 年周運動

1년^年에 걸쳐서 도는^周 천체들의 겉보기 운동^{運動}

천구 상에 별들은 움직이지 않고 가만히 있지만, 지구가 공전하기 때문에 태양이나 별들이 1년을 주기로 이동하는 것처럼 보입니다. 그것이 바로 연주 운동입니다. 태양은 별자리 사이를 하루에 약 1° 정도씩 동쪽으로 이동합니다.

황도 黃道 태양이 지나가는 노란^黃 길^道

황도는 천구 위에 나타나는 태양의 궤도입니다. 태양이 연주 운동을 하면서 별자리 사이를 지나가게 되는데 그 길을 나타내는 말입니다. 또한, 황도에 있는 12개의 별자리를 황도 12궁이라고 합니다. 황도는 천구의 적도와 두 점에서 만나는데 이 두 점이 각각 춘분점과 추분점입니다. 또한, 천구의 적도에서 북쪽으로 가장 멀리 떨어진 점이 하지점, 남쪽으로 가장 멀리 떨어진 점이 동지점이 됩니다.

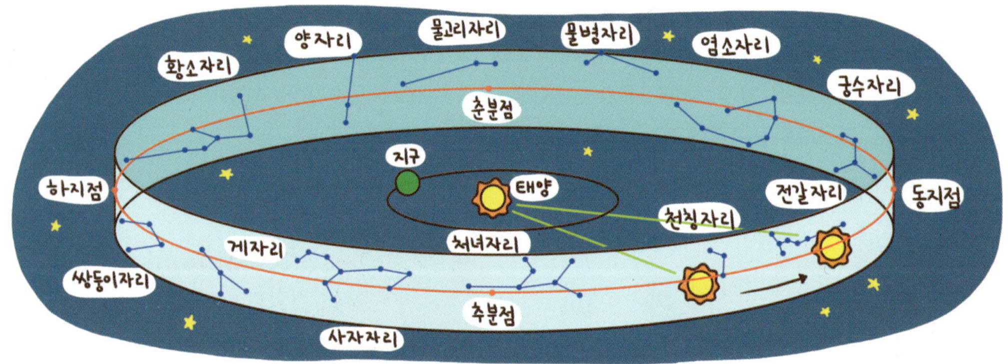

일주 운동 日周運動

하루^日에 한 바퀴씩 도는^周 천체들의 운동^{運動}

지구의 공전으로 연주 운동이 일어난다면 지구의 자전으로 태양 및 달 등 모든 천체가 하루에 한 바퀴씩 도는 것처럼 보이는 운동이 바로 일주 운동입니다. 태양의 일주 운동 경로가 달라지면 태양의 고도와 낮 길이도 달라져 계절의 변화가 생기는 것이죠. 이런 일주 운동 때문에 별들은 천구상의 극 주위를 작은 원이나 큰 원을 그리면서 돌게 됩니다.

광년 光年 빛光이 1년年 동안 가는 거리

빛광 해년

'지구에서 어느 행성까지 몇 광년이 걸린다.'라는 말을 들어 봤나요? 광년이란 바로 빛이 1년 동안 가는 거리랍니다. 빛은 1초에 약 30만km를 간다고 합니다. 1초에 지구를 7바퀴 반 정도를 간다고 하니 빛이 얼마나 빠른지 알겠죠? 1광년을 km로 나타내면 약 9조 5천억km 정도 되는 거리입니다.

삭 朔 초하루, 처음이나 시작朔

초하루 삭

'태양 – 달 – 지구'가 일직선 위에 나란히 있을 때를 삭이라고 합니다. 지구에서 봤을 때 달의 뒷면만 태양빛을 받으므로 지구에서는 달이 전혀 보이지 않게 됩니다. 달력에서 음력 1일이 바로 삭인데 우리가 알고 있는 그믐과 삭은 차이가 있습니다. 그믐은 한 달의 마지막 날을 나타내는 것이고, 삭은 한 달의 첫째 날을 나타냅니다.

망 望 보름望

보름 망

'태양 – 지구 – 달'이 일직선 위에 나란히 있을 때 달의 모양을 말합니다. 지구 쪽을 향한 달 반쪽 전체가 태양빛으로 환하게 비치는 데, 이때가 음력 보름이고 바로 망입니다. 만월(滿月), 망월(望月), 보름달이라고도 합니다.

삭망월 朔望月

초하루삭 보름망 달월

달月이 삭朔에서 다음 삭까지, 망望에서 다음 망까지 걸리는 시간

앞서 봤듯이 '삭(朔)'이란 달과 태양이 같은 방향에 있을 때이고, 달과 태양이 지구를 가운데에 두고 서로 반대 방향에 있을 때를 '망(望)'이라 합니다. 삭망월이란 삭에서 다음 삭까지 도달하는 평균 길이를 말하는데 29.530588일이 됩니다. 우리가 음력으로 사용하고 있는 달력에서 삭일이란 매월 초하루가 되죠. 달은 이러한 삭망월을 주기로 위치나 모양이 달라집니다. 즉, 삭망월은 지구에서 봤을 때 변하는 달의 모양을 중심으로 나타내는 달의 공전 주기를 말합니다.

항성월 恒星月

항상^恒 같은 자리에 있는 별^星을 중심으로 달^月의 공전 주기를 나타내는 것

항성이란 움직이지 않고 항상 그 자리에 있는 별을 나타냅니다. 이러한 어떤 항성을 기준으로 지구가 가만히 정지해 있을 때 달이 지구 주위를 1번 공전하는 데 걸리는 시간을 항성월이라고 합니다. 항성월은 달의 실제적인 공전 주기로 27.32166일이 됩니다. 삭망월과 항성월이 다른 이유는 달이 지구를 공전하는 동안 지구도 태양 주위를 공전하기 때문입니다. 지구가 공전한 만큼 달이 더 가야 하기 때문에 삭망월은 2.2일이 더 걸리는 것이죠.

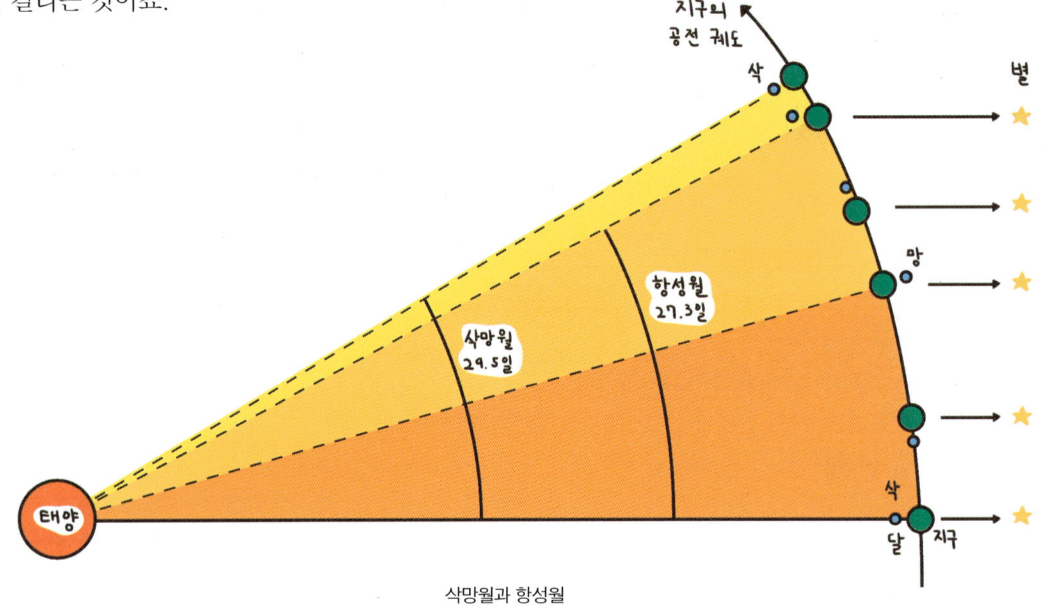

삭망월과 항성월

상현 上弦 활시위^弦가 위^上를 향한 듯한 달의 모양

우리가 일반적으로 말하는 '반달' 중 하나가 바로 상현입니다. 둥근 활시위처럼 생긴 달의 윗부분이 위를 향한다 하여 상현이라고 이름 지었습니다. 음력 매달 7일에서 8일경 나타나는데 동쪽에서 떠서 초저녁 무렵 가장 높게 뜨고 한밤중에 서쪽으로 지는 달의 모양입니다. 이때부터 달의 크기가 점점 커지기 시작합니다.

하현 下弦 활시위^弦가 아래^下를 향한 듯한 달의 모양

하현은 매달 음력으로 22일이나 23일경에 뜨는 달의 모양으로 우리가 '반달'이라고 하는 것 중 하나입니다. 하현은 자정 무렵에 떠올라 아침까지 볼 수 있습니다. 달이 지구 남쪽에 있어서 왼쪽이 밝게 빛납니다. 달은 다음 쪽의 그림처럼 오른쪽부터 점점 차오르기 시작해서 상현이 먼저 되고 보름달이 된 후 왼쪽부터 점점 빛을 잃게 되기 시작해서 하현이 되고 삭이 되게 됩니다.

'상현'과 '하현'의 이름은 위 상, 아래 하를 넣어서 만들어지긴 했으나 활시위가 아래쪽이면 하현, 위쪽이면 상현이라고 구분하는 것보다는 달의 오른쪽이 차면 상현달, 달의 왼쪽이 차면 하현달이라고 구분하는 것이 맞습니다.

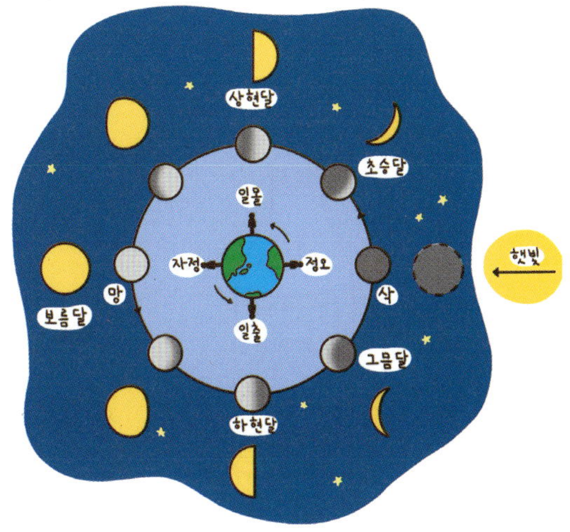

백도 白道 ^{흰백} ^{길도} 하얀白 달이 지나가는 길道

우리는 보통 달이 '하얗다'고 합니다. 그래서 달이 지구 둘레를 공전하는 길을 천구(天球) 상에 나타냈을 때를 '백도(白道)'라고 합니다. 달은 공전 방향이 지구의 자전 방향과 같기 때문에 천구 위를 매일 서쪽에서 동쪽으로 이동합니다. 약 27일을 주기로 일주 운동을 합니다. 태양이 지나가는 황도에 비해 백도는 약 5° 정도 기울어져 있으며 황도와 백도가 만나는 것은 딱 2번 있게 됩니다. 이때 일식과 월식이 일어날 수 있는 것이죠.

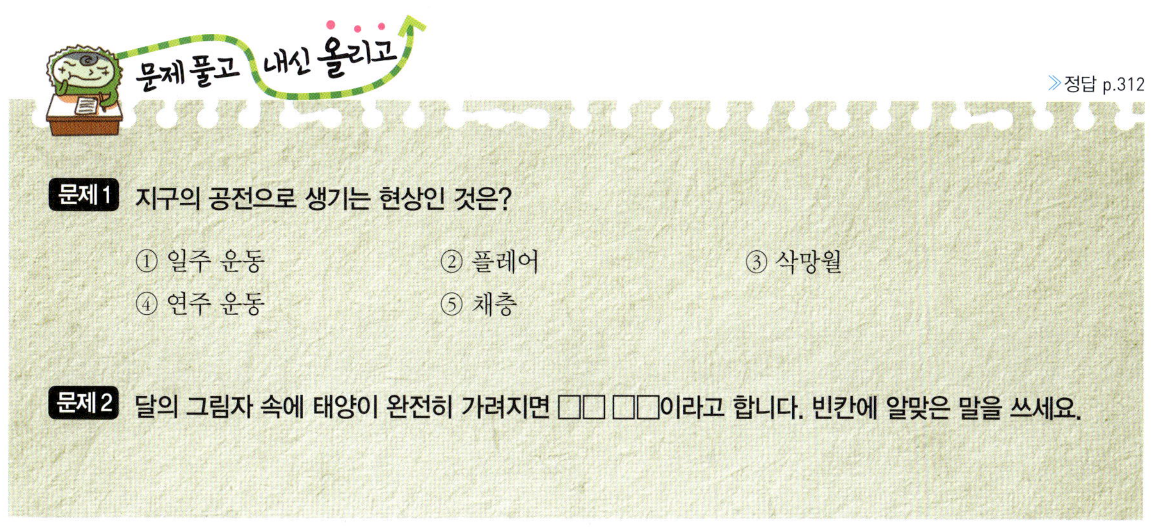

문제 풀고 내신 올리고

≫정답 p.312

문제 1 지구의 공전으로 생기는 현상인 것은?

① 일주 운동   ② 플레어   ③ 삭망월
④ 연주 운동   ⑤ 채층

문제 2 달의 그림자 속에 태양이 완전히 가려지면 □□ □□이라고 합니다. 빈칸에 알맞은 말을 쓰세요.

물질의 변화

우리는 살아가면서 다양한 경험을 하게 됩니다.

그런데 그 많은 경험 중 대부분은 과학과 관련이 깊다는 것을 알고 있나요? 위 그림에서 보면 알 수 있듯이 얼린 페트병 주변에 자꾸 물방울이 생기는 것도, 언 드라이아이스에 손이 닿아 떨어지지 않는 것도 다 과학으로 설명이 가능하답니다. 드라이아이스는 액체로 녹는 것이 아니라 바로 기체로 날아가는 성질이 있어 손이 닿으면 잘 떨어지지 않습니다. 그럼 드라이아이스는 어떤 물질로 만들어져서 손에 붙을까요? 이번에는 이러한 물질 변화에 관한 용어를 배워 봅시다.

원자 原子 근원 원 접미사 자 어떤 물질의 근원(原)이 되는 아주 작은 입자(子)

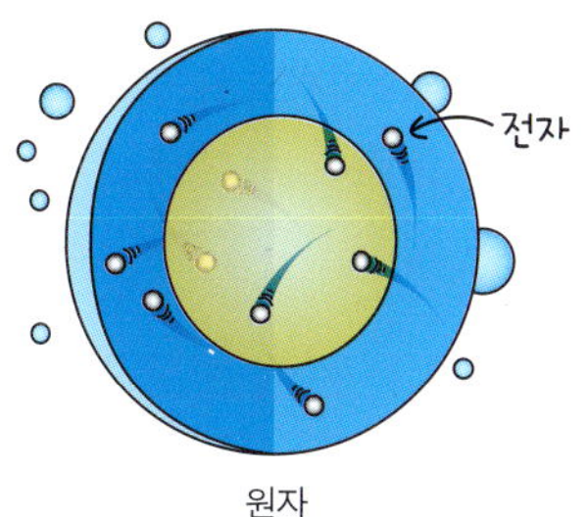

물질을 쪼개고 또 쪼개면 더는 쪼갤 수 없는 것이 있는데, 이것이 바로 원자입니다. 여기서 '자(子)'는 아주 작은 것을 나타내는 접미사로 쓰였습니다. 영어로 원자는 atom이라 하는데 이는 '나눌 수 없다.'는 뜻의 그리스 어에서 나왔습니다. 원자는 하나의 원자핵과 원자핵을 둘러싼 여러 전자로 이루어져 있습니다.

원자핵 原子核 근원 원 접미사 자 씨 핵 원자(原子) 속의 씨(核)

위에서 본 그림에서처럼 원자핵은 원자의 중심에 있는 씨입니다. 원자에서 가장 큰 부분을 차지하고 있어 원자 질량 대부분을 차지하고 있습니다. 이웃 나라 일본에서 크게 사고 났던 원자력 발전소의 원자력 에너지는 우라늄이나 플루토늄 같은 원자의 원자핵을 깨뜨릴 때 나오는 에너지입니다. 제3의 불이라고 불릴 정도로 유용하기는 하지만 폐기물이나 원자 폭탄 같은 문제가 있습니다. 원자력 에너지는 양면의 칼날 같은 존재임을 잊지 말아야겠죠?

원자설 原子說 근원 원 접미사 자 이론 설 원자(原子)에 대한 이론(說)

오랜 옛날부터 원자에 대한 학자들의 견해는 '아주 작고 단단하며 눈에 보이지 않는 알갱이로 되어 있다.' 라는 것이었습니다. 이에 19세기에 이르러 영국의 과학자 돌턴은 좀 더 발전한 근대적인 원자설을 내놓았습니다. 질량 보존의 법칙과 일정성분비의 법칙을 설명하기 위해 원자설을 제안하였습니다. 돌턴의 원자설은 과학의 발전과 함께 수정됐습니다. 아래의 그림을 보며 이해해 볼까요?

돌턴의 원자설

모든 물질은 더 이상 쪼갤 수 없는 원자로 구성된다.

같은 원소의 원자들은 크기, 모양, 질량 등이 같다.

화학 변화가 일어날 때 원자들은 변하거나 새로 생기거나 소멸되지 않는다.

화합물은 서로 다른 원자가 일정한 비율로 결합하여 만들어진다.

원소 元素 어떤 물질의 가장 기본(元)이 되는 요소(素)

더 이상 쪼갤 수 없는 입자가 바로 원자인데 그런 원자들의 집합을 원소라고 합니다. 그래서 원자는 셀 수 있는 개념이지만 원소는 셀 수 없습니다. 원소는 '산소', '수소' 같은 것을 예로 들 수 있겠죠? 즉, 원소는 물질을 구성하는 원자의 이름이라고도 볼 수 있습니다. 이러한 원소들을 기호별로 구별해 놓은 것이 바로 원소 기호(元素記號)입니다.

주기율표 週期律表
어떤 현상이 한번 나타난 후 다시 돌아올(週) 때까지 걸리는 시간(期)에 대한 법칙(律)을 나타내는 표(表)

러시아 멘델레예프는 당시의 63종 원소를 가벼운 것부터 무거운 것 순서로 배열하자 화학적으로 성질이 비슷한 원소가 일정한 주기를 두고 나타나는 것을 알고 표를 만들었는데, 이것이 바로 원소의 주기율표입니다. 물론 현대에는 보다 발전되어 더욱 많은 원소가 자리하게 되었죠. 주기율표의 세로는 주기를 나타내고 가로는 족을 나타내는데 족이 같은 것을 동족 원소(同族元素)라고 합니다. 동족 원소끼리는 비슷한 화학적, 물리적 반응을 합니다. 또한, 원자 번호는 같지만 질량이 다른 원소를 동위 원소(同位元素)라고 합니다.

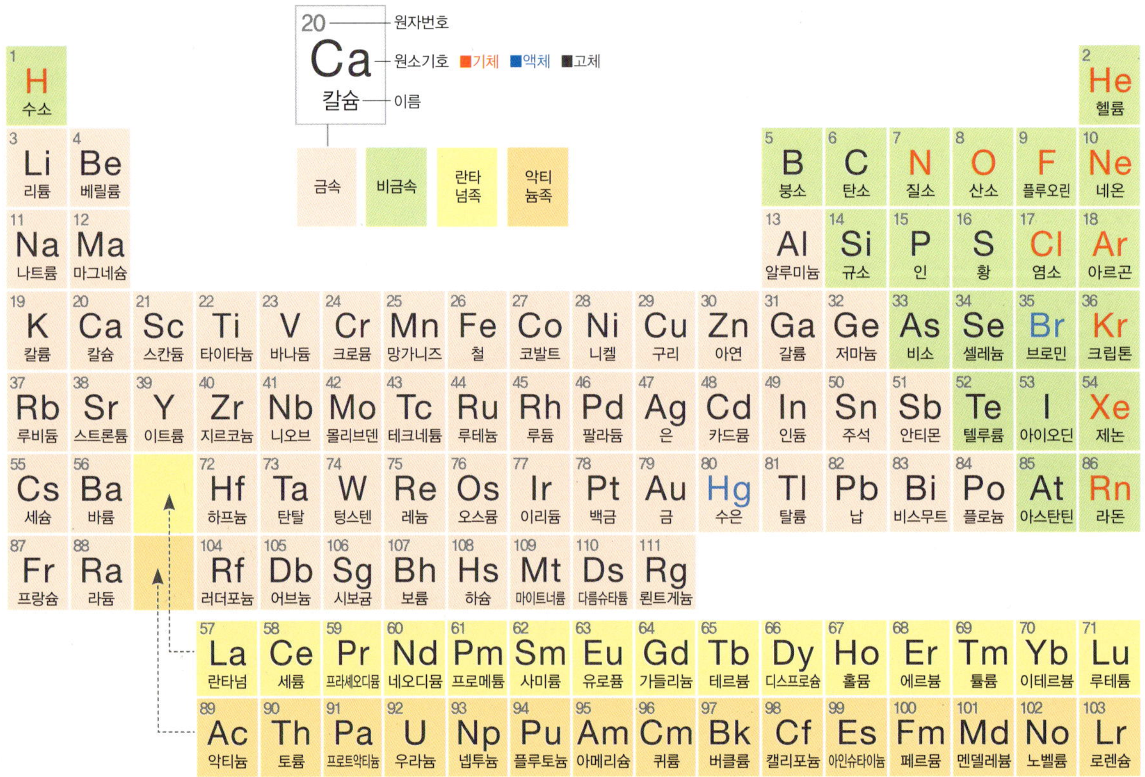

분자 分子 _{나눌분 접미사자} 나눌分 수 있는 작은 입자子

분자는 화학적 성질을 갖는 가장 작은 단위를 말합니다. 원자들이 결합하여 만들어지는 것이죠. 분자를 나누게 되면 다시 원자가 되기 때문에 分子라고 한 것이죠. 예를 들어 물을 쪼개면 H_2O가 됩니다. 이 분자는 물의 성질을 가진 가장 작은 단위입니다. 분자를 쪼개면 2개의 H 원자와 1개의 O 원자로 나뉩니다. 즉, 물 분자는 H와 O라는 두 개의 원소로 이뤄진 것이죠. (앞서 봤듯이 원소는 원자의 이름이라고도 할 수 있습니다.) 이렇듯 분자를 쪼개면 그 분자의 고유한 화학적 성질은 없어집니다.

분자식 分子式 _{나눌분 접미사자 법식} 분자分子를 원소 기호를 써서 나타낸 식式

분자식이란 분자를 구성하는 원자의 수를 원소 기호를 써서 나타낸 화학식의 한 종류입니다. 분자식을 보면 원자의 종류와 수, 분자의 수를 알 수 있습니다. 예를 들어 소금(염화나트륨)의 분자식은 2NaCl입니다. 여기서 알 수 있는 것은 원자는 2개로, Na와 Cl입니다. 앞에 2라는 숫자는 NaCl이 2개라는 뜻으로 분자의 개수가 2개라는 말입니다. 2NaCl의 총 원자의 수는 Na 2개+Cl 2개 = 4개가 되겠죠?

분자설 分子說 _{나눌분 접미사자 말설} 분자分子에 대한 이론說

기체반응의 법칙을 설명하기에는 돌턴의 '원자설'이 모순이 있었기에 새로운 가설이 필요했는데 이것이 바로 아보가드로의 '분자설'입니다. 분자설의 내용을 보면
1. 기체는 분자라는 입자로 이루어져 있다.
2. 분자는 원자 몇 개가 결합하여 이루어진 입자이다.
3. 모든 기체는 같은 온도와 압력에서, 같은 부피 속에 같은 개수의 분자를 포함한다.
입니다. 원자설이 질량과 관련 깊은 이론이라면 분자설은 부피와 관련 깊은 이론입니다.

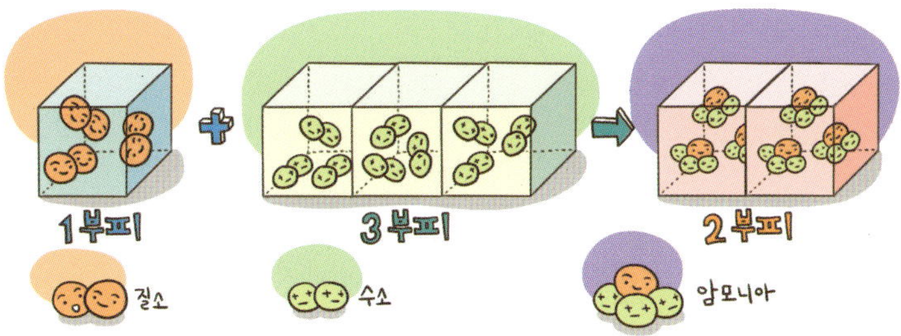

암모니아 생성 반응

전자 電子 _{전기전 접미사자} 음의 전기電를 띤 작은 것子

앞서 본 바로는 더는 쪼갤 수 없는 원자는 원자핵과 원자핵을 둘러싼 전자로 이루어졌다고 했습니다. 양의

성질을 띤 원자핵을 둘러싼 전자는 음의 전기를 띤 질량이 아주 작은 알갱이로 모든 물질을 구성하고 있는 요소입니다. 전자는 한 개의 원자핵에 하나의 전자 또는 여러 개의 전자가 따라다닐 수 있습니다.

입자 粒子 쌀알粒처럼 낱개의 아주 작은 것子

粒이 쌀알을 나타내긴 하지만 입자가 쌀알같은 크기이기보다는 아예 눈으로 보이지 않을 정도로 작은 것을 말하는데 일반적으로 '알갱이'라고도 합니다. 음의 성질을 가진 전자, 양의 성질을 가진 양성자 등을 모두 작은 알갱이라는 '소립자'라고도 합니다. 입자란 결국 물질의 구성 요소를 얘기할 때 포괄적으로 쓰는 의미라고 할 수 있습니다.

물질의 상태 변화

기화 氣化 기체氣가 되는化 현상

기화란 액체가 열에너지를 흡수해서 기체가 되는 현상을 말합니다. 액체에서 기체로 변할때 주위에서 흡수한 열을 '기화열'이라고 합니다. 액체 표면에서 일어나는 기화를 '증발'이라고 하며, 액체 내부에서 일어나는 기화를 '끓음'이라고 합니다.

증발 蒸發 데워져서蒸 사라지는發 현상

액체 표면에서 분자 간의 활동이 매우 활발해 지면서 기체로 튀어나오게 되어 생기는 것이 바로 증발입니다. 증발이 일어나게 되면 주변의 열에너지를 흡수하게 되므로 주변이 시원해집니다. 우리가 여름철에 마당에 물을 뿌리면 시원해지는 이유가 바로 증발에 있는 것이죠. 분자의 운동이 활발해져서 생기는 것이므로 표면적이 작아지면 분자의 활동이 적어져 증발이 잘 일어나지 않게 됩니다.

들여다보기

기화에는 '증발' 외에 '끓음'이 있는데 끓음은 액체 내부에서 일어나는 기화 현상입니다. 우리가 물을 끓일 때 물의 끓는점 100°를 넘기면 물이 끓기 시작하죠? 이때 액체 속의 분자의 움직임이 매우 활발해지며 물이 수증기로 바뀌는 것입니다.

액화 液化 액체 液가 되는 化 현상

기체가 되는 현상이 기화라면 액체가 되는 현상은 액화입니다. 기화는 분자의 움직임이 매우 활발해서 서로의 끌어당기는 힘인 인력을 벗어나는 것입니다. 이와 달리 액화는 열에너지를 잃고 굳어서 분자의 움직임도 둔해져 서로 붙어 있게 됩니다. 액화는 온도와 압력에 의해 많은 영향을 받는데 온도가 낮을수록, 압력이 높을수록 분자 간 거리가 가까워져서 액화가 잘 일어납니다.

승화 昇華 더 높고 昇 화려한 華 상태로 바뀜

고체가 액체 상태를 거치지 않고 기체로 변하거나 그와 반대로 기체가 바로 고체 상태로 되는 현상을 승화라고 합니다. 아이오딘이란 결정은 가열하면 바로 보라색 기체가 되고, 이 기체를 얼리면 바로 아이오딘 결정이 되는데 이를 승화라고 합니다. 가장 흔하게 알 수 있는 예가 바로 나프탈렌과 드라이아이스인데 이들은 고체에서 액체 과정을 생략하고 바로 기체가 되어 크기가 점점 작아지죠. 승화할 때 흡수하거나 방출하는 열을 승화열이라고 합니다.

응고 凝固 얼어서 凝 굳게 固 되는 현상

액체가 열에너지를 잃고 얼어서 고체로 변하는 현상을 응고라고 합니다. 물은 응고되어 얼음이 되면 부피가 늘어나죠? 물을 제외한 물질 대부분은 분자들의 운동이 둔해지면서 분자들의 거리가 가까워지고 그에 따라 부피가 줄어듭니다. 하지만 분자의 수가 변하지는 않으므로 질량은 변하지 않습니다. 또한, 물질마다 응고되기 시작하는 온도가 있는데 이를 '어는점' 또는 '응고점'이라고 합니다. 이는 각 물질의 고유한 성질입니다.

응결 凝結 얼어서 凝 결정이 맺히는 結 현상

수증기가 물방울로 변해서 맺히는 현상이 응결입니다. 응결의 주된 원인은 공기의 냉각인데 온도가 낮아지면 공기가 수증기를 포함할 수 있는 양이 줄어듭니다. 이때 공기가 포화 상태가 되면 수증기가 물방울로 맺히는 것이죠. 이러한 수증기의 응결로 구름이나 안개, 이슬이 생기게 됩니다. 여름철 차가운 물을 컵에 따르면 컵의 바깥 면에 물방울이 맺히죠? 이것이 바로 응결입니다.

융해  融解 녹을 융 풀 해 녹아서 (融) 풀어지는 (解) 현상

고체가 열에너지를 받아서 분자 간의 거리가 느슨해지면 액체로 변하는데 이를 융해라고 합니다. 한마디로 '녹는다'는 말인데 앞서 본 응고와 상대되는 뜻입니다. 고체가 액체로 변하기 시작하는 온도를 '녹는점' 또는 '융해점'이라고 합니다. 겨울이 지나 봄이 오면 얼었던 눈이 녹아서 물로 흐르는 것이 바로 융해입니다.

융해와 용해는 말이 살짝 다를 뿐 같은 뜻입니다. 하지만 둘에게도 차이점이 있습니다. 융해는 고체가 액체로 녹는 것을 뜻하고, 용해는 두 물질이 서로 균일하게 섞여 녹는 것을 뜻합니다. 설탕물을 만들 때 물 속에 설탕이 녹아 들어 설탕물이 되는 것을 용해의 예로 들 수 있습니다.

포화 飽和 가득 찰 포 모일 화 가득 차게 (飽) 모인 (和) 상태

포화란 어느 정도의 상태가 되면 더 녹지 않는 현상을 말합니다. 배가 부르면 더 먹지 못하는 것처럼 말이죠. 물에 설탕을 넣어서 녹이면 어느 정도의 설탕이 물에 잘 녹다가 일정량 이상의 설탕은 녹지 않고 그대로 물에 가라앉습니다. 이를 포화 상태라고 합니다.

물질의 변화 상태를 그림으로 나타내면 다음과 같이 정리할 수 있습니다. 한눈에 익힐 수 있겠죠? 우리 실생활에서 물질이 어떻게 변화하는지 좀 더 관심을 두게 되는 기회가 되었나요?

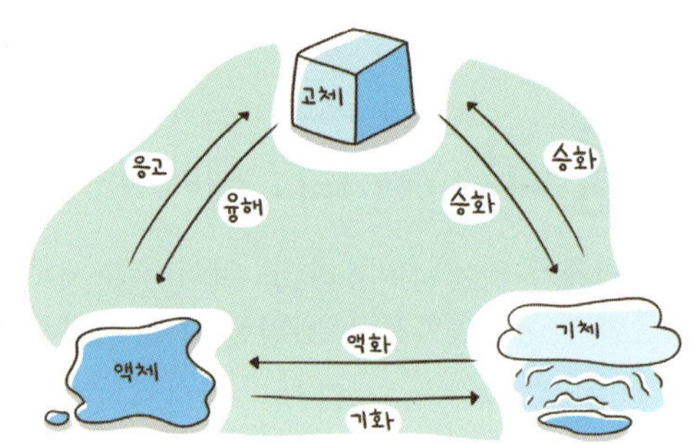

≫정답 p.312

문제1 다음 실생활에서 일어나는 물질의 상태 변화를 써 보세요.

(1) 여름철 마당에 물을 뿌리자 시원해지는 현상 (   )

(2) 화장실에 있는 나프탈렌이 한 달 후에 작아진 현상 (   )

문제2 돌턴의 원자설과 아보가드로의 분자설은 각각 설명하는 측면이 다릅니다. 각각 어느 면과 관련 깊은 이론인지 맞게 짝지어진 것은?

① 원자설 - 부피   ② 원자설 - 원자핵과 원자   ③ 원자설 - 원자의 활동

④ 분자설 - 질량   ⑤ 분자설 - 부피

소화와 기관

아래 그림을 보세요. 무슨 그림인지 아시죠? 바로 우리 몸속을 그린 그림입니다.

우리 몸속에는 저렇게 다양한 기관이 있습니다.

저 가운데 필요하지 않은 기관은 하나도 없습니다. 모두 우리가 건강하고 행복하게 살 수 있게 해주는 기관이에요. 앞으로 우리의 겉모습에만 관심을 두지 말고 우리 몸속까지 관심을 가져보는 것은 어떨까요?

이번에는 우리 몸속 가운데서도 심장과 폐, 그리고 혈액에 대해서 알아볼까 합니다. 단어들이 비슷해서 조금 헷갈리기도 하지만 지금까지 해왔던 것처럼 하나씩 곱씹어 본다면 문제없을 거예요.

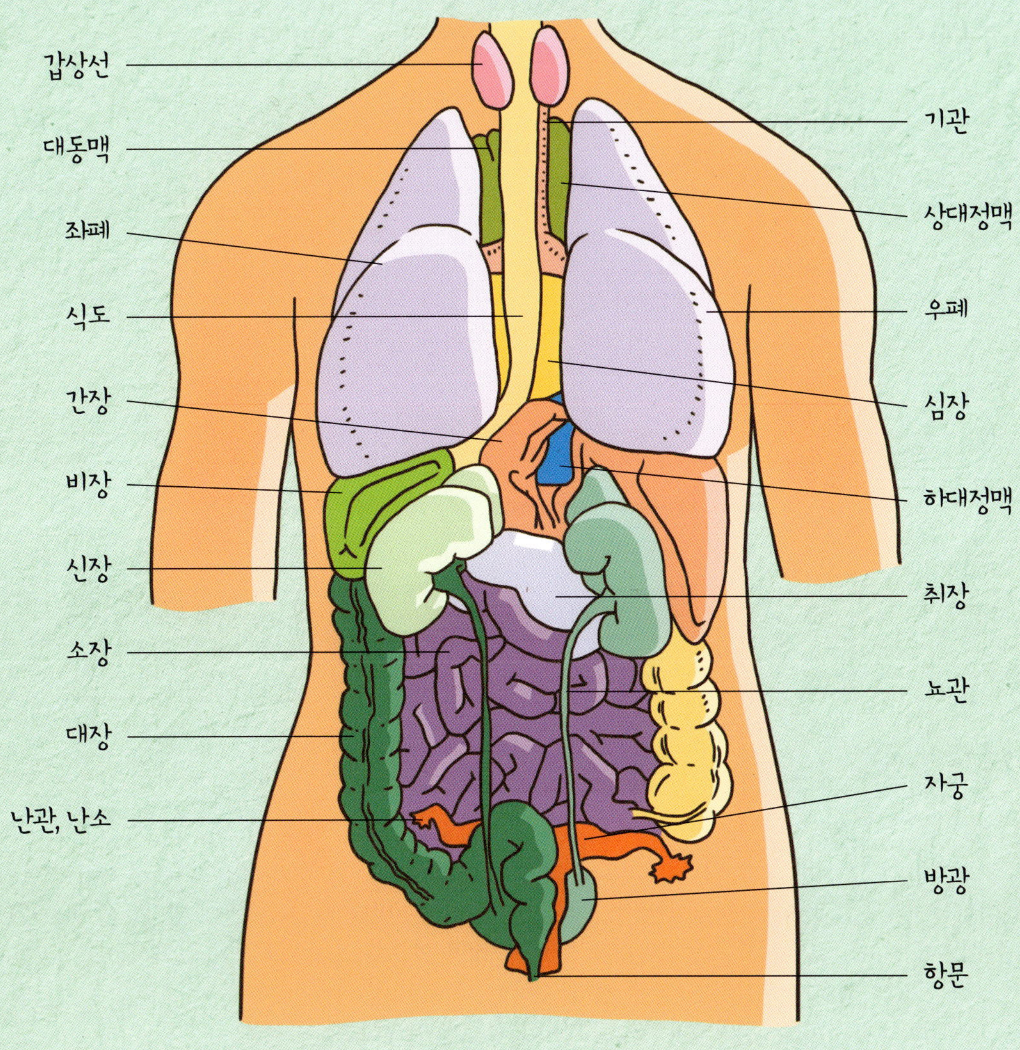

분비 分泌 나눌분 흐를비 나뉘어 分 흐름 泌

세포가 섭취한 영양물질을 몸 안에서 분해하고 합성하여, 생명 활동에 쓰는 물질이나 에너지로 만들었다가 그것을 밖으로 내보내는 현상을 말합니다. 분비에는 내분비와 외분비가 있습니다. 호르몬과 같이 혈액 속으로 분비되는 것은 내분비라 하고, 땀·피지·소화액과 같이 몸 밖으로 분비되는 것을 외분비라고 합니다.

신단위 腎單位 콩팥신 홑단 자리위 콩팥 腎 을 구성하고 있는 기능상의 최소 단위 單 位

단위란 수량을 수치로 나타낼 때 기초가 되는 일정한 기준을 말합니다. 신단위란 네프론이라고 하는데 실제로 오줌을 만드는 기관입니다. 네프론의 수는 한쪽 신장에 약 100만 개가 있다고 합니다.

연소 燃燒 불탈연 불탈소 불꽃을 내며 타는 燃 燒 현상

물질이 불꽃을 내며 타는 현상을 말합니다. 이때 빛이나 열을 내기도 합니다. 주변에서 일어나는 연소의 예로 촛불을 켜는 것, 나무를 태우는 것 등이 있습니다. 연소가 되기 위해서는 3가지의 조건이 있는데, 타는 물질, 탈 수 있는 이상의 온도, 일정량 이상의 산소가 있어야 합니다.

무기염류 無機鹽類 없을무 틀기 소금염 무리류

무기 無 機 산과 염 鹽 기가 반응하여 생긴 물질의 종류 類

'미네랄'이라는 이름으로 많이 불리며, 단백질·지방·탄수화물·비타민과 함께 5대 영양소의 하나입니다. 인체 내에서 여러 가지 생리적 활동에 참여하고 있으며, 적은 양으로도 충분하지만 없어서는 안 되는 것입니다. 따라서 이것의 섭취가 부족하면 각종 결핍 증상이 나타납니다. 무기염류의 종류로는 칼슘·인·칼륨·나트륨·염소·마그네슘·철·요오드·구리·아연 등이 있습니다.

 심장

동맥 動脈 움직이는 動 혈관 脈

우리 몸의 혈액은 허파를 거치면서 산소가 풍부해집니다. 산소가 풍부해진 혈액을 온몸에 실어 나르는 혈관이 바로 동맥입니다. 동맥의 굵기는 지름이 2~3cm인 대동맥에서부터 1mm 이하까지 다양합니다. 동맥은 대동맥과 폐동맥으로 나뉘는데, 대동맥을 흐르는 혈액은 충분한 산소를 가지지만 폐동맥의 혈액은 산소가 부족한 상태로 흐릅니다.

정맥 靜脈 고요한 靜 혈관 脈

온몸을 돌면서 이산화탄소와 노폐물을 실은 혈액이 심장으로 가는 동안 지나가는 혈관입니다. 즉 동맥을 거쳐 순환한 혈액을 다시 심장으로 보내는 역할을 합니다. 정맥 곳곳에는 정맥판이라는 것이 존재하는데, 이것은 혈액이 역류하는 것을 막아줍니다. 왜 역류할까요? 정맥은 동맥보다 압력이 낮고 혈류 속도가 느려서 심장으로부터 먼 곳에 있는 정맥에 흐르는 혈액은 그 흐름이 바뀔 수도 있기 때문입니다.

맥박 脈搏 혈관 脈을 두드림 搏

심장은 수축과 이완을 하면서 심장 안에 있는 혈액을 밀어냅니다. 이런 혈액의 흐름에 따라 동맥 또한 수축과 이완을 반복해서 하는데 이것을 맥박이라고 합니다. 맥박은 심장의 상태나 혈관의 상태에 따라 조금씩 차이가 있습니다. 나이가 어릴수록 맥박수가 많습니다. 이것은 나이가 어릴수록 심장의 활동성이 크기 때문입니다.

들여다보기

- **수축 收縮**: 거두고[收] 모아들여 줄어듦[縮].
- **이완 弛緩**: 늦추고[弛] 느려짐[緩].

심방 心房 심장 心의 방 房

온몸을 돌고 심장으로 들어오는 혈액을 받는 곳입니다. 심방은 좌심방과 우심방으로 나뉩니다. 좌심방은 폐정맥과 연결되어 폐정맥을 통하여 들어온 동맥혈을 좌심실로 보내고, 우심방은 대정맥과 연결되어 인체 내의 대부분의 장기에서 오는 정맥혈을 우심실로 보냅니다. 이해가 잘 안 되죠? 심실을 알아본 다음 그림을 통해 살펴봅시다.

• 심실 心室: 심장[心]의 방[室]

심장의 안쪽은 상하 두 부분으로 나누어져 있는데, 윗부분을 심방, 아랫부분을 심실이라고 합니다. 심실은 혈액을 심장에서 내보내는 일을 합니다. 우심실은 우심방에서 정맥혈을 받아 이것을 폐동맥으로 보내고 좌심실은 좌심방에서 동맥혈을 받아 이것을 대동맥으로 보냅니다. 인체의 혈액 순환은 이 두 심실의 수축 때문에 일어납니다.

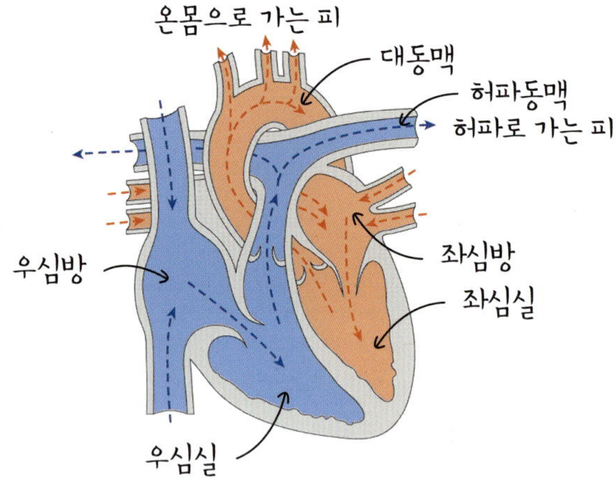

위는 전문적인 그림이라 이해하기 조금 어렵네요. 간단하게 방과 실을 나눠 보면 아래와 같습니다.

심장 박동 心臟搏動

심장 심 · 내장 장 · 칠 박 · 움직일 동

심장 心 臟 을 두드리고 搏 움직이게 動 함

심장이 수축하고 이완하는 운동을 반복하는 것을 말합니다. 심장은 우리 몸에서 펌프와 같은 역할을 하는데 이에 의해서 혈액이 온몸을 돌 수 있도록 해줍니다. 박동수는 심장의 상태나 개인에 따라 다릅니다.

혈구 血球

피 혈 · 공 구

피 血 속에 있는 공 球 모양의 세포 성분

혈액 속에 들어 있는 세포 성분으로, 적혈구 · 백혈구 · 혈소판 등이 바로 그것입니다. 혈구 중에서 가장 많은 것은 적혈구입니다. 적혈구는 골수에서 만들어지며 헤모글로빈을 가지고 있어 산소를 운반하는 일을 합니다. 백혈구는 몸 안에 들어온 세균을 분해하는 역할을 합니다. 그래서 세균이 몸 안에 침입하면 이에 대항하기 위해 그 수가 갑자기 증가합니다.

혈소판 血小板 피血 속에 있는 작은 小 판板

혈구의 하나로 혈액이 응고하고 출혈을 멈추게 하는 작용을 합니다. 그래서 몸에서 출혈이 시작되면 가장 먼저 작용하여 혈액이 새어 나가는 것을 막습니다.

혈압 血壓 혈액血이 누르는 壓 힘

혈액이 혈관을 따라 흐를 때, 혈액이 혈관 벽에 가하는 압력을 말합니다. 수치로 나타내기도 하는데, 그 수치는 측정하는 혈관의 부위에 따라 다르게 나옵니다.

혈액형 血液型 혈액血液의 모형型

혈구는 항원이라는 것을 가지고 있습니다. 항원이란 몸속에 생긴 항체와 반응하는 성질을 가진 물질입니다. 항체는 우리 몸속에 다른 물질이 들어오면 그 물질을 막아내기 위해 생기는 물질이죠. 혈액형은 혈액에 들어 있는 항원의 종류에 따라 정해집니다. A 항원 또는 B 항원의 유무에 따라 분류되는 것이 ABO식 혈액형이고, Rh 인자의 유무로 분류하는 것이 Rh식 혈액형입니다. 또 M 항원 또는 N 항원의 유무에 따라 분류되는 것이 MN식 혈액형입니다. A형 · B형 · O형 · AB형은 ABO식 혈액형에 따른 분류이고, Rh+, Rh- 는 Rh식 혈액형에 따른 분류입니다. MN식 혈액형은 M형 · N형 · MN형으로 분류됩니다.

혈우병 血友病 혈액血에 엉겨서 뭉칠 친구友가 없어서 생기는 병病

혈액을 엉기게 해서 굳게 만들 수 있는 물질이 없어서 생기는 병으로 선천적인 유전병입니다. 그래서 상처가 나서 피가 나면 피가 멈추는데 많은 시간이 필요합니다. 보통 여자에 의해 유전되며 남자에게 나타나는 병으로 어머니가 이 유전 인자를 가지고 있으면 아들에게 이 병이 나타나게 됩니다. 혈우병은 혈액응고인자가 부족해서 생기는 병이라는 것이 알려졌기 때문에, 혈액응고인자를 혈우병 환자에게 투여하면 치료할 수 있습니다.

혈장 血漿 피혈 즙장 혈액血의 즙漿

혈액 속에는 다양한 물질이 들어 있습니다. 혈장은 혈액 속에 들어있는 혈구 · 백혈구 · 혈소판 등을 제외한 액체 성분을 말합니다. 혈액을 분리하면 위쪽에는 혈장이 아래쪽에는 혈구가 있습니다. 혈장은 90%가 물로 이루어져 있으며 그 밖에 단백질 · 무기염류 · 당류 등이 포함되어 있습니다.

폐 肺 허파 폐 허파肺

육상에서 생활하는 동물들이 호흡하는 기관입니다. 갈비뼈와 횡격막으로 둘러싸인 가슴 속 좌우에 한 쌍이 있으며 왼쪽은 두 부분으로 오른쪽은 세 부분으로 되어 있습니다. 폐는 근육이 없어서 스스로 움직이지 못합니다. 숨을 들이켜면 횡격막이 밑으로 내려가고 갈비뼈가 올라가면서 가슴 속의 부피가 커져 기압이 낮아지므로 외부의 공기가 폐 속으로 들어오게 되죠. 숨을 내쉬면 이와 반대로 공기가 바깥으로 나갑니다.

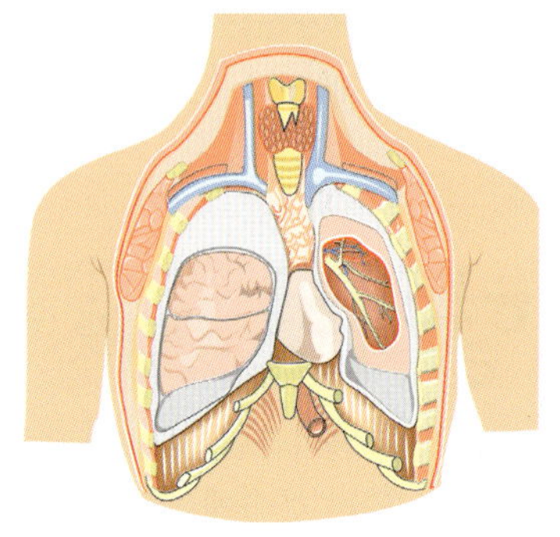

폐포 肺胞 허파 폐 세포 포 폐肺를 구성하는 세포胞

코나 입을 통해 들어간 공기는 기관지를 통해 가슴 양쪽의 폐로 들어가고, 그 안에서 다시 폐를 구성하고 있는 약 3억 개의 폐포 속으로 들어갑니다. 이 폐포 속에서 폐포로 들어간 공기와 모세혈관을 흐르는 혈액 사이의 가스 교환이 이루어집니다. 폐포에는 탄력적인 섬유 조직이 있어 숨을 들이쉬게 되면 면적이 약 2배가량 부풀어 오릅니다. 폐포의 총면적은 70m²에 이른다고 하네요.

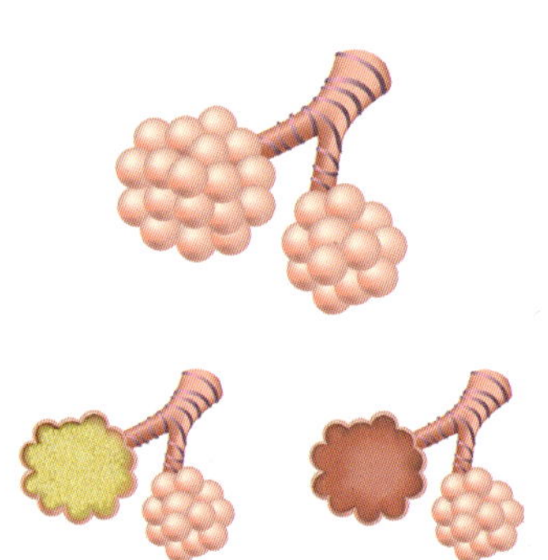

폐활량 肺活量 허파 폐 활동할 활 분량 양 폐肺가 활동하면서活 내뿜는 양量

사람이 한번 숨 쉴 때 공기를 최대한으로 마셨다가 내뿜을 수 있는 공기의 최대량을 말합니다. 폐활량은 신체 발달에 따라 증가하며 신체 상태와도 밀접한 관련이 있습니다. 폐활량을 수치화하여 개인의 호흡량을 측정할 수 있는데 성인은 평균적으로 3~5리터의 호흡량을 가진다고 합니다.

》정답 p.312~313

문제1 다음 빈칸에 들어갈 단어를 바르게 써 보세요.

(㉠)는 육상에서 생활하는 동물들이 호흡하는 기관이다. 갈비뼈와 횡격막으로 둘러싸인 가슴 속 좌우에 한 쌍이 있으며 왼쪽은 두 부분으로 오른쪽은 세 부분으로 되어 있다. 이것은 (㉡)이 없어서 스스로 움직이지 못한다. 숨을 들이켜면 (㉢)이 밑으로 내려가고 (㉣)가 올라가면서 가슴 속의 부피가 커져 기압이 낮아지므로 외부의 공기가 이곳으로 들어오게 된다. 숨을 내쉬면 이와 반대로 공기가 바깥으로 나간다.

㉠ - (   )　　㉡ - (   )　　㉢ - (   )　　㉣ - (   )

문제2 다음 중 혈우병의 증상으로 맞는 것은?

① 상처가 나도 피가 나지 않는다.
② 상처가 나면 상처 부위가 커진다.
③ 상처가 나서 피가 흐르면 멈추지 않는다.
④ 피에 지방 물질이 있어 흐름이 원활하지 않다.
⑤ 피의 흐름이 원활하지 않아 손발이 자주 저린다.

문제3 다음 설명에 해당하는 용어를 바르게 써 보세요.

(1) 혈액 속에 들어 있는 액체 성분 (   )

(2) 혈액에 들어 있는 항원의 종류에 따라 정해진다. (   )

(3) 골수에서 만들어지며 헤모글로빈을 가지고 있어 산소를 운반하는 일을 한다. (   )

문제4 다음 그림의 A~D에 해당하는 용어를 바르게 써 보세요. (각 3음절)

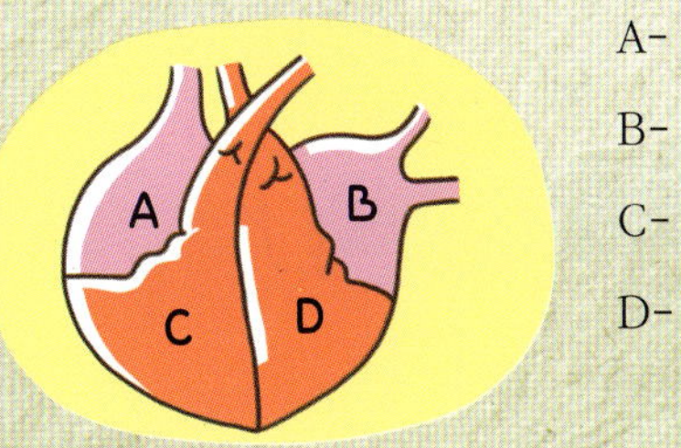

A-
B-
C-
D-

전기와 전류

겨울철에 아름다운 머릿결을 바람에 흩날리며 우아하게 걷는 것 대신 정전기 때문에 머리카락이 하늘로 솟구쳐 흔들거리며 춤추는 모습을 본 적 있나요? 왠지 부끄러워 손바닥으로 열심히 정돈해 보지만 그럴수록 정전기는 심해지죠. 왜 이런 일이 일어나는 것일까요? 정전기의 원인은 무엇이고 어떻게 하면 정전기가 생기지 않을까요? 이렇게 싫은 것이 정전기이지만 전기는 우리 생활에서 없어서는 안 될 고마운 존재이기도 합니다. 전기 없는 세상은 상상할 수도 없으니까요. 저녁에 이 책을 읽고 있다면 방안의 형광등이나 책상 위의 스탠드를 켜고 있겠죠? 모두 전기를 활용해 이용할 수 있는 물건입니다.

전기란 어떤 것이고 어떤 원리로 되어 있는지
다양한 용어와 함께 알아봅시다.

전기 電氣

전자^전 기운^기

전자 電의 이동으로 만들어진 기운 氣

양(陽)과 음(陰) 두 종류의 전자들이 이동하면서 만들어진 기운을 뜻하는 전기는 우리 생활에 없어서는 안 되는 중요한 역할을 합니다. 고대 그리스 과학자 텔레스는 모피에 호박이라는 보석을 문질러 전기를 발견했습니다. 두 종류의 전자들은 같은 종류의 전기들은 서로 끌어당기고 다른 종류의 전기들은 서로 밀어냅니다.

정전기 靜電氣

고요할^정 전자^전 기운^기

움직임이 없는 고요한 靜 상태의 전기 電氣

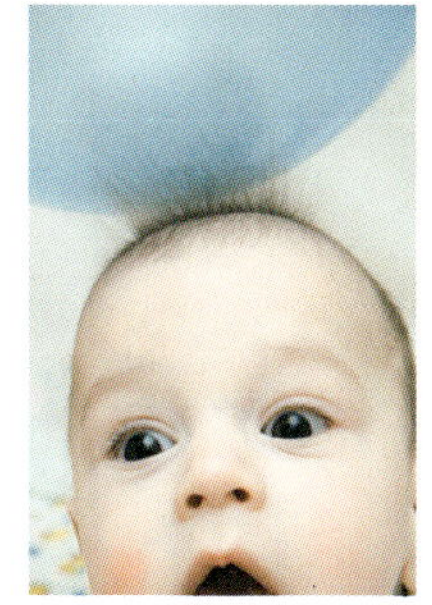

앞서 봤듯이 전기는 양의 전자와 음의 전자가 이동하면서 생기는 것인데 정전기는 이러한 전자의 이동이 없어 변화하지 않는 전기를 뜻합니다. 정전기는 매우 짧은 시간에 사라지지만 번개와 비슷할 정도의 힘을 가지고 있습니다. 정전기가 생기는 이유는 마찰입니다. 마찰을 통해 전자를 주고받으면서 저장된 전기가 어느 정도 쌓였다가 불꽃을 튀기게 되는 것이죠. 정전기는 건성 피부를 가진 사람이나 합성 섬유를 입은 사람이 더 많이 생깁니다. 따라서 천연 섬유를 입고 몸의 보습에 신경 쓴다면 정전기를 방지할 수 있겠죠?

대전 帶電

띠^대 전자^전

전기 電를 두른 帶 상태

앞서 배운 원자는 원자핵과 전자로 이루어져 있는데 중성을 유지하고 있습니다. 그런데 그 평형이 깨지면 물체는 − 전기 혹은 + 전기를 띠게 됩니다. 이처럼 전기를 띠고 있는 상태를 바로 '대전'이라고 합니다. 또한, 전기를 띠고 있는 물체를 '대전체'라고 합니다.

검전기 檢電器

검사할^검 전자^전 기구^기

전기 電를 검사하는 檢 기구 器

물체가 대전 됐는지 또 대전 됐다면 대전된 상태가 − 전기인지 + 전기인지를 검사하는 기구를 검전기라고 합니다. 금속박 검전기는 옆의 그림처럼 생겼습니다. 검전기 근처에 대전체를 접촉하면 정전기 유도로 유리병 속의 금속 박에 같은 전하가 유도되거나 전달되면서 금속 박이 서로 멀어집니다. 그 벌어진 각도로 대전의 정도도 알 수 있습니다.

금속박 검전기에서 정전기 유도

전류 電流 ^{전자전} ^{흐를류} 전자電의 흐름流

물은 높은 곳에서 낮은 곳으로 흐릅니다. 마찬가지로 전자도 전위(電位)가 높은 곳에서 낮은 곳으로 이동합니다. 이를 전류라고 하며, 1초당 흐르는 전자의 양을 뜻합니다. 전류가 흐르는 길을 전기회로(電氣回路)라고 하며, 전류의 크기는 A(암페어)로 나타냅니다.

전기적인[電]
위치[位] 에너지

들여다보기

- **전류계 電流計**: 전류[電流]의 세기를 측정하는 기구[計]로 일반적으로 전류가 크면 사용합니다.
- **검류계 檢流計**: 전류[流], 전압, 전기량을 검사하는[檢] 기구[計]로 전류가 아주 작으면 사용합니다.

전류계

검류계

전압 電壓 ^{전자전} ^{누를압} 전기電의 압력壓

전류가 1초당 흐르는 전자의 양을 말한 것이라면 전압은 전기적인 위치 에너지, 즉 전위(電位)의 차를 말합니다. 폭포수처럼 아주 높은 곳에서 떨어지는 물이 더 힘차게 떨어지는 것처럼 전압이 클수록 더 많은 전기 에너지를 갖고 있습니다. 전압의 크기를 나타내는 단위가 V(볼트)입니다.

전열기 電熱器 ^{전자전 더울열 기구기} 전류電로 열熱을 발생시키는 기구器

도선 내에 전류가 흐르면 전자가 도선 내에 있었던 원자나 전자와 충돌하여 열이 발생합니다. 이를 활용하여 만든 것이 바로 전열기인데 백열전구나 전기밥솥, 전기다리미, 전기난로, 전기방석 등이 이에 속합니다. 열을 발생시키기 위해 니크롬선 같은 발열체를 나선형으로 감아 열판 아래에 부착한 구조로 만들어졌습니다. 매우 편리하지만 부주의하면 화재를 일으킬 수 있으므로 주의해야 합니다.

전기다리미

합선 合線 전기적으로 선[線]이 합쳐진[合] 상태

전기 제품을 보면 전선이 피복으로 감싸져 있습니다. 그 피복이 손상돼 전선들이 서로 붙은 현상을 합선이라고 합니다. 이때는 많은 양의 전류가 흐르고 열이 발생하게 됩니다. 합선은 화재나 폭발의 원인이 되기도 하므로 전기가 안 통하는 피복으로 전선을 잘 감싸야 합니다.

들여다보기

- 감전 感電: 전류[電]로 인해 인체에 충격을 느끼는[感] 것
- 누전 漏電: 전기[電]가 전선 밖으로 새어[漏] 나온 것

도체 導體 전기나 열이 잘 통하는[導] 물체[體]

구리, 알루미늄, 철판 등 금속은 전기나 열을 잘 전달합니다. 이렇게 전기나 열이 잘 전달되고 통하는 물체를 도체라고 합니다. 도체는 전도율(傳導率)이 높은 물체입니다. 반대로 고무나 나무는 잘 전달하지 못합니다. 이들은 부도체(不導體)라고 합니다.

전기나 열을 전달하여[傳] 이끄는[導] 정도[率]

전기나 열이 잘 통하지[導] 않는[不] 물체[體]

반도체 半導體 전기나 열이 반[半]만 잘 통하는[導] 물체[體]

반도체는 완전한 도체도 아니고 부도체도 아닌 그 중간 정도의 성질을 가진 물질입니다. 일반적으로는 부도체에 가까우나 온도를 높이거나 어떤 물질을 첨가하여 전도율을 높이면 도체가 되기도 합니다. 반도체는 첨단 전자 산업 부문에 널리 쓰이고 있으며 우리가 잘 알고 있는 태양 전지도 바로 이 반도체입니다. 가장 잘 알려진 반도체로는 실리콘이나 게르마늄이 있으며 정보 저장 기능이 있는 메모리 반도체로는 램(RAM)과 롬(ROM)이 있습니다.

집적 회로 集積回路

기능적인 것을 모으고[集] 쌓아[積] 부착한 전기가 돌아다니는[回] 길[路]

반도체의 주축을 이루고 있는 것이 바로 집적 회로입니다. 한 기판에 초소형의 트랜지스터, 다이오드, 저항 등의 여러 전자 부품이 분리되지 않도록 부착한 시스템입니다. 전자 기술이 발달할수록 전자 기기는 더욱 소형화되고 전력을 적게 쓸 수 있도록 하고 있는데 집적 회로가 이 요구들을 다 수용할 수 있는 것이므로 앞으로도 집적 회로는 계속 발달할 것입니다.

문제 1 다음 설명에 해당하는 물질은?

> 이것은 도체와 부도체의 중간 정도의 성질을 가진 물질이다. 일반적으로는 부도체에 가까우나 온도를 높이거나 어떤 물질을 첨가하면 전도율이 높아져 도체가 되기도 한다. 이것은 첨단 전자 산업 부문에 널리 쓰이고 있는데 태양 전지도 바로 이것이다.

문제 2 다음은 이 현상 때문에 일어나는 것입니다. 이 현상을 무엇이라 하는지 2음절로 써 보세요.

> • 누전 : 전기가 전선 밖으로 새어 나오는 것
> • 감전 : 전류로 인해 인체에 충격을 느끼는 것

문제 3 다음 그림과 같은 기구를 무엇이라 하는지 3음절로 써 보세요.

문제 4 다음 설명 중 맞는 것을 골라 보세요.

① 전류의 크기는 V로 나타낸다.
② 집적 회로는 앞으로 더 고전력, 대형화될 전망이다.
③ 전압은 A로 표시하며 1초당 이동하는 전류의 양을 말한다.
④ 금속박 검전기에서 금속박의 벌어지는 각도로 대전의 정도를 알 수 있다.
⑤ 부도체는 도체의 반대말로 절대 열이나 전기가 통하지 못하는 물질이다.

생식과 생장

아버지의 말씀이 맞을까요? 식물은 한자리에 계속 있는데 어떻게 번식을 할까요? 아버지의 말씀처럼 식물도 스스로 번식할 수 있을까요? 그렇습니다. 사람의 분류에 남성과 여성이 있듯이, 식물도 암술과 수술이 있어 자신의 후손을 만들 수 있어요. 이처럼 지구의 생물은 여러 가지 방법을 통해 자신의 후손을 만들어 냅니다. 이러한 현상을 생식과 생장이라고 합니다. 이번에는 생식과 생장이 무엇이고, 이와 관련된 것에는 어떤 어휘가 있는지 알아봅시다.

유성 생식 有性生殖

있을유 성별성 날생 번식할식

암수 性의 구별이 있는 有 상태에서 생기게 生 하여 번식시킴 殖

암수의 두 가지 성별이 있어서 각각 생식 세포를 만들고 그 생식 세포들이 결합하여 다음 세대의 자손을 남기는 방법을 말합니다. 유성 생식을 하는 생물은 2회의 분열을 통해서 생식 세포를 만드는데 보통 첫 번째 분열에서 염색체 수가 줄어들고, 두 번째 분열에서는 염색체 수가 줄지 않습니다.

무성 생식 無性生殖

없을무 성별성 날생 번식할식

암수 性의 구별이 없는 無 상태에서 생기게 生 하여 번식시킴 殖

암수의 성별을 구분할 수 있는 개체가 없고, 한 개체가 혼자서 새로운 개체를 만드는 방법으로 자손을 남기는 것을 말합니다. 무성 생식을 하는 방법에는 세포를 분열시키는 분열법, 원래 개체에서 싹을 만들어 분리하는 출아법, 포자를 만든 다음 내보내 성장하게 하는 포자법이 있습니다. 곰팡이나 버섯들이 포자법을 이용하여 번식합니다.

영양 생식 營養生殖

경영할영 기를양 날생 번식할식

영양 營養 기관을 통해 생기게 生 하여 번식시킴 殖

무성 생식의 한 방법입니다. 식물 종류에서 흔히 일어나는 현상으로 잎이나 줄기, 뿌리와 같은 영양 기관을 이용해 번식하는 것을 말합니다. 몸 일부가 묘목이 되어 번식하게 되는데 국화나 고구마가 그 대표적인 예입니다. 영양 생식은 개체가 번식된다는 의미보다 양을 늘리는 방법에 가까우므로 생식이라 부르기에 약간 부족한 점이 있다고 하네요.

난자 卵子

알란 접미사자

알 卵 모양의 세포 子

여성이 가지고 있는 생식 세포입니다. 여성의 생식 기관인 난소에서 나오는 세포로 정자와 수정하여 새로운 개체를 만듭니다.

난소 卵巢

알란 집소

난자 卵가 있는 집 巢

여성이 가지고 있는 생식 기관으로 난자를 만들어 내보내는 곳이죠. 어릴 때는 긴 모양이었다가 사춘기에 이르러 크기가 커지고 모양이 변합니다. 난소는 자궁과 나팔관에 연결되어 있습니다.

난할 알 란 卵 나눌 할 割 수정란卵이 나누어짐割

난자와 정자가 만나면 수정란을 만듭니다. 이 수정란이 나누어지는 현상을 난할이라고 합니다. 즉 수정란이라는 세포가 분열하는 것을 말합니다.

배란 밀어낼 배 排 알 란 卵 난자卵를 난소에서 밀어내는排 일

난자가 성숙하면 난소로부터 배출됩니다. 이러한 현상을 배란이라고 합니다.

월경 달 월 月 지날 경 經 달月마다 지나가는經 일

난자가 난소에서 배란이 된 후 24시간 안에 정자를 만나 수정하지 않으면 퇴화하게 됩니다. 이때 난자가 정자를 만날 것을 대비해 준비하고 있었던 자궁은 수정이 되지 않음을 알고 자궁의 혈액과 분비물 등을 몸 밖으로 흘려보냅니다. 이러한 현상을 월경이라고 합니다. 월경은 사람에 따라 다르지만 보통 13세 무렵부터 50세경에 이르기까지 매달 주기적으로 반복됩니다. 사람의 월경 주기는 평균 28일입니다.

자궁 아들 자 子 집 궁 宮 태아子의 집宮

여성의 생식 기관으로 수정란이 착상된 후 태아가 되어 출생할 때까지 자라는 곳입니다.

질 음도 질 膣 자궁과 외부를 연결하는 길膣

여성 몸속의 자궁과 몸 밖을 연결하는 통로입니다. 항상 산성을 유지하고 있어서 외부에서 침입하는 세균을 막습니다.

착상 붙을 착 着 평상 상 床 평상床에 붙음着

난자와 정자가 만나 이루어진 수정란이 자궁벽에 붙는 현상을 말합니다. 수정 후 약 7일이 지나면 착상을 하게 됩니다.

태반 胎盤 태아^胎를 받치고^盤 있는 것

수정란이 자궁에 착상되면 수정란은 얇은 막을 형성합니다. 형성된 막의 일부가 엄마 몸의 자궁 내벽과 합쳐져 태반을 만들게 됩니다. 태반은 보통 임신 3~4개월 사이에 형성되고 완성됩니다.

정자 精子 정액^精에 있는 남자의 생식 세포^子

남자에게서 만들어지는 생식 세포입니다. 정자는 염색체라는 유전 물질로 이루어져 있습니다. 정자의 머리 부분을 덮고 있는 물질은 난자를 뚫고 들어갈 수 있도록 도와줍니다. 정자는 배출 시 보통 3~4억 개가 배출되지만 여기서 하나의 정자만 난자와 수정됩니다. 수정되지 못한 나머지 정자들은 2~3일 후 죽게 되죠.

정낭 精囊 정자^精를 담고 있는 주머니^囊

수정관에 이어져 있는 1쌍의 기관을 말합니다. 정액 일부를 이루는 액체를 분비하는 기능을 하는데 이 액체는 정자의 운동을 촉진하는 작용을 합니다.

정소 精巢 정자^精가 들어 있는 집^巢

정자를 만드는 곳을 말하며 고환이라고도 합니다. 정소에서는 한 번에 3~4억 개의 정자가 만들어지며 남성 호르몬이 분비됩니다.

편모 운동 鞭毛運動

채찍^鞭 모양의 털^毛처럼 되어 있는 세포가 하는 운동^{運動}

채찍 모양의 털처럼 생긴 세포를 편모라고 합니다. 편모를 움직여 옮기는 활동을 편모 운동이라고 하죠. 정자는 이 편모 운동으로 이동합니다.

전립선 前立腺 앞^前에 서 있는^立 샘^腺

남성의 생식 기관 중 하나로 정액을 이루고 있는 액체 일부를 만들어서 내보냅니다.

발효 醱酵
술빚을 발 삭힐 효

삭히는 醱 酵 것

삭힌다는 것은 김치나 젓갈 같은 음식물이 발효되어 맛이 드는 것을 말합니다. 미생물이 자신이 가지고 있는 효소를 이용해 유기물을 분해하는 것을 발효라고 하죠. 발효가 일어나면 우리 생활에 유용한 물질이 생깁니다. 해로운 물질이 생기는 부패와 구분하세요.

발생 發生
필 발 날 생

어떠한 물질이 생기는 發 生 현상

생식 세포인 정자와 난자를 만들고 이 둘이 수정하여 수정란을 만듭니다. 그 후에도 수정란은 여러 차례의 절차를 거치며 개체를 만들게 되죠. 이것을 발생이라고 합니다.

발아 發芽
필 발 싹 아

싹 芽 을 피게 發 하는 현상

식물의 씨앗에서 싹이 나는 것을 말합니다. 식물의 씨앗에 적당한 온도와 산소, 수분이 더해지면 씨앗은 싹을 내게 됩니다. 발아에서 빛은 별다른 영향을 끼치지 않습니다.

생장점 生長點
날 생 자랄 장 점 점

나서 生 자라게 長 하는 점 點

식물이 자랄 때 모든 곳에서 생장이 일어나는 것이 아닙니다. 생장은 생장점과 형성층이라고 하는 곳에서만 일어나죠. 식물은 길이 생장과 부피 생장을 하는데, 생장점에서는 길이 생장이 일어납니다. 생장점은 뿌리 끝과 줄기 끝에 있습니다.

생장 곡선 生長曲線
날 생 자랄 장 굽을 곡 줄 선

생장 生 長 에 따라 그려진 곡선 曲 線

생물의 생장을 시간의 흐름에 따라 측정하여 그래프로 표시한 곡선을 말합니다. 이러한 곡선을 통해 생물 사이의 생장을 비교하고 생물의 생장에 영향을 주는 요인을 분석합니다.

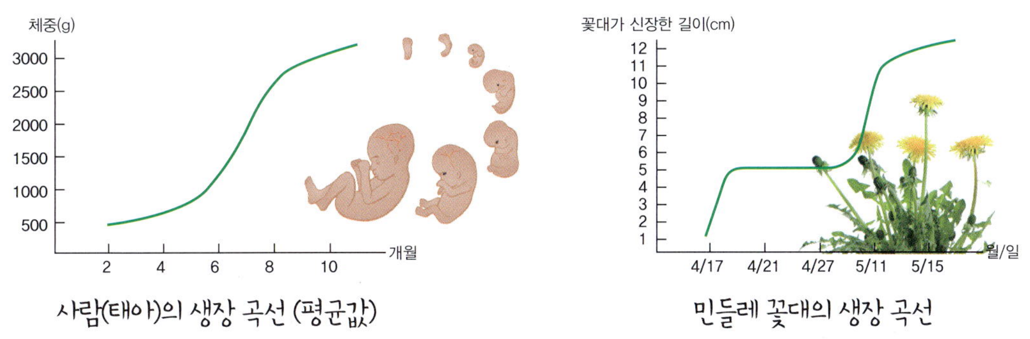

사람(태아)의 생장 곡선 (평균값)

민들레 꽃대의 생장 곡선

문제 1 다음 중 남성의 생식 기관과 관련 있는 것에 ○ 하세요.

> 태반   전립선   배란   월경   착상   정소

문제 2 다음 중 설명이 옳지 <u>않은</u> 것은?

① 생장점은 뿌리 끝과 줄기 끝에 있다.
② 식물이 자랄 때 모든 곳에서 생장이 일어난다.
③ 생장점과 형성층이라고 하는 곳에서 생장이 일어난다.
④ 생장 곡선을 통해 생물의 생장에 영향을 주는 요인을 분석한다.
⑤ 생장 곡선은 생물의 생장을 시간의 흐름에 따라 측정하여 표시한 곡선이다.

문제 3 다음에서 설명하는 '이것'이 무엇인지 2음절로 바르게 써 보자.

> 수정란이 자궁에 착상되면 수정란은 얇은 막을 형성하게 됩니다. 형성된 막의 일부가 엄마 몸의 자궁 내벽과 합쳐져 '이것'을 만들게 됩니다. '이것'은 보통 임신 3~4개월 사이에 형성되고 완성됩니다.

문제 4 다음 설명에 해당하는 단어를 바르게 써 보세요.

(1) 식물의 씨앗에서 싹이 나는 것 (　　　　　　)

(2) 미생물이 자신이 가지고 있는 효소를 이용해 유기물을 분해시키는 것 (　　　　　　)

(3) 암수의 두 가지 성별이 있어서 각각 생식 세포를 만들고 그 생식 세포들이 결합하여 다음 세대의 자손을 남기는 방법 (　　　　　　)

쉬지 않는 세포

우리와 함께 사는 동물들이에요. 그러고 보니 사람도 동물이죠?

아래의 여러 가지 동물을 각자 기준을 정해서 나누어 보세요.

나누어 보았나요? 몇 가지로 분류가 되나요? 나누다 보니 어디에 속할지 고민이 되는 동물이 많이 있지 않나요? 고민하지 마세요. 바로 여러분의 그런 고민을 이미 과학자들이 다 해결해 놓았습니다. 예전부터 과학자들은 지구에 존재하는 동물을 기준에 맞게 분류해 놓았어요. 그 첫 번째 기준은 바로 '척추'입니다. 척추의 유무에 따라 크게 분류가 되죠. 우리는 어디에 속할까요? 여러분의 등에 일자로 쭉 뻗은 척추가 만져지나요? 사람은 바로 척추동물입니다. 그리고 척추동물도 더 세부적으로 나뉜답니다. 이번에는 이러한 동물의 분류, 동물을 구성하는 세포와 염색체를 알아보려고 해요. 동물의 세계는 정말 신기하답니다.

척추동물 脊椎動物 등뼈 척 / 등뼈 추 / 움직일 동 / 물건 물 척추^{脊椎}를 가진 동물^{動物}

사람은 머리뼈 아래에서 엉덩이 부위까지 33개의 뼈가 이어져 있는데, 이어져 있는 하나하나의 뼈를 척추라고 합니다. 척추동물은 이러한 척추를 가지고 있는 동물을 말합니다. 특징으로는 좌우 대칭인 몸과, 머리 · 몸통 · 꼬리의 3부분으로 구분될 수 있다는 점이 있습니다.

양서류 兩棲類 둘 량 / 살 서 / 무리 류 물속과 땅위, 양쪽^兩에서 사는^棲 무리^類

척추동물에 속하는 무리입니다. 어릴 때는 물에서 살고 커서는 땅 위에서 사는 종류입니다. 대표적인 동물로 개구리, 두꺼비, 도롱뇽 등이 있습니다. 알을 낳아서 번식하고 체온이 주변 환경에 따라 변하는 변온 동물입니다.

 들여다보기

- **변온 동물** 變溫動物: 온도[溫]가 변하는[變] 동물[動物]
  외부 온도에 따라 체온이 변하는 동물입니다. 양서류와 파충류가 여기에 속합니다.
- **정온 동물** 定溫動物: 온도[溫]가 일정한[定] 동물[動物]
  외부 온도에 상관없이 일정한 체온을 유지하는 동물입니다. 포유류와 조류가 여기에 속합니다.

포유류 哺乳類 먹을 포 / 젖 유 / 무리 류 젖^乳을 먹이는^哺 무리^類

척추동물에 속하는 무리입니다. 어미가 새끼에게 젖을 먹여 키우기 때문에 '포유류'라고 합니다. 포유류의 피부에는 털, 땀샘 등이 있어 일정한 온도를 유지할 수 있도록 해줍니다.

파충류 爬蟲類 긁을 파 / 동물 충 / 무리 류 긁으며 기어 다니는^爬 동물^蟲의 무리^類

척추동물의 한 종류입니다. 거북 · 악어 · 도마뱀 · 뱀 등이 이 무리에 속합니다. 피부의 특성이 특이하여 몸 안의 수분이 밖으로 빠져나가지 않습니다. 그래서 사막과 같은 지역에서도 살 수 있다고 합니다.

| 어류 | 양서류 | 파충류 | 조류 | 포유류 |

이제 세포에 대해 알아보려고 합니다. 그림 먼저 보고 시작해 볼까요?

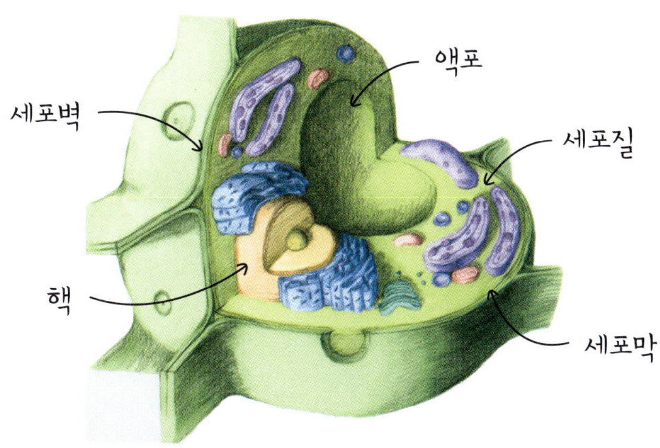

핵 核 ^{씨 핵} 사물의 중심 核

보통 한 개의 세포에 한 개의 핵이 있습니다. 유전 물질인 DNA가 들어 있으며 세포의 모든 활동을 조절하는 기관입니다.

핵형분석 核型分析 ^{씨 핵 모형 형 나눌 분 쪼갤 석} 핵 核 의 모형 型 을 나누고 分 쪼개는 析 일

염색체의 수나 모양으로 염색체를 분석하는 일입니다. 정상 핵형과 비교하여 염색체의 이상 여부를 확인할 수 있습니다.

세포막 細胞膜 ^{가늘 세 세포 포 막 막} 세포 細 胞 의 막 膜

세포를 보호하기 위해 세포의 바깥쪽에 있는 막입니다. 세포를 보호하고 모양을 유지해 주며 세포 간 물질의 이동을 조절해 줍니다.

세포질 細胞質 ^{가늘 세 세포 포 바탕 질} 세포 細 胞 를 구성하고 있는 바탕 質

세포에서 핵을 뺀 나머지 부분을 말합니다. 보통 세포액과 세포 소기관으로 이루어지며 이 외에 수분, 염분 등이 들어있습니다.

세포벽 細胞壁   세포細胞의 벽壁

세포의 가장 바깥에 있는 튼튼한 벽입니다. 세포의 모양을 유지할 수 있도록 해주는 중요한 역할을 합니다. 세포벽과 세포막은 무엇이 다를까요? 세포막은 동물과 식물 모두 존재하지만 세포벽은 식물에만 있습니다. 그래서 식물의 세포는 그 모양이 잘 변하지 않습니다.

세포판 細胞板   세포細胞 사이의 널빤지板

세포가 분열할 때 생기는 경계의 막을 말합니다. 나중에 세포막과 세포벽이 됩니다.

세포 주기 細胞週期

세포細胞의 생장을 위해 분열이 되풀이 되는週 기간期

주기란 어떠한 현상이 일어나서부터 다음번 일어날 때까지의 기간을 말합니다. 세포 주기란 세포가 생장하여 분열하는 동안 반복하여 거치는 여러 단계를 말합니다.

모세포 母細胞   엄마母 세포細胞

세포가 분열하기 전의 세포를 말합니다. 반면 분열된 다음의 세포는 딸세포라고 하죠.

감수 분열 減數分裂

수數가 줄어들면서減 나뉘고分 쪼개지는裂 현상

생물의 생식 세포가 만들어지는 가운데 일어나는 세포 분열입니다. 염색체의 수가 반으로 줄어들기 때문에 감수라고 합니다. 2회에 걸쳐 분열이 일어나며 1개의 모세포에서 4개의 딸세포가 만들어집니다. 감수 분열을 통해 딸세포의 염색체 수는 반으로 줄어듭니다.

체세포 분열

體細胞分裂

몸[體]의 세포[細胞]가 나뉘고[分] 쪼개짐[裂]

몸의 성장을 위해 이루어지는 세포 분열을 말합니다. 1개의 모세포가 2개의 세포로 나뉘어 세포의 개수가 늘어납니다. 이때 생긴 딸세포는 모세포와 같은 수의 염색체를 가지고 있습니다.

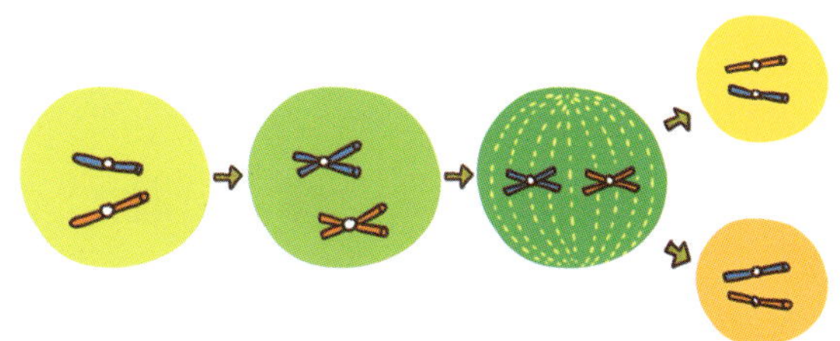

 여다보기

세포 분열 과정

- **간기 間期**: 사이[間] 기간[期]
  세포 분열의 준비 단계입니다. DNA가 복제되어 유전 물질의 양이 2배가 됩니다.

- **전기 前期**: 앞[前] 기간[期]
  염색사가 염색체로 변하고, 상동 염색체 한 쌍이 붙어서 이가 염색체(감수 분열 때 염색체가 2개씩 붙어서 만드는 염색체)를 형성합니다. 핵막이 사라지고 방추사가 나타납니다.

- **중기 中期**: 가운데[中] 기간[期]
  염색체 관찰이 가장 좋은 시기입니다. 이가 염색체가 적도 면에 배열되고, 양극에서 방추사가 나와 이가 염색체에 붙습니다.

- **후기 後期**: 뒤[後] 기간[期]
  이가 염색체가 갈라지면서 방추사에 끌려 양극으로 이동합니다. 감수 분열은 이때 염색체 수가 반으로 줄어듭니다.

- **말기 末期**: 끝[末] 기간[期]
  핵막이 다시 생성되고 방추사가 사라집니다. 곧이어 핵막이 형성되고 세포질이 분열하여 2개의 딸세포가 생깁니다.

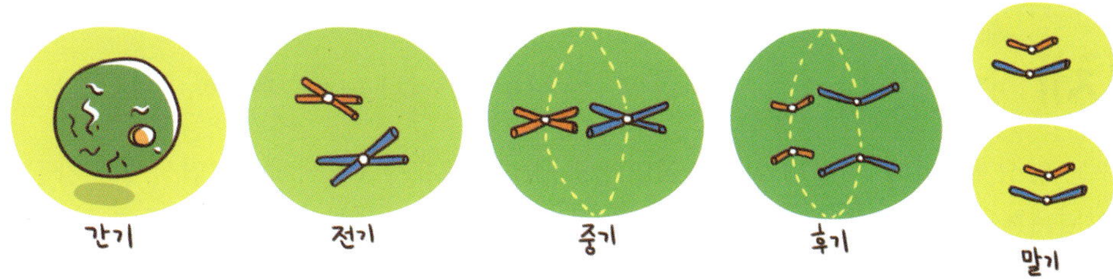

방추사 紡錘絲
길쌈방 저울추추 실사

세포의 끝과 염색체를 연결해 주는 **방추** 紡 錘 모양의 **실** 絲 처럼 생긴 것

방추란 물레에서 실을 감는 쇠꼬챙이를 말합니다. 세포가 분열할 때 세포의 양쪽 끝에서 나와 염색체를 연결해 주는 실 모양의 단백질이 있는데 이 모양이 방추와 같다하여 방추사라고 합니다.

방추

염색체 染色體
물들일염 빛색 몸체

색 色 이 잘 물드는 染 물질 體

염색이 잘되어 세포 분열이 잘 보이기 때문에 이런 이름이 붙여졌다고 합니다. 세포 분열 시 나타나는 막대 모양의 구조물로 유전 물질을 담고 있어 유전과 성의 결정에 중요한 역할을 합니다. 생물에 따라 일정한 수가 존재하는데 사람은 23쌍의 염색체를 가지고 있습니다.

염색 분체 染色分體
물들일염 빛색 나눌분 몸체

염색 染 色 체가 분열할 때 나누어진 分 한 가닥의 물질 體

염색체가 분열할 때 2개의 갈라진 모양을 보이는데, 그때 나누어진 한 가닥을 말합니다.

상염색체 常染色體
평범할상 물들일염 빛색 몸체

평범한 常 염색체 染 色 體

성을 결정하는 염색체 이외의 염색체를 말합니다. 생물의 종류나 성별에 따라 차이가 있습니다. 사람에게는 모두 23쌍의 염색체가 있는데, 이 가운데 22쌍이 상염색체입니다. 상염색체를 보통 염색체라고도 합니다.

성염색체 性染色體
성별성 물들일염 빛색 몸체

성 性 을 결정하는 염색체 染 色 體

성별을 구별해 주는 염색체입니다. 사람은 여자가 X염색체 두 개, 남자가 X염색체와 Y염색체를 가집니다. 난자는 22개의 상염색체와 X염색체를 가지고 있고, 정자는 22개의 상염색체와 X염색체 또는 Y염색체를 가진 것이 골고루 있습니다. 이때 난자가 X염색체를 가진 정자와 만나면 여자가 되고, Y염색체를 가진 정자와 만나면 남자가 됩니다.

상동 염색체 相同染色體

서로 相 같은 同 모양과 크기를 가진 **염색체**

사람의 세포 안에는 아버지에게서 하나, 어머니에게서 하나씩 받은 염색체가 있습니다. 이때 이 두 개의 모양과 크기가 비슷하기 때문에 이것을 상동 염색체라고 합니다. 세포분열시 복제하여 나누어지는 염색 분체와 헷갈리지 마세요.

문제 풀고 내신 올리고

≫정답 p.313

문제1 다음 중 척추동물에 속하지 않는 동물은?

① 어류　　　　　② 양서류　　　　　③ 포유류
④ 파충류　　　　⑤ 갑각류

문제2 다음 설명에 해당하는 용어를 바르게 쓰세요.

(1) 어미가 새끼에게 젖을 먹여 키우는 무리입니다. (　　　　　)

(2) 이 이름은 색이 잘 물들어 관찰이 잘 된다고 하여 붙여졌습니다. (　　　　　)

(3) 세포가 분열할 때 세포의 양쪽 끝에서 나와 염색체를 연결해 주는 실 모양 (　　　　　)

문제3 다음에서 설명하는 세포 분열 과정은?

> 염색체 관찰이 가장 좋은 시기입니다. 이가 염색체가 적도 면에 배열되고, 양극에서 방추사가 나와 이가 염색체에 붙습니다.

① 간기　　　　　② 전기　　　　　③ 중기
④ 후기　　　　　⑤ 말기

빛과 파동

위의 그림처럼 여러분은 교실 창가 쪽에 앉아 거울을 이용하여 반사되는 햇빛으로 친구를 비추면서 장난친 경험이 있나요? 거울에 반사되는 햇빛에 눈이 부셔서 "누구야?" 하며 범인을 찾기도 하지요.

이는 **빛의 반사되는 성질을 이용한 것이랍니다.** 우리가 당연하게 보고 있는 색깔들도 사실은 모두 빛이 적절히 합쳐져서 다양하게 보이는 것입니다. 눈부신 햇살은 진동이 주변으로 퍼져 나가는 파동으로 태양에서부터 오는 빛입니다. 또한, 잔잔한 호수에 돌을 던져 생기는 동그란 물결은 파동이라고 합니다. 이번에는 생활 속에서 떼려야 뗄 수 없는 빛과 파동에 대해 알아보도록 해요!

빛

빛의 반사 반대反 쏠射 反射 진행하던 빛이 반대反 방향으로 쏘여지는射 것

빛을 받으면 따뜻해지게 됩니다. 그런데 거울은 빛을 많이 비춰도 따뜻해지지 않죠? 이는 매끄러운 표면을 가진 거울이 빛을 반대 방향으로 돌아가게 만들기 때문입니다. 즉, 빛이 흡수되지 않는 것이죠. 이를 반사라고 합니다. 예를 들어 우리가 잔잔한 호수를 보면 눈이 부시죠? 이것은 햇빛이 수면에 닿아 반사된 것이죠. 빛이 반사될 때 입사각과 반사각이 항상 같은 것을 반사 법칙이라고 합니다. 물론 일부 햇빛은 강물 속으로 들어가는데 이때는 빛의 굴절이 일어납니다.

들여다보기

- 입사 광선 入射光線: 쏘여[射] 들어오는[入] 빛[光]의 선[線]
- 반사 광선 反射光線: 반대[反] 방향으로 쏘여[射] 나가는 빛[光]의 선[線]
- 입사각 入射角: 빛이 쏘여[射] 들어와[入] 반사되는 면과 이루는 각[角]
- 반사각 反射角: 빛이 반대[反] 방향으로 쏘여[射] 나가면서 반사되는 면과 이루는 각[角]
- 굴절각 屈折角: 빛이 구부러져서[屈] 꺾여[折] 법선과 이루는 각[角]
- 법선 法線: 반사면에 직각으로 그은 기준[法]이 되는 선[線]

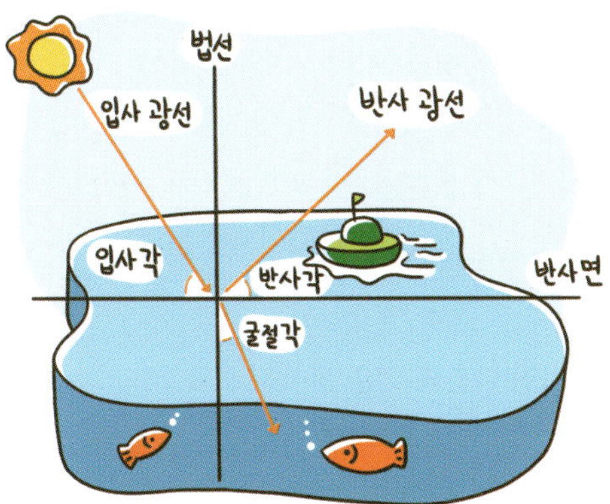

빛의 굴절 굽을屈 꺾을折 屈折 빛이 구부러져서屈 꺾이는折 현상

다른 물질의 경계면에서 빛이 구부러져서 꺾이는 것을 굴절이라고 합니다. 어떤 물질을 통과하던 빛이 다른 물질을 통과할 때의 속도 차이로 생깁니다. 우리가 물 밖에서 물속의 물건을 보면 실제보다 커 보이는 것도 빛이 수면에서 굴절되어 우리 눈으로 들어오기 때문입니다. 차 안이나 건물 등에서도 일부 빛은 반사되고 일부 빛은 굴절되어 들어가게 됩니다. 만약 굴절이 일어나지 않는다면 차 안이나 건물은 완전히 깜깜해지겠죠.

빛의 분산 나눌 분 흩어질 산 分散 빛이 나뉘고 分 흩어지는 散 현상

빛이 여러 색깔로 나뉘는 것이 바로 분산인데 가장 흔한 예가 바로 무지개입니다. 비가 온 뒤에 햇빛이 공기 중의 작은 물방울들을 통과하면서 분산되어 여러 색이 나타나게 되는 것이죠. 이는 빛의 색에 따라 굴절 정도가 다르기 때문입니다.

무지개

빛의 합성 합할 합 이룰 성 合成 빛이 합쳐져서 合 이뤄지는 成 것

빛의 분산과는 반대되는 것으로 빛이 합쳐져서 다른 색으로 보이는 현상을 말합니다. 두 가지 이상의 물감을 섞어 새로운 색의 물감을 만들어 내는 것과 마찬가지로 빛을 합성하면 다른 색의 빛이 되는 것이죠. TV, 모니터, 디지털카메라, 휴대전화 액정 등 아주 작은 픽셀 단위로 구성된 화면 대부분에는 이러한 빛의 합성이 이용됩니다.

들여다보기

빛에는 3원색이 있는데 이는 빨강, 초록, 파랑의 원색입니다. 혼합하면 다음과 같은 색이 나오죠.
빨강+초록 = 노랑, 빨강+파랑 = 자홍, 초록+파랑 = 청록, 빨강+초록+파랑 = 하양

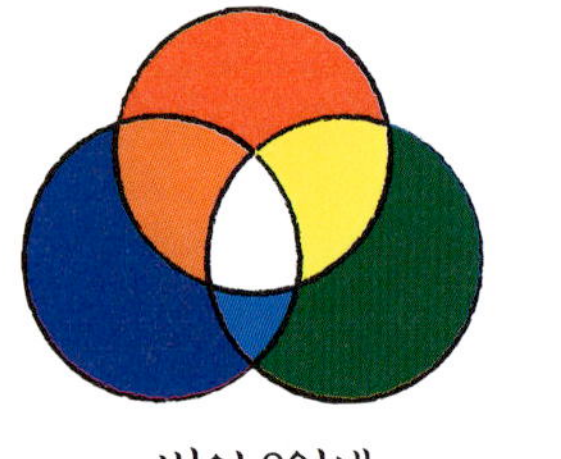

빛의 3원색

색의 3원색

색은 합성될수록 검은색이 되지만 빛은 합성될수록 하얀색이 됩니다.

파동 波動 ^{물결 파} ^{움직일 동} 물결波처럼 멀리 퍼져가며 움직이는動 현상

잔잔한 호수에 돌을 던졌을 때 동그란 원을 그리며 물결이 퍼져 나가는 것이 물결파인데 이와 비슷하게 어떤 진동이 주위로 멀리 퍼지는 것을 파동이라고 합니다. 파동은 에너지를 전파하지만 어떤 물질을 직접 이동시키지는 못합니다. 또한 파동은 시간의 흐름에 따라 퍼져가므로 시간이 지나면 파동의 움직임이 달라집니다. 파동은 굴절하기도 하고 반사하기도 하는데 이는 빛에서 잘 나타나죠. 파동의 종류로는 종파와 횡파가 있습니다.

종파 縱波 ^{세로 종} ^{물결 파} 세로縱로 일어나는 파동波

한쪽을 고정해 놓은 용수철을 밀었다 당겼다 하면 파동이 생깁니다. 용수철 사이 간격이 촘촘한 부분과 넓은 부분이 반복적으로 나타나게 되죠. 이때 파동의 방향이 매질(媒質)인 용수철의 진동 방향과 같아집니다. 이러한 파동을 종파라고 하며 음파(音波)나 지진파 중 P파가 종파에 속합니다.

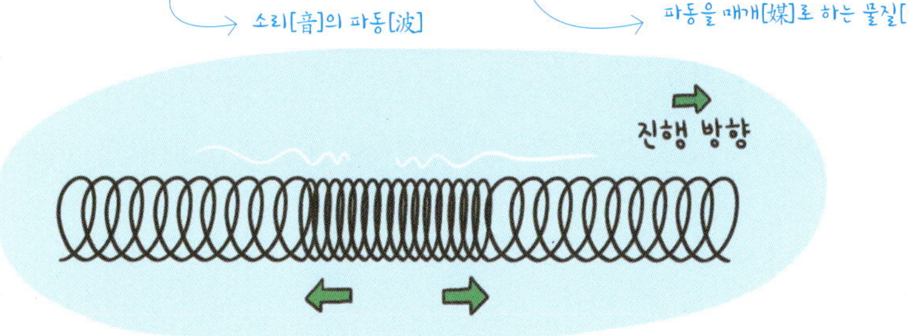

횡파 橫波 ^{가로 횡} ^{물결 파} 가로橫로 일어나는 파동波

한쪽을 고정해 놓은 용수철을 위아래로 흔들면 용수철의 위아래도 진동하면서 파동이 진행합니다. 이때, 파동의 진행 방향과 매질인 용수철의 진동 방향이 수직을 이루게 되는데 이를 횡파라고 합니다. 현악기의 줄을 당겼다 놓거나, 호수에 돌을 던져 퍼져 가는 물결, 빛, X-ray 같은 전자기파 등이 이러한 횡파에 속합니다.

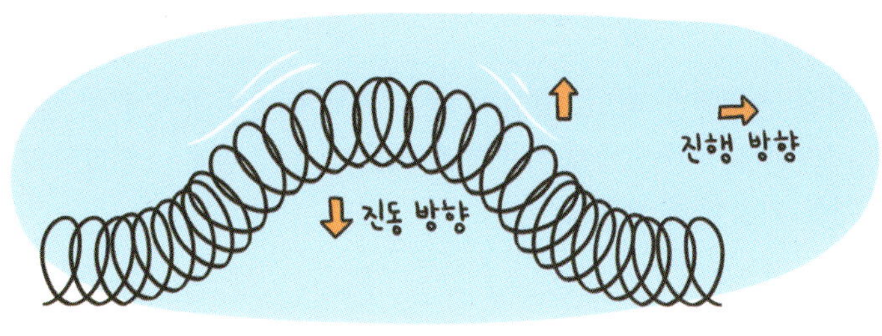

파원 波源 물결 파 근원 원 파동波의 시작源이 되는 곳

호수에 돌을 던지면, 돌이 떨어진 곳에서부터 물결이 사방으로 퍼져 나가죠? 이렇게 돌이 떨어진 곳을 파원이라고 합니다. 같은 물질에서 일어나는 파동도 파원의 모양에 따라 파동의 모습이 달라집니다. 동그란 원을 그리며 파동이 일어나기도 하고 파도처럼 직선 모양으로 파동이 일어나기도 합니다.

파장 波長 물결 파 길이 장 파동波의 길이長

일정한 모양이 주기적으로 반복되는 파동에서 일정한 모양의 길이를 파장이라고 합니다. 한쪽이 고정된 용수철을 위아래로 흔들면 횡파가 생기는데 이때 가장 높은 곳을 '마루'라 하고 가장 낮은 곳을 '골'이라고 합니다. 마루에서 다음 마루까지, 또는 골에서 다음 골까지를 '파장'이라고 합니다.

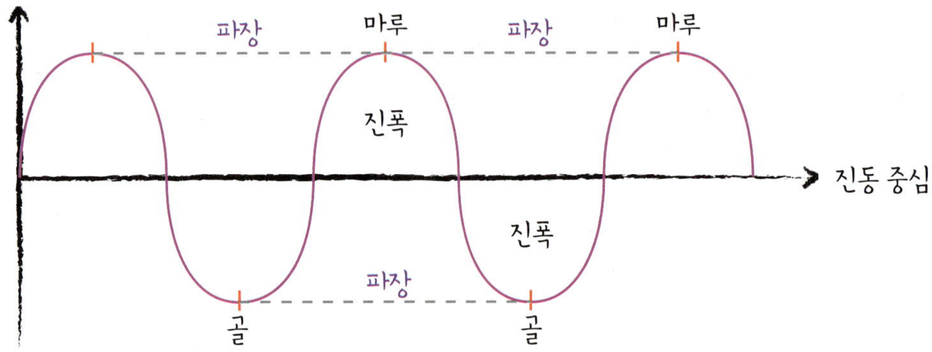

진동수 振動數 떨릴 진 움질일 동 셈 수 떨리며振 움직이는動 횟수數

1초 동안 매질이 진동한 횟수를 진동수라고 하며, 단위는 헤르츠(Hz)를 사용합니다. 헤르츠를 들어본 적이 있죠? 바로 라디오 주파수를 나타낼 때 사용됩니다. 라디오 주파수가 89.1MHz라면 1초에 89,100,000번 진동한다는 뜻이 됩니다. 주기는 진동했을 때 마루에서 다음 마루에 이르기까지의 시간을 나타내는데 진동수가 클수록 이러한 주기는 짧아지게 됩니다.

진폭 振幅 떨릴 진 높이 폭 진동振의 높이幅

한쪽 끝을 고정한 용수철을 흔들었을 때, 고정하지 않은 반대쪽 용수철의 끝이 멈춰 있을 때의 위치를 진동 중심이라고 합니다. 이러한 진동 중심에서 마루까지 또는 진동 중심에서 골까지의 높이가 진폭이 됩니다. 진폭을 보면 진동의 크기를 가늠할 수 있겠죠?

구면파 球面波
공구 면면 물결파

球面波 동그란 球 면 面 을 이루며 퍼지는 파동 波

평면파 平面波
평평할평 면면 물결파

平面波 평평한 平 면 面 을 이루며 퍼지는 파동 波

잔잔한 호수에 돌을 던졌을 때처럼 동그란 원을 그리며 퍼지는 파동을 구면파라고 합니다. 빛 또한 모든 방향으로 동시에 퍼져나가게 되므로 구면파라고 생각할 수 있습니다. 돌을 던졌을 때 생기는 파동은 파원이 되는 그 지점에서 멀어지면 멀어질수록 점점 동그란 원이 없어지죠? 그렇게 되면 평평한 평면파가 됩니다.

평면파

구면파

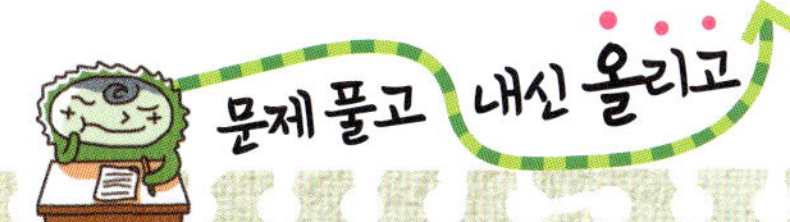

》정답 p.313

문제 1 빛의 성질에 대한 설명으로 맞는 것은?

① 무지개를 볼 수 있는 것은 빛의 굴절 덕분이다.
② 빛의 삼원색이 모두 합성되는 경우는 검은색이 된다.
③ 거울에 빛이 닿는 경우 입사각과 반사각은 서로 같다.
④ 매질이 다른 경우에도 빛의 굴절각은 언제나 입사각과 같다.
⑤ TV 모니터나 휴대전화 액정의 경우 색을 나타내는 것은 모두 빛의 분산 현상이다.

문제 2 파동이 만들어졌을 때, 마루와 골의 높이가 0.8m, 마루에서 마루까지의 거리가 1.6m라면 파동의 진폭과 파장은 각각 몇 m인가?

부모에서 자식으로

어느 집에서나 흔히 볼 수 있는 광경이에요. **여러분도 여러분의 가족과 얼굴 생김새, 모습, 심지어 하는 행동까지 많이 닮지 않았나요?** 부모님 어릴 때 사진을 한번 보세요. 아마 자신과 비슷하게 생긴 사람이 사진 속에 있을 거예요. 우리나라에서 '피가 당긴다.', '피는 못 속인다.'의 표현에서 사용되는 '피'라는 것은 바로 유전과 관련이 있습니다. 유전이란 부모에서 자식으로 고유한 특성이 전해지는 것을 말합니다. 지금 한번 부모님과 나의 어디가 닮았는지 찾아보세요. 아마 부모님은 예전부터 알고 계실 거예요.

생물이 세월의 흐름에 따라 환경에 적응하면서 변하게 되는 것을 진화라고 합니다. 이번에는 유전과 함께 진화에 대해 알아보려고 해요.

 유전

유전 遺傳
남길 유 전할 전
남겨서 遺 전해지는 傳 것

부모가 가지고 있는 특성이 자식에게 전해지는 것을 말합니다. 여기서 특성이란 피부색이나 머리카락의 상태 등을 가리키죠. 곱슬머리인 부모에게서 태어난 자식들이 곱슬머리의 특성이 있게 되는 것은 바로 유전의 영향 때문입니다.

가계도 家系圖
집 가 이을 계 그림 도
집안 家에 이어진 系 상태를 나타낸 그림 圖

가족 간의 관계가 어떻게 이어져 있는지 나타낸 그림입니다. 이 그림을 통해 가족 간의 상관관계를 알 수 있기 때문에 가계도는 유전학, 의학, 심리학 등에 사용되고 있습니다.

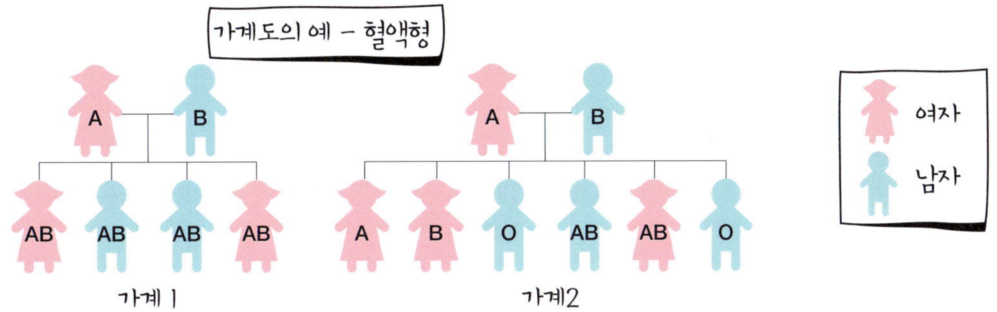

대립 형질 對立形質
대할 대 설립 립 모양 형 바탕 질
대립 對立 관계에 있는 형질 形質

대립하고 있는 유전자가 지배하는 형질로 키가 큰 것과 키가 작은 것, 곱슬머리와 생머리, 쌍꺼풀과 외꺼풀, 동그란 완두콩과 주름진 완두콩처럼 대립하고 있는 형질을 말합니다. 대립하고 있는 형질은 우성과 열성으로 나뉘는데, 보통 우성 유전자는 영어 대문자, 열성 유전자는 영어 소문자로 씁니다.

우열의 법칙 優劣의 法則
넉넉할 우 적을 열 법 법 법칙 칙

유전자에 우성 優과 열성 劣이 있는 경우 우성의 형질만 겉으로 나타난다는 법칙 法則

멘델의 법칙 중 하나로 우성과 열성의 형질이 있을 때 우성 형질만 겉으로 드러난다는 법칙입니다. 우성을 RR, 열성을 rr이라고 표현한다면, 이 둘을 교배하면 Rr이라는 자손이 나오는데, R이 우성이라서 겉으로는 R의 형질이 나타난다는 것입니다. 여기서 우성은 '뛰어나다, 우수하다'의 의미가 아니라 '겉으로 잘 나타난다.'란 의미로 쓰입니다.

- **우성 優性**: 넉넉하게[優] 나오는 성질[性]

우성은 뛰어난 성질을 의미하기보다는 '넉넉하게 자주 나온다.'라고 풀이합니다. 효과가 더 잘 드러난다는 의미로 열성과 반대의 개념을 가지고 있습니다. 사람에게서 볼 수 있는 우성 형질은 쌍꺼풀, 혀 말기, 곱슬머리 등이 있습니다.

- **열성 劣性**: 적게[劣] 나오는 성질[性]

우성과 대비되는 개념으로 쓰이는 단어입니다. 우성보다 겉으로 잘 드러나지 않는다고 해서 열성이라고 합니다.

독립의 법칙 獨立의 法則

형질이 독립 獨立 되어 나타나는 법칙 法則

멘델이 밝혀낸 유전 법칙 중의 하나입니다. 형질이 유전될 때 여러 가지 형질이 서로 방해하지 않고 독립적으로 나타난다는 것입니다. 멘델의 완두콩 실험을 통해서 알아보겠습니다.

〔멘델의 완두콩 실험〕

순종의 동그란 완두콩(RR)과 순종의 주름진 완두콩(rr)을 교배해서 잡종 제1대를 만들면 동그란 완두콩이 우성이라는 사실을 알 수 있습니다. 왜냐하면, Rr인 완두콩의 모습이 동그랗기 때문이죠. 이것이 우열의 법칙입니다. 이때 나타난 잡종 제1대끼리 교배하면(Rr×Rr) 동그란 완두콩과 주름진 완두콩이 3대 1의 비율로 나옵니다. 이것이 분리의 법칙입니다. 다음은 동그랗든지, 주름지든지 모양에 상관없이 순종인 녹색 완두콩(YY)과 순종인 노란색 완두콩(yy)을 교배합니다. 그러면 잡종 제1대에서는 노란색 완두콩이 우성이라는 사실을 알 수 있습니다. (Yy인 완두콩의 색이 노란색) 이 잡종 제1대끼리 교배하면(Yy×Yy) 노란색 완두콩과 녹색 완두콩이 3대 1의 비율로 나옵니다.

이처럼 완두콩의 색깔과 모양이라는 각각의 형질이 서로에게 영향을 주지 않고, 우열의 법칙과 분리의 법칙을 만족한다는 것이 바로 독립의 법칙입니다.

- 분리의 법칙 分離의 法則: 일정한 비율로 분리[分離]되어 나타나는 법칙[法則]

멘델의 유전 법칙 중 하나로 우성 형질이 나타난 잡종 제1대를 다시 교배시키면 우성과 열성의 비율이 3대 1로 나타난다는 것입니다.

멘델의 법칙을 그림으로 확인해 봅시다.

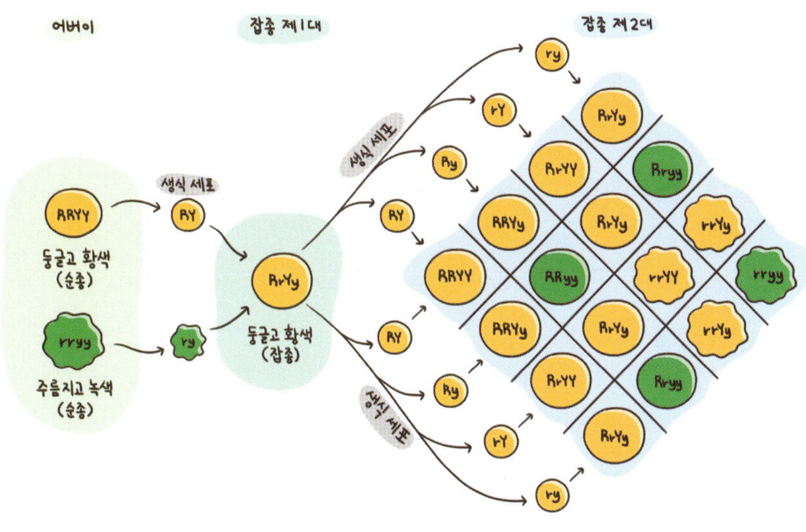

두 쌍의 대립 형질의 유전

돌연변이설 突然變異說

갑작스럽게 突然 변하고 變 달라진다는 異 학설 說

돌연변이가 진화에 있어서 가장 중요한 원인이라는 학설입니다. 유전자가 간혹 불안정한 상태가 되면 변형이 되어 새로운 형질이 나타나게 되고, 새로운 형질이 유전되면서 진화한다고 주장하는 학설입니다.

- 변이 變異: 변하고[變] 달라지는[異] 것

모든 생물은 자신과 비슷한 모습으로 자손을 남기는 것이 일반적이나 가끔 다른 특성을 가진 자손이 나타나기도 합니다. 이것을 변이라고 합니다. 변이에는 유전적으로 달라지는 유전 변이와 환경의 영향을 받아 달라지는 환경 변이가 있습니다.

- 변태 變態: 동물의 모양[態]이 변하는[變] 것

동물이 성장하면서 몸의 모양이 바뀌는 것을 가리킵니다. 하지만 어느 동물이나 변태를 하는 것은 아닙니다. 변태는 매우 짧은 기간 동안 형태를 크게 바꿉니다.

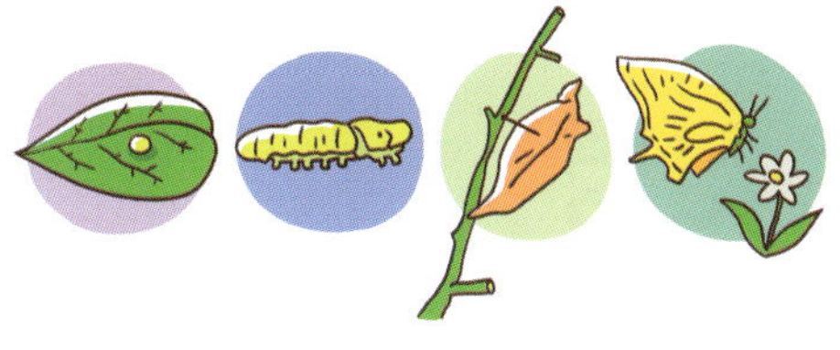

변태 과정

보인자 保因者
보존할보 원인인 것자
원인 因이 되는 요소를 보존하고 保 있는 것 者

겉으로 나타나지는 않지만, 몸속에 해당하는 유전 형질을 가지고 있는 것을 말합니다. 자신에게는 나타나지 않지만 유전 형질이 숨어 있다가 다음 세대에 나타나기도 합니다.

색맹 色盲
색색 눈멀맹
색깔 色을 알아보지 못하는 盲 것

색깔을 제대로 구별하지 못하는 유전 형질로 성염색체인 X염색체로 유전됩니다. 색맹은 검사를 통해 발견되기 전까지 스스로 느끼지 못하는 경우가 대부분이라고 합니다.

들여다보기

- **미맹 味盲**: 맛[味]을 느끼지 못하는[盲] 것
맛을 구별하는 데 이상이 있는 것을 말합니다. 맛을 전혀 느끼지 못하거나, 다른 맛으로 느끼는 것을 말합니다.

순종 純種
순수할순 종류종
어떠한 것도 섞이지 않은 순수한 純 종류 種

한 종류 안에서 다른 것과 섞이지 않은 순수한 형질을 가진 개체나 집단을 가리키는 말입니다. 현재 생물학에서는 잘 사용하지 않는 단어입니다.

들여다보기

- **잡종 雜種**: 다른 계통과 섞여[雜] 있는 종류[種]
서로 다른 종류나 계통 사이의 교배로 생긴 종류를 말합니다.
- **단성 잡종 單性雜種**: 하나[單]의 대립 형질[性]이 있는 것에서 나온 잡종[雜種]
하나의 대립 형질을 가진 것의 교배로 나온 잡종을 말합니다. 순종의 부모 사이에서 나온 자손을 말하죠. 예를 들어, 아버지 AA, 어머니 aa, 이 사이에서 나온 자손 중 Aa가 있을 때 이를 단성 잡종이라 합니다. 1유전자잡종이라고도 합니다.
- **양성 잡종 兩性雜種**: 두[兩] 개의 대립 형질[性]이 있는 것에서 나온 잡종[雜種]
두 개의 대립 형질을 가지고 있는 것의 교배로 나온 잡종을 말합니다. 예를 들어, RRYY와 rryy가 교배했을 때 그중 RrYy가 나올 수 있는데, 이를 양성 잡종이라고 합니다. 2유전자잡종이라고도 합니다.

유전병 遺傳病
남길유 전할전 병병
유전 遺傳과 관련되어 생기는 병 病

특정한 유전자가 자손에게 전해져 생기는 병을 말합니다. 대표적인 유전병으로 혈우병이 있습니다. 다운 증후군과 같은 염색체 이상에 의한 것은 유전병으로 보지 않습니다.

유전 형질 遺傳形質
남길 유 · 전할 전 · 모양 형 · 바탕 질

유전 遺傳에 의해 나타나는 모습 形이나 성질 質

유전자에 의해 나타나는 모습이나 성질을 말합니다. 피부색, 머리카락 색, 쌍꺼풀의 유무와 같이 겉으로 드러나는 특징은 유전자의 영향을 받습니다. 사람의 유전 형질에 대한 연구는 가계도를 조사하거나 쌍생아를 비교하여 연구합니다.

유전자 遺傳子
남길 유 · 전할 전 · 인자 자

유전 遺傳이 되는 인자 子

유전자는 사람을 비롯한 동물과 식물 각각의 유전 형질을 정해주며, 유전 정보를 가지고 부모에서 자식으로 전해져 특징을 지어 줍니다. 유전자는 염색체 속에서 각각 고유한 위치를 차지하고 복제되어, 다음 세대로 정확하게 유전 정보를 전하는 역할을 합니다.

반성 유전 伴性遺傳
의지할 반 · 성 성 · 남길 유 · 전할 전

성 性염색체에 의지한 伴 유전 遺傳

사람의 경우 성염색체인 X염색체에 있는 유전자로 인해 생기는 유전 현상입니다. 반성 유전이 이루어지는 대표적인 유전이 바로 혈우병입니다. 가계도를 통해 알아보도록 하죠.

혈우병 유전인자를 X′라고 하면, X′인자가 없는 아버지와 X′인자를 보유하고 있는 어머니 밑에서 자식이 태어난다고 할 때, XX인 여아와 XY인 남아는 혈우병이 나타나지 않지만, X′Y인 남아는 혈우병 증세가 나타납니다. 이때 X′X인 여아는 보인자가 되는 거죠. 아버지가 혈우병이라면 X′X′인 여아가 생깁니다. 이런 경우는 태어나기 전에 모체에서 사망한다고 합니다.

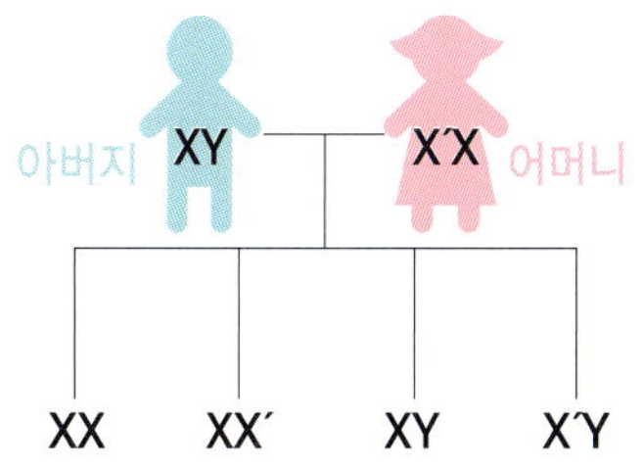

Y염색체에 있는 유전자로 인해 생기는 유전 현상은 한성 유전(限性遺傳)이라고 합니다.

진화 進化
나아갈 진 · 될 화

세대를 나아가며 進 변화되는 化 현상

생물이 세대를 거치면서 점점 변화되는 것을 말합니다. 현재 생물의 모습은 오래전 모습과 다릅니다. 모습이 변한 이유는 바로 진화 때문입니다. 유전자의 변화 때문에 모습이 변하기도 하지만 환경에 적응하기 위해 어떤 기관만 유독 발달하여 그것을 자손에게 물려주는 예도 있습니다. 점점 발달하는 기관이 있는가 하면 점점 퇴화하는 기관이 생기기도 하는데, 이러한 퇴화 현상 또한 진화의 한 면이라고 볼 수 있습니다.

공업 암화 工業暗化 공업工業에 의해 점점 어둡게暗 되는化 현상

유럽에서 산업 혁명이 진행되며 공장이 늘어나자, 그 주변에 공해가 심해지게 되었습니다. 그러자 그곳에 살던 나방 대부분이 검게 변했다고 합니다. 공업화 때문에 이러한 현상이 일어나서 이를 공업 암화라고 합니다.

• 공업 암화에 관한 일화를 알아볼까요?

예전부터 유럽에 살고 있던 나방인 점박이나방은 나무줄기에 올라앉는 경향이 있었는데, 이 나방은 원래 흰색이었습니다. 하지만 공업화가 진행되면서 검은색 나방이 많이 보이기 시작했고 19세기 말에는 대부분의 점박이나방이 검은색이 되었습니다. 점박이나방이 검은색이 된 이유를 알아보기 위해 여러 가지 연구를 해 본 결과, 바로 공업화라는 결론을 내렸습니다. 유럽에서 산업 혁명이 진행되면서 공장이 늘어나고, 늘어난 공장은 매연물질을 많이 내뿜었습니다. 이 때문에 그을음이 묻어 나무줄기가 검어졌습니다. 새들은 점박이나방을 잡아먹었는데, 예전에는 밝은 색의 나무줄기에 앉은 흰색 나방이 새들에게 덜 잡아먹혔지만 나무줄기가 검어지면서 검은 색의 나무줄기에 앉은 검은색 나방이 새들에게 덜 잡아먹혀서 검은 나방이 늘어났다는 것입니다.

용불용설 用不用說

사용하는用 기관은 발달하고 사용하지 않는不用 기관은 발달하지 않는다는 학설說

생물은 변화하는 환경에 적응하기 위해 열심히 노력합니다. 그 과정에서 자주 사용하는 기관이 생기게 되는데, 자주 사용하는 기관은 점차 강해지고 발달하며 크기도 커집니다. 반면에 사용할 필요가 없는 기관은 쓰지 않아 점차 약화하고 기능도 쇠퇴하여 결국 없어지게 됩니다. 이를 용불용설이라고 합니다.

원래 기린은 목이 짧았다.

차츰 목을 쓰면서 목이 길어지게 되었다.

오늘날 기린은 긴 목을 가지게 되었다.

진화론 進化論

나아갈 진 될 화 학설 론

세대를 나아가며 進 **변화하면서** 化 **생활 환경에 적응한다는 학설** 論

생활 환경에 적응한 생물만이 살아남고 그렇지 않은 생물은 살아남지 못한다는 학설입니다. 변화하는 생활 환경에 적응하기 위해서 생물은 진화라는 방법을 택하죠. 즉 생존을 위해서 진화하는 것이고, 진화를 통해 계속해서 생존할 수 있다는 것입니다.

영장류 靈長類

영험할 영 우두머리 장 무리 류

영험한 靈 **힘을 가진 우두머리** 長 **의 무리** 類

'영장'은 풀이하자면 '영험한 힘을 가진 우두머리'라고 할 수 있습니다. 영장류는 고도로 발달한 대뇌반구를 가진 포유류로 원숭이, 유인원(침팬지, 고릴라 등), 사람이 이에 속합니다. 특징으로는 손가락을 가진 정교한 손, 갈고리가 아닌 손톱, 얼굴의 앞쪽에서 3차원 인식이 가능한 눈 등이 있습니다.

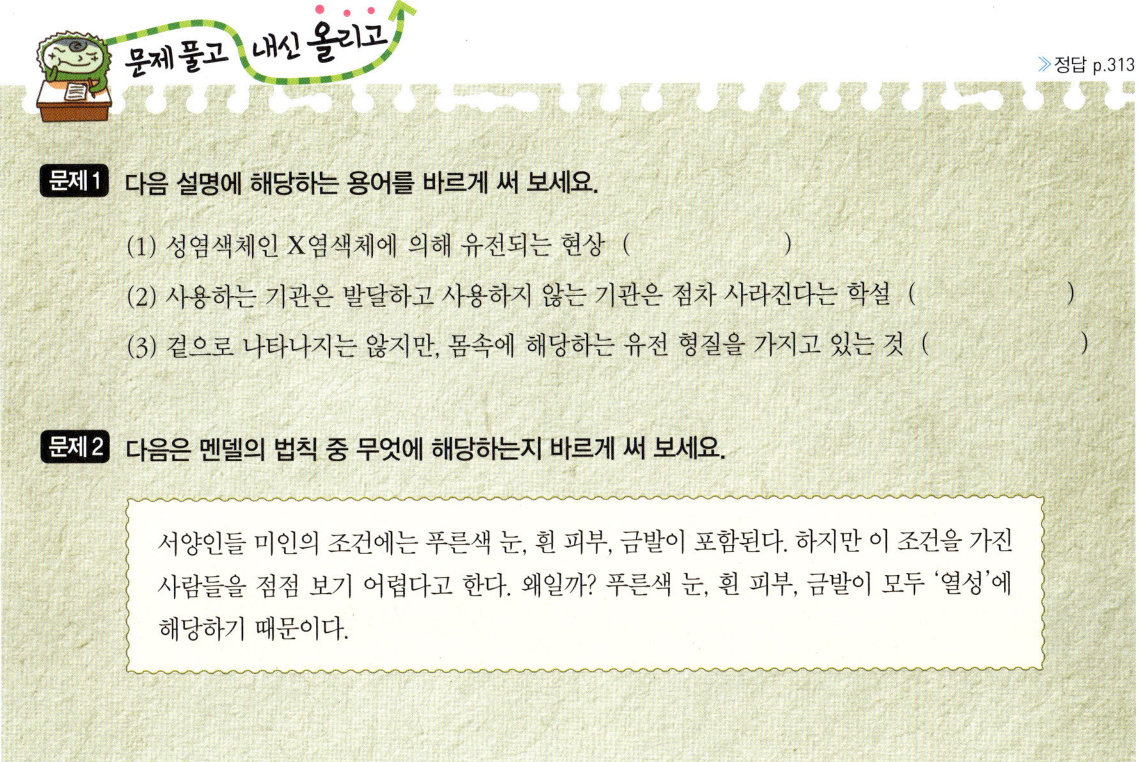

≫ 정답 p.313

문제 1 다음 설명에 해당하는 용어를 바르게 써 보세요.

(1) 성염색체인 X염색체에 의해 유전되는 현상 (   )

(2) 사용하는 기관은 발달하고 사용하지 않는 기관은 점차 사라진다는 학설 (   )

(3) 겉으로 나타나지는 않지만, 몸속에 해당하는 유전 형질을 가지고 있는 것 (   )

문제 2 다음은 멘델의 법칙 중 무엇에 해당하는지 바르게 써 보세요.

> 서양인들 미인의 조건에는 푸른색 눈, 흰 피부, 금발이 포함된다. 하지만 이 조건을 가진 사람들을 점점 보기 어렵다고 한다. 왜일까? 푸른색 눈, 흰 피부, 금발이 모두 '열성'에 해당하기 때문이다.

힘과 열에너지

여러분은 더운 여름날 공부하던 공책이나 책으로 부채질해 본 적이 있나요? 열심히 부채질하는데도 쉽사리 더위가 가시지 않고 더 더워지는 것만 같던 경험이 있었나요? 이는 바로 에너지 때문이랍니다. 여러분이 부채질하는 것이 바로 일 에너지인데 일 에너지가 여러분의 몸을 덥혀주는 열에너지로 바뀌는 것이죠. 시원해지려고 부채질했는데, 그게 몸을 덥혀주는 일 에너지라니 에너지가 무엇일까 궁금증이 생기죠?

에너지는 바로 힘이라고도 할 수 있는데 우리 지구도 끌어당기는 힘이 있습니다. 바로 중력이라는 힘이죠. 뉴턴이 사과가 직선으로 곧게 땅으로 떨어지는 모습을 보고 만유인력을 생각해 냈다는 사실은 잘 알고 있을 거예요. 끌어당기는 힘, 미는 힘, 움직이는 방향으로 계속해서 운동하려는 힘 등, 힘에도 많은 종류가 있습니다. 그럼 이번에는 힘과 에너지에 대해 알아봅시다.

중력 重力　지구가 물체를 끌어당기는 무거운 重 힘 力

무거울 중 힘 력

무게가 있는 모든 물체는 서로 끌어당기는 힘이 있습니다. 이를 만유인력(萬有引力)이라 하죠. 우리가 땅에 발을 디디며 걸어 다닐 수 있는 것도 중력이 작용하여 지구가 우리를 끌어당기고 있기 때문입니다. 엄밀히 말하면, 중력은 지구가 가진 만유인력과 지구가 자전하면서 생기는 원심력이 합쳐진 것입니다. 빗방울이 아래로 떨어지고, 공을 던지면 포물선을 그리며 떨어지며, 사과가 땅으로 떨어지는 것, 인공위성이 지구 둘레를 돌고 있는 것 등이 모두 중력 덕분이랍니다.

마찰력 摩擦力　비비고 摩 문지르는 擦 힘 力

갈 마 문지를 찰 힘 력

두 물체가 접촉하면서 운동할 때, 운동을 방해하는 힘이 접촉면에서 발생합니다. 이를 마찰력이라고 합니다. 마찰력이 없다면 한번 시작된 운동은 영원히 계속되겠죠? 물체가 운동하려는 방향의 반대 방향으로 작용하는 마찰력 때문에 어느 순간 물체의 운동이 끝나게 됩니다. 물체의 무게가 무거울수록, 접촉면의 성질이 거칠수록 마찰력은 커지게 됩니다.

탄성력 彈性力　튕기는 彈 성질의 性 힘 力

튕길 탄 성질 성 힘 력

물체에 어떤 힘이 가해져서 변형되었을 때 원래의 상태로 되돌아가려는 힘을 탄성력이라고 하는데 돌아가려고 한다는 뜻에서 복원력(復原力)이라고 할 수 있습니다. 탄성력의 방향은 힘이 가해진 반대 방향이고, 탄성력의 크기는 물체에 가해진 힘에 의해 변형된 정도에 비례하게 되는데, 이것을 '훅의 법칙'이라고 합니다. 가장 흔한 예는 용수철을 늘렸을 때 다시 원위치로 돌아가려는 것이나 번지 점프를 했을 때 매달린 줄이 떨어지고 나서 다시 위로 올라가는 것을 들 수 있습니다.

 들여다보기

- **관성 慣性: 습관적인[慣] 성질[性]**

탄성력과는 비교되는 힘으로 외부에서 가해지는 힘이 없는 경우 자신의 운동을 계속하려는 성질을 뜻합니다. 우리가 보통 '타성에 젖었다.'라는 말을 쓰는데 타성이라는 용어도 관성의 다른 말이라고 할 수 있습니다. 질량이 클수록 관성도 커지게 됩니다. 버스가 출발할 때 몸이 쏠리는 것이나, 젖은 빨래를 털었을 때도 관성이 적용됩니다.

자기력 磁氣力 자석磁의 기운氣에 의한 힘力

자석에는 N극과 S극이 있죠? 같은 종류의 극은 서로 밀어내고 다른 극은 서로 당기는 힘이 있는데 자석처럼 자석의 기운, 또는 자성을 가진 물체가 서로 밀거나 당기는 힘을 바로 자기력이라고 합니다. 자력이라고 줄여서 쓰기도 하죠. 자성을 가진 물체가 서로 멀리 있으면 자기력은 그만큼 약해지고 가까이 있으면 강해집니다.

 들여다보기

- 인력 引力: 끌어당기는[引] 힘[力]
- 척력 斥力: 밀치는[斥] 힘[力]
- 자기장 磁氣場: 자석[磁]의 기운[氣]이 미치는 공간[場]
- 지구 자기장 地球磁氣場: 지구를 매우 커다란 자석으로 볼 수 있는데 그러한 지구를 둘러싸고 있는 보호막 역할을 하는 지구[地球]의 고유한 자기장[磁氣場]

전기력 電氣力 전자電의 기운氣을 띤 물체 사이의 힘力

앞에서 모든 원자는 + 전하를 갖는 원자핵과 − 전하를 갖는 전자로 이뤄진 것을 배웠죠? 전기력이란 이러한 전하들이 같은 종류끼리는 밀어내고 다른 종류끼리는 서로 끌어당기는 힘을 말합니다. 이러한 것은 위의 자기력과 비슷하죠? 전기력의 크기는 전하량의 곱에 비례하고 전하 사이 거리의 제곱에 반비례한다는 것이 바로 '쿨롱의 법칙'입니다.

전자기력 電磁氣力 전류電가 자기장磁氣 안에서 받는 힘力

우리가 쓰는 전기 기구 중에는 자석이 들어 있는 것이 많습니다. 전기를 사용하여 움직이는 것에 자석이 들어 있는 이유는 전류 또한 자석과 마찬가지로 자기장을 만들기 때문입니다. 전류가 흐르는 도선(導線)은 자기장으로부터 힘을 받아 움직이는데 이러한 힘을 전자기력이라고 합니다. 이를 이용하면 전기 에너지를 일 에너지로 바꿀 수 있게 되므로 전기 기구에 자석을 넣는 것이죠. 전류가 흐르는 도선이 받는 힘의 세기는 전류가 많이 흐르거나 자기장의 세기가 클수록 커지겠죠? 전자기력의 방향은 '플레밍의 왼손 법칙'으로 알 수 있습니다.

전기의 양극을 이어 전류를 통하게[導] 하는 쇠붙이 줄[線]

플레밍의 왼손 법칙

전력 電力 _{전기전 힘력} 전기 기구에 공급되는 전기電의 힘力

전력은 바로 전기 에너지인데 1초 동안에 전기를 쓰는 기구에 공급되는 전기 에너지를 뜻하며 단위는 와트〔W〕 또는 킬로와트〔kW〕를 사용합니다. 전력을 구하는 공식은 다음과 같습니다.

전력〔P〕 = 전기 에너지/시간 = (전압×전류×시간)/시간 = 전압〔V〕×전류〔I〕

1W는 1A(암페어)의 전류가 1V(볼트)의 전압이 걸린 곳을 흐를 때 사용되는 전력의 크기가 됩니다. 우리가 실생활에서 쓰는 전기 기구에는 소비전력(消費電力)이 표시되어 있습니다. 예를 들어 220V–500W라면 220V의 전원에 전기 기구를 연결하면 소비되는 전력이 500W라는 말이 됩니다. 소비전력이 적게 나오는 것이 가정 경제를 위해서 좋겠죠? 소비전력은 전력에 시간을 곱해서 나온 킬로와트시(kWh)를 많이 사용하고, 1kWh는 10^3W입니다.

1초 동안 써서[費] 사라지는[消]
전기[電]의 힘[力]

구심력 求心力 _{구할구 중심심 힘력} 중심心으로 모이려고求 하는 힘力

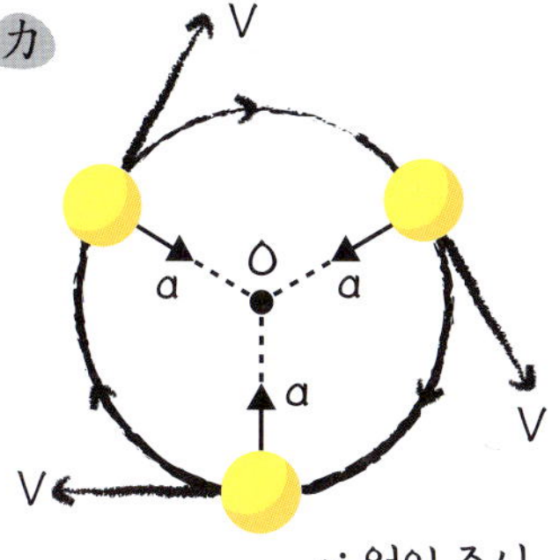

우리가 어떤 물체를 실에 매달고 돌리면 실이 팽팽해지면서 물체가 원운동을 하게 됩니다. 이때 같은 속도로 원운동을 하는 물체에서 원의 중심 방향으로 일정한 크기의 힘이 작용하게 되는데 이를 구심력이라고 합니다. 구심력은 물체의 운동 방향에 수직으로 작용하면서 원운동을 유지하게 해줍니다. 물체는 V 쪽으로 가려고 하는데 원의 중심 쪽으로 구심력이 작용하면서 물체는 계속 원운동을 유지하게 됩니다.

원심력 遠心力 _{멀원 중심심 힘력} 중심心에서 멀어지고자遠 하는 힘力

원운동을 하는 물체를 손에서 놓으면 구심력이 더는 작용하지 않기 때문에 원래 운동 방향으로 날아가게 됩니다. 이때 물체를 중심에서 멀어지게 하는 힘이 바로 원심력입니다. 원심력의 크기는 구심력과 같고 방향은 구심력과 반대 방향입니다. 하지만 어떤 힘이 작용하기 보다는 본래 자신이 하고 있던 운동을 계속하려고 하는 관성에 의한 효과일 뿐입니다.

들여다보기

- 등속원운동 等速圓運動: 같은[等] 속도[速]로 원[圓]을 그리며 하는 운동[運動]
- 등속직선운동 等速直線運動: 같은[等] 속도[速]로 직선[直線] 경로로 하는 운동[運動]

부력 浮力 뜰부 힘력 뜰 浮 수 있게 하는 힘 力

그리스 철학자 아르키메데스는 목욕탕에 들어가자 물이 넘치는 것을 보았습니다. 그리고는 물속에 잠긴 물체의 무게가 흘러넘친 물의 무게와 똑같은 힘으로 떠오르는 것을 알고 "유레카!" 하면서 뛰쳐나왔답니다. 이것이 바로 부력을 설명한 '아르키메데스의 원리'입니다. 부력은 중력과 반대 방향인 위로 힘을 받게 됩니다. 배나 잠수함이 물 위에 뜨기 위해서는 그 무게만큼 물을 담을 수 있는 넓은 공간이 마련돼야 합니다.

단열 斷熱 끊을단 열열 열 熱 을 끊는 斷 것

더운 여름철이나 추운 겨울철에 집에 열이 들어오거나 나가는 것을 막기 위해 단열재를 시공합니다. 단열이란 바로 열을 차단하는 것을 뜻합니다. 단열재를 시공하면 더운 여름에는 냉방비가, 추운 겨울에는 난방비가 절감됩니다.

복사 輻射 바퀴살복 쏠사 열을 바퀴살 輻 처럼 사방으로 쏘는 射 것

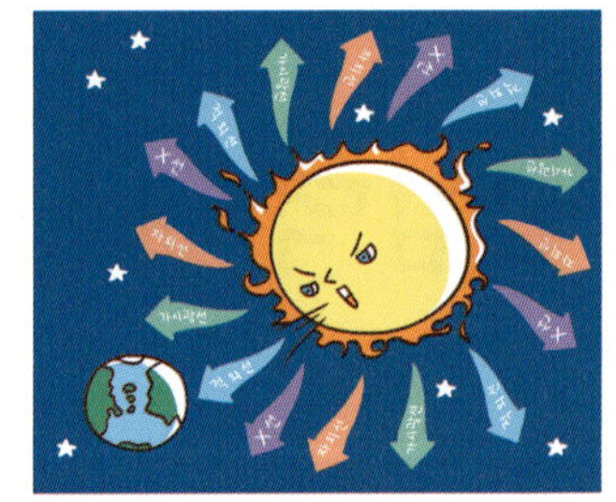

열의 이동 방법에는 복사, 대류, 전도 세 가지가 있습니다. 복사란 어떤 한 지점에서 빛이나 열이 사방으로 쏘여 직접 에너지가 전달되는 것을 뜻합니다. 그래서 전달 속도가 가장 빠릅니다. 중간 매개체인 매질이 필요 없으므로 진공 속에서도 발생할 수 있죠. 태양의 빛은 복사로 지구에까지 미칠 수 있습니다.

대류 對流 상대대 흐를류 열이 상대 對 쪽으로 흐르며 流 이동하는 것

물이 끓으면 아랫부분의 물은 온도가 높아져 팽창하면서 위로 올라오고 낮은 온도의 물은 밀도가 커지면서 아래로 내려갑니다. 이렇게 온도가 다를 때 열이 이동하면서 순환하는 것을 대류라고 합니다. 대류는 주로 가열 때문에 발생한다고 볼 수 있습니다.

전도 傳導　전하여 傳　인도함 導

열의 전달 과정 중 하나인 전도는 열이 전달될 수 있는 매개체가 있습니다. 매개체를 통해 열이 전달되어 온도가 같아지는 것이죠. 열은 높은 곳에서 낮은 곳으로 이동하는데 매개체마다 열전도율이 달라집니다. 우리가 잘 알고 있듯이 금속은 전도가 매우 잘되고, 플라스틱이나 기체는 열전도가 잘 안되죠? 진공 상태에서는 아예 열전도가 불가능합니다.

열량 熱量　열 熱 의 양 量

'이 음식은 열량이 얼마다.'라는 말을 들어 봤죠? 열량은 높은 온도에서 낮은 온도로 이동하는 열의 양을 뜻하는데 열량의 단위는 줄(J)이나 칼로리(cal), 킬로칼로리(kcal)를 사용합니다. 1kcal란 물 1kg을 1℃만큼 높이는 데 필요한 열량입니다.

- 열량을 구하는 공식

열량＝비열×질량×온도 변화

비열 比熱

물 1kg을 1℃ 올리는데 필요한 열량에 비교해 比 어떤 물질 1kg의 온도를 1℃ 올리는 데 필요한 열량 熱

물 1kg을 1℃ 올리는 데 필요한 열량은 1kcal입니다. 이와 비교했을 때 어떤 물질 1kg의 온도를 1℃ 올리는 데 필요한 열량을 비열이라 하는데 비열은 물질마다 다르므로 각각 그 물질이 갖는 고유한 특성이 됩니다. 비열의 단위는 kcal/kg℃로 나타냅니다. 육지와 바다의 비열이 달라 육지 기온이 바다 기온보다 높아지고 낮은 기온의 바닷바람이 육지의 더운 공기를 밀어내면서 육지 쪽으로 해풍이 불게 됩니다. 비열이 작을수록 빨리 덥힐 수도 있고 식힐 수도 있습니다.

들여다보기

물질	비열	물질	비열
물	1	알루미늄	0.211
얼음	0.487	철	0.107
알코올	0.570	금	0.031
구리	0.092	은	0.056

- **열용량 熱容量**: 어떤 물체의 온도를 1℃ 올리는 데 필요한 열[熱]의 용량[容量]

물체마다 온도를 올리는 데 필요한 열량은 각각 다른데 어떤 물체 온도를 1℃ 올리는 데 필요한 열량을 열용량이라 합니다. 비열과는 달리 고유한 특성이 될 수 없죠. 열용량은 결국 비열에 물체의 질량을 곱한 값이라고 생각하면 됩니다. (열용량 = 물체의 비열 × 물체의 질량)

- **열평형 熱平衡**: 온도가 다른 두 물체가 접촉해서 시간이 지나면 두 물체 온도가 같아져 열[熱]의 이동이 일어나지 않으면서 평형[平衡]을 이루게 되는 현상

- **열량보존의 법칙 熱量保存의 法則**: 온도가 다른 물체가 접촉했을 때 높은 온도의 물체가 잃은 열의 양과 낮은 온도의 물체가 얻은 열의 양은 서로 같아 결국 이동되는 열[熱]의 양[量]이 보호되고[保] 지켜진다는[存] 법칙[法則]

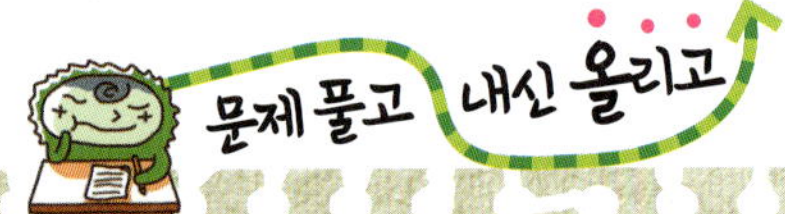

≫정답 p.313

문제 1 다음에서 설명하는 열의 이동 방법은?

> 어떤 한 지점에서 빛이나 열이 사방으로 쏘여 직접 에너지가 전달되기 때문에 전달 속도가 가장 빠르다. 중간 매개체인 매질이 필요 없으므로 진공 속에서도 발생할 수 있다. 태양의 빛은 이 방법으로 지구까지 다다르고 있다.

문제 2 다음 중 실제로 작용하는 힘이 <u>아닌</u> 것은?

① 탄성력　　　② 구심력　　　③ 마찰력
④ 원심력　　　⑤ 중력

문제 3 물의 비열은 1kcal/kg℃이고, 알코올의 비열은 0.5kcal/kg℃이다. 질량이 같은 물과 알코올에 같은 열량을 가했을 때 물의 온도 변화는 알코올 온도 변화의 몇 배인가?

문제 4 220V 전압에서 3A의 전류가 흐르는 전기다리미를 5시간 사용했다면 소비 전력량은?

판이 이동하면 어떤 현상이?

판구조론이라는 말이 있습니다.

지구는 몇 개의 판으로 이뤄져 있다는 이론이죠. 지구 표면은

유라시아판, 아메리카판, 태평양판, 인도양판, 남극판, 아프리카판 등의 큰 지판과

그 사이 20여 개의 작은 지판으로 이루어져 있고 각각 다양하게 조금씩 이동하면서,

화산·지진 등의 지각 변동을 일으킨다는 것입니다. 판이 이동하면서 부딪히는 때도 있겠죠?

그때는 거대한 지진이나 쓰나미 등이 일어납니다.

2011년 3월에 일어난 일본의 쓰나미, 대지진을 알고 있나요?

집과 자동차가 마치 장난감처럼 쓸려 내려갔던 아주 무서운 일이었죠.

이번에는 지진이나 해일, 쓰나미 등이 일어나게 되는 현상과 관련된 용어를 배워보도록 합니다.

아! 쓰나미가 일어나는 경우 가장 튼튼하고 안전한

건물 옥상으로 올라가서 구조를 기다려야

하는 것도 알아둡시다!

지층 地層   땅地 표면에 쌓여서 층層을 이루게 된 것

지각 변동 등에 의해서 자갈이나 화산재, 모래 등이 바다 밑이나 땅에 쌓여서 층을 이루게 된 것을 지층이라고 합니다. 즉 퇴적된 상태를 말하는데 지층을 잘라서 옆면을 보면 퇴적(堆積)될 당시의 환경을 알 수 있습니다. 예를 들어 바닷가에서 가까울수록 알갱이가 무거운 것이 쌓이고 멀수록 알갱이가 작은 것이 쌓입니다. 지층의 구조로는 단층과 습곡이 있습니다.

> 덮쳐[堆] 쌓임[積].

단층 斷層   층層이 끊어지는斷 현상

지층이 외부의 힘을 받아서 두 개로 끊어지는 것을 단층이라고 합니다. 단층은 작게는 몇 mm, 크게는 몇 km까지 움직임이 있는 것을 뜻하는데 만약 층이 끊어졌어도 움직임이 없었다면 단층이 아니라 절리라고 부릅니다. 또한, 지층의 잘린 면을 단층면(斷層面)이라고 합니다. 단층이 생길 때는 그 여파가 지진이 되어 주변의 암석에까지 미치게 됩니다. 단층의 종류로는 정단층, 역단층, 오버스러스트, 수직 단층 등이 있으며 이는 주로 단층면에 의해 구별됩니다.

 들여다보기

- 상반 上盤: 단층면에서 위[上]쪽의 땅의 표면[盤]
- 하반 下盤: 단층면에서 아래[下]쪽의 땅의 표면[盤]

상반과 하반의 구별은 단층면의 경사면을 보면 알 수 있습니다. 경사면의 윗부분에 있는 것이 상반이고 경사면 아랫부분에 있는 것이 하반입니다.

정단층 正斷層   상반이 미끄러져 내려가 바르게正 층層이 끊어진斷 것

지층에 양쪽에서 잡아당기는 힘이 가해지면 틈이 생기면서 단층이 발생하게 되는데 이때 단층면을 기준으로 상반이 아래로 내려가고 하반이 위로 올라가게 되면 이를 정단층이라고 합니다.

역단층 逆斷層

거스를 역 끊을 단 층 층

하반이 미끄러져 내려가 **거스르게** 逆 층 層 이 끊어진 斷 것

정단층과 달리 지층에 양쪽에서 미는 힘이 가해지면 틈이 생기면서 단층이 발생하게 됩니다. 이때 단층면을 기준으로 상반이 위로 올라가고 하반이 아래로 내려가게 되면 이를 역단층이라고 합니다.

습곡 褶曲

주름 습 굽을 곡

지층이 주름 褶 처럼 구부러진 曲 상태

땅[地]을 구성하고 있는 돌의 바탕[質]이나 분포, 땅의 구조 등

평평하게 퇴적된 지층이 양쪽에서 누르는 힘을 받으면 주름처럼 구부러지게 됩니다. 이러한 지질(地質) 구조를 습곡이라고 합니다. 물론 층이 없는 암석이 휘어졌다면 이 또한 습곡이라고 할 수 있죠. 습곡의 종류로는 배사 구조와 향사 구조가 있습니다.

배사 구조 背斜構造

등 배 구부러질 사 얽을 구 지을 조

등 背 처럼 볼록하게 구부러진 斜 구조 構 造

향사 구조 向斜構造

향할 향 구부러질 사 얽을 구 지을 조

아래를 향해 向 구부러진 斜 구조 構 造

배사 구조는 암석이 힘을 받아 위로 볼록하게 구부러져 솟아난 것이고, 향사 구조는 아래로 움푹하게 파이면서 구부러진 것을 말합니다. 배사 구조와 향사 구조는 반드시 지층의 휘어진 방향을 확인하여 구별해야 합니다. 우리 눈에는 향사의 모습만 보일 수 있기 때문이죠. 석유나 천연가스는 배사 구조 부분에 들어 있어서 탐사의 근거로 중요한 역할을 하기도 합니다.

지진대 地震帶

땅 지 흔들릴 진 띠 대

땅 地 의 흔들림 震 이 자주 발생하는 띠 帶 모양의 지역

지구에는 지진이 특히 자주 발생하는 지역이 있습니다. 이 지역을 연결하면 띠 모양이 되는데 이를 지진대라고 합니다. 세계에서 지진이 가장 자주 일어나는 지역으로 유명한 일본이 있죠? 일본이 바로 환태평양 지진대에 속하는 지역입니다. 환태평양 지진대에는 아메리카 서부의 산, 알래스카, 일본, 필리핀, 뉴질랜드가 있습니다. 거의 80%의 지진이 환태평양 지진대에서 일어난다고 하니 정말 무서운 지진대입니다. 앞서 본 판구조론에 의하면 지진 대부분은 판의 경계 부분에서 발생합니다.

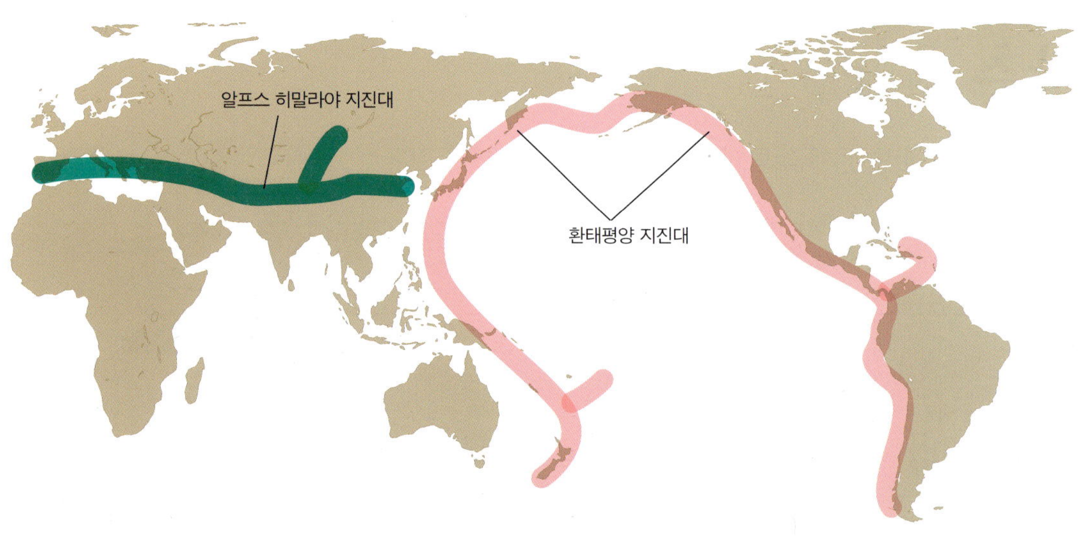

지진 해일

땅 지 / 흔들릴 진 / 바다 해 / 넘칠 일
地震海溢

바다 밑 땅(地)의 흔들림(震)으로 바닷물(海)이 넘치는(溢) 현상

우리가 사는 지표면과 마찬가지로 바다 밑에서도 지진이나 화산 폭발 등이 일어납니다. 1896년 일본 산리꾸 연안에서 22,000명의 사망자를 낸 지진 해일이 여러 나라에 전해지면서 지진 해일을 하나의 명사인 '쓰나미'로 부르게 되었습니다. 깊은 바다에서는 파동이 작아서 눈에 잘 띄지 않지만, 해안 근처의 얕은 부분에서는 갑자기 커져서 해안 근처 지역을 집어삼켜 무서운 피해를 줍니다.

진원

흔들릴 진 / 근원 원
震源   지진(震)의 근원(源)이 되는 지점

지진은 지구 내부에서 최초로 발생하는데, 이 지점을 진원이라고 합니다. 지진은 지하 50~60km의 맨틀 최상부 지역에서 가장 잘 발생합니다. 300km 이상의 지구 내부에서 발생하는 지진은 심발 지진(深發地震)이라고 하는데, 관측된 가장 깊은 곳은 700km 정도라고 합니다.

지하 300km 이상의 깊은[深] 곳에서 발생하는[發] 지진[地震]

진앙

흔들릴 진 / 가운데 앙
震央   지진(震)의 가운데(央) 지점

진원과 진앙을 비슷하게 생각할 수가 있는데 좀 다른 의미입니다. 진원은 지진이 처음으로 일어난 지점을 말하며, 진앙은 진원에서 직선으로 선을 그었을 때 지표면과 만나는 지점을 말합니다. 진앙은 지진이 일어났을 때 피해가 가장 큰 지역이라고 생각하면 됩니다.

화산대 火山帶
불화 산산 띠대

활동하는 화산 火山 이 연결되는 띠 帶 모양의 지역

지진대가 지진이 자주 발생하는 띠 모양의 지역이라면, 화산대는 화산이 많이 발생하는 띠 모양의 지역입니다. 이러한 지진대와 화산대는 비슷하게 겹칩니다. 화산과 지진은 동시에 일어나기도 하죠. 지진의 80%가 발생하는 환태평양 지진대가 있는 것처럼, 화산대도 태평양 연안을 따라 분포하는 환태평양 화산대가 있습니다. 화산대와 지진대는 주로 판과 판의 경계에 분포하므로 우리나라보다는 일본에서 좀 더 자주 일어납니다.

용암 鎔巖
녹일용 바위암

화산에서 분출된 바위 巖 가 녹은 鎔 것

화산 속에는 1,100℃ 이상의 마그마가 가스를 품고 끓고 있습니다. 그러다가 화산이 폭발할 때 가스를 분출하면서 용암도 분출합니다. 즉, 화산 내부에 있으면 마그마, 밖으로 나오면 용암이 되는 것입니다. 끈적끈적한 점성 때문에 분화구 근처에서 굳는 때도 있고 먼 곳까지 흐를 때도 있습니다. 용암은 때에 따라 마그마가 굳어서 된 암석을 말하기도 합니다. 우리나라 백두산도 용암으로 형성된 지형입니다.

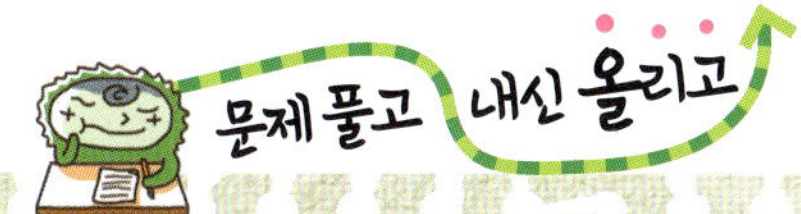

≫정답 p.313

문제1 다음 그림은 어떤 단층의 모양인지 써 보자.

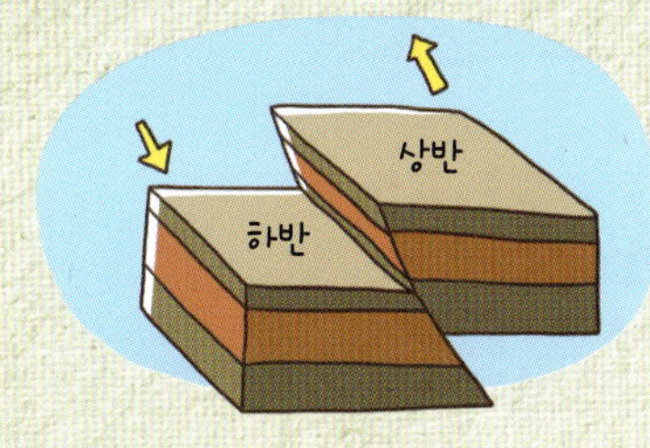

[   ]단층

문제2 다음 설명 중 맞는 것은?

① 백두산에는 용암이 없다.
② 화산과 지진은 동시에 일어나기도 한다.
③ 진원이란 지진의 피해가 가장 큰 지역을 뜻한다.
④ 단층은 힘을 받아 휘어진 것이고, 습곡은 힘을 받아 끊어진 것이다.
⑤ 향사 구조에는 석유와 천연가스가 내장되어 있어 탐사의 중요한 근거가 된다.

나는
그냥 돌이 아니야!

무생물은 생명이 없다 보니 함부로 취급하기 쉽죠.

그러나 무생물은 생물이 있기 훨씬 전부터 존재하였습니다.

하지만 예전과 그 모양이 같지는 않죠. 바람, 물, 그 밖의 환경 때문에 모양이

바뀌고 원래 있던 위치도 바뀌게 됩니다.

우리가 이번에 배울 내용은 광물과 여러 작용으로 만들어진 지형입니다.

지구의 겉과 속을 알아보는 것이라고 생각하면 되겠네요.

광물 鑛物
쇳돌 광 물건 물

무기물의 성분鑛이 들어있는 물건物

자연에서 나오는 고체 형태의 물질로 고른 결정이 있으며 원자 배열이 규칙적인 것들을 일컫는 말입니다. 생물은 유기물이지만 광물은 무기물입니다.

 들여다보기

유기물	무기물
생명력에 의하여 만들어지는 물질	생명을 지니지 않은 물질을 통틀어 이르는 말
태웠을 때 이산화탄소 발생	태웠을 때 이산화탄소 발생하지 않음

조암 광물 造巖鑛物
만들 조 바위 암 쇳돌 광 물건 물

바위巖를 만드는造 광물鑛物

암석을 이루는 주요 광물을 말합니다. 광물의 수는 매우 많으나 조암 광물이라 할 수 있는 광물은 수십 가지에 불과합니다. 석영, 장석, 흑운모, 각섬석, 휘석, 감람석, 준장석 등이 조암 광물에 속합니다.

〈조암 광물의 종류와 특징〉

구분	석영	장석	흑운모	각섬석	휘석	감람석
결정형						
색	밝은 색		어두운 색			
	무색	흰색, 분홍색	검은색	녹색, 갈색	어두운 녹색	황록색
조흔색	–	흰색	흰색	흰색, 엷은 녹색	흰색, 엷은 녹색	흰색
쪼개짐과 깨짐	깨짐	두 방향으로 쪼개짐	한 방향으로 얇게 쪼개짐	두 방향으로 쪼개짐	두 방향으로 쪼개짐	깨짐
굳기	7	6~6.5	2.5~3	5~6	5~6.5	6.5~7

결정형 結晶形
맺을 결 결정 정 모양 형

결정結晶이 나타나는 모양形

결정은 원자나 분자들이 규칙적으로 배열하고 있는 고체 상태의 물질을 말합니다. 결정형은 바로 이러한 결정의 모양을 나타낸 것이죠. 결정은 규칙적인 원자 배열 때문에 일정한 모양을 가집니다. 결정형은 사람의 눈으로 직접 보기 어렵고 현미경을 통해서 볼 수 있습니다.

모질물 母質物
어머니 모 / 바탕 질 / 물건 물

원래 암석인 모^母암의 **바탕**^質에서 떨어져 나온 **물질**^物로 이루어진 토양

모암은 기반암을 가리킵니다. 기반암은 퇴적층의 가장 밑에 있는 암석으로 외부의 어떠한 작용도 받지 않은 암석을 말합니다. 이러한 기반암이 풍화나 부식이 되면 작은 알갱이 형태로 떨어져 나오게 됩니다. 이렇게 떨어져 나온 것들로 이루어진 토양이 모질물입니다.

생성 원리에 따른 암석의 구별

퇴적암 堆積巖 쌓이고^堆 쌓여^積 이루어진 암석^巖
쌓을 퇴 / 쌓을 적 / 바위 암

물이나 바람에 의해서 운반된 광물들이 계속해서 쌓여 만들어진 암석입니다. 대륙의 약 80%가 퇴적암으로 이루어져 있으며, 땅 위에서 만들어지므로 당시의 환경을 알 수 있게 해줍니다.

퇴적물의 종류	기원	암석
쇄설성 퇴적물	기계적 풍화	역암 사암 이암, 셰일
	화산 분출물	집괴암 응회암
화학적 퇴적물	물에 녹아 있던 물질의 침전	석회암 처트 암염

변성암 變成巖 변해서^變 이루어진^成 암석^巖
변할 변 / 이룰 성 / 바위 암

높은 온도와 압력에 의해 변화된 암석을 말합니다. 퇴적암이나 화성암이 땅속에서 높은 열이나 힘을 받으면 그 모양이나 성질이 변하게 됩니다. 이것을 변성암이라고 합니다. 편암, 편마암, 규암, 대리암이 대표적인 변성암입니다.

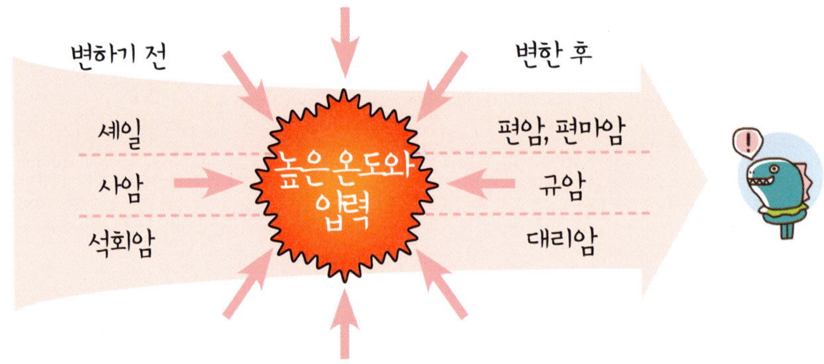

화성암 火成巖
불화 이룰성 바위암

화산火 활동으로 이루어진成 암석巖

마그마가 식어서 만들어진 암석을 통틀어 말합니다. 어느 장소에서 식어서 만들어졌는지에 따라 종류가 달라집니다.

사암 砂巖
모래사 바위암

모래砂로 이루어진 암석巖

모래가 퇴적되어 만들어진 암석입니다. 주로 석영과 장석으로 이루어져 있습니다.

역암 礫巖
자갈역 바위암

크기가 큰 자갈礫로 이루어진 암석巖

입자가 2mm 이상의 크기인 암석을 자갈이라고 합니다. 이러한 자갈들이 퇴적되어 이루어진 암석을 역암이라고 합니다. 퇴적암 중에서 매우 적은 양을 차지하고 있지만, 석유나 천연가스를 저장하고 있는 중요한 암석입니다.

응회암 凝灰巖
엉길응 재회 바위암

재灰가 엉겨서凝 이루어진 암석巖

화산재가 쌓여서 이루어진 암석을 말합니다. 장식 재료로 많이 쓰인다고 하네요.

석회암 石灰巖
돌석 재회 바위암

석회石灰로 이루어진 암석巖

퇴적암 종류의 하나로 주로 물속의 동물이나 껍질이 쌓여 생긴 암석입니다. 탄산칼슘을 주성분으로 이루어져 있으며 석회석이라고도 합니다.

화산암 火山巖
불_화 산_산 바위_암

화산 火山 활동으로 마그마가 급히 식어 된 암석 巖

화산 활동 때문에 생성된 마그마가 땅 위나 지하 얕은 곳에서 굳어 만들어진 암석을 말합니다. 땅 위나 지하 얕은 곳에서는 마그마가 빨리 식어서 굳기 때문에 입자가 매우 작습니다.

심성암 深成巖
깊을_심 이룰_성 바위_암

깊은 深 곳에서 이루어진 成 암석 巖

마그마로 만들어지는 화성암의 한 종류입니다. 땅속 깊은 곳에서 천천히 만들어지기 때문에 심성암이라고 합니다. 천천히 굳어서 결정이 크게 만들어집니다.

빙퇴석 氷堆石
얼음_빙 쌓을_퇴 돌_석

얼음 氷 이 쌓여 堆 이루어진 돌 石

얼음이 이동하다가 기온이 따뜻한 곳을 지나면 녹게 되는데, 이때 얼음 속에 있던 모래, 진흙, 자갈이 쌓여 만들어지는 돌을 빙퇴석이라고 합니다.

삼릉석 三稜石
셋_삼 모서리_릉 돌_석

세 三 개의 모서리 稜 가 있는 돌 石

바람에 날려 오는 모래가 암석을 깎아서 만들어진 돌입니다. 바람에 날리는 모래에 의해 암석의 한쪽 면이 깎이고, 암석의 위치가 바뀌어 다른 면이 깎이고 하는 과정이 반복되면 1개 이상의 평탄한 면이 생깁니다. 이러한 과정을 통해 만들어진 돌이 바로 삼릉석입니다.

삼릉석이 만들어지는 과정

조흔색 條痕色
줄조 흔적흔 색색

줄條을 친 흔적痕에 나타나는 색色

조흔판이라는 곳에 광물을 긁어 보면 가루가 된 광물의 색을 볼 수 있는데, 이것을 바로 조흔색이라고 합니다. 같은 색으로 보이는 광물이라도 조흔색이 다를 수 있습니다. 이러한 점을 이용하여 광물을 구별하기도 합니다.

석회 동굴 石灰洞窟
돌석 재회 골동 굴굴

석회石灰암으로 이루어진 동굴洞窟

석회암이 분포하는 지대에 이산화탄소가 녹아 있는 물이 흐르게 되면 석회암이 깎이면서 석회암 동굴이 생깁니다. 우리나라의 태백산맥 지역에서 많이 찾아볼 수 있습니다.

석순 石筍
돌석 죽순순

죽순筍 모양의 돌石

석회 동굴에서 석회암의 탄산칼슘 성분이 녹아 있는 물이 오랫동안 천장에서 한 방울씩 떨어지면서 동굴 바닥에 쌓여 죽순 모양의 돌이 생깁니다. 이를 석순이라고 합니다.

종유석 鍾乳石
쇠북종 젖유 돌석

종鍾의 젖꼭지乳 같은 모양처럼 생긴 돌石

석회 동굴의 천장에 고드름처럼 매달려 있는 돌을 말합니다. 석회 동굴의 천장에 있던 지하수가 아래로 떨어지면 천장에는 지하수의 석회 성분이 남아있게 됩니다. 이것이 쌓이면서 오랜 기간 동안 고드름 모양으로 자라게 된 것입니다.

석주 石柱
돌석 기둥주

돌石로 된 기둥柱

석회 동굴의 천장에 생긴 종유석과 바닥에 생긴 석순이 계속 자라다 보면 서로 맞닿게 됩니다. 이렇게 생긴 돌기둥을 석주라고 합니다.

해식 동굴 海蝕洞窟

海蝕洞窟 바다 海가 갉아 먹어 蝕 생긴 동굴 洞窟

바다 가까이 있는 암석의 약한 부분에 파도와 같은 작용이 계속해서 일어나면 그 부분이 깎이게 됩니다. 이러한 작용으로 만들어진 동굴을 해식 동굴이라고 합니다.

문제 풀고 내신 올리고

≫정답 p.313

문제1 다음은 암석을 설명한 것이다. 퇴적암에 해당하는 내용은 ○, 변성암에 해당하는 내용은 △, 화성암에 해당하는 내용은 □로 표시하세요.

(1) 높은 온도와 압력이 가해진다. (   )

(2) 편암, 편마암, 대리암, 규암이 여기에 속한다. (   )

(3) 땅속 깊은 곳에서 천천히 만들어지기 때문에 심성암이라고 한다. (   )

(4) 모래가 퇴적되어 만들어진 암석이다. 주로 석영과 장석으로 이루어져 있다. (   )

(5) 대륙의 약 80%가 이것으로 이루어져 있으며, 땅 위에서 만들어져서 당시의 환경을 알 수 있게 해준다. (   )

문제2 조흔색에 대한 설명으로 바르지 <u>못한</u> 것은?

① 조흔판을 이용해야 한다.　　　② 눈으로 직접 볼 수 있다.

③ 광물이 가진 고유의 색이다.　　④ 광물을 구별하는 데 이용된다.

⑤ 광물의 색이 같으면 조흔색의 색도 같다.

부록

국어

영어

수학

······ p. 75

문제1 ③
문제2 {4, 5, 7, 8}

······ p. 81

문제1 ②
문제2 ④
문제3 ⑤
문제4 ②
문제5 ①
문제6 3바퀴

······ p. 87

문제1 (1) 상수항 (2) 인수분해
      (3) 항등식 (4) 이항
문제2 ①
문제3 ①
문제4 500원짜리 6개, 800원짜리 4개

······ p. 94

문제1 ④
문제2 (1) y, -1 (2) y=2x-5
문제3 (1) (2,0) (2) (0,1)
문제4 ⑤

······ p. 99

문제1 $\dfrac{3}{8}$
문제2 (1) 9 (2) 0.26 (3) 32

······ p. 104

문제1 (1) 예각 (2) 평각 (3) 직각 (4) 둔각
문제2 ⑤
문제3 (1) ∠e (2) ∠b (3) 90도

······ p. 110

문제1 (1) 현 (2) 중심각 (3) 호
문제2 (1) 230도 (2) 240도

사회

······ p. 114

문제1 ③

······ p. 120

문제1 (1) 병역법 (2) 선거법 (3) 세법 (4) 노동법

······ p. 127

문제1 (1) ㉦ (2) ㉣ (3) ㉢ (4) ㉠

······ p. 135

문제1 ④

······ p. 144

문제1 ⑤
문제2 ②

······ p. 152

문제1 기회비용
문제2 ③
문제3 ②

······ p. 159

문제1 ⑤
문제2 ④
문제3 (1) 북회귀선 (2) 남회귀선

······ p. 164

문제1 인적 자원
문제2 ④
문제3 (1) 부가가치 (2) 가채연수

······ p. 169

문제1 대의 정치
문제2 ④
문제3 자유주의, 자유방임주의, 민주주의

D-좌심실

·· p. 262

문제1 반도체

문제2 합선

문제3 검전기

문제4 ④

·· p. 268

문제1 전립선, 정소

문제2 ②

문제3 태반

문제4 (1) 발아 (2) 발효 (3) 유성 생식

·· p. 275

문제1 ⑤

문제2 (1) 포유류 (2) 염색체 (3) 방추사

문제3 ③

·· p. 281

문제1 ③

문제2 진폭 : 0.4m, 파장 : 1.6m

·· p. 289

문제1 (1) 반성 유전 (2) 용불용설 (3) 보인자

문제2 우열의 법칙

·· p. 296

문제1 복사

문제2 ④

문제3 $\frac{1}{2}$ 배

문제4 3.3kWh

·· p. 301

문제1 역

문제2 ②

·· p. 308

문제1 (1) △ (2) △ (3) □ (4) ○ (5) ○

문제2 ⑤

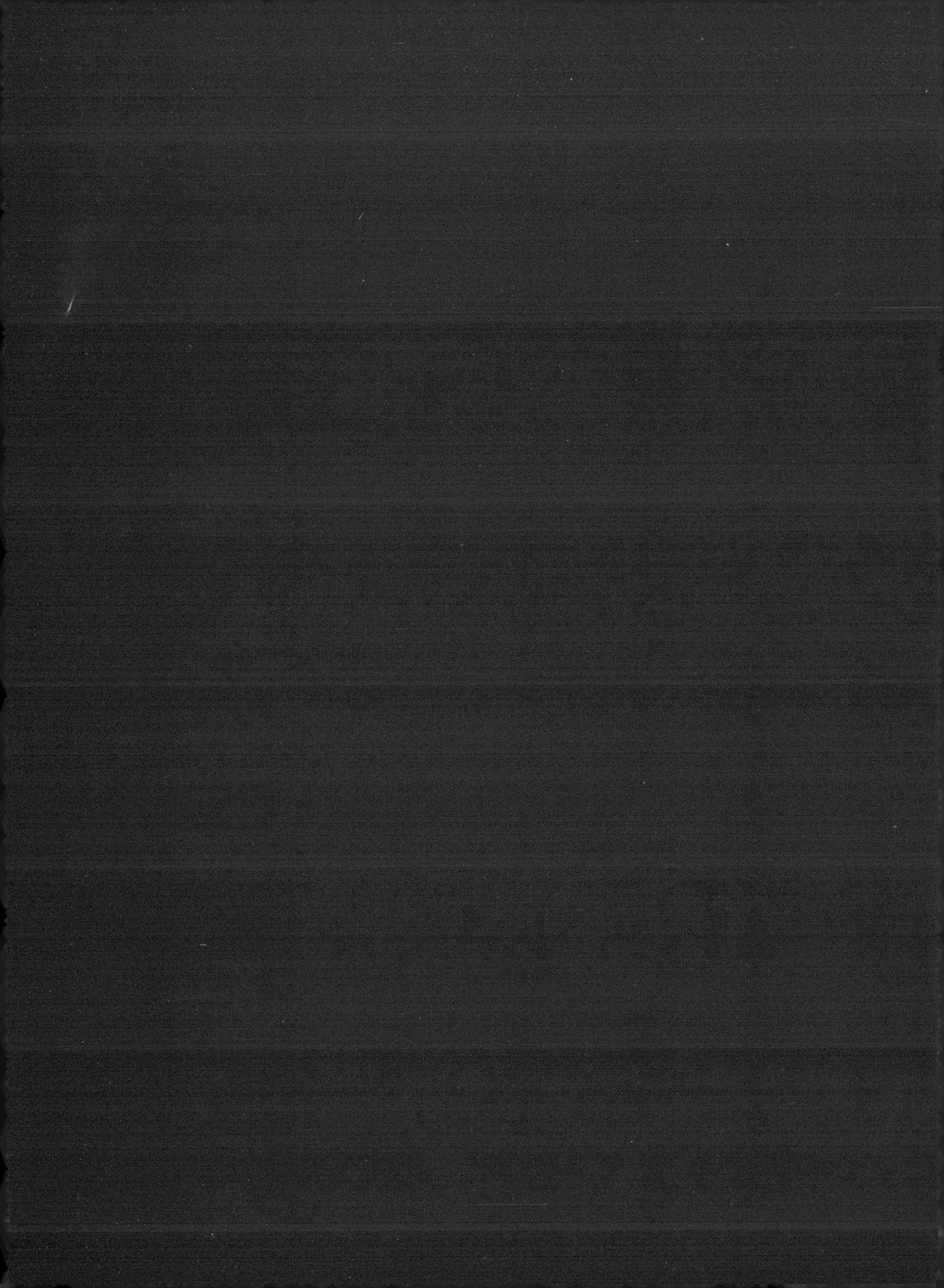